特斯拉传

TESLA
万物皆我
A Portrait with Masks

［塞尔维亚］弗拉迪米尔·皮什塔洛　著
Vladimir Pištalo
钱坤强　译

中国出版集团
中译出版社

目录

上卷
青春岁月
\ 001 /

父亲 _003

母亲 _006

雪球 _010

冬日 _013

面罩 _014

兄长 _016

恐怖 _019

放开我！_020

关于飞的一段旁白 _021

第一座城市 _022

神秘而又神圣 _027

神学家们 _029

生活的新手 _032

变形记 _034

华尔兹之王 _040

追风 _045

在施蒂里亚大公之城 _048

关于鼻子的一段论述 _053

亲吻与伏尔泰 _056

光 _061

不可能之事 _063

月亮便是你邻居 _068

决斗 _072

一个大不相同的格拉茨 _073

失踪 _077

整个自然界静止不动 _082

你想见识一下金色的布拉格吗？ _085　　没有爱 _104

聪明的卷心菜 _089　　漂洋过海 _112

颓废 _094　　凡人之光 _119

公园 _099

中卷
美国
\ 121 /

聋子之屋 _123　　非法烈性酒馆 _150

骷髅之死 _133　　雅典娜变形记 _154

没活可干 _137　　日记摘抄 _156

跟我来！ _138　　成功 _159

咬掉一只耳朵 _141　　匹兹堡 _163

"危险阶层" _145　　工程师们 _169

瞎子说眼睛会发臭 _173

为所有生灵 _176

长着络腮胡子的女士 _179

将手置于水罐之中 _181

借由我们姐妹的肉体之死 _183

"永不"之后 _191

伦敦奇迹 _194

巴黎 _198

急速返家 _200

啪——嘣 _203

巫师的徒弟 _208

炫目的光 _208

仲夏夜之梦 _215

你们会明白的! _223

万国博览会 _227

在幻想世界中 _231

世界之巅 _237

从帽子里变出来的人儿 _238

少妇的诱惑 _244

冰宫 _250

搏动!搏动! _252

腹部的一个洞 _255

甚至是灵魂 _259

1896 年的日子 _261

烟瘾 _267

旋涡 _273

灵魂之婚 _280

战争 _284

阿斯托里亚酒店 _287

我们不会的 _292

纯净无瑕的云 _293

蛇发女怪戈耳工的头发 _299

宙斯掌控着霹雳 _302

特斯拉的二十世纪献辞 _305

下卷
新世纪
\ 309 /

可怕的鼻子 _311

伟大的无名之辈 _317

皮带 _320

皮格马利翁 _323

一条狗的寿命 _327

三个无声的奇迹 _331

巨兽 _335

以卵击石 _341

您悲伤的尼古拉 _343

沉船 _345

天鹅、公牛和黄金雨 _348

康尼岛 _352

花花公子 _357

日记摘抄 _363

我有三个儿子 _366

驶往沃登克里弗的夜间列车 _366

遥远的节奏 _370

新装置 _372

他们手能拿蛇 _373

上海之光 _379

为了灵魂！ _383

太阳之东　月亮之西 _388

梦想的终结 _394

数百万尖叫着的窗户 _396

咚——锵——咚——锵！ _397

口红 _399

鼻子和分头 _403

选择尽可能好的生活 _409

人永远不会 _411

唯痛苦能听见，唯需要能看清 _414

我们过的是相同的生活吗？ _418

我不知道如何…… _419

亲爱的特斯拉 _422

每当…… _422

致鸽子的一封信 _422

然后 _423

领奖人 _425

遗忘 _434

弗兰肯斯坦的新娘 _440

因为囊中羞涩 _445

幽灵出租车 _448

我不再惧怕 _453

星际战争 _456

复仇三女神 _464

延续 _469

吟游诗人 _473

在青铜盔甲内 _476

亡灵与鸽子 _478

痛苦、时间及万物的重要性均不复存在 _479

上卷

青春岁月

父亲

美妙的天象

世界为何物?

人生目的何在?

这些思绪,像只小猫似的,在米卢廷·特斯拉的脑海中扑腾个不停,直到他得以停驻在那个最终的、令人惶恐不安的疑问上——那个"何物"究竟为何物? 此时此刻,这位牧师的思绪死寂殆尽,他开始感到头晕目眩。

人的大脑讲究实用——基本上来说,它就是一个工具,米卢廷暗自思忖,得出这个结论。锯用以锯树。音乐人可以登上舞台,向观众鞠躬致意,然后在锯上演奏音乐,但那并不是一把锯原本的功能。

他告诫他的学生们,不要犹豫,不要彷徨,每个人都要学会自己拿主意。"比如说我吧,当年马上就要从军事院校毕业了,"他告诉他们,"但我放弃了,改行当了牧师。"

米卢廷的首个教区坐落在塞尼,这个终年大风劲吹的城市在塞尔维亚的许多史诗中经常被提及。在那个教区,他反复不断地告诫他的教区居民:"如此,我便拜托大家,恳求你们从自身利益考虑而接受我的忠告:请不要粗鲁愚陋——你们皆为识时务者。因此,请伸出你们的双臂,拥抱进步之精神，拥抱人类之精神。全身心地投入到自由、平等与博爱中吧。"

面对一次次努力想要启蒙她们的牧师，教区居民们一概左耳进，右耳出，只当耳边风。他们抱怨他身体病怏怏的，且行为荒唐可笑。他们一致认为他身染痨疾并希望革除他的神职。但这位牧师的回答是，和他们这样一群人厮混在一起，任何一个本来没病的人也会病得不轻。

"敢问各位，我待在此处，好处何在？"米卢廷·特斯拉带着讥讽的口吻质问他们，"即使我被调到比萨拉比亚，也不见得会比现在糟糕到哪里去。"

但米卢廷牧师没有被调到比萨拉比亚，而是被派遣到位于利卡的斯米莲村。任职期间，他会风雨无阻地翻身上马，即使寒冬的黑夜里，群狼的眸子闪着寒光，他依然会义无反顾地为行将就木之人施行生命中最后的宗教仪式。经过一段漫长的策马驰骋，这位牧师会先将落在他貂皮大衣上的雪抖搂干净，然后迈步进入病人的陋屋。他来到病榻旁，向着垂死之人伏下身去，低声说道："现在，你可以敞开心扉，有什么压在你心头放不下的，都可以向我倾诉，即使轻声细语上帝也能听得一清二楚。"而这些粗人真的会推心置腹，和盘托出，讲述他们的人生故事，而这些故事对其他人而言，绝对是闻所未闻。那牧师会竭尽全力忘掉他所听到的绝大部分内容，但终究都是徒劳。

在他自己那被大雪掩埋的屋里，米卢廷·特斯拉花了大量的时间阅读。他博览群书，涉猎广泛，那些书有关于铁路的，有关于克里米亚战争的，也有关于伦敦那座用玻璃建造的水晶宫的。这位斯米莲牧师曾为一家当地报社写过一篇稿件，讨论霍乱如何像"桌子上打翻的油"一样，从达尔马提亚一路向利卡蔓延。他还撰写过文章，论述某位公共教育倡导者在斯雷姆斯基卡尔洛夫奇主教辖区最落后的一些地区所遭遇到的"无数人为障碍"。他为《塞尔维亚日报》写过一篇报道，描述大气中的光所形成的一种"美妙天象"，而这一奇异景象恰好发生在圣彼得节当天。

米卢廷·特斯拉将其描绘成一帘瀑布，由无数流光溢彩的火花构成，既远在天边，又近在咫尺，仿佛触手可及。随着大气中的光在山那边消失得无影无踪，它留下一道道蓝色的曳光。与此同时，有个物体发出隆隆巨响，仿佛一座巨塔崩塌倒地。回声经久震颤，响彻韦莱比特山南麓。这天赐妙景"使星辰显得异常苍白"。天有异象，自然让寻常百姓有了很多谈天说地的话题，但做为一个更善于思索的观察者，米卢廷·特斯拉感到十分遗憾，因为这一天象没能持续更长的时间——这一上帝本性的显灵转瞬即逝。

就在这一切发生之前，天气闷热难受。之后，下了一场雨，但晚间便云消雾散：空气凛冽刺骨，天空露出笑脸，星星熠熠生辉，朗照大地；然而，蓦然间，东边突然闪起一片光亮——宛如三百把火炬被瞬间点燃——熊熊之光一路延伸到西边的天际。星辰渐渐隐退，整个自然界仿佛停止了运转，一片静谧无声……

世界议会

当父亲正在经历一场脱胎换骨式的变异时，做孩子的总会被吓得不轻。当米卢廷聚精会神地撰写他礼拜天的布道讲稿时，他禁止全家任何人闯入他的房间打扰他。蓦然，他愤怒、低沉的声音会在锁着的房门后回荡，紧接着是一个女性温柔的慰藉心灵的嗓音，再后来便是几下语无伦次的大声吼叫。任何一个隔墙偷听的人都会断定，房间内肯定不止一人。整场布道简直就是一出好戏。妻子久卡·特斯拉和儿子们听着米卢廷在紧锁的房间内不停地在男女两种嗓音之间切换并与自己辩论不休，不由心生恐惧。即使是女儿们也不敢去把门打开。他们害怕他们的父亲会变得奇形怪状。在那扇原本平平无奇，此刻却充满了神秘感的房门之后，那牧师一会用德语轻声絮语，一会用塞尔维亚语高声叫喊，一会又用匈牙利语发出嘶嘶声，一会又用拉丁语发出咕噜声，而与此同时，还能听到有人用古教会斯拉夫语发出嗡嗡声。

里面到底发生着什么？难不成这是另一种需要详加解释的"奇异现象"？这位来自斯米莲的圣安东尼式的人物，有没有真的在与诱惑他的魔鬼诉说衷肠？他感到孤独了吗？这位孑然一身而又通晓多种语言的神职人员，是否将他自己视作世界议会？他是否将他的布道当作一出戏剧来演绎，他是否在其中既扮演着亦悲亦喜的主人公，又扮演着合唱队的角色？

母亲

燧石里迸出的火花

尼古拉和戴恩一边听着，他们的眼睛一边闪闪发光，像萤火虫似的。母亲给他们出谜语，而一只瘦弱的鸡头在她的腿部悬荡着。

"什么东西能穿越森林而不会飒飒作响，穿越水面而不溅起水花？"

"影子！"戴恩答道，他总是抢在尼古拉的前头。

"什么东西不喜欢水？"母亲又问。

"猫，还有钟！"

尼古拉是两个孩子中的弟弟，他最喜欢的民间故事包括《正义与邪恶》《魔鬼假装善良却在暗中策划阴谋》，以及《巫师的徒弟》。在最后一则故事中，魔鬼问学徒学到了什么本领。"什么都没学会，我反而连本来知道的东西都忘得一干二净。"徒弟回答道。尼古拉喜欢这些故事，因为在这些故事中，傻瓜和弟弟真的扮演着举足轻重的角色。久卡一边纺纱，一边哄尼古拉和他妹妹玛里察入睡。

"圣萨瓦将自己扮作一个乞丐，周游天下。途中，他来到一位男爵的庄园，这位男爵腰缠万贯，富甲一方……"

尼古拉的双眼几乎已经合上。他徘徊在入睡的边缘。

"接着，圣萨瓦用他的手杖在空中画了个十字符号，这位男爵的庄园霎时间变成了一片湖泊……"

难道他在做梦？

"传说，每年的那个日子，当公鸡在湖底啼叫时，水便会潺潺而流……"

由于久卡的母亲是盲人，久卡很小就开始帮着父母操持家务，养家糊口。除了她母亲讲给她听的那些故事，她没有享受过属于她自己的童年。她纺织一家人要穿的亚麻布料，还要照料比她年龄小的孩子。更为糟糕的是，霍乱像"桌子上打翻的油"一样，在利卡一带到处传播。当她父亲离家去为垂死的村民施行最后的安魂仪式之际，瘟疫就夺走了他们隔壁邻居的生命。她就自己动手为其中的五具尸体进行过清洗，并给他们穿上衣服。

婚后，久卡必须承担起一个新家庭的责任。米卢廷·特斯拉恪守某些古希腊哲学家的戒律，坚持认为"但凡一个牧师拿起锄头，进步的思想便宣告死亡"。

于是，教堂的土地只能交由久卡和长着斗鸡眼的女佣曼娜来耕种。

"不要瞄准你眼睛盯着的地方，而应该瞄准你想挥刀砍下去的地方。"在曼娜劈柴时，久卡这么跟她说。

母亲向尼古拉解释说，雄蜂是在高空中与蜂后交配的，只要蜂后能逃过燕子的猎杀，就能产下很多蜜蜂。"蜜蜂的天敌是燕子和刺猬。"

有一次，尼古拉跌倒在地，额头撞在一把椅子上。母亲亲吻了他那三角形的头颅，让他好受一些。她抚摸着孩子，微笑着，并引经据典："猛击一下，便能将火花从燧石中释放出来，否则，这片火花只能在燧石里

绝望而死。"他肚子疼时,她便用手捂着他的肚脐,并轻声吟唱:

> 万能的上帝啊,一桩多么惊天动地的大事件,
> 因为掌旗官米利奇就要迎娶他的新娘了……
> 曾几何时,他找不到有哪个姑娘能匹配他的美貌,
> 他是个大英雄,没有哪个少女在他眼里完美又无瑕,
> 而他正盘算着要放弃他的姻缘……

疼痛仿佛融化了,小男孩感到异常安全。

白天,久卡总是戴着一条头巾。每天清晨,她都要比其他人早两个钟头起床。她坐在厨房的炉子前,而厨房门则敞开着。尼古拉醒过来,偷偷看她梳头。透过厨房门,可以看到炉子发出微弱的光,柴火噼啪作响。他这是在偷窥……在火光的映照下,母亲仿佛变成了一尊青铜雕像。她成为另一种存在。他偷偷地注视着。

母亲的生命无比深邃。

她的生命寂静无声,仿佛一棵树在一片大森林中倒下那样,悄无声息,没人能听到任何响声。

树木

她转过身去,面对着博格丹尼奇山上的森林,问:"你能听到它吗?"

"什么呀?"尼古拉说。

"你能听到树木在博格丹尼奇山上窃窃私语吗?"

"都在说些什么呢?"

"桦树在叹息:还要多久春天方能到来?我们何时才能摘掉这些结满了冰的枷锁?嗓音低沉的松树劝慰道:耐着点性子吧。我们会在三个

月之后卸除我们结冰的盔甲。小溪中会有潺潺细流，而你们这些桦树也将会抽芽，长出新叶。"

"它们还说了些什么呀？"尼古拉问。

"桦树们低声哼道：启明星将打开太阳的大门，让亚里洛神策马飞驰而过。如此，他对地球母亲倾诉道：啊，湿润的地球，爱我吧，成为我唯一的恋人，而我，太阳之神，会让你覆满绿如翡翠的湖泊，金色的沙洲，碧绿的青草，湍急的河川溪流，还有禽鸟，水果，花卉——有红的，也有蓝的。啊，你会为我孕育成群的孩子。桦树会用长出的新叶，向春天的阳光以及涓涓的清水致以问候。"

尼古拉听着，充满了敬畏之情，接着，笑了。"那不可能是真的，你在凭空编造。"

他的母亲会给他讲关于植物的故事，但不会给他讲童话寓言。她知晓各种草木，坚持认为许多这类植物上栖息着精灵。榆树、杉树以及枫树都属于仙子。

"那么，那些仙子又从何而来？"

"她们来自忘情草，"母亲回答道，"就因为这个，年轻小伙子从来不会踩踏这种植物。我会教你如何辨认这种草，这样你今后也不会踩到它了。"

"仙子们住哪儿呢？"

"我早就告诉过你，她们住在哪些树上。紫杉也是一种属于仙子们的树。它只生长在未经玷污和糟蹋的地方。"久卡回答道。

尼古拉继续进行这场问答游戏。"她们能活多久？"

母亲耸耸肩。"她们以蒜籽为生，会一直活着，直到生活变得过分无聊。当这种事情发生时，她们便停止进食，毫无痛苦地死去。"

尼古拉倍感自豪，母亲如此博闻强识，学识渊博，仿佛她自己就曾经是一位仙子似的。他永远也无法理解，父亲为什么总是皱着眉头，对这些故事不以为然。但这些故事多么有趣啊，里面的世界满是闪光发亮的精灵，一株株植物活生生的，像人一样。那个时候，尼古拉没能理解这些故事并不只是讲述仙子和植物的，也是讲述比上帝还古老的诸神的。

"如果周围没有教堂，你可以在一棵冷杉树或椴树下做祈祷。"母亲告诉戴恩和尼古拉。

她创造了一个神奇的世界，然后，父亲也参与进来，用几个本子对这个世界分门别类建了目录。对于母亲所讲述的这些故事，父亲依然不屑一顾。他感到纳闷，在一个满门都是牧师的家族里，这样的神话究竟是如何得以幸存的。

"让它离我们远点吧，"米卢廷嘟囔道，"让我们远离罪恶，拥抱善良。让我们远离疾病与痛苦，寻求安康。"

雪球

在塞尔维亚东正教圣诞节的翌日，尼古拉和两个比他年龄稍大的表兄弟，文柯和奈纳德，趁着家长们不注意，从家里溜出来，来到高耸在斯米莲村上方的大森林深处。

"多美的雪呀！"尼古拉满脸欢笑，满心喜悦。

"美倒是很美，可是……雪直往我眼睛里刮。" 奈纳德则像一只幼犬似的，猛地一口又一口地咬着雪花说道。

他们低头看着自己的双脚。爬完这段山路之后，真的很难分清三个人中谁累得最上气不接下气。

一块块巨石上挂满了冰锥，看着像怪兽似的。森林中寂静无声。时不时地，一阵风低鸣着从树顶呼啸而过，厚厚的雪块从树枝上重重砸落到地上。森林仿佛人一样在呼吸着。

三个男孩深一脚浅一脚地往积雪更厚的地方挺进，每个人的双脚都被雪水浸泡湿透。每个男孩用手使劲撑住膝盖，以便借着劲爬上山坡。在一段溪谷中间，他们手脚并用爬上一块巨石，石顶上空狂风飞舞，卷起一片片雪花，随风飘逐。

"我们不该再往远处走了，否则日暮之前无法赶回家。"尼古拉说道。

男孩们紧紧捂住身体两侧，使劲喘着粗气。在溪谷中央的那块岩石上，两个性情迥异的表兄弟分别站在尼古拉的左右两侧，每人伸出一只手臂搭在他的肩膀上。文柯是一个沉默寡言、敏感脆弱的男孩，眼睛下面长着眼袋。有一次，他失踪了，父母找了他一整天。最后，他们在教堂里发现了他，他蜷缩着身体坐在角落里。在尼古拉的家族里，男人们通常会选择从事宗教或军事工作。看起来，举止安静、长着眼袋的文柯，似乎早就做出了他的人生选择。

他的兄弟奈纳德则不是当军官或做牧师的料。曾有一次，他使出吃奶的劲将一块大石头举过头顶，用力砸向一只乌龟。特斯拉家的猫产下幼崽，他会把幼崽一只只淹死在水桶里。尼古拉造过一架风车，并用甲虫来驱动，奈纳德则将甲虫一把抓过来，放入口中吞到肚子里。

森林里变得越发宁静沉寂。三个男孩子以相同的节奏呼吸着。寒冷的空气刺得他们的鼻孔隐隐作痛。

尼古拉陷入沉思，文柯将手臂从尼古拉肩膀上移开，眼睛沿着溪谷打量着。尼古拉注意到他的太阳穴上有一条静脉在搏动。文柯说道："就在此时此刻，在这森林中的某处，一头熊正在酣睡。仓鼠和獾在它们的洞穴中睡。虫子则在冰冻的树根下睡。而在这一切的下面，则存在着一股蛰伏的原力。"

奈纳德也从尼古拉的肩膀上移开他的手臂，笑得几乎要喘不上气："我真想……我真想变成这片森林里的一匹狼。"

他将头往后仰，伸长脖子，学着狼的样子号叫：

"嗷嗷嗷嗷嗷……！"

在他的表兄弟们不再与他的身体接触后，尼古拉觉得冰冷刺骨，仿佛赤身裸体似的。

"我们来玩扔雪球游戏吧，"他不耐烦地说道，"让雪球顺着山坡滚，看谁的雪球滚得最远。"

"没问题。"

雪在他的手掌中被压得嘎吱作响。他和他的表兄弟不一样，手上没戴手套。他做了一个又一个雪球，做好一个就往山下扔，手指很快冻得麻木。随着一个个雪球沿着山坡往下滚落，它们沾上的雪越来越厚，体积也变得越来越大，但大多数雪球变得过于沉重，很快就停止滚动了。

"瞧瞧我的雪球，"奈纳德尖叫道，"我的最棒！"

"什么破玩意！"文柯大声喊道，"瞧我的吧！"

"你的也停下来了呀！"

"它当然滚不动了，因为它撞到了树墩。"

尼古拉的双手被冻得疼痛难忍。他感觉到两只手掌仿佛被削掉了肉——就好像雪团是被他用攥紧着并且冻僵了的骨头压出来的似的。他用力将双手放到腋窝下尽量使它们暖和起来。

"瞧我的雪球！"奈纳德兴奋地尖叫道。

"瞧瞧我的！"文柯也大声嚷着。

尼古拉一眼都没看。他抽出冰冷的双手，一声不吭地又做了一个雪球，像甩骰子似的把雪球扔出去。雪球沿着山坡往下滚，一路上雪越沾越多。它一边快速滚动着，一边快速地变大，直到变得巨大无比，呼呼作响，疾驰而下。随后，它不再呼呼作响——而是隆隆作响，雷霆万钧地沿着溪谷顺坡而下。

当这个如怪兽般咆哮而下的雪球开始将地面表层的土沾在上面时，三个孩子意识到事情已变得极为严重。

"哦，上帝啊；哦，上帝啊，"文柯尖声叫喊，"它正在变成一场雪崩！"

雪球演变成一场自然灾难。它留下一条坑坑洼洼、满目疮痍的小径，不费吹灰之力便在山坡的尽头将一排桦树和松树压垮，树齐刷刷地倒向两边。它发出滚雷般的轰鸣，前方的一切都被摧枯拉朽地横扫一空。雪球很快就消失在视线之外，直冲着村庄呼啸而去，整座大山因雪球的冲击力而震颤。

那一刻，显而易见，在尼古拉的两个表兄弟当中，一个因大自然的生命活力而惊恐万状，另一个则兴高采烈。

"耶——哇！"奈纳德这个破坏分子激动地叫喊起来，仿佛恐惧使他在生理上平添了十足的快感。

大地在他们脚下颤动之际，文柯开始失声痛哭，忙不迭地哀求："啊，上帝呀，拯救我们的生命吧，千万不要在山坡上方再发生一场雪崩……上帝呀，也求求你了，千万不要让这场雪崩毁了山下的村庄！"

尼古拉出神地站着。这场大规模的破坏使他也感到兴奋不已。大自然的力量以如此的方式释放，简直令他如痴如醉。

用他自己的手甩出的那个白色的小东西，碾裂了巨石，一棵棵松树宛如火柴棍似的被横扫一空。它撼动了自然界中的物质，释放出一股原力。一旦雪球从那个特定的、精确的角度沿着山坡向下滚动，它便势不可当。他站在惊恐万状的文柯和乐不可支的奈纳德两人中间，身上直起鸡皮疙瘩。

"这就是命运。"他轻声说道，内心充满了敬畏之情。

冬日

上帝依然忙得不亦乐乎——在斯米莲村从事他的创造活动。村民们魁梧高大，堪与巨人比肩。人们说出的话绝不是毫无生命的——相反，这些话语鲜活生动，充满活力。大自然乃万物之本、万物之源。霜的气息不啻是一种神圣的问候。

同样是冬季，早些年的气候要比后来那些年份寒冷得多。每个冬季感觉更接近俄罗斯或芬兰的冬季，与巴尔干半岛上的冬季反倒相去甚远。对于尼古拉而言，当村民们踏雪而过时，他们仿佛会留下一条亮闪闪的小径。雪球击中树时，会散碎成一次光的闪耀。一天晚上，尼科（尼古拉的昵称）那只喜欢拥抱和摔着玩的公猫，发生了一件怪事。这男孩走着去点蜡烛时，用手触摸了一下猫，觉得有火花在他手掌下噼啪作响。他循着他手的方向，目光从左扫到右。在他的手指与猫的背之间，有微弱的光在闪烁。这算得上是又一个与上帝的创造活动相关联的"奇妙现象"。

"快看哪！"久卡惊叹道。

米卢廷道出了事情的原委。毫无疑问，在场的每个人都见证了那个现象——是电。他尽其所能将这一奇特现象向大家解释清楚。

尼古拉平生第一次意识到，大自然仿佛是一只巨大无比的猫。他暗自思忖：是谁在用手抚摸它呢？

"我们生活在一个被光所照耀着的世界中。"米卢廷轻声对他妻子和儿子说道。

"'被光所照耀着'，这是什么意思？"久卡轻声反问。

"被心灵深处的光所点亮。"

面罩

一旦靠近光，他的双眼将被照得晕眩；对于现在被称为真实存在之物，他根本无法窥见其一星半点儿。

柏拉图，《理想国》，卷七

"它不知源自何处！"小尼古拉向他父母抱怨道。

他一闭上双眼，光便将他全身吞噬。整个世界顷刻间熔化在液态的火海之中。

"我要消失了，我要被光吸走了。"男孩低声道。

他挣扎着，要竭力重返由日常生活构成的珍贵世界。

"此物拥有它自身的意志！"他大声说道。

"它感觉上，是不是像你闭着眼睛，脸朝太阳时，所感觉到的那样？"母亲问道。

"有点像。眼睛睁开时，一个金色的护罩会掉落下来覆盖我的双眼。继而发生一次闪光，我便漂浮在一片光亮之中。"

米卢廷感到纳闷，莫非孩子患上了癫痫病？

这束光最终被证明类似于东正教中的塔博之光。这束一下子便将宇宙中所有法则彻底摧毁的光，刚好洒落在尼古拉的双眼。由内观之，一个金色的半球替代了他的脸庞。这场动摇了人生根基、彻底摧毁了物质世界的天启，让米卢廷牧师惊恐不已。

这次，比尼古拉大八岁的戴恩，史无前例地站在他弟弟一边。

"它不可能是癫痫病。尼古拉所言，在我身上也发生过。"

做父母的顿时如释重负。无论什么事情发生在他们的王子身上，都不可能是坏事情。

"伴随着光的闪烁，有没有出现什么图像？"戴恩问他弟弟。

尼古拉点点头。

"不要怕，"戴恩说道，"别纠结，放宽心便是。"

尼古拉眼中噙着泪花，紧盯着他，号啕大哭："伱那是最惊悚恐怖的啊！"

兄长

"这英俊的小伙子是谁呀？"登门拜访的客人都会这么问，冲着戴恩·特斯拉露出微笑。

他们会转过身来，冲着更为年幼的尼古拉问道："这又是谁呀？"

兄弟二人长得十分相仿，但这一点谁也没有注意到。像野猪似的长着参差不齐的牙齿的德瓦姑妈，更喜欢戴恩。卢卡·博吉奇亦是如此，他是个满脸通红的猎人，有时会举枪指着孩子们，恐吓着要开枪毙了他们。长着灰白胡子的阿拉吉奇神父同样也更喜爱戴恩，这位神父的一大特点是一边哈哈大笑，一边喷着鼻息。

当着访客们的面，米卢廷永远会不失时机地夸耀戴恩的聪慧。

"你妈妈族谱之树上，挂着多少件牧师袍？"他不耐烦地问道。

"二十六件。"

"第一件属于谁？"

"托莫·曼迪奇。"

"真不愧为我的聪明儿子！"

开始上学后，戴恩显露出过目不忘的禀赋，一页纸上的内容从不需要阅读两遍。他无论说什么，都能说得头头是道。

"真乃王子也！"亲戚们异口同声地夸奖道。

"他日后会成为牧首吗？"诡诈的卢卡·博吉奇问道。

"他爱干什么就干什么吧，"米卢廷·特斯拉头脑清醒地回答道，"但关键是，要确保他成为一个正人君子。"

没有任何迹象显示，戴恩为他父亲的朋友们当众做这些表演，会令他有丝毫的厌烦，即使在他成为十几岁的少年之后亦是如此。无论是衣冠楚楚的达尼洛·特尔博耶维奇，卓尔不群的达尼洛·波波维奇，还是勤勉有加的达米扬·丘奇科维奇登门拜访时，他都会用德语背诵席勒的诗篇，包括《菩提树大街》《理想》以及《大钟之歌》。

"显而易见，他对每句诗都理解透彻。"丘奇科维奇赞赏道。

"既解其意，亦谙其情。"波波维奇补充道。他自己就是个诗人。

但只有当米卢廷与儿子单独相处时，真正的心智操演才告开始。他要求儿子逐字逐句熟记课文，练习修辞技巧，洞悉人们的心思。当他还是一个军校学员时，特斯拉亲眼看到他的老师，一位耶稣会信徒，是如何直愣愣地盯着一个学生的脸，命令道："请给我把亚里士多德驳倒！"

他和戴恩重复着相同的操练。他以昔日那位军官的口吻命令道，"请给我把笛卡尔驳倒！"

戴恩最近又有长进，变得越发伶牙俐齿。他看着窗外，开始了他的驳斥："笛卡尔怀疑他自身的存在，怀疑所有肉眼所见之物仅仅只是一个充满恶意的魔鬼在他周遭设置的道具。"

男孩有意识地停顿了一下。接着，他提高嗓音继续说道："该哲学家为其普遍怀疑所苦，力图寻找某种确定性。在既情绪激动又或许是充满了叛逆的状态下，他说出了那句名言，'我思，故我在。'"说到这里，戴恩露出一丝微笑，指出："折磨着笛卡尔的问题可谓老调重弹。早在十四世纪，米尔库尔的约翰就曾假设，'如果我否定甚至怀疑我自身的存在，我便陷入了自相矛盾之中。有没有可能在没有确切证实一个人存在的条件下就去怀疑此人的存在呢？'圣奥古斯丁亦预见了笛卡尔的困境，因为他曾宣称，'我受骗，故我在。'"

戴恩高高举起一只手臂，像斗牛士最后要给斗牛致命一击那样，进入其结论环节："毕竟，笛卡尔不失为一个思想家；于他而言，思维乃确定性之源泉，这并不令人惊讶。倘若他是园艺工匠，他便会在其花园中寻觅其存在的明证。若他成为一位音乐演奏家，他则应该说，'我奏，故我在。'"

"不错，"米卢廷嘟囔道，但他的脸色分明是在说，"孩子，真是精辟！顶呱呱！"

而那个长着硕大耳朵、三角形脑袋，从门背后凝视着他父亲和他那才华横溢的兄长的小男孩，他又能算什么人物？

尼古拉讨厌人家叫他尼科，因为在塞尔维亚语中，"尼科"的意思是"无名之辈"——微不足道、无足轻重之徒而已。透过半掩的房门，这个小男孩注视着他那正在成长为青年的兄长。戴恩英俊潇洒，相貌出众。在一个人身上，怎么会被赐予如此之多的天赋？这些天赋究竟是谁赐予的？戴恩凭借着青春的神秘气息越发显得神秘莫测。他能感觉到血液在他的静脉中贲张。他被自己吓了一跳，尽力支棱起耳朵，透过自己的呼吸声听清楚说话的声音。尼古拉必须问他三遍才有可能得到一次回答。然后，他耸耸肩，转身要离去。

"你要去哪里？"戴恩把他叫回来。

"我要去吃点东西。"

"为什么？那样只会让你越吃越饿。"

尼古拉哈哈大笑。但他的兄长却一脸的严肃认真。当戴恩的微笑最终像阳光般照射过来时，尼古拉忘却了自己和自己的嫉妒心理。从那以后，他再也没有遇到过这般恩典。

如果没有了他，尼古拉头脑中不止一次浮现过这样的问题，这个世界将会变成什么样子？太阳依然会照耀这个世界吗？

或许，在那个令人震颤的世界里，尼古拉将会变得举足轻重？或许，没有了戴恩，在那个恐怖的世界里，他将显得聪慧靓丽？

恐怖

戴恩斜趴在一段很陡的楼梯上，高声呼喊家里的女佣曼娜，而曼娜此刻却正在地窖里整理白兰地酒。尼古拉疾步奔向他的兄长，伸手要去接他。接下来便是戴恩摔下来的声音，伴随着某物沉闷的断裂声。当他背躺在楼梯底部时，戴恩举起一根手指，直指尼古拉。

每当谈及事故发生的那一瞬间，尼古拉总是伸出双臂，用焦躁不安的声音说道："事情不是那样的！"

母亲迅速奔下楼梯，鞋跟噼啪作响。她缓慢地将她的双唇从她儿子的太阳穴上移开，眼巴巴地望着父亲。

充满责怪的眼睛在尼古拉周围越聚越多。

某个东西低声冲着他耳朵说道：恐怖！

某个东西从黑暗中怒吼：恐怖！

某个东西在他头脑中厉声尖叫：恐怖！

消息很快传遍左邻右舍。人们开始前来敲门。无与伦比、无可匹敌的戴恩·特斯拉，那个青年约瑟夫般的人物，年仅十五岁便永久告别了这个世界。来访者挤满了屋子，轻声表达着他们的哀悼之情。

"我们的王子啊！"他们伏在棺木上方，泪流满面。

他们无法向上帝说出这番话，"不要瞄准你眼睛盯着的地方，而应该瞄准你想挥刀砍下去的地方。"曼娜则忙着为泪眼汪汪的亲戚们端茶倒酒。

戴恩本来要在毕业典礼上穿的那套正装变成了他葬礼上的衣服。住在隔壁的安嘉·阿拉吉奇一直站在久卡身旁，看着她清洗儿子的尸体，问道："你是怎么做到这一切的？"

久卡给她一个黑脸，答道："无法做到这一点的人，绝不该出生在这个世上。"

放开我！

葬礼的举行地点就设在尼古拉房间的正中央。开着盖子的棺材放在他床边。他的兄长安详地躺在棺材里。他的脸色呈蜡烛那样的颜色，看上去依然十分真实。七岁的尼古拉伸出手臂，轻轻拍了拍他的额头。他用手抚遍戴恩的脸庞，但那张脸并没有消失。尼古拉开始大哭起来。

"放开我，"他冲着他兄长的耳朵轻声说道，戴恩拒绝离开。"求你了，放开我吧。"

母亲一贯认为，只有用一个楔子，才能将另一个楔子从洞眼里顶出来，难道不是这样的吗？这样的事情以前也曾发生过——某个人首先说出一个词语，该物体的形象便会浮现在他脑海里。尼古拉意识到，他所看到的那一幕完全是像魔术似的变出来的，所以他竭尽全力保护自己，免受他自己臆想之物的折磨。

他想象母亲的脸紧贴着他那已经命丧黄泉的兄长的脸。当他的母亲——一个纯洁的灵魂——在房间里出现时，他感到极大的安慰。她在房间里待了一小会，然后便消失了。来自棺材里那张恐怖的脸庞，被他母亲的形象所取代。尼古拉口中不断地重复着母亲这个字眼，而她果真又回来了，但这一次脸色更加苍白了。

他口里一说父亲，那个戴着眼镜的魁梧男人便顺从地出现在他的房间内，之后，他消失不见了，但又被叫回来。当父亲消失后，令尼古拉害怕的那个人再度现身。

事情甚为糟糕。当事情变得很糟糕时，你会听到音乐，但那音乐只能由你独自细品。事情如此令人惊恐，他甚至不敢去害怕了。每天夜间，尼古拉都会与这个幻影不期而遇。那个幽灵甚至在大白天也会折磨他。这种内心的纠结令他备受煎熬，生不如死。他竭力反击。但内心的纠结依然挥不去，抹不掉。他不得不持续进行更为艰难的挣扎。

在那个幻影上,他还能幻想出其他的图像去叠加在上面。因此,他像施魔法似的召来他所认识的每一个人,包括他十分憎恶的德瓦姑妈以及那个凶神恶煞般的卢卡·博吉奇。不管怎么说,博吉奇总归没有那已经一命呜呼的戴恩来得可怕。最后,在他那个小小的世界里,他实际看到的所有景象都被他一一穷尽,借用来与他的兄长正面抗争。

葬礼的场景一次又一次萦绕在他的心头。阿拉吉奇神父和全家人行走在灵柩后面的场景在他脑海中一次次地回放,还有那个令一群黑色的马匹畏缩不前的泥坑。每天夜里,尼古拉昏昏沉沉的神志,都会使戴恩的坟墓一点一点地陷落下去。每天夜里,他们都会把棺材从灵柩上搬下来。他的兄长躺在开着盖子的棺材里,怒目圆睁。

"放开我!"尼古拉哭喊着,"求求你了,放开我吧!"

关于飞的一段旁白

当我以某种特定的方式做一次深呼吸之后,我便开始双脚离地。我从烟囱中飞出来,飞离那间房间,也飞离我那令人毛骨悚然的兄长。我越飞越高,飞往一颗孤零零的星星。对于是否把我的躯体留在了家里,我根本想都没想。

我口中念着印度,便看到了恒河,还有贝纳勒斯的圣猴。过了一会儿,我看到船工在缅甸的湖泊上用腿划着桨。随后,我看到白色的猴子在日本的温泉里嬉戏。接下来,我骑在羚羊身上,在中国西域的群鸟与紫丁香之间徜徉。

整个世界像镶嵌着大理石似的,璀璨生辉,各种影像遍布其上。我从森林上空飞过,黄色的光,伴着恐惧,勾勒出它们的轮廓。我也飞过山顶和紫色的海洋。一座座城池在下面发出暗淡的光。地面上的人渺小得像蚂蚁，我眯起眼睛反而能看清他们。我像鸟一样降落到地上，和他们交朋友，谈笑风生，久久不肯离去。

有时，我会径直飞到星星上，那里，永远只有早晨，住着的人都是用银子做的。有时，在宇宙的万丈光芒中，我会在蔚蓝的虚空中猛扎下去，或者在大海深处潜水，与身体发着光的鱼为伍。午夜时分，我期盼着能看到白昼，而我也果真见到了白昼。有时，我能在我的左侧看到白昼，在右侧看到黑夜。我摇身一变，成为亚历山大大帝，那个伟大的征服者。现在，我能选择自己的意念，控制它，一如太阳神赫利俄斯驾驶着他的战车。凡是我头脑中能想象出来的事物，我都能看到它们，将它们在我眼前举着，想举多久就举多久。我学会了如何保护自己。我学会了如何去对付像死亡这么浩瀚无垠的怪异之物。

第一座城市

米卢廷无法在戴恩死去的屋里继续住下去，于是他将斯米莲教区移交给米莱·伊利奇，在给他的继任者一个大大的告别拥抱之后，便举家迁至戈斯皮奇市。尼古拉紧紧攥着父亲的手，凝视着成排的高大房屋，小声感叹道："那么多窗户！"

大街上，熙熙攘攘，摩肩接踵，当地人的服饰，平民的衣衫，以及军人的制服彼此挤撞。礼拜天，一个铜管乐队会在广场上演奏音乐。马车行驶在路上，车轮碾轧路面发出的哐当巨响简直震耳欲聋。理发店内，退伍军人谈论着意大利战争。咖啡馆的门一会儿打开，一会儿关上。在一家酒吧里，台球桌周围挤着一群群年轻人。玩多米诺骨牌的老者坐在另一家酒馆内，他们把一张张骨牌砌好，而骨牌像硬币一样叮当作响。老者一边玩牌，一边诅咒着"血腥的礼拜天！"

在尼古拉看来，利卡河显得一片碧绿。戈斯皮奇市也显得巨大无比。在米卢廷的新教堂内，无数的蜡烛燃烧着，慰藉着生者与死者的灵魂。假日里，米卢廷会去造访当地的罗马天主教堂。

礼拜结束后，他和天主教牧师科斯特伦契奇站在教堂的庭院里，彼此握着对方的手。

"这么多窗户！"小男孩低声说道。

自从搬家后，尼古拉喜欢侧耳倾听大街上发出的有规律的喧闹，以及这座城市从远处传来的低沉含糊的声音：

"待托莫把工具还给我时，我会跟他好好谈一谈的。"

"他和我死去的兄弟一起去上学。"

"昨天我病了一整天。生病真让我受不了。所以我就说，'米拉，给我弄碗汤喝。'"

"嘿，哥们儿，我们三缺一，快过来玩牌啰。"

"就这样，那伙计不断给我杯子里倒满酒。你知道他们是如何在那里把音乐奏得吵死人的……"

"……而我喝了四碗汤。"

"我想让你做的是把孩子们照顾好，而不只是让他们到处乱跑，像乱飞一气的瓢虫，这样你就能去光顾酒馆，和你那帮醉醺醺的狐朋狗友厮混在一起。"

在尼古拉看来，人们不是面对着对方说话，而是越过对方在说话。

"人们一个个都有眼无珠，"久卡告诉她儿子，"他们视而不见。他们听而不闻。无论怎么说，他们中大多数人都是如此。"

尼古拉怀念起斯米莲村的生活。

他不是村子里的第一个弄明白一个道理的男孩，那就是把一块怀表拆开来，要比把它重新装回去容易得多。同样，他也不是最后一个试图打开伞让自己飞起来的孩子。他一直有把东西埋在地里的习惯。他会在阁楼里把核桃摊开来晒干。他骑过公羊，还尝试骑上一只公鹅。这只公鹅长着阴森的鳄鱼似的眼睛，咬过尼古拉的肚脐。在一场名为"论乌鸦对庄稼所造成的危害"的讲座的激励下，尼古拉试图去将这些鸟赶尽杀绝，不承想全身却被啄了个遍。

在斯米莲村时，久卡会为米卢廷倒好一盆水，在花园的苗圃里洗脸，这样好同时给她种的植物浇水。春天到来，树上花团锦簇，仿佛一片云彩。夜里，它们却状若鬼怪。夏天，蜜蜂嗡嗡欢唱。傍晚，村民们坐在自家的屋前，用拳头使劲把西瓜砸开。空中会飘来灰尘的气味。黑暗中，一只甲虫飞过来，不偏不倚击中他的额头。

在这个荷马史诗般的世界里，母亲吟唱着关于普雷德拉格和奈纳德这对孪生兄弟的史诗。而父亲的朋友们则看上去像墨涅拉奥斯和赫克托耳。

然而，并不是所有的人都像神话中的英雄。

"把你的一只手给我！"阿拉吉奇神父冲着卢卡·博吉奇吼道。

"但有一个条件——你得把它还给我。"那猎人答道。

他那幼鹿似的脸死死地盯着尼古拉。小男孩尽力去忍受那猎人邪恶地笑着的绿眼睛，但他实在惊恐，只好低下了头。博吉奇行走在晨雾中，雾团漫过他的膝盖，他可以猜得出什么地方会有一只鹌鹑突然从地里窜出来。在如泻的月光映衬下，他能识别出一只黑色松鸡的轮廓。这猎人曾经当着小孩们的面抓住一只苍蝇，当场吞入肚中。小孩们叫喊道："真恶心！"

他们没有注意到的是，他是用一只手抓住苍蝇，用另一只手把苍蝇吞入肚中的。

一连串独角兽在尼古拉枕头底下鱼贯而过，萤火虫开始在夏日的暮色中闪闪发光。老人们仰望着一轮新月。他们揪住自己的耳朵，单脚跳行，对着月亮高喊:"你——老,我——年轻!"

刚到下午,戈斯皮奇市的建筑物就把它们的影子在地上拉得长长的,像蜗牛伸展出它们的触角一般。街道显得很长很长。巷子的两侧绿树成荫,空中回荡着鸽子的咕咕声:"谁在那?你……你……你……"

年轻人有的留着鬓角,有的穿着长而宽松的夹克衫,有的戴着精致的圆顶高帽,都行色匆匆地穿过铺着鹅卵石的街道。模仿他们的小淘气鬼们,知道如何在这些人经过时噘起嘴唇。尼古拉更喜欢待在屋里,这样就不会遭到他们的讥笑。在这个全新的环境里,他变成了一个郁郁寡欢、离群索居的人,整日靠读书打发时间。

"不许再这样下去了!"父亲命令道。

"为什么?"

"因为那会毁了你的眼睛。"

夜里,尼古拉用大麻纤维堵住钥匙孔和房门下面的缝隙。他自制蜡烛,在烛光下阅读。有一次,火苗静止不动,仿佛光点似的,他便用手指去逗火苗玩。另一次,火苗摇曳着,看上去似乎想从烛芯上挣脱开来,这让男孩十分高兴。他如饥似渴地吞噬下一行又一行的文字,与此同时,也将长长的背影投射到墙上。放在他腿上的书,甚至比读这本书的人还要大。每当他觉察父亲要闯入他房间时,他便赶紧吹灭蜡烛,身子在黑暗中颤抖。

尼古拉厌倦了夜间偷偷摸摸地读书,不久便成为戈斯皮奇市立图书馆的一员。在征得整日醉醺醺的图书馆管理员同意后,他给书架上积满灰尘的书做清理。尼古拉将皮封面擦拭干净,这些封皮好闻极了,仿佛晒干的水果。对于那些能写出书来的人,他真是从心底里充满了感恩之情。在一个举目无亲的城市里,这些书成了他的好友。

"瞧瞧这孩子,整天在图书馆里晃悠。"管理员跟他老婆抱怨道。

她用食指轻轻拍了下她那长满丘疹的眉,小声说道:"我觉得他的脑子有问题。"

其他人也是所见略同。

在学校大厅里，尼古拉总是费劲地抱着一摞书走来走去。有一次，莫约·梅迪奇，一个又矮又胖、满脸凶相的男孩，就和他对峙起来。他站在尼古拉前面，挡住了他的去路。

"喂，你，你这大耳朵！你一门心思只读书吗？"他问道。

尼古拉回答说，他在斯米莲村度过的童年，要比莫约在戈斯皮奇的童年危险得多。

"你拉倒吧！"

"很多次我差点死掉。"尼古拉弱弱地说道。

"你拉倒吧！"

"第一次我差点死掉时，我还是个婴孩。我妈把要洗的衣服放在炉子上的一个大盆里，来浸泡并蒸煮一下。我当时在桌子上爬。当我使劲站起来时，我一个踉跄，掉到盆里。"

说出这样的话令尼古拉自己都感到惊讶，但他继续往下说。

"还有一次，我兄弟把我锁在山上的一个小教堂里，这个教堂一年只开一次门。还有，好多次我差点淹死在河里。"

莫约竖起眉毛，简直难以置信。

"命运好像特别喜欢将我置于死亡的边缘，结果只是为了在最后一瞬间免我一死……"

莫约感到匪夷所思，说："你满口谎言！"

"我从来不撒谎。"尼古拉回嘴道。

在发笑的当儿，莫约肥胖的双颊几乎要把自己的双眼吞没掉。"实话告诉你，我不信你有撒谎的胆量。"

神秘而又神圣

谁能想到，尼古拉和那位越来越膀大腰圆的莫约·梅迪奇竟然会在学校挤在同一张课桌上，并且会在血盟兄弟的仪式上将他们两人的鲜血混杂在一起？整个夏天，他们都在一起玩。每天，时光像无际的大海一般无尽地延伸，他们整天在外头疯玩，直到他们的母亲将他们唤回家里吃晚饭：

"尼古拉拉拉拉拉拉！"

稍过一会：

"莫莫莫莫莫—约约约约约约！"

"就回来，五分钟！"两个好朋友大声应答道。

圆形徽章在一个九岁男孩的生活中殊为重要。一个大徽章顶得上四个小徽章，直到亚当·斯密那颠扑不破的经济学原理被强行施加于徽章交易。在此之后，经过市场经济那只看不见的手一拨弄，大徽章的价值抵得上五个小徽章。尼古拉从他叔叔帕夫莱那里弄到一枚十字币，在硬币的一面，数字1，字母A，以及1859年这个年份，由一个粗厚的花环所环绕。在另一面，一只双头鹰伸展着双翅。在尼古拉的圈子里，一枚十字币顶得上四枚大徽章。

对于尼古拉而言，其他人的家仿佛是一个个全然不同的星球，家庭氛围也相差甚远。即使是他的亲戚们，也似乎属于另一种族类。他们的皮肤和气味像异族人似的。

所有事物的内在气息都告诉他，万物皆有生命。他既是外部世界的一部分，又与这个世界浑然一体。他在自己身上创造出一个世界。在毛毯下，他的双膝化为两座大山，他在上面错落有致地摆上锡制的士兵，这大山般的膝盖便是他的舞台。在天花板的裂缝和发霉的修补处，他不断地寻找并总能发现人的脸、眼睛、鼻子和嘴巴。他的视线变得模糊不清，因为一条条通道呈开放状，呈现在地毯的装饰性图案里。

他的灵魂从外部世界向他召唤。那涓涓流淌的水，它的灵动和清澈令他心驰神往。水将他的手和脚变成冰。他看着随风摇晃的树，能从中聆听到一首甜美的歌。树顶的荡漾深深吸引着他，它们转个不停，把他吸到里面。

他和莫约·梅迪奇结交了众多朋友，有文柯和奈纳德，还有楚基奇兄弟俩。对于别洛巴巴家的那个男孩，他们则避而远之，因为这孩子坐在自家屋前，用勺吃着垃圾。

"瞧那傻瓜。"莫约说道。

"他连自己是否活着都不知道。"

莫约和尼古拉握了握他沾着黑莓汁的手。他们玩一种称为"黄蜂蜇人"的游戏，但游戏并不好玩，因为奈纳德·阿拉吉奇不是用手来拍打，而是用脚。他们削制木剑，剑必须有护手盘，否则的话被击伤的指甲几个月间会一直显得黑乎乎。他们把箭直直地射向空中，直到它们消失在视线之外，然后再看着它们坠落下来。冬天，他们的雪橇变作印度的小马。尼科将他的小马命名为哈塔提特拉："这个词语在阿帕切语中的意思是霹雳。"

凭借着一系列小规模的英雄业绩，他们征服了全世界。他们与一个名叫奥帕查的男孩及其黑帮殊死搏斗。石块在他们耳边呼啸而过。有一次，尼古拉眼看着一个石块越变越大，直到它击中他的额头，掉落到地上。

春天，他们玩一种叫作克里斯的游戏，这让他们来到离家很远的地方。他们还玩一种抛接子游戏，要动作敏捷地从地上捡起石块扔。有一次，尼古拉扔出一块石块，弄死了一条从溪水中跃起的鳟鱼。他们在一座漆树丛生的废弃的阁楼里进行探险。他们爬树，窥探云彩，还创造自己的语言。

夏日晚间，当蝙蝠四处乱飞时，他们玩捉迷藏。他们边玩边唱：

"呸，呸，我们玩得不开心，玛利亚·特蕾莎收缴了我们所有的枪。"

唱完这句，他们便从这个世界消失，像蝴蝶似的又躲藏到它们的茧里面。

那个被蒙住眼睛的男孩到处寻找想把他们给找出来。

莫约和尼古拉一起度过了这段神秘的、疯玩乱跑的童年。

所有的一切皆为仪式。

所有的一切皆神秘而又神圣。

他们用两块石头，敲碎杏核，杏仁吃上去像扁桃仁似的。他们从家里偷了一些土豆，拿到外面烤，半生不熟地吃下。即使煮东西也是一场仪式。他们一边烤着土豆，一边讨论着现实世界之外的那些世界，即动物的世界和超自然的世界。一只熊杀死了城镇上方墓地里的一头驴。在印度，英国人要和一伙杀人越货的强盗了结旧账，这些强盗是由发过毒誓的杀手组成的一个秘密帮派。北极有一片绿洲，还有一个秘密的世界。木乃伊可以起死回生，但仅仅在某些前提条件下。一条龙登门拜访了曼娜·楚基奇的疯姨妈。文柯·阿拉吉奇的祖母梦见了一个白衣女人，这个白衣女人跟她说，戈斯皮奇市将会沉入一个地下湖泊，湖泊就位于这个城镇一千码[1]的深处。

神学家们

在戈斯皮奇市的一个夏天，米卢廷·特斯拉答应为两位准备参加考试的神学专业学生进行辅导。其中一位是那个壮实的奥克洛布季亚家的男孩，他是托莫·奥克洛布季亚神父的亲戚。很久以前，这位神父给尼

---

[1] 码：英制长度单位，1码=0.9144米（译注，以下无特殊说明，皆为译注）。

古拉施过洗礼。米卢廷和这两位年轻人一起坐着，告诉他们说，在他那个年代，在约万诺维奇主教的主持下，他必须参加数不清的考试，有教义神学、争辩神学、道德神学、牧师神学、历史、斯拉夫语法、修辞学，以及——那叫什么来着？——噢，对了，吟咏祷文的奉事仪规，再加上教学法。他问那两个学生是否依旧要考这几门科目。学生的回答显然让他倍感欣慰，他点着头指出，将涉及实用神学和教义神学的数门科目整合在一起，甚有裨益。他和蔼地笑着，解释道："这样一来，你们将会成为全面发展的学生了。"

首先，米卢廷简明扼要地阐述了东正教中反对崇拜圣像者与拥护圣像者之间的冲突。当他激情澎湃地论述在所有三个"一神论"宗教中去再现或删除人类形象是多么至关重要时，奥克洛布季亚家的那个孩子勉强忍住了打哈欠，而另一个名叫科里察的孩子，则毫不掩饰地打了个哈欠。

直到下一次上课，米卢廷才得以理解"圣者的耐心"这个短语的真正含义。即使那样一种美德也无助于他将中世纪西方教会中唯名论者与唯实论者的冲突向这两个木脑瓜解释清楚。在他授课的开始，米卢廷谦卑地承认，他将要讨论的哲学争论类似于众所周知的何者为先的难题——是先有鸡呢，还是先有蛋？十二世纪神学家洛色林坚持认为，每一个抽象的观念别无他物，仅仅只是个名称而已——即所谓的"声之气息"（flatus vocis）。

在开始探讨唯实论者的立场之前，米卢廷富有戏剧性地停顿了一下。唯实论者通常被贴上幼稚的标签，作为中世纪的思想家，他们坚持认为普遍性观念客观地存在于现实之中。

"听明白了吗？"米卢廷小心翼翼地问道。

年轻的奥克洛布季亚没有回答，只是死死地盯着天花板。科里察意识到他朋友对天花板拥有如此浓厚的兴趣，因此便将注意力集中在地板上。面对两人的默不作声，米卢廷在来到结论部分时，已做好了一定的心理准备。他说，所探讨的整个议题基本上可以归结为三个问题：普遍性观念是作为词语而存在，还是作为前提而存在，抑或是作为外在于人类思想的真实世界的一部分而存在？

他的两个学生瞪大眼睛瞅着他，像极了烤肉架上被烤熟的羊羔。

"学识渊博的阿伯拉尔宣称，"米卢廷继续诲人不倦地往下说，"人类这个普遍性概念是个极容易引起混淆的概念，此概念是从我一生中所见过的形形色色的人所构成的诸多形象中衍生而来的。"

"但在另一个地方，"米卢廷优雅地阐述道，"阿伯拉尔承认，普遍性概念是存在的——作为逻辑上的构建物。"

来到这个引人入胜的关键节点，他略作停顿，眼中充满询问地看着这两个学生。"但又如何理解以下问题：作为逻辑构建物的人类，它存在于现实之中吗？外在于我们的大脑？"

面对这个无比微妙的问题，科里察系统性地挠遍自己，而奥克洛布季亚则凝视着墙壁，仿佛希望这座墙能代表他来进行这场学理探讨。

真乃"人如其名"（Nomen est omen），米卢廷·特斯拉暗想。我一辈子都没遇到过像科里察[1]这样的木脑瓜笨蛋，也没有遇到过像奥克洛布季亚这样一个永远披盔戴甲、令所有知识都无法渗入头脑的呆子。

"那些一般性词语所指称的事物在现实中确实存在。"久卡·特斯拉插话道。

谁也没有注意到她一直在听他们的谈话。她站在门口，手上沾满面粉。

她丈夫抬眼看了她一下。"此话怎讲？"

久卡尝试用她所不熟悉的词汇来表述：

"当你想到坏人时，你将他们所有用一个词汇一言以蔽之，但与此

---

[1] 科里察（Korica）的名字在塞尔维亚语中，意为"硬壳"；而奥克洛布季亚（Oklobdzija）则是"盔甲"的派生词。——原注

同时，他们中的每一个仍然可以作为单独一个人存在。"

"妙哉！"特斯拉说，内心感到由衷的高兴，"阿伯拉尔就是这么说的。唯有特殊性才存在于我们大脑之外。统一性归属于理念，而非归属于实物。"

米卢廷拍手称好，转身盯着窘迫不堪的奥克洛布季亚和科里察，训斥道："听明白了吗，你们这两个睿智的大学者！在我这文盲妻子面前，你们都嚣张不起来了吧！"

他转身面向他的妻子，对儿子说道："尼古拉！看看你的母亲，她乃真汉子也！她才是最厉害的。"

听到这番夸奖，久卡哽咽起来。在她儿子的葬礼上，她都一声没哭。而此时，她放声大哭起来，因为她一天学都没上过。

生活的新手

谁能想到会发生这样一幕！

谁能想到，数年之后，尼古拉和莫约居然挤在一辆火车上，一同开启了一场重要的旅行。

尼古拉脚上穿的鞋子，原本是为戴恩上高中买的。他父亲举着的手消失在站台上的蒸汽雾团里。

"我的尼科，"父亲对他儿子喃喃轻语，而他儿子当然听不到他在说什么，"你刚刚学会如何做一个孩子，可转眼间你已经变成一个年轻小伙。当你学会如何成为一个少年时，你将变得成熟起来。然后，你才会懂得，在人的一生中，我们永远都是新手。"

"我们这就出发了。"莫约叹息道。

一个头发被精心修剪成平头的孩子，被他父母轻轻推着，走进他们的车厢隔间。新进来的这家人把窗户拉上,以免受电火花和煤烟之苦。尼古拉的双肩低垂着。他和莫约现在都已长大成人,这意味着他们应该讨论一些严肃的话题,这使得尼古拉的舌头因为无聊而紧贴着上颚。但他又不得不表现得像个成年人。他记得来自利卡的士兵是如何在1866年打完达尔马提亚一仗之后返回家乡的,于是他问莫约,奥地利帝国皇帝是否打赢了那场战役。

"是的,他赢了,"莫约答道,他永远是一个全优生,"维斯之战和库斯托扎一战,他也赢了。"

"但是,这位皇帝为何又在意大利丢掉了一些版图呢?"

引擎锅炉里的蒸汽驱动着火车,残酷无情地轰鸣作响,一路飞驰:哐当——嚓,哐当——嚓,哐当——嚓。

他们正在赶往卡尔洛瓦茨的路上,去开启他们的高中生活。尼古拉的心伴随着车轮的节奏跳跃着。他感觉到人生的空间正变得越来越辽阔,令他陶醉。随着世界越来越宽广,他可以更加无拘无束地呼吸。火车像一条龙咆哮着,卷起它的尾巴,全速驶入广袤无垠的大世界。铁轨似乎并不存在,而是突然在火车头前面凭空变出来似的。

在火车隔间里,那个似显早熟的男孩将头埋在他母亲的腿上,兴奋地说道,"让我告诉你我梦见了什么。我们出去散步,突然一条龙从地面蹦出来……獾是什么呀?"

"一种动物,"他父亲解释道,"长着这么大的牙齿。"

"比公鸡还大?"

"公鸡根本算不得什么!"

尼古拉和莫约目不转睛地盯着玻璃窗,他们极力想弄清楚这片土地的地形走向。

"看到那个小屋子了吗?"

"那是铁路的看守件的。"莫约解释道。

那个小屋，连同拴在栅栏上的马，还有院子里的鸡，纷纷一闪而过，代之以其他的景象。

"这片地方真够雾茫茫的。"

"快看那座城堡。"

每经过一个车站，都有旅客下车。

"隔间里还有空余的座位。我们必须相互体贴必须这样做。"一位站在走道里的妇人嘟哝道。

种着天竺葵的吊盆在车站大楼前的微风中摇晃。铁道工用长柄锄头敲打着车轮，听叮当声中是否有异常。穿制服的调度员高举起指示牌，示意火车马上就要开走。他们的哨声刺穿了老鼠般灰色的午后时光。火车一会儿驶进隧道，一会儿驶出隧道，像极了一场躲猫猫游戏。

火车引擎怪兽般地咕咕作响。暮色中，一串火花在它后面溅起，呈之字形尾随着。

尼古拉感到十分无助。放眼未来，前程是那么的模糊和渺茫，一片虚无。

"不再有山了。"他说道。

他们有生以来第一次见到平原。比起他们在利卡山区所习惯了的那些房屋，这里的房屋显得要富丽堂皇得多。

"越是像狗屎的地方，人们似乎越是有钱。"

变形记

尼古拉的叔叔布兰科维奇在卡尔洛瓦茨与他见面，带他来到一座二层楼的巴洛克式建筑，门牌号为 17 号。当着她丈夫的面，尼古拉的婶婶卡娅让这个男孩背诵以下内容：除了梅达克显赫的特尔博耶维奇家族，莫戈里奇的米洛耶维奇家族，弗雷巴茨的波格丹诺维奇家族，以及波奇特里的多申家族之外，格拉查茨的曼迪奇家族也是当地诸多家族之一，为整个利卡地区培养出了最多数量的东正教牧师。

然后，她将一根手指放在那孩子的嘴上，说道："千万记住，病从口入。"

每当那性格和蔼的叔叔将一根鸡腿扔到尼古拉的盘里，婶婶都会大声尖叫："尼基！"而她那敏捷的手总能让鸡腿从盘子中消失。显然，她早已得出了某个神秘结论，即精神食粮完全可以替代人间烟火。用餐完毕之后，尼古拉扯了扯身材丰满的厨子玛拉的袖子。

"你能不能帮我在一片面包上抹些猪油？"

"我可不敢惹女主人生气。"玛拉答道，面有愠色。

虽然伙食很差，但那孩子的身体正发生着变化。当别的孩子在外玩耍时，他会悄悄溜到食品储藏室，身体悄悄发育成长。随着他越长越高，他常弓着背。

叔叔布兰科维奇会习惯性地在他背上猛拍一下，大声喊道："把身体挺直了！"

那个友善的姿态含有鼓励的性质。叔叔喜欢有人向他求教，而尼古拉也尽量迎合他。

"既然卡尔洛瓦茨是个内陆地区，为什么在它的盾徽上有两个海妖和两个锚呢？"

"卡尔洛瓦茨是个名副其实的河流之镇，"布兰科维奇少校竖起眉毛，"卡尔洛瓦茨不仅横跨两条河流，库帕河和卡若娜河，而且事实上总共有四条河流，如果你把多布腊河以及附近的姆雷日尼察河也计算在内的话。我们的富庶基于一艘艘驳船的航运，它们将木材和粮食从波萨维纳运来，然后我们再将这些产品从这里运往亚得里亚海的各个港口。"

布兰科维奇清了清嗓子，继续说道："我们会一直这么干下去，直到他们在萨格勒布和里耶卡之间架起铁路。"

确实,水在卡尔洛瓦茨发挥着重要的作用。尼古拉从他婶婶的玻璃窗往外望去,看着淅淅沥沥的雨水。雨,已经下了整整一个礼拜。

"它应该快停了。"他猜测。

"已经没有任何洞穴可以让雨水灌进去了。"婶婶回答道。

待雨水退去之后,老鼠成群结队地入侵了地窖。

厨子玛拉奔进房里。"它们什么都吃,连一串串干辣椒都不放过。"

来自利卡的这匹小狼将平地称作"老鼠之地"。他学会了如何用弹弓来杀死这些带有敌意的啮齿动物。这位老鼠猎杀者眼中透着悲伤,一边注视着下个不停的雨,一边思念着家乡。以前在利卡,春天到来时,人们会吃羔羊肉和切得很大块儿的土豆,不再像冬天那样就着卷心菜吃熏羊肉,还喝玉米糊。他还怀念埋在灰里的荷兰烤箱,怀念利卡圆形的乳酪和面包,更怀念那固执地吹个不停的风,还有传统的利卡圆帽,这种帽子看上去像极了田野里的罂粟花。

最令他思念的是他的姐妹们,玛利察,米尔卡和安格林娜。

"你在卡尔洛瓦茨过得可好?"她们在来信中问道。

"我过得很好。"尼古拉回答道。

他在卡尔洛瓦茨学几种不同的语言,并和布兰科维奇叔叔讨论历史。

"这些书,不妨读一下。"叔叔递给他一堆书。这些书有论述本韦努托·切利尼和辉煌的洛伦佐的,也有关于诸公国亲王、主教、雇佣军和西斯廷教堂的,甚至还有一本是关于米开朗基罗所创作的《大卫》雕像一条残缺的腿的。但叔叔微妙的暗示没能结出任何硕果。在叔叔家经过三年斋戒后,尼古拉在余下的一生中,永远将艺术和饥饿联系在一起。

很久以前,这位少校曾在维也纳结交了一位古董店老板杰胡达·阿尔塔拉茨。布兰科维奇的小型艺术收藏便是两人之间多年讨价还价的产物。这位少校叔叔向尼古拉展示了捷克的水晶制品以及德国制造的带有人眼形象的饰针。他收藏的绘画作品都是带有隐喻性质的艺术再现，讲述的是生命的转瞬即逝与昙花一现——即所谓的人生之虚幻。画中有一个双面"人"，脸的左侧展现一抹充满了青春气息的桃粉色微笑，而右侧则是一个颅骨在狰狞地笑着。这些画作恰好证实了尼古拉的信念，即艺术以伪装的手法呈现人类的饥饿匮乏。

"她是一条蛇。"他的老朋友莫约·梅迪奇就是这样来称呼尼古拉那一脸苍白的婶婶的。

婶婶把身材丰腴的玛拉炒了鱿鱼，也不给她写任何的推荐信。她雇了年纪大得多的鲁日察，代替玛拉。

"当你烤鱼时，只要听到它眼珠子爆裂的声音，就表明它熟了。"婶婶这样教她。

有一次，她当着尼古拉的面，抽了那年老的厨子一巴掌。

"你能不能帮我在一片面包上抹些猪油？"尼古拉问鲁日察。

"我可不敢惹女主人生气。"鲁日察哼着鼻子回答道。

卡娅·布兰科维奇会使用"自然而然地"和"显而易见地"这样一些词汇，但在她那胆小羞怯的面具下，活脱脱地是个锱铢必较、毫不妥协的人物。不过话又说回来，虽然她交谈中经常性的停顿会给她侄子以拒人千里之外的感觉，但她仍然会照顾他。卡娅·布兰科维奇在卡尔洛瓦茨的沙龙有一架白色的钢琴。光顾沙龙的有当地的药剂师和他那愚蠢得令人感动的老婆。雅各布·沙谢尔，一位环球旅行家，也会莅临。东正教牧师阿纳斯塔西耶维奇有时会带着两个漂亮女儿顺道拜访。女佣会以鼻音很重的语调，请大家到餐桌前就座。晚宴之后，尼古拉的叔叔会让他的宾客挨过一段无聊的时光，向他们没完没了地讲述一个又一个故事，说他在参加索尔弗利诺战役时，他骑着的马如何被击中毙命，以及他如何及时退伍返乡，从而"在与普鲁士人的战争中使自己免于陷入难堪的境地"。餐桌上方用煤油点着的枝形吊灯嘶嘶作响，银制的餐具在宾客的手中也叮当作响。药剂师的老婆低声跟沙谢尔说,索尔弗利诺战役的英雄,现在已然成为一个十足的"妻管严"。

之后,他们都斜倚在椅子上,椅背覆盖着针绣花边。阿纳斯塔西耶维奇夫人的双手,会将钢琴的键盘变作汹涌激荡的波涛。

当一个德国歌剧舞团到访卡尔洛瓦茨时,他们全都去观看《魔笛》的演出。叔叔说服婶婶将尼古拉一并带上。歌剧中,祭司萨拉斯特罗在一个暴风雨之夜削了一支有魔法的笛子,闪电照亮了他自身。其他的一些人物问捕鸟人帕帕基诺,他是否在寻找智慧。

"不!"帕帕基诺回答说,"有吃的,有喝的,再睡上一夜安稳觉,这便足矣。"

对于一直忍饥挨饿的尼古拉来说,有吃有喝同样也会令他感慨此生足矣——但条件是他得吃饱喝足呀!他那时拍的照片显示,他是一个举止笨拙的青年,头上的发型与后来使泰山[1]遐迩名闻的发型毫无二致。他的婶婶无时无刻不在监视着他。

"你绘画课为什么上得越来越糟糕了?"她问他。

"因为我不喜欢这门课。"

"你整天和什么样的人厮混在一起?"

尼古拉承认,高中的那些男孩喧闹无比,堪比一群乌鸦。他们每说一句话,后面都会带着感叹号:"我如何才能和那条鳄鱼交谈!""嘿,牛人!""你疯了!"他们急不可耐地等待着毕业,把毕业帽抛到空中,然后关停他们的大脑。

他又能和什么样的人厮混在一起呢?

---

[1] 泰山(Tarzan):华特·迪士尼影片公司出品的动画电影《泰山》中的主人公,该电影于1999年6月在美国上映,讲述了在非洲原始森林长大的人类泰山在人类和猿猴家族之间进退两难的故事。

迟疑了一会儿后，他回答道："我常和尼古拉·普里察和莫约·梅迪奇在一起。"

"我看出来了。那个胖子！"她记得莫约的模样。

尼古拉·特斯拉与普里察和莫约在一起时，可以无话不谈。真的，几乎无所不谈。每当他无意中谈及某个哲学话题，他们的脸就会阴沉下来。

"这是哪里来的一派胡言？"他们抱怨道。

被尼古拉认为重要的事情，就像森林里倒下的一棵树，没有人能察觉到。然后，随着他感受到他自己的力量，他的胸膛开始膨胀。他觉得自己像一个越来越鼓的气球。有时，他会觉得身体毫无重量，随着每一次喘息，他都会毫无顾忌地拥抱这个世界。在他内心的喜悦之情与外部那极具破坏力的怀疑主义思想之间，存在着一条巨大的鸿沟。他像一条鲑鱼似的，顶着一股反对潮流，逆流而上。在各种讥讽和嘲笑的包围之中，他唯一的安慰在于这样一个念头：他们会忘记他们目前所有的"思想"，而我却绝不会忘记我的！

在这个博览群书的男孩心中，铭记着奥维德[1]的一番话："我们内心深处都有一个神灵。当他撩拨我们时，我们的胸膛才温暖起来；正是他的激励才播下灵感的种子。"

他意识到，在这个世界上，人们允许我们成为某一种人物，而不是允许我们变成某一种人物——因为那样的话会令他们心绪不宁。

然而，尼古拉正在发生着变化……

外表上，这种变化是显而易见的。当他最初来到卡尔洛瓦茨时，他是个郁郁寡欢、土里土气的男孩，但现在他正在变成一个喜爱打扮、油

---

[1] 奥维德（Ovid，前43—17）：古罗马诗人，代表作为《变形记》（*Metamorphoses*），用六音步诗行写成，全诗共十五卷，包括约二百五十个神话故事，以编年体的形式从创世写到恺撒之死，奥古斯都继位。

头粉面的青年。他过去经常低着头垂着肩,但现在腰板直挺挺的,而这多亏了他叔叔在他背上的猛烈拍击,起到了矫正作用。除了德语之外,他还能说一点英语与法语。他练习法语中不规则动词的词形变化,练习时的嗓音变得富有男人味。但更为重要的是他灵魂深处的变化。曾经在某个时候,他觉得人生正在为他展现美好的前景。他惊讶于这些变化,他聆听着自己呼吸中的声音,就像戴恩之前所经历过的那样。他感到有点头晕目眩。天空让他觉得有点刺疼。世界在他周围不断扩展,映照出他的灵魂。

"如果你总是盯着镜子看,你将从中见到一个魔鬼。"卡娅·布兰科维奇咒骂道。

每天,他都会对着镜子仔仔细细地把自己的脸检查个遍。某个东西在他灵魂中像桌子上打翻的油那样在扩散。某个陌生的人正在从镜子的另一侧浮现出来。那个人正在慢慢地——并且十分轻柔地——化作某种恐怖之物。当那个日甚一日清晰浮现的幽灵变得比他死去的兄长更令人胆战心惊时,尼古拉不禁后退一步,发出一声短促的尖叫。

华尔兹之王

莫约·梅迪奇和尼古拉·特斯拉前往卡尔洛瓦茨的中心地带,沿着一座堡垒散步。在屋顶上空,烟雾直冲天空。他们尽可能紧挨着建筑物行走,以避开结冰的路面。

"地太滑了,我们不应该外出。"特斯拉十分理性地说道。

莫约没有回答他,而是用力抓住他的臂膀,紧盯着他的双眼。

"除了学校,我只在教堂里见到过你,"他粗暴地说,"你到底是怎么回事?"

尼古拉脸上露出一副半受激励半受苦难的神情。他许多次坠入"爱河"——爱他母亲的头发，爱他父亲的书房，爱他兄长的名声，爱他夜间的飞翔，爱世界变得日趋辽阔的感觉。现在，他再一次坠入"爱河"，当然他不是恋上了长着黑眼睛的卡尔洛瓦茨美女中的任何一个。在每一位美人身上，这位大英雄总能发现一个瑕疵——正如民歌所述。但尼古拉对电的热爱绝对有别于任何其他青春年少时的恋情。

年轻的特斯拉记得，圣奥古斯丁曾说过"它究竟何在？神秘之心究竟何在？"就特斯拉而言，这个神秘之心本身呈现于一个寂静无声的球体之中，这个球休在马丁·塞库里奇先生的学校实验室里又蹦又跳。

这个由塞库里奇所发明的实验球体覆盖着数层锡箔。一经连接到一台静电发电机上，它便变成一个悄无声息、快速旋转的陀螺。它像吸引蛾子扑向火焰的光那样，对着尼古拉点头示意，直到尼古拉回答道，"我在这里呢！"他真希望能五体投地，去膜拜这个球体所揭示出来的那股神奇力量。倘若那个教学工具只是一个实验仪器的话，那么尼古拉最想成为的就是那个实验者。倘若那就叫作科学的话，那尼古拉就想成为一名科学家。他渴望能享受那难以名状的兴奋之情。随着毕业日子日趋临近，他越来越肯定，他只想跳跃到这股力量的上面，与它一起翱翔，与它一起成长。他毫不犹豫地将内心的小秘密告诉了他的朋友。

"你想成为一位发明家？"莫约竖起了眉毛。

"是的！"尼古拉确认道。"一个能将蒙住世界眼睛的障碍物揭掉的人。"

"而你又打算如何揭掉这个障碍物呢？"他的朋友嘲讽道。

"比如，我们可以想象一下，如果我们围绕着赤道造一条环道，在原地盘旋，由惯性以及空气阻力控制住，那么，人们利用这条圆形的环球道路，一日之内便可旅行数千英里[1]。"

"那由谁来出这个钱呢？"莫约·梅迪奇哼了一声，表示不屑一顾，"得了吧，尼古拉，醒醒吧。"

尼古拉一生中从来没有如此清醒过。在那关键性的一年，他成了塞库里奇的助手。

"尼古拉是一个头脑敏捷的家伙，堪为上帝的灰狗。"塞库里奇逢人就夸奖他。

"优秀"这个词首次被用来形容他自己，而不是他那已故的兄长戴恩。他的知识绝不是那种枯燥乏味的学术性知识。事实上，它根本算不上什么知识。夜里，出现在他眼前的不再是他孩提时代梦见的遥远的城市，而是塞库里奇那个不停地转动着的球。尼古拉的思绪与它一起舞动。

高中毕业后，他拒绝去学习神学。

"那是我父亲想要的东西，但不是我想要的。"

莫约一把紧紧抓住他的手臂。

"小心！"

冰上，不断有人摔倒，仿佛他们置身于打闹喜剧之中。这两个朋友与其说是在卡尔洛瓦茨的鹅卵石街道上行走，不如说是在一路滑冰。在米勒酒馆前，帕沃·彼得罗维奇，一个鼻子通红的警察，滑倒在地，但他立即爬起来。由于拂他上装时用力过猛，他啪的一声把他笔挺的制服上的一颗钮扣弄掉了。

"站稳了！"

"干得好！"镇子上游手好闲的人们哈哈大笑。

"你们这帮狗娘养的……"帕沃怒吼道。

这两个男孩子脱帽向造枪匠和环球旅行家雅各布·沙谢尔致敬。尼

---

[1] 英里：英制长度单位，1英里约为1.609千米。

古拉叔叔的这位朋友在当地也算得上是个名人。他在埃及、努比亚以及苏丹等处旅行，并基于他的旅途见闻写过一部游记，在萨格勒布的一次展览会上曾获得称赞。他举手轻触帽檐，作为对两位男孩致敬的回应。这个轻微的举止足以让他失去平衡。随着他跌倒在地，他打碎了刚刚在药店买的装着药的小瓶子，咒骂的话刚到嘴边，被强咽了下去。这位环球旅行家挥手拒绝了他们拉他一把的好意，爬起来，登上一辆马车，消失在远处。

"我们还继续走下去吗？"

"别害怕，"莫约说，"走路时只需将膝盖弯曲。还有，双手不要插在口袋里。那样的话，即便摔倒，也不会受伤。"

当他们穿过麦市广场时，莫约察觉到，一种古怪和孤独的情绪吞没了他的朋友，他觉得他好可怜。于是，他把话题转移到比创造发明更有趣的事情上。他咧嘴笑着，用尼古拉根本不想听到的一个复数名词向他的朋友提出了挑战：女子！皮肤白皙的女子！头发散发着芳香的女子！双眸令人痴迷的女子！女子！与女子跳华尔兹舞，较之于尼古拉关于科学与人类的说教，起码不是一个那么乏味的话题。

莫约·梅迪奇如何才能向他那伤心而又可怜巴巴的朋友解释清楚，从一个姑娘那里掠过来的简单一瞥，会令他倍感刺疼，深入全身每根骨头的骨髓之中。一百万个玫瑰花蕾在莫约耳中绽放之际，尼古拉则压根儿没有听到生命撑拨人心的轻声絮语。现在，该莫约去追寻灵感启迪，而尼古拉则觉得，他的这位朋友双眼盲瞽，无法窥见生命的真正奥秘。

莫约上气不接下气地告诉尼古拉，他，以及约万·比耶里奇、尼古拉·普里察、尤利耶·鲍尔陶科维奇，甚至还有久罗·阿姆申尔，正跟着彼得罗·西尼奥雷利在上舞蹈课。任何一个从戈斯皮奇岁月就开始了解莫约·梅迪奇的人，肯定会惊讶于他新近培养起来的对于舞蹈的兴趣。在戈斯皮奇的淘气鬼中，绰号叫"泰迪熊"的莫约，在人们的记忆中是个心事重重、胖乎乎的小孩，走路时像鸭子似的蹒跚而行。在拉科瓦茨上高中时，他个子越长越高，身材越来越修长，走起路来也变得直挺挺的。他开始对穿着打扮十分讲究，现在又试图给他那兴趣索然的朋友尼古拉·特斯拉做一场如何跳华尔兹舞的讲座！

莫约神秘兮兮地告诉尼古拉，在舞蹈课上，他们不仅学跳旧的华尔兹舞曲，诸如"清晨的消息"和"蓝色多瑙河"，也学跳新的舞曲。西尼奥雷利先生答应，他很快就能拿到约翰·施特劳斯宣布的为当年所创作的最新曲目——《维也纳血统》。莫约咯咯笑着，讲述了他和约万·比耶里奇的一场争论，要辩论清楚施特劳斯是否只蓄着八字胡，还是像弗朗茨·约瑟夫皇帝那样，也惹人注目地蓄着连鬓胡须。莫约告诉他那无动于衷的朋友，那个华尔兹舞之王，尽管他的指挥棒能让整个欧洲都舞动起来，但亲口坦承他自己根本不懂如何跳舞。莫约觉得，特斯拉一定甚感惊讶。

"他不懂如何去跳舞，可我懂啊！"莫约脸上放着光说道，"华尔兹舞是一种很简单的舞蹈。一，二，踮脚！"

"那不是有点傻吗？"尼古拉问。

"或许是有点傻，"莫约说道，"但它好玩极了。一，二，踮脚！"

尼古拉惊讶地看到，那个曾经笨拙无比的莫约，竟然能在卡尔洛瓦茨的鹅卵石上单脚尖旋转。莫约·梅迪奇，一名高中的高年级学生，不只是在舞动身体——他的思想也在舞动。广阔的世界充满了轻声絮语和各种允诺，而在这个世界之上，莫约·梅迪奇翩翩起舞，堪称是位罗曼蒂克的恋人，我们这个时代的普希金和拜伦。

"一，二，踮脚！"随着莫约无所畏惧地旋转不停，他突然失去平衡摔倒，后背着地。他赶紧收拢下巴，以免自己的后脑勺撞到结冰的马路上。

"莫约！"尼古拉·特斯拉不再皱着眉头，露出一脸诚挚的关切。

在急忙奔过去搀扶莫约时，他自己也一个趔趄滑倒。随着身体撞向冰面，疼痛差点让他瘫痪。他轻轻地揉着自己的臀部，以便让疼痛逐渐舒缓下来。

又一轮疼痛袭来，使他猛咳起来。他痛苦地做了个鬼脸，莫约看着他，鼓起双颊。特斯拉回敬了他一个同样的表情，忍不住哈哈大笑。

尼古拉的笑声太有感染力了。那位华尔兹之王四肢伸展，躺在地上，一边全身不停地抽搐，一边迸发出青春粗犷的大笑。

追风

> 一个年轻人，尤其是一个在大学学习了数年的年轻人，
> 极不可能敢于去追寻牧师这一勇敢的道路。
>
> 　　　　米卢廷·特斯拉，《致塞尼市政府的信函》，1852 年

虽然人类的大脑无法为每一个问题寻找到答案，但米卢廷相信，仍有可能知道人们会为了庆祝复活节而去染一堆红鸡蛋。同样也可以知道，对于那些专为庆祝守护神节而烤的面包，牧师会予以赐福。还有，戴着花冠的新郎与新娘，在结婚仪式上要绕桌三圈。他相信，对某一困境展开沉思，并不一定能找到真理——真理仅展现于英勇无畏的尝试之中，不再有任何优柔寡断，并且，要明确宣示某一事物究竟是什么，或者不是什么。

"父亲！请听我说！"尼古拉恳求道，显得十分徒劳。

米卢廷受不了他儿子脸上那受到灵启的神情。

"请你一定要理解，"他儿子争辩道，提高了嗓音，"去当一个牧师，这个想法本身就令我恐惧。这就像把一只猫强行推入水中，而我无法做到这一点。我不能，因为我就是我！"

"我是何意？"他父亲盯着他，仿佛第一次听到这个字眼似的，"我们需要牧师。我们在这个穷困潦倒的国家，几乎吃了上顿没有下顿。我们需要有人来启迪民众的大脑与心灵。"

米卢廷将他的眼镜滑下他的鼻梁。

"你梦寐以求的这种科学，只是虚荣而已。十足的虚荣，纯粹是在追风！逃避宗教职责，只为了讨好你自己的那个自我，这幼稚得像孩子。"

尼古拉的一股热血凉了下来。他几乎无法做任何申辩："父亲，我在说，但你没在听啊。"

"我没这个必要，"米卢廷得意扬扬地说道，"世界上没有任何法律规定，凡是有人说话，别人就得洗耳恭听。"

一则公告

女士们，先生们，尊敬的朋友们：

当尼古拉·特斯拉拒绝成为牧师时，他父亲动用了他所能动用的全部手段，逼迫他去当牧师。重压之下，且又缺乏活下去的意志，尼古拉患上了霍乱，染病倒下。染上此疫的患者，第一天就可能死去。尼古拉呕吐，并伴有腹泻。他的指甲呈蓝色。他深陷的双眼直愣愣地从又深又黑的眼窝里向外瞪着。他痉挛发作，身体受寒，内脏撕裂般疼痛。他时而高烧，时而身体冰凉。他声音变得嘶哑，心跳几乎已听不到。

高烧轮盘赌

高烧使他的房间变成一片旋涡。

尼古拉没有存在于这个世界上。他身处一条狭窄的走廊里，两侧的墙上挂着他祖先们的画像。左侧墙上都是那些该死的牧师，右侧墙上则是那些该死的军官。两排画像里的人物全都用呆滞的目光注视着他。

他父亲坐在他脚旁。

坐在他床头的则是魔鬼。

"我会取了他的性命的,你知道吗?"魔鬼轻声对那牧师说。

"不可能,"米卢廷低吼道,"在我们家族,我们一贯都是当牧师的。"

魔鬼的绿眼珠儿几乎要钻进米卢廷的脑袋瓜儿。"你没在听我说,"他说道,"他将无法活着见到日出。"

"我所有的希望……"米卢廷从胸膛深处迸出一阵呜咽。

"老兄,你还是清醒清醒吧,不然他会死的。"

"他是我唯一的儿子!"那牧师开始前俯后仰,呼天抢地,活像个娘们似的。

"我的戴恩已经死了。剩下的都是女孩。只有他能继承家族的传统。"

"我会取了他性命的。"魔鬼复述道。

大滴大滴的汗珠从年轻的特斯拉的额头冒出来。

"放过他吧。"那牧师恸哭。

"我会取了他性命的。"

尼古拉的头上大汗淋漓,在枕头上剧烈晃动了一下。他的鼻孔明显变窄。

"看在上帝恩典的分上,别折磨他了,"那牧师非常想这么说,但他只能哀求道:"求你放过他吧!"

"格杀勿论!"

"尼古拉,我的儿子,"米卢廷神父的说话声如此铿锵有力,以至于床另一端的鬼魂消失得杳无踪影,"身体好起来吧,儿子。只要你身体好起来,我就让你去学理工科。你可以去格拉茨,想学什么就学什么。只要你身体好起来,什么都随你的便。"

"真的吗,父亲?"尼古拉干裂的嘴唇几乎张不开。

"你千万不要离开我，"米卢廷说道，凝视着他儿子的额头，"想去哪就去哪，想学啥就学啥吧。"

就在那一刻，尼古拉张开了他的眼睛。

高烧轮盘赌停止了转动。

房间里的旋涡戛然而止，所有东西复归其位，各得其所。

在施蒂里亚[1]大公之城

当尼古拉奔跑进入大学主楼时，楼外的那些喧闹声顿时沉寂下来。大楼的中庭像贝壳似的嗡嗡作响，学生们嬉闹着，在大理石地板上做出溜冰的动作。他们大多说德语，虽然也可以听到他们说塞尔维亚语、匈牙利语，以及波兰语。

现在，我已经来到了一个完全不一样的世界，一座城堡，来自利卡的这位年轻人思忖道。

在施蒂里亚大公市，尼古拉可以更加轻松地呼吸。他生平第一次可以选择他喜欢的科目。他在阿特姆斯大街上租住的房间，即使异常阴冷，也令他心生欢喜。但他的室友存在一些小问题。有一次，尼古拉买了一些苹果，在放学回家的路上，他一边想象着苹果的美味，一边情不自禁地笑起来。但当他走进房间时……

"你为什么要吃我的苹果？"他在门口质问道。

"因为它们就放在这里。"他的室友科斯塔·库里希奇一边回答道，

---

1 施蒂里亚（Styria）：奥地利中东部州，面积16378平方千米，首府格拉茨。从石器时代就有人居住，后来为罗马人所控制。八世纪时由巴伐利亚人统治，976年之后归属于卡林西亚公爵，十一世纪时成为法兰克王国的边界领土，1180年成为公爵领地，1282年成为哈布斯堡王朝加冕地。第一次世界大战之后，南部的一片土地被割让给南斯拉夫。

一边嘴里嚼着苹果。

尼古拉因为喉咙疼,就用温盐水含着漱口。

"你看上去活像一只吞蛇的鸟。"库里希奇告诉他。

早上,当尼古拉准备洗脸时,他遽然停下来,问道:"你为什么用我的毛巾?"

"因为它干净。"库里希奇镇定自若地回答。

碰到一个如此令人哭笑不得的人物,想要打架都打不起来。库里希奇鼻梁断裂,长着熊一般的眼睛,由于他家乡特蕾比涅镇附近不久前遭遇了一场大屠杀,他经受了巨大的痛苦。每当库里希奇摆出一副英勇无畏的神态时,在尼古拉看来,他几乎无法忍住,直掉眼泪。星期天,整个格拉茨笼罩在一片静谧之中,仿佛住着的全都是男管家。这两个室友赖床不起。霜在他们房间的玻璃窗上留下一个个小圆点,他们可以看到自己呼出的气凝结在窗上。当大风吹得他们房间直摇晃时,尼古拉向库里希奇讲述了他的飞行引擎的事。

"你认为地狱位于何处?"尼古拉突然问道。

"我可不知道,"库里希奇说,"但肯定要比我们所想象的来得近。"

对于尼古拉所谈的绝大多数事情,库里希奇基本上听得如坠云雾,不知所云。他也无法理解他的室友为何在每个上课日都会那么早就起床,哪怕是在最冰冷刺骨的日子。

"天还没亮,你怎么能起得了床?"他低语道,"上帝还没有创造世界呢。"

"落下任何一节课,都是令人惋惜的。他们都是大教授。"尼古拉解释道。

在尼古拉的心目中,大学里最出色的授课老师当推阿勒博士,一位微积分方程的专家。阿勒将愚蠢视为某种形式的恬不知耻。每堂课结束后,他都会找到尼古拉,问道,"我们可以开始了吗?"

整整一个小时，他会让他演算特殊的题目。

"太棒了！"阿勒高喊道。

在这些数学辅导课之后，他们一起离开教学楼。做学生的向教授提出了一个令其惊讶的问题："您注意到格拉茨大街上跑着的那些马车了吗？"

阿勒教授的眼皮扑闪扑闪着，表示他知道。透过镜片，他的眼皮被放大了许多。

"很多马车都是装在弹簧上的，只不过它们的装饰所采用的是十九世纪的风格。"

"此话怎讲？"

"可是，就原理而言，这些马车与《荷马史诗》以及《旧约全书》中所能找到的马车，依然毫无二致。"

"这又能说明什么呢？"

尼古拉打开他的书包，展示了一架电动飞行引擎的数张草图。"现在，是不是该让人们飞起来了？"他问道。

整个大学一年级，在这所理工学校，除了图书馆和授课大厅之外，他对这个世界兴趣索然。无论是这个地区的温带气候，还是托贝尔巴德的温泉，都没有给他留下什么深刻的印象，而那个十六世纪的瞭望塔，他对其更是无动于衷。穆拉河、河上的桥梁，还有当地的啤酒厂，这些也都无法引起他的兴致。在一个以制帽业和镜片制造业而著称的城市里，他唯一的兴趣在于电气工程和书籍。

对于都市的生活，以及都市里那些令人难以理解的时尚，他佯装出一副丝毫不感到惊讶的样子。淑女们的服饰，看上去像极了小孩子的围兜，只是带有蕾丝罢了。绅士们的大衣在紧贴着下巴处就被紧紧地束住，于是这些大衣简直变得与帐篷无异。房间里，人们伴着舒伯特的《格拉茨华尔兹》翩翩起舞。身着黑色礼服的绅士和穿着蕾丝的淑女在枝形吊灯下旋转个不停。在这些圈子里，柏拉图所谓的女性人格中的男性意向以及男性人格中的女性意向似乎清晰地呈现出来。军官们微妙的笑容使他们的点头鞠躬变得无比温柔。人们讨论着黑塞哥维那起义[1]，近期的经济危机，捷克烹饪，以及绘画中学院风格相较于法国印象主义绘画的种种卓尔不群。

而尼古拉又过得如何呢？

尼古拉倒是自由自在，无拘无束。直到最近，他显得像是一个想象中的虚构人物，但只是到了现在才变得真实起来。每天，他会在施洛斯伯格山顶上散步，那是一个永远都不曾被攻克的要塞，最初将土耳其人阻挡在外，后来又抵御了拿破仑的进攻。尼古拉称，他喜欢这个地方那"带电的空气"。不久，裁缝穆尔科给他做了一套正装和几件衬衫，账先赊着，但需计息。一直到那个时候为止，人们都称他为尼古拉。但从现在开始，人们称他为特斯拉，即特斯拉先生。

特斯拉先生每晚都在图书馆度过。黑格尔那爬行动物般的双眼在墙上紧盯着他。巴洛克风格的天使在天花板下展翅飞翔，整个图书馆闻上去有股十七世纪的气息。在他头脑中，父亲依然在发着他的牢骚，对尼古拉的决定表示疑虑。

我看出来了，进步现在已成为你的上帝，父亲的声音在他脑海中响起。但即使进步真的存在，它并不聚焦于任何特定之物——它会提升所有事物，包括罪恶。它也提升"人之于人，若狼之于狼"这样的关系。

沮丧与苦恼中，尼古拉努力将这些思绪抛于脑后。他潜心研究伏尔

---

[1] 黑塞哥维那起义（the Herzegovina Uprising）：南部斯拉夫人民反对土耳其封建统治和民族压迫的起义。1874年，黑塞哥维那歉收，次年，当地民众发动起义，要求废除土耳其的大庄园制，要求土耳其军队撤出黑塞哥维那。起义得到其他南部斯拉夫国家和欧洲大国的同情和支援，但终因力量分散，起义在土耳其军队的镇压下失败。

泰[1],用伏尔泰的思想武装自己,来对抗他的父亲。伏尔泰使他深信一个道理,即"精致乃善之大敌"。因此,他开始每天用功读书十八个小时。

他大学第一学年便通过了九门考试——比规定的数量多了一倍。"令郎乃一流明星。"学院院长在致信给身在戈斯皮奇市的那位牧师时这么写道。然而,米卢廷对尼古拉的学业成功并未表示出什么热情,反倒是对他的健康忧心忡忡。尼古拉对他父亲的担忧则不予理会,认为那都是些老生常谈,实属陈词滥调。"知识——倘若真实的话——会令你兴奋得喘不过气来,"他如此说道,"它要比活在世上这件事远来得激动人心。"

温暖之爱和冷峻之爱在他内心不断发生冲突。对于人类,他是满腔的温暖之爱。对于他父亲所谓的上帝(米卢廷对其奉献了全部的温暖之爱),他则持一种冷峻之爱。尼古拉的冷峻之爱也汇聚在科学发明那股猛烈的、火焰般的力量上面。相对而言,温暖之爱根本不算什么,只是一个影子而已。对于尼古拉来说,图书馆才是一个充满了确定性的场所,而这却是米卢廷从未体验到的。其他学生在汲取科学知识时,靠的都是死记硬背,仿佛一首诗歌那样,他们日后要借此生活,并终生吟诵。但对于尼古拉而言,他确确实实对事物的本质抱有兴趣。除了物理之外,他还如饥似渴地钻研一卷又一卷的古典名著与哲学论著。

他博览群书,整个世界为他变得辽阔宽广。他希望最终成为一名发明家,而发明就意味着世界的拓展。就在图书馆闭馆之前,他来到室外,

---

[1] 伏尔泰(Voltaire,1694—1778):十八世纪法国启蒙思想家、文学家、哲学家,被誉为"法兰西思想之王",主张开明的君主政治,强调自由和平等。代表作有《哲学通信》《路易十四时代》《老实人》等。

仰望着康德所论述过的璀璨星空[1]。他只觉得自己正在一颗颗星星的裂变下迅速长高。要不了多久，他两只尖尖的耳朵就要与这个城市里的塔一样高了。那接下来呢？一个个星系就会在他的头发里缠绕在一起。

再接下来，又会怎样呢？

关于鼻子的一段论述

摘自尼古拉·特斯拉1875年12月3日在塞尔维亚青年社团发表的演讲

我亲爱的同道好友，倘若我们没有鼻子，我们会存在于何处？

相信我——我们不可能存在于任何地方！

鼻子使我们与无形世界联结在一起。它让我们知道，哪些事物是健康的，哪些事物是不健康的；也让我们知晓，我们的床榻是否洁净，菜汤是凉是热；它赋予我们清晨的气息，或者让我们闻出一场暴风雨是否即将来临。它使我们与大自然浑然一体。

正因如此，鼻子经常被喻为植物。我们全都熟悉所谓的鳞茎状的樱桃鼻或土豆鼻。

人类的鼻子是架设在我们与动物世界之间的一座桥梁。你们都听说过鹰钩鼻、猪鼻、哈巴狗鼻子。许多不幸的年轻人都被称作巨嘴鸟、独

---

[1] 伊曼努尔·康德（Immanuel Kant，1724—1804）：德国古典哲学创始人，西方启蒙运动时期最后一位主要哲学家。从1781年开始，完成了《纯粹理性批判》《实践理性批判》和《判断力批判》三部著作，被视为德国思想界的代表人物，西方最具影响力的思想家之一。他的名言之一便是："有两件事物我越是思考越觉神奇，心中也越充满敬畏，那就是我头顶上的星空与我内心的道德准则。"

角兽或犀牛。

鼻子也使我们不断作出调整,跟上季节的节律。它们给我们带来二月霜雪天或六月菩提树开花的芳香。一丁点儿烤辣椒的气味便构成了八月的前奏。

鼻子是一种工具。人们真想知道你是否能将其当作开罐器来使用。人们也常将鼻子比作一把铲子、斧头或是锛子。

它也是一种乐器,类似于小号、巴松管或长号。鼻子还为打鼾提供了一个"臭名昭著"的音箱,令你的室友们不胜其烦。

鼻子能够决定嗓音的音色,因而它是歌唱家的福音;而对于那些说话时总带着浓重鼻音的人来说,则是一种诅咒。

人们还能在社交场合中嗅出彼此是什么货色。我们对"铜臭味"或"寒酸味"都耳熟能详。

鼻子也折射出地球母亲的地貌特征,让人联想到她那些壮美的山峰以及无底的幽谷。

鼻子乃一迷宫,光和空气透过它可以往下抵达喉咙的黑暗之处。关键是,它能让我们活着。一定不要忘记,鼻子首先赋予我们呼吸,然后才让人有能力辨别香臭。

一贯以来,鼻子这个话题总能给思想家们带来无尽的启迪。帕斯卡尔[1]相信,假如埃及艳后克丽奥帕特拉的鼻子稍短一些,整个世界的命运将会大不相同。诗人海涅开玩笑说:"无论谁哭得有多么厉害,总会以擤鼻涕而告终"。伏尔泰则坚持认为,人们呱呱坠地降临这个世界时,必长着十根手指和一个鼻子,但肯定不具备任何关于上帝的知识。

抠鼻子会将我们永恒的不成熟展露无遗,并使我们故作高雅的面具

---

[1] 帕斯卡尔(Blaise Pascal,1623—1662):十七世纪法国著名的数学家、物理学家、文学家和哲学家。他的《思想录》以富有哲理的警示名言而晓喻全球。

脱落下来。

第谷·布拉赫[1]拥有一个金鼻子。

正如人们的耳朵那样,鼻子也可以用一枚戒指来进行装饰打扮。

我亲爱的同道好友们,想必大家都见识过,如果一条狗拒绝挪动,狗主人就会使劲拽着它走。但这基本上无济于事,直到这条狗完成了对路旁所留下的那个臭气熏天的故事的阅读。

因此,鼻子不愧为一位故事叙述者。

这个无与伦比的记忆唤醒者,它仍然牢记着我们父母家中阁楼和地窖的气味。

鼻子堪称我们夹鼻眼镜的御座。

来自巴黎和科隆的香水制造者是人类灵魂的伟大朋友。

鼻子赋予我们先天的才能,去识别罗勒叶、咖啡和柠檬皮的不同香味。

希腊人、犹太人以及其他古代民族相信,众神完全与人类无异,酷爱烤肉的气味。古代诸神是靠着他们的——毫无疑问也是极为美丽的——鼻子,来接受烧烤过的祭品。

在小酒馆前,乞丐们竭力去满足他们对食物的渴望,因为他们都迫不及待地要将汤、炖菜和烤肉的香味全部吸入鼻中。

爱斯基摩人用鼻子来接吻。

鼻子脆弱且娇贵,因此男孩们喜欢重击这个珍贵的玩意儿。

"往他鼻子上揍!"他们会高声嘶喊,"他的眼睛会血流如注。他很快就完蛋了!"

按照传说,拿破仑的一个枪手一枪打爆了斯芬克斯的鼻子,鼻子从

---

[1] 第谷·布拉赫(Tycho Brahe,1546—1601):丹麦天文学家和占星家,是最后一位也是最伟大的一位用肉眼观测的天文学家。传说他与另一位贵族争吵,决斗中被斩掉鼻梁,他自己用金属做了一个假鼻子,巧妙地安在了自己的脸上。

其脸上飞掉，因为那个鼻子太过完美。

很多人对他们的鼻子深感不满，富有商业远见的人梦想着能让人们交换鼻子，甚至建立一个鼻子股票交易所，由不列颠东印度公司控制，在伦敦和阿姆斯特丹分设两个交易中心。

我的祖父曾经说过，任何一张只长着一个鼻子的脸，都是美的。

任何对马匹适用的事情，也同样适用于鼻子：一匹好马有一千种不完美，而一匹驽马只有一种，即它毫无用处。

我亲爱的同道好友们，朝气蓬勃的同道好友们——请大胆地追随你们的鼻子吧！

随着特斯拉讲到这句关键的结束语，他抬起自己的下巴，向听众展示出一个完美的脸部侧影。

长着硕大鼻子的库里希奇正好坐在第一排，他赶紧转向侧面，动作像鹦鹉一样，以便显得不那么难看。

亲吻与伏尔泰

在一处巴洛克风格的通道的幽暗处，一个年轻小伙和一个姑娘紧倚在一起。大门的阴影里充满了搂抱声和接吻声。姑娘抽出她的手指，与年轻小伙的手指再次紧扣在一起。她的脸颊紧贴着他的脸颊，彼此摩擦，那是如此妙不可言。他们的胸紧贴在一起，彼此触碰，那是如此地令人兴奋。即使第二天便是世界末日，或者，即使那位年轻小伙将要告别恋人奔赴战场，他们的亲吻也不可能比这来得更加激情四射。他的双唇掠过她的双唇，她的双颊，还有她的双眸。过了一会，姑娘用手指挡住了他滚烫的嘴唇。

"我得走了。"

"等等,"年轻小伙梦呓般说道,"再亲一会吧。"

她用力将他推开。

"就一会。"

当他们俩磁铁般吸在一起的双唇分开时,姑娘摸了摸她的眉毛,低声道,"我真的该……"

就在那当口,上面那层楼的一扇窗户"砰"地打开,一个严厉的声音传来:"乌尔丽克,你这个小贱人!快进楼!"

姑娘的脸猛地一热,身体僵硬。她胆战心惊,压低声音说道:"我的房东在叫我回去呢。"

"你真是不要脸。"咆哮声从窗户再次传来。

姑娘面带恐惧看着年轻小伙。她抽开身来,但又回过头来给他深深的一吻,旋即消失在通道里。年轻小伙整理一下衣服。他抬起眼睛,注意到一幢幢房子的屋顶和烟囱均呈倾斜状,唯有它们上空的月亮一直保持着直直的状态。他觉得走起路来步履不稳,自己笑了一下,承认道:"我身在何处,竟一无所知。"

他冲自己哼哼几声,将视线从月亮那里移开,低下头来,看到一个晚归的过路人。那是个高个子男人,鼻子尖尖的。这位瘦高个儿青年对大门入口处一对正在亲昵细语的恋人毫不理会,果断坚定地跨步经过。毫无疑问,这个青年清楚地知道他此时身在哪个城市,今夕为何年,他自己是谁。倘若有人问他,他肯定会脱口而出,回答说这是格拉茨市,1876年,而他则是……接下来,从大门入口处走过来的年轻小伙子认出了那位过路人,大喊一声:"嘿,特斯拉!"

这个行色匆匆的陌生人转过身来,顿时笑容满面,脸上放光:"西盖蒂!"

"你去哪儿了?"那个夜间恋人快步赶上特斯拉。

西盖蒂注意到，特斯拉拥有一个轮廓鲜明而又十分古典的侧影。他的鼻子宛若一个他匆忙紧随的路标。特斯拉高高的眉脊在两眼之间凸起。他回答时嗓音显得有点烦躁，但还是相当安静："我今天学习得有点晚，所以在图书馆里感觉有点儿头昏脑涨。我出来散散步，就像条狗似的。"

在他手臂下，特斯拉夹着伏尔泰的《哲学辞典》，据说，这是数百本他发誓必读的著作之一。

"我刚送我的甜心回她住的地方。"西盖蒂努力抑制他自己声音里的得意之情，"如果你允许的话，恕我冒昧，那方面的事情，嗯，进展得……？"

"什么？"特斯拉问。

"你说的'什么'，到底是什么意思？你交上女朋友了吗？"

西盖蒂提问所使用的语言，特斯拉是说不出来的。他的眉毛拧成一个结，脸上露出痛苦的表情。他没有回答。当两人间的沉默变得甚为尴尬时，西盖蒂举起双臂说道："噢，拜托了，拜托了！我刚才那么问并没有什么意思。"

"没事，真的，没什么。"特斯拉善意地说。

在那样一个话题上，特斯拉确实无话可说。还在卡尔洛瓦茨时，莫约·梅迪奇曾责怪他"像躲瘟疫似的"躲避着女孩子。在格拉茨，他对那些上帝本性之展示甚至更加敬而远之。看着他同学对所提到的世界上最令人心驰神往的事情作出的冷淡反应，西盖蒂深感惊讶。他决定在下一个街角往左拐，让这个怪胎一个人和他的伏尔泰待着。在拐角处，他露出一口完美的牙齿，说他得往另一个方向走。为了弥补突然改变方向这一行为，他嘟哝道："或许，我们什么时候可以找个时间，在亚历山大咖啡馆共进早餐？"

"太好了！"特斯拉说道，"那就定在明天上午九点？"

西盖蒂本来很有把握，他那勤奋好学的同学是不会接受邀请的。但他竟然答应了，西盖蒂有点措手不及，于是便不假思索地高声嚷道："不不，等一下……"

"你说什么？"尼古拉答道。

西盖蒂掏出他的怀表，两根指针全都指向罗马数字"Ⅰ"。

"现在已是星期一凌晨，都过去大半夜了，"西盖蒂告诉他同学，"睡不了几个小时，不是吗？"

特斯拉的眼睛，颜色就像刚从壳里剥出来的野生板栗似的。在这双非同寻常的眼睛里，闪烁着炯炯有神的光亮。他说："一天二十四小时中，我只睡四个小时"。

爱睡懒觉的西盖蒂压低嗓音诅咒了一声。"那就这么定了，"他叹了口气，"九点在亚历山大咖啡馆见。"

他们回到各自的寓所——西盖蒂沉浸在乌尔丽克的拥抱带给他的极乐之中，而特斯拉则苦读至夤夜时分，然后熄灯就寝。当人们在高耸的屋顶下鼾声四起时，黑夜似流水般逝去。接着，靛蓝色的天空露出灰白色。玫瑰色的曙光洒向千家万户的屋顶，太阳唤醒整个世界：先是奥匈帝国，然后是格拉茨市。安塔尔·西盖蒂和尼古拉·特斯拉从床上爬起来，穿戴整齐，并按照约定前往亚历山大咖啡馆碰头。

"请进，请进。"咖啡馆老板向他上午的第一批顾客问候致意。大埃尔莎和小埃尔莎的笑脸排列在一模一样的衣领和围裙之上。虽然已年届四十，大埃尔莎要比她女儿更具风韵。她目不转睛地凝视着西盖蒂的眼睛，好一阵都移不开来。安塔尔和尼古拉挑了窗口的一张桌子坐下，桌上铺着一块有方格图案的桌布，洒满阳光。至于小埃尔莎，像蝙蝠似的长着扁平的鼻子，动作迅速，脸上总挂着开怀的笑容。一眨眼的工夫，咖啡杯被摆放在桌上，下面垫着蕾丝餐巾。露珠般的黄油球蜷缩在银碗里。竹筐里，小圆面包上覆盖着一块布，以利于面包热着吃。让西盖蒂脸颊暖洋洋的阳光，投射在装着杏子酱的小罐上。从·开始，气氛就格外惬意。

两人的交谈十分自如，不到半个小时，这两个年轻人便抛弃了一本正经的拘谨，彼此直呼其名。安塔尔依然有些困倦，但他仍感到有些不可思议，于是便开始仔细打量那完美无瑕的尼古拉。他的头发向后梳着，他那骨瘦如柴的手指准确无误地把他加过奶的咖啡杯放回原处。

他看上去是如此清新脱俗，安塔尔不禁这么想道。

从他们的交谈中可以看出，尼古拉既不粗鲁，也不傲慢，至少不是安塔尔预想的那种样子。安塔尔冒昧地向他的新朋友建议，头发应该从中间分开来梳，而不是全部往后梳。没问题，尼古拉会考虑这一建议的。

自从西盖蒂第一次——在讲课大厅里——在金色的八字胡下向他露出笑脸打招呼，伸出手，并自我介绍"我是安塔尔·西盖蒂"以来，特斯拉觉得这位年轻人甚是讨人喜欢。他尤其欣赏的是，对方竟然能够在说出最滑稽好笑的事情时依然板着脸——就像珀施尔教授那样。每当他们想要强调某个论点，或者像年轻人那样，要打断对方时，他们会拍击对方的肩膀。原来，西盖蒂也爱读伏尔泰的著作。他们都急于炫耀他们对那位法国哲学家的哲学思想的知识。凑巧的是，他们选择的引文正好大相径庭。

"医生知晓人类全部的脆弱，律师知晓人类全部的堕落，而牧师知晓人类全部的愚蠢。"特斯拉说道。

"倘若上帝不存在，人类则必须去创造一个上帝。但自然界中，万物皆称颂上帝的存在。"西盖蒂援引了同一个伏尔泰的话。

特斯拉笑个不停，他告诉西盖蒂他不记得伏尔泰书中有这样一句引文。他掰开一个面包，看着热气升腾，承认道："我可能不记得有这样的陈述了，因为在伏尔泰的书中，我总是要去寻找某些论点来反驳我的父亲。他总想把我的灵魂碾成粉末，以便能去拯救它。要不是我差点一命呜呼，他早就强迫我去研习神学了。"

听到如此一番话，安塔尔变得一脸严肃。他说，就他而言，他相信，他曾感受到去当牧师的"召唤。"

"何以如此？"特斯拉感到好奇。

"我梦想过纯洁。"安塔尔用他的蓝眼睛紧盯着他，"我不但读宗教书籍，还会感受到我与所存在的万物之间有着一种神秘的统一。我渴望能用爱的语言来呼吁全世界，正如亚西西的圣方济各[1]在他著名的赞美诗中所言：

赞美你，我的主，借由你创造的所有生灵，
尤其是借由我的主太阳兄弟……
借由月亮姐妹和众多星星……
借由我们姐妹那肉体之死……

光

在被神灵启迪的瞬间，尼古拉突然觉得他仿佛被闪电击中了。他身体最顶端的神经分支一片光芒闪烁。刺眼的光亮让他连眼睛都睁不开。光一直从他的额头往下弥漫。就在这一景象发生的同时——或者，在这一幕情景的后续影响中——他目睹了原本他只能凭空想象的事物。

"简直是完全相同的能量！"西盖蒂高声说道。

"什么能量？"尼古拉不解地问。

---

[1] 亚西西的圣方济各（Saint Francis of Assisi，1182—1226）：天主教方济各会和方济各女修会的创始人。他是动物、商人、天主教教会运动以及自然坏境的守护圣人。传说因天主的圣意安排，天主显现异相，在他身上印下了耶稣受难时所承受的五伤（即双手双脚与左肋）用以感化罪人的硬心，使之痛改前非而得救赎。圣方济各的圣痕也是至今为止罗马教廷唯一官方承认的圣痕。

"那股将男人和女人结合在一起并导致人类繁衍后代、生生不息的能量，"西盖蒂露齿笑道，"如果你愿意，不妨称之为宇宙能量——人们所被赐予的最强大的能量。"

尼古拉竖起眉毛。

"让我给你讲个故事。在我十三岁时，我在两腿之间发现了那个东西……"

尼古拉眉毛竖得更高了。

"于是，我开始探索它，"西盖蒂毫无羞涩之情，继续说着，"用手轻轻地揉！你知道他们在学校里是怎么跟我们说的？他们说，手淫是自残，它会使你元气大伤，还有诸如此类的一派胡言。所以我不敢触碰它。但有一天，我决定跨过那条红线。"

"我的天哪！"尼古拉的眉毛简直想躲藏到头发里去，但就是无法穿越他的额头。

"不要误解了我，"西盖蒂说道，"你谈论的是什么并不重要——重要的是你如何说。于是，有一天，我发现家里就我一人。我脱光衣服，站在镜子前。然后，我躺在我妹妹的床上，紧紧地捏住了那棵生命之树。"

特斯拉看着他的朋友，表现得彬彬有礼，但难以置信。

"我开始做那些动作，你知道。"那个让西盖蒂如此沉醉的故事，却让尼古拉直皱眉头，"突然间，一束光从我的脚指头开始往上扩散。尼古拉，它激荡着经由我的双脚，冲上我的膝盖。这束体内的光芒，构成了一股汹涌的洪水，漫过我的两条大腿，直抵我的下身。我平生第一次被吓着了，因此就没再继续下去。于是，光芒开始消退，回归它原来的地方。这就是那股相同的能量，你懂了吗？完全是同一事物。"

"不，"尼古拉反驳道，"科学发现才是世界上最伟大而激动人心的事情。任何一次科学发现都是来自上帝的一次亲吻。

"与之相比，其他任何刺激都毫无意义。

"毫无意义！"

不可能之事

当尼古拉第一次见到雅各布·珀施尔这位理论物理学和实验物理学教授时，他无法确定珀施尔究竟是一个人还是一只熊。如果是一只熊，那人们是如何逮到他的？人们是如何成功地给他刮掉全身的毛发？又是谁把他捆绑住并让他穿上这套灰色正装的？珀施尔的双脚肯定会让制鞋者感到绝望。他的两只手宛若两把铁铲。这位一年级新生暗想，那教授是如何做到用这样的双手去操作他那些精妙绝伦的实验的？

另一件事也让特斯拉百思不得其解。像珀施尔这样精明能干的男人，为什么总要吹嘘自己是如何借助婚姻弄到了那套三层楼的联排别墅的。为什么他总爱大谈特谈他为女儿们所购置的多米尼加红木桌子，并坚持认为——如果没有这样一张桌子的话——"脑力劳动便绝无可能"？为什么会有这些愚蠢之举呢？对于特斯拉来说，他的这位教授似乎渴望获得他所不尊重的事物，并对他早就拥有的、他根本不想要的东西甚感骄傲。在特斯拉看来，珀施尔好像更多地依赖他那水平一般的精明狡黠，而不是依赖他那一流的大脑——仿佛他在不知不觉之间，已失去他人生中指引他前进的光芒；相反，特斯拉却正在自己的人生中寻找这束光芒。

在1848年这个革命性的年份，人们目睹了雅各布·珀施尔卷入在首都爆发的争取自由的游行示威中。那年三月，他成为席勒和拜伦所向往的英雄。狂风吹乱了他的头发，他一边嘴里高唱歌曲，一边振臂高呼"自由！"和"宪法！"。作为"学术界军团"的一员，他抗议梅特涅[1]的间谍，并在公开场合将路德维希大公称为"笨蛋"。他将自己想象得比维也纳任何一座教堂的尖塔还要高，并想象着历史会随着他教鞭的挥舞而展开。当一个年长的亲戚告诫他，他所倡导的普选权、摒弃宗教仪式的世俗婚姻，以及废除审查制度断无可能时，这位年轻人信心十足地回答道："什么是可能的，这得由我们说了算"。

珀施尔永远也无法原谅自己，在10月17日那天被吓得抱头鼠窜。当天，阿尔弗雷德·坎迪德·冯·温迪施格雷茨奉命用武力镇压骚乱。珀施尔从耶拉契奇所指挥的士兵的枪口下逃脱出来（尼古拉的叔叔布兰科维奇曾在这支队伍的行列中谦卑地行军过），在家乡格拉茨找到一处藏身之地。他不再是那个立法者，要暴风骤雨般地对抗这个世界上所有的君王。现在，他不仅重视那些有可能的事物，而且也重视人们所期待的事物。正如他所目睹，革命的果实要么枯萎殆尽，要么数十年之后才生根发芽。如此一来，他便随波逐流，让社会的常规惯例引领他的人生。

但是，珀施尔永远不能原谅自己背叛了他年青时代的坚定信念，而他也并没有完全丧失1848年遗留下来的叛逆性格。时常，他会放弃乘马车出行，而会骑在马背上来大学授课。偶尔地，如同魔术师帽子里变出的鸽子，有些极为出乎意料的话会从珀施尔的嘴里脱口而出，引得他的学生笑得前仰后合。自然，有些学生喜欢他，有些则不然。他妻子跟他说："我觉得，那些不喜欢你的学生更懂你。"

他们的朋友坚持认为，他那有钱的妻子的幽默感——正如他自己的幽

---

[1] 克莱门斯·梅特涅（Klemens von Metternich，1773—1859）：十九世纪奥地利著名的外交家，自1809年开始任奥地利帝国的外交大臣，1815年主持维也纳会议，1821年起兼任奥地利帝国首相。任内成为"神圣同盟"和"四国同盟"的核心人物，他反对一切民族主义、自由主义和革命运动，在欧洲形成以"正统主义"和"大国均势"为核心的梅特涅体系（维也纳体系）达三十余年。1848年，奥地利爆发三月革命，梅特涅被迫辞职，逃往伦敦。

默感那样——在一定程度上可以弥补她的坏脾气。

"每个人都心存偏见，"珀施尔告诉他的同事罗格纳说，"有人恨斯拉夫人，有人恨犹太人，有人恨法国人。而我则恨学生。"

带着同情心点一下头，并不会让罗格纳损失什么。他深知，他这个性情怪异的同事仍不失为一个好老师，有时会突然热情迸发。尼古拉大学一年级开学之初，珀施尔用眼睛在教室里扫视一圈，便让整个授课大厅安静下来。他承诺说，"明年我们就会用格拉姆[1]发电机来做实验。对此，我以我的人格担保。我已经从巴黎订购了一台"。

果真，翌年，他得意扬扬地用他的大手拆开了发电机的包装。

"雅各宾派将法国大革命作为他们革命元年的开端，"他说道，"我提议，我们用现在这个瞬间——此时此刻——作为我们这学年开启的标志。"

他启动发电机。

令学生乐不可支的是，机器发出一连串声音很大的噼啪声。

"这种放电现象可以被减轻，但无法被彻底消除，"教授用更响的话音来压住静电的噪声，"只要有直流电，只要磁铁有两极，这架格拉姆发电机就会不停地发出爆裂声。"

"为什么电流只能单向流动？"尼古拉对他的同桌西盖蒂轻声说道。

珀施尔先是冲着尼古拉、后又冲着西盖蒂投去责怪的一瞥。他用更洪亮的声音继续说道："只要磁铁有两极，每一极以相反的方式影响电流，我们就得使用一个转换器，在恰当的时间点切换电流的流向。"

"只要磁铁有两个极，而不是——比方说——五个极。"西盖蒂冲着

---

[1] 齐纳布·格拉姆（Zénobe Gramme, 1826—1901）：比利时-法国发明家，电动机的发明者。1867年，他制成一台改进型交流发电机，1869年，又制成一台直流发电机。世界上第一台真正能用于工业生产的发电设备是在格拉姆手中实现的，电力工业就建立在格拉姆的这两台发电机上。

尼古拉小声说道。

约瑟夫·普利尼耶茨，一位来自克拉科夫的贵族，举手说道："这就意味着，无论是那台机器，还是使用那台机器的我们这些人，都受到了我们所使用的直流电的限制"。

他的评论听上去倒是很有道理，但说了就跟没说一样。

珀施尔不耐烦地点了点头。就在那个时刻，特斯拉的脸上露出了恐惧的神情。看上去他好像快要打喷嚏似的。他察觉到某件事情正在逼近，就只差一剂催化剂。一个更加成熟的人，会将那种感受比喻为一阵癫痫发作，或性欲高潮。有那么一会儿，特斯拉不知道自己身在何处。他脑袋的前额沐浴在光芒之中。他从直觉的巨大压力中恢复过来，举手问道："但为什么……为什么我们不干脆摆脱掉那个转换器？"

珀施尔气急败坏地将手臂甩向空中，宛若所面对的是个极为无理的建议。"你说什么？"他厉声质问，眉毛竖得高高的。

"我们为什么不把那个转换器去掉？"西盖蒂用大主教男低音的声音复述道。

珀施尔对他根本不予理会，只想找到特斯拉那杏仁状的双眼。他自己的两只大眼睛在他眼镜的镜片后游荡。有那么一刻，教授和他学生面面相觑，如同大卫对阵歌利亚[1]那样。

"为什么？让我告诉你为什么。"珀施尔唾沫四溅地说道，语气中带有报复。

他指出，转换器具有不可或缺的重要性，它由安德烈·玛丽·安培设计，最初由电气仪器制造者波利特·皮克西制造。珀施尔大谈特谈交流电的

---

[1] 大卫与歌利亚（David and Goliath）：歌利亚是传说中的著名巨人之一，据《圣经》记载，歌利亚是腓力斯丁人首席战士，因拥有无穷的力量，所有人看到他都要退避三舍，不敢应战。最后牧童大卫用投石弹弓打中歌利亚的脑袋，并割下他的首级。大卫日后统一以色列，成为著名的大卫王（King David）。

种种危险,以及直流电的无可替代性,摆出一副驾轻就熟、信念坚定的架势。就在上一刻,尼古拉早就心知肚明,取消转换器肯定是有可能的,只不过珀施尔那口若悬河、滔滔不绝的架势让他有点发蒙。但尼古拉同时深知,他的这位教授错了,一如他清楚他父亲米卢廷当年送他去神学院的想法大错特错那样。米卢廷犯错,因为他"只"是个牧师。而珀施尔犯错,因为他仅仅是个教授。

这不是事实真相,他思索道。这只是个文字游戏。

特斯拉没有资格往那方面想。他无能为力。他年纪尚轻。他没有权力。他在灵魂深处竟然会产生那种感觉,连他自己都大吃一惊。在释放其致命的最后一击之际,珀施尔带着恶毒而又怜悯的神情笑着。

"特斯拉先生日后可能会成就卓著,但在这一点上他断无可能取得成功。这相当于将一股永恒的引力——比如重力——变成一股旋转的力量。"

特斯拉差一点脱口而出:"那么,难道不是因为吸力,才使月亮绕着地球旋转,使地球绕着太阳旋转吗?"

但他咬住了自己的舌头。

珀施尔挥舞着他那巨大的双手,大获全胜地得出结论:"那不仅是极为困难的,而且是绝无可能的!"

"什么是可能的,得由我们说了算!"一不小心,尼古拉嘴边蹦出这么一句话。

珀施尔一言不发,但他的双眼越来越充满暖意。这个曾经经常说"我恨学生"的人,突然变得十分茫然。他那令人怜悯的笑容笼罩住了特斯拉,西盖蒂,普利尼耶茨,以及洋溢着青春活力的授课大厅里其他所有的人。

月亮便是你邻居

在用一年的时间就完成了大学前两年的学业,并且取得了"比最高分还要高"的学习成绩后,尼古拉回到家里。他所获得的"军事疆界"[1]奖学金,现在已证明受之无愧;而他学习电气工程的决定,现在也证明无比正确。在回到戈斯皮奇时,他的邻居别洛巴巴感到纳闷,这个尼古拉,和当初离开家的那个尼古拉,还是同一个人吗?

母亲仿佛有魔法,整幢房子变得干净无比。每扇窗户,每张桌子,每个橱柜,甚至每个箱子,都用刺绣装饰一新,这些刺绣品都是她用"灵巧如火"的手指编织而成的。在尼古拉的童年,母亲会趁着太阳仍照得他头发温暖的当儿,去亲吻他的额头,并说道:"这个家永远是你家,而月亮便是你邻居"。当尼古拉从格拉茨回到家时,她把手放在他肩上,说了一句令他惊讶的话:"我的尼科,你小事做不了,但必能成就大事"。

然而,好像有什么事不对劲。父亲皱皱眉头,改变话题,并避免直视他的眼睛。

"是的,我身体很好。"尼古拉一边回答父亲的问题,一边感到有些茫然不解。

当尼古拉发现只有他一个人时,他做了个鬼脸,好像他要吹小号的样子。接着,他便失声痛哭。

他仍然没有从戴恩的死中恢复过来,他想道。他永远也无法接受我。我无法取代戴恩!

在格拉茨,尼古拉每天苦读十八个小时,就是为了能取悦父亲。作

---

[1] 军事疆界:塞尔维亚语为Vojna granica 或 Vojna krajina,是由哈布斯堡家族于十六世纪建成的。它是哈布斯堡帝国(即后来的奥匈帝国)与奥斯曼帝国之间的一个军事缓冲区。在其他版图中,它囊括了今天克罗地亚疆域内塞尔维亚人占大多数人口的所有地区,包括特斯拉的家乡利卡。军事疆界于1881年废除。——原注

为回报，他期待着父亲会兴高采烈，并对他表示认可。但他获得了什么呢？简直是一无所获。

"挺好，挺好，"他轻声说道，"那就这样吧……"

在经历了数个月神经紧绷的状态之后，戈斯皮奇让他觉得昏昏欲睡。他蜷伏在被子里面，将它提上来盖到鼻子的地方。他的眼皮感觉沉甸甸的，甜甜的蜜将一个个思绪紧紧黏在一起。利卡的天空中，星星像马蜂似的发出嗡嗡声，但它们并没有打扰他睡觉。古老的风在那些连上帝自己都已经遗忘殆尽的林子里呻吟着。梦幻的语言似乎是唯一真实的语言，日常生活反而给人一种雾茫茫的欺骗感。

"嘿，尼古拉！尼古拉！"母亲大声喊他，"尼古拉！"

"谁呀？"他的一只手伸向空无一物的空中。薄雾从他的双眼中消散，他看清了母亲深色的双眼，也领悟了她眼睛所传递出来的恳求之情。

"尼古拉，请醒一醒，"她说道，"你的亲戚们看你来了！"

尼古拉穿好衣服，下楼来到客厅，餐桌上点着两盏煤油灯。他两个婶婶的几个儿子坐在那里。他仍然困得厉害，看着他们仿佛在梦里似的。

第一个孩子是个军官，他的身姿流露出一种与生俱来的傲慢。虽然他们俩郑重其事地拥抱了一下，但尼古拉觉得，他那位堂兄弟的尊严的货币，绝不可能是金本位。这个身材高大、蓄着胡子的男子，他那踌躇满志的沉默寡言就其本身而言，不失为一种美德。但他全身散发着一种与生俱来的傲慢，可以让人格外明显地感觉到。

另一位堂兄弟的绿眼睛在黑色的眼圈中一闪一闪。他是一个乡村教师。他笑起来只会半脸堆笑，抽烟时会一直抽到烟头烫着他的嘴唇，笑声堪比乌鸦叫。他内心的不安全感使他一个劲儿地自吹自擂，因此他总在不失时机地打断别人的说话。"你不懂，"他会说，"让我来告诉你。"

第三位堂兄弟是一个胖得浑身圆乎乎的男子，行为举止总是一惊一乍。他会随意乱笑，笑的时候倒是满脸堆笑。他一生中大半辈子都是个牧羊人，一边跟在他的羊群后面，一边嘴里不断发出阵阵颤音。令他的家人极为震惊的是，他在1875年加入黑塞哥维那叛军阵营，充当一名义勇军。他带着惊讶的神情，跟尼古拉和他父母讲述他在波斯尼亚所看到的被割下来挂在木桩上的塞尔维亚人和土耳其人的人头。他还谈到黑山义勇军，说这些义勇军把所有那些死于自然原因的人都称为胆小鬼。

煤油灯的火焰发出的光，在他们脸上不停地舞动。

来访的亲戚们在自己的胸前比画了一个十字，然后将手中的刀叉直接插入烤羊羔。那个蓄着胡子的高傲男子一言不发，而另外两人只要话题涉及某些人，就会激动起来。

"那个米塔尔！"那个义勇军胖子扮了个鬼脸，"上帝啊，多蠢的一个白痴！你到月亮上去也找不到这么个白痴！你怎么啦，科学家？"他问尼古拉，语气甚为严肃。

"绝对是个白痴！绝对是个白痴！"乡村教师附和道。

登门拜访的亲戚喝的全是红酒，所以他们的牙齿都被染上了颜色。随着晚餐持续进行下去，他们甚至还唱了几首歌。那个身体圆胖的义勇军被证明是个十分了得的歌手，擅长演唱波斯尼亚歌曲。他能够将一个音符拖得很长很长。音高的每一次变换都会带来短暂的和缓，直到这位歌手切换到另一个痛苦万分的音符上。

我的上帝，这听上去像是牙疼式的歌唱！尼古拉·特斯拉想道。所有这一切当中，包含着多大的痛苦啊！即使在吹牛中，即使在快活中！

在军事疆界地区，一个男婴刚一呱呱坠地，他的名字就会被编入某一特定军事单位的行列中。从其出身看，尼古拉·特斯拉隶属于利卡第一团，梅达克第九连，亦即他父亲按其出身所隶属的由同一个市镇构成的军事单位。众所周知，尼古拉的名字早早就被编列在家族一长串军官和牧师的名册之中。他祖上的职责是要确保塞尔维亚与土耳其军事分界线一带的安全。成为一个"基督教世界的职业保卫者"并不是一个特别愉快的职业。数个世纪以来，铜纽扣在这些军官的胸膛前似波浪般起伏，羽毛在他们帽子的徽章上熠熠生辉。在奥地利帝国此起彼伏的无尽征战中，他们驰骋杀敌，也战死疆场，而牧师们则颂扬他们辉煌的事迹。然而，一个不确定的世界中的人性之善，难道不比一个确定的世界中好的法律来得更为重要吗？难道人们不应该去怜悯男人们白白流淌的鲜血，缝合他们破碎的生活，为完全相同的那些英雄感到悲伤，去弄清楚英雄主义会带来多大的悲痛代价，并且把人生——那些被士兵荣耀所约束的人生——变得稍微温柔一点吗？难道没有人去流男人们所不被允许的眼泪吗？女人们。

女人们深知，在战死疆场的男人会被敌人割下头颅的世界中，生活需要付出多么高昂的代价。她们知晓所有的苦难。是的，苦难！她们讲述一个又一个故事，为的就是让现实变得温柔，不再那么痛彻心扉。女人们奉献出一个又一个故事，将它们当作绷带，来包扎伤痕累累的人生。正如她们的双手洗刷了血迹斑斑的衣衫，她们故事中的词语荡涤着这个世界。

所有这一切，便是此时此刻浮现在尼古拉脑海中的思绪。他一边思索，一边凝视着母亲随着年岁的增加而变得越发黯淡的榛子色眼睛。

当宾客全部散去，桌子上还留有很多饭菜，足够再做一顿晚餐。

以前，每当一位客人离开、屋门关上，尼古拉一家便会说："他真是个好人"，或者，"上帝啊，多蠢的一个白痴"。这一次，父亲来了个折中的说法。送走他的访客后，他叹息道："好人哩——却是一群白痴！"

这几位亲戚消失在夜色之中，仿佛三个魔鬼似的；他们此行的目的，是向这个回头浪子告知家乡目前的状况。他们一离开，尼古拉开始渴望重返理工学院的授课大厅。在经过了二十四小时之后，普利特维采湖那醉人的蔚蓝色本身开始失去它的魔法。老家的每一件事情都缠绕在一起，像打了结一样。哪怕你把自己的手指弄得直流血，你都无法将这些死结解开。

狗发出的哭泣般的、带有金属质感的吠叫声，整夜在外头回荡。玫瑰色的光所形成的折射开始在墙上搏动。那大学生猛地从床上坐起来，两眼直愣愣地注视着红彤彤的黎明。

"母亲之光，"他嘟哝道，"真乃母亲之光！"

虽然在他母亲的屋顶之下，一切都笼罩在极度的宁静与祥和之中，但这个魂不守舍的年轻人在内心深处早就涌起一股欲望，要立刻离开家乡，重返格拉茨。

决斗

曾经有一次，一个满脸涨得通红的学生，在格拉茨理工学院的教学楼中庭，唐突地来到尼古拉·特斯拉跟前。

"滚回你的住处去吧，"他说道，"去用功读你的书吧，这样，你的教授们会更爱你的。"

这个学生是某个兄弟会的成员，脸上留着一道疤，那是被剑击伤后留下的。他嫉妒极了。他的名字叫沃纳·隆格伦，但大家称他为唐豪塞，将他比作瓦格纳同名歌剧[1]中那个在纵欲地狱中大喊"救命"的男主人公。

---

[1] 歌剧《唐豪塞》的全名叫作《唐豪塞和瓦特堡唱歌比赛会》，是理查德·瓦格纳创作的经典歌剧，取材于中世纪的两个古老传说：一个是关于维纳斯堡骑士唐豪塞的故事，另一个是关于十三世纪瓦特堡恋歌诗人的故事。唐豪塞沉溺于与美丽之神维纳斯的肉欲，成为维纳斯堡的一个忠实卫士。后来他厌倦这种生活回到瓦特堡来。但他在参加唱歌比赛时却忘乎所以地赞颂维纳斯堡妖艳娇媚的美女，几乎被那些盛怒的骑士杀死。在热爱着他的伊丽莎白的保护和解救下，唐豪塞深感悔恨，并参加了朝圣者的行列以祈求教皇赦罪。但他的罗马之行并没有如愿以偿，为此伊丽莎白忧愁而死，唐豪塞最后却获得宽赦。《唐豪塞》表现了所谓感官的爱情和纯洁的爱情之间的冲突，同时贯串着"赎罪"的思想。

"谁都知道你最擅长的是把鼻子埋在书里,"隆格伦这么跟特斯拉说道,"但你有本领尽情享受生活,唱上一首歌,或者和别人吵上一架吗?"他用强调的语气说着这番话,满脸讥笑地死盯着特斯拉的双眼。

特斯拉精力充沛的脸,呈现一片毫无表情的漠然,这是他祖先们特有的一种神情。他们清楚地知道该如何回应任何一种挑战。

"今晚如何?"他回敬道,"就在植物园,说定了?"

唐豪塞点头答应。

故事讲到这个节点,我必须轻而坚定地抓住读者的手臂,因为我们即将踏入一则传奇故事。

时至今日,这则传奇故事尚有诸多争议之处:那天晚上,尼古拉·特斯拉与那个被唤作唐豪塞的沃纳·隆格伦,有没有真的在植物园相遇?那场广为流传的饮酒决斗有没有真实发生?桌上有没有摆满了叮当作响的玻璃酒杯?奥地利学生和塞尔维亚学生有没有为他们的冠军呐喊助威?房间有没有开始扭曲变形、天旋地转?女侍者有没有把她的手指插在尼古拉满是汗水的头发里抚摸?特斯拉的对手和那个陪着一起活受罪的人,有没有在黄蒙蒙的灯光中东倒西歪,醉若烂泥?唐豪塞有没有和他坐着的椅子一起瘫倒在地,他那年轻的头颅重重地摔到地板上又反弹起来?尼古拉有没有对他支持者的大声叫喊充耳不闻,跌跌撞撞地走出房间,消失在畸形变异的黑夜之中?

这场决斗有没有改变尼古拉的人生?

这场决斗是否构成了一个触发器?

一个大不相同的格拉茨

饮酒决斗所导致的宿醉,使特斯拉大开眼界,看到了一个截然不同的格拉茨。人们像狐狸和野猫般咧着嘴笑。马车和装满酒桶的酒厂运输车"咔嗒咔嗒"轧过铺着鹅卵石的街道。在啤酒屋内，台球桌上的球发出"噼里啪啦"的撞击声，学生们不停地喝酒，互祝健康。

"干杯！"

特斯拉也学会了和那些饮酒饮得微醺的学生举杯祝酒。

在他的日记中，他这么记述道：我真该感谢唐豪塞，是他打开了我的眼界。如果你想让学校的老师们承认你的学识，你必须放弃你的个人洞悉力，因为他们并不会提出你所提出的问题。学生所看到的，只是教授们告诉他们的、他们所能看到的东西。一个机会主义者是不会将他的思索引向任何无法带来回报的事情的。何以如此？因为他自身生存的权利与光芒引导着他的思考。他的所思所想，只是他被允许去思去想的东西。

整座城市生机勃勃，他亦如此。在那个焕然一新的格拉茨，他像变了个人似的。在他夜晚外出寻欢作乐前，他会舔手指，修饰眉毛和胡子。他会穿着大衣神气十足地招摇过市，而对于如何才能把大衣的钱款付清，他则一无所知。他从裁缝穆尔科那里赊的钱越来越多。很难弄清楚，到底是一只苍蝇突然从穆尔科的鼻子上飞起，还是他竭力想露出富有魅力的笑容。尼古拉将上课的事情抛诸脑后，开始花越来越多的时间，和唐豪塞厮混在一起。他的朋友认识一个学医的学生，绰号叫大夫，而每当他们点完酒，他们都会高喊，"这就是大夫下令让喝的！"唐豪塞会在他肩膀上有力一拍，说："尼科真是够朋友！"

在台球桌绿色的毛毡上，特斯拉能想象出各种几何图案。他灵巧而熟练地围着球桌来回走动，越来越多的球在他面前被击中入袋。他弓着背，仿佛猫的背那样。他从来不会走毫无必要的一步。

他一边玩台球，头脑中一边无时无刻不在想着那个没有电刷和转换器的电机。答案似乎就隐藏在一片半透明的膜的另一边。成功仿佛一个隐身人似的，他任何时候都可以与之握手。在特斯拉的家乡，所有一切均告失败，因此，一个成功人士便被视作叛徒。成功闻上去宛若一月里的风，也宛若孤独。特斯拉害怕成功，他几乎可以闻到成功存在的气息了。他害怕成功，像害怕灾难一样。正是那种恐惧心促使他高喊："这就是大夫下令让喝的！"并且没完没了地玩台球游戏。

"谁都希望在某件事情上获得宽宥原谅。"西盖蒂为他辩护道。

特斯拉恍然大悟，意识到自己打出了完美的破局第一杆，将球击散，开始了一局比赛。

他现在玩台球，再也不是像他昔日与莫约·梅迪奇玩游戏时那样赢一些徽章，他现在是为了赢钱。

安塔尔·西盖蒂来到植物园看望他。

特斯拉已变成身材修长的年轻小伙，一缕头发横飘在额头。他扔掉香烟，迎上前来与他打招呼。

西盖蒂哈哈大笑道："你看上去简直是小白脸一个！"

科斯塔·库里希奇也来到这里，还是像往常一样尖酸刻薄，伶牙俐齿。

"不用担心，这两人不会咬人，"特斯拉告诉女招待，"他们服帖得很。"

这几个朋友一起打台球玩。

"你最初把这些球击散开来的时候，就要清楚你最后一杆该怎么打。"特斯拉这样指导着西盖蒂。西盖蒂时不时地把头发从额头撩开。

"他还是那副天真的样子，"出来的时候，西盖蒂跟库里希奇说道，"他就这样看着你，用他的那双眼睛。"

"他有点吓人，"库里希奇回答道，"他是一个吓人的家伙。"

一个周六的下午，尼古拉放眼望去，发现台球桌边空无一人，于是便放下球杆，来到一张人们正在安静打牌的桌子旁。他们腾出一个座位，让他坐下。

"你想不想玩玩？"

"挺想的。"

尼古拉满怀着一个数学家的激情，很快就沉溺在纸牌游戏中。他那"天使的头脑"试图计算出一叠牌里的全部可能性。运气在格子桌布上方盘旋着，他要紧紧追逐这运气的起伏跌宕。那无形的运气之流在一张张牌中流淌而过，因此，玩牌的人必须去感受它。当特斯拉赢牌的时候，他会欣喜若狂；当他输牌的时候，会体验到一种无以名状的迷迷糊糊的快感。凭借着他那稀疏的胡子，梳得一丝不乱的头发，还有细长的手指，他很快就变成了一个名副其实的赌徒。他所遇见的人，迥然有别于他以前所结识的那些人。醉汉从酒馆里跟跟跄跄地出来，样子就像被砍掉头的鸡。侍者把早上第一杯酒灌入贪杯者的嘴里，因为这些贪杯者的手抖得太厉害了，自己连杯子都握不稳。在这些可怜人中，有一个人回过头来看着他。

"我可不希望这样的事情发生在任何人身上。"那个汉子用一种很老派的语气说道。

屋外有雾，屋内也是烟雾弥漫。尼古拉赌个不停。有时，他会把钱还给愤愤不平的输家。但是，根本不可能有谁会把钱还给他。虽然特斯拉聪明绝顶，但那些三教九流之徒打起牌来要比他厉害得多。那个肥头大耳的佛朗茨，他的双下巴长得和他的头一般大，就趁着特斯拉不注意，作弊赢了他很多钱，但一边作弊还一边假惺惺地跟他说："你是一个棒小伙，但你为什么要和这帮人渣混在一起呢？"

情况变得极为糟糕，以至于唐豪塞脸涨得通红，大喊道："哥儿们，悠着点！"

"别大喊大叫的，"尼古拉反呛道，"我可以喊得比你声音还大。"

"我真弄不明白他是怎么回事。"西盖蒂对库里希奇悄悄说道。

"连他自己都无法弄明白自己，你又怎么能弄明白他？"库里希奇打着哈欠说。

"那为什么聪明人还会干傻事？"西盖蒂不依不饶地问。

"这我哪知道,"库里希奇黑着脸回答道,"我并不聪明。我却从不干傻事。"

失踪

特斯拉倒是一刻也没有消停。

他消失不见了。

每个人都纳闷,他能去哪里呢?他的朋友们和亲戚们都为他心急如焚。身在卡尔洛瓦茨的叔叔布兰科维奇为他担心。罗格纳教授,阿勒教授,还有珀施尔教授为他担心。他的三个曼迪奇叔叔为他担心。被特斯拉欠下一屁股债的裁缝穆尔科也为他担心。有些同学猜测,他绝望之中纵身跳到穆拉河里自杀了。

男人们交头接耳,议论纷纷:"有着这样一位父亲的孩子,怎么能做出这样的事情来?"

女人们交头接耳,窃窃私语:"有着这样一位母亲的孩子,怎么能做出这样的事情来?"

尼古拉·特斯拉究竟消失到了何处?

最终,还是科斯塔·库里希奇寻找到了答案。他来到马里博尔,申请当一名地理老师的教职。学校的拥有者奥斯卡·勒施对他进行了四个小时的面试。勒施还带着他游览了整个市镇,最后把他留在一家名叫塔格特的小酒馆里,而马路对面就是火车站。

"我会联系你的。"他们就此告别。

这位年轻的黑塞哥维亚人定睛打量了一下酒吧,发现特斯拉正在和几个模样粗陋的人玩着皮克牌[1]。库里希奇脑海里闪过的第一个念头便是，他的室友由于在格拉茨没有把握住跳到穆拉河里自杀身亡的机会，便来到马里博尔博运气，试图把本钱再次给扳回来。

"特斯拉，我的天哪！"库里希奇惊叫起来。

"科斯塔！"特斯拉一看到那个名闻遐迩、神气活现的鼻子，顿时就两眼放光。

"知道吗，我们都以为你已淹死在穆拉河里了。"

特斯拉笑了，解释说是一个工程师雇了他，月薪 60 福林[2]。

"我为什么要回去？"他语带惊讶地说道，"我在这里挺好的呀！"

在库里希奇的头脑中，他已经开始构思如何给特斯拉的父亲写信告知此事。他用忐忑不安的眼神，仔细地把特斯拉那神气十足的胡子从一端扫向另一端。总而言之，尼古拉看上去非常正常。

"我回到家，如释重负。"尼古拉的这位前室友后来回忆道。

然而，在库里希奇离开之后不久，即 1879 年 3 月 8 日，马里博尔的一位市政官员，奥尔德里奇·陶贝，就 2160 号案件签署了一份文件。这份由当地警察署颁布的行政令，由于没有任何明显的维持生计的手段，要求尼古拉·特斯拉离开马里博尔，返回他父亲所在的戈斯皮奇市，以便"去找到一个能自食其力的营生"。到 3 月 17 日，戈斯皮奇市的法官证实，尼古拉·特斯拉已经抵达指定的地点。

就这样，这个傻瓜，这个做弟弟的，从外面的大千世界回到了小镇。如魔法师的学徒那样，尼古拉现在可以说："我什么都没学会，反而连本来知道的东西都忘得一干二净。"

---

1 皮克牌（piquet）：法国的一种纸牌牌戏，供两人玩，另有供三人或四人玩的变种。一共有三十二张牌。

2 福林（forint）：匈牙利货币。

"你什么意思,不要?"父亲大嗓门地冲着母亲吼叫,"安卡姥姥会问每个年轻男子是否在相亲了。她甚至问她的养子是否在相亲了。尼古拉每次回去看望她,她都会问他相同的问题,可他总是把头扭向另一边。"

"求你不要逼他。"久卡小声说道。

"他不想成为牧师……为什么呢?难道他还要成为和尚?"

"别发那么大的火,米卢廷……"

牧师冲他妻子用力挥了下手,示意她别再说话。他用那只手,那只被那么多人吻过的手,示意尼古拉在椅子上坐下。

"坐吧。"

母亲离开房间,这样父子俩就可以好好谈一谈。在厨房里,她打开煮菜锅的盖子,里面煮着卷心菜,金黄色的。然后,她蹑手蹑脚潜回房门口,去听他们在谈些什么。

"我的上帝,看看你活成什么样子了!"妻子刚离开房间,牧师就充满厌恶地说,"我曾说过:让他去酗酒,让他去赌博,只要他能活得像个正常的年轻人就行。后来我听说,你还真的去赌博了,你还真的去酗酒了。"

你根本不在乎我优异的成绩,尼古拉带着报复的心理想道。我现在沦落到这个地步,你倒开心了吧?

在家里供奉的圣像上,他们家族的守护神圣乔治正在屠杀一条龙,对特斯拉在做些什么则无动于衷。

"是你,弄丢了奖学金!是你,被开除出校!是你,被警察押送回家!"父亲咆哮着。

"上帝,救救我吧!"久卡躲在门后面小声说道。

"你对一切都无所谓。即使是大作家维克多·雨果也在作品中写到我们塞尔维亚人。他说:'上耳其人正在灭绝整整一个民族。在哪里?

就在欧洲的心脏！'而你却做了些什么？当你在格拉茨那里跟那帮赌徒鬼混在一起时，你头脑里有多少次想起过你的塞尔维亚上帝，想起过你的民族？"

"我有可能对这些事情想得不是太多，但我肯定比维克多·雨果想的次数要多。"尼古拉情不自禁地说道。

在戈斯皮奇市，米卢廷动不动就会批评自己的儿子，只要这位年轻人想深深吸口气喘息一下。他所有的责任归根结底只有一件事，那就是他想从尼古拉那里得到一声郑重的承诺，放弃赌博。

一丝神秘而又顽皮的微笑盘旋在尼古拉的脸上。

诚实是米卢廷·特斯拉回答人生所提出的全部问题的答案。在每天去往酒馆的途中，尼古拉时常会抬头看看空中的云彩，并且思索米卢廷的诚实是否对它们产生过任何效果。

"歇歇吧，放下你的凛然大义，你就能平静地活下去，直到你寿终正寝。"他借用修道院院长皮缅的话，挖苦他父亲。

白天，尼古拉全身懒洋洋的，对一切都兴趣索然，漠不关心。但到了夜晚，他驰骋于黑暗之上。他那颗心一会向前翻一个筋斗，一会儿往后翻一个筋斗。他每天吃的东西很少，像只蛾子似的，借着酒馆里的灯光赖以为生。赌徒们以为他是个意志薄弱的家伙，一个轻易就能搞定的目标。他们用阿谀逢迎但又不乏讥讽的咧嘴笑容跟这位年轻人打招呼，而他俨然已是赌场上不可或缺的一部分。但他知道，他可以在任何时候金盆洗手。难道他不是曾经的那位意志力大师，"啃"下了伏尔泰数百卷著作，解开了遇到的所有数学难题吗？他偶尔会打定主意，我不再玩了。

但紧接着，魔鬼会用歌剧中男高音的假声去招呼他："让我们上酒馆吧！你会赢的！"

就这样，一切又周而复始，首先是一阵热切的渴望在心里油然而生。那股痒痒劲慢慢地弥漫至他全身，就像桌子上打翻的油似的。或许……

我有可能——一个来自内心局促不安的声音对着他耳语。整个世界让人觉得气恼易怒。他像一个跑向浴室的人似的，边跑边脱裤子，无能为力，激情迸发，战栗颤抖。上帝将他从理性的鱼钩上解脱开来。上帝使他成为贪婪的化身。

他咬了咬他发痒的牙齿。

那个内心的节奏不断在重复着：我要！我要！我要！

他的赌瘾牵引着他回到老地方，伸出手去接过发来的牌。他重重地摔倒在椅子上，把酒一口吞下。白兰地仿佛将一根尖利的铁钉插入他的心脏，燃烧着，虫子似的蠕动着爬到他的腹部。他感到有股热量从他肩膀的一侧扩散至另一侧。他的两个肩膀无力地下垂，他的思维变得越发柔弱。有支烟把桌子的边烧焦。他嗟叹一声，一种耻辱的投降感变作一种甜美的如释重负感。

一个乏味无趣、笼罩着自杀气氛的冬夜，他在戈斯皮奇市的羊羔酒馆输得一个子儿都不剩，桌子上的赌友是一个被革除圣职的牧师，还有奈纳德·阿拉吉奇。他返回家中，跟他母亲说："再给我些钱，让我去把输掉的赢回来！"

母亲并不相信人是可以被改变的——人只可以被爱戴。她打开抽屉，把家里所有的积蓄递给他。"拿着，全给你。去输个精光吧。你自个儿给我滚出去！"

尼古拉离开了家，直奔羊羔酒馆而去，阿拉吉奇和那个被革除圣职的牧师还在那里等着他，再赌上一场。他像滚石一样，再次输个不停，一败涂地。回家路上，每走一步，他必须竭尽全力才能防止自己摔倒在地。他手里紧紧捏着的最后一张冷冰冰的钞票，皱成一团。他不用迈步，两腿机械地走着，运载着他一路而去。股力量在运载着他，他竭尽全力要让它停下来，仿佛火车的刹车员，猛拉制动杆，以免火车冲向深渊。巨大的惯性推着他往前走。尖厉刺耳的金属摩擦声划破夜空。就这样，尼古拉终于停了下来。

他觉得自己又想呕吐，又想下咽。

"我究竟在干什么呀？"

他开始哭泣，他的脚步引着他朝相反的方向行走。嚓嚓的脚步声经久不衰地回荡在戈斯皮奇的鹅卵石街道上空，直到拂晓。当他回到家里时，他发现母亲还没睡。

"我再也不赌了！"他发誓，脸上闪着光。

但他母亲打断了他，说："你父亲刚才心脏病发作。"

"发生了什么？"这个刚刚幡然悔悟、洗心革面的赌徒一下子变得焦虑不安，忧心忡忡。

久卡将手指放在嘴唇上"嘘"了一声，让他去睡觉。然后，她来到自己的卧室，温柔地对丈夫说："我可怜的米卢廷！"

"不许可怜我。"他握住她的手，"即使我已是垂死之人，也不许可怜我。"

整个自然界静止不动

"我父亲是个老实人，但不是个好人。"尼古拉在布拉格告诉弗朗齐歇克·菇雷克。

在他们最后一次见面时，父子间的紧张关系像旧伤复发那样令人疼痛。他们之间冰冷的沉默仿佛足以将房间的墙壁击碎。尼古拉坐在病入膏肓的父亲的床沿，正如米卢廷在尼古拉霍乱发病期间坐在他儿子床边那样。父亲的眼睛与面颊深陷。米卢廷几乎无法清楚地说出他早已想好要说的话："我过去答应了你要送你去格拉茨读书。现在你必须答应我，你会到布拉格去继续你的学业。"

在老头子下葬的时候,尼古拉并不在现场。人们告诉他,那天,天阴沉沉的,但当棺材被放入土坑时,阳光穿透乌云倾泻而下。人们还告诉他,整整三天中,人们络绎不绝来到他家,凭吊死者——当地的风俗便是如此——以至于全家人被累得精疲力竭,几乎无法思考。

访客们如潮水般涌来,门庭若市,将久卡、米尔卡、安格林娜还有玛里察淹没在那嘈杂无比的生活旋涡之中——访客们要喝白兰地,引用各种谚语和格言,泡咖啡,洗碗碟,提供建议和忠告。每个人的口中都在谈论着死者。阿拉吉奇讲述了一个故事,说他告诉过米卢廷,有一个人曾经和一头狼鼻子对着鼻子过了一夜,拂晓之前全身变成了灰白色,米卢廷听到这里便摇摇手说:"人非人也,狼亦非狼也!"

人们都记得那场他用多种不同的嗓音与自己展开的辩论,还有他那令人难以置信的记忆力。他从神学院毕业时,是全班第一名。那个高大魁梧的米卢廷啊!他能把席勒的诗倒背如流。他时常会把眼镜推到额头上却全然忘记眼镜在那里。夏天,他不会挑阴凉处躲避毒日,而偏要在马路中间走。真是个聪明人。真是个大好人。人们众口一词,毫无异议。

"而且,他才六十岁。"

"多么不幸!"

那些令人疲倦的嘈杂与喧闹尚可忍受——无论任何事情,总比空虚与孤独来得好。只有当人们全部离去,孤零零地仅剩他们独处时,才变得无法忍受。

"他是怎么死的?"尼古拉一回到戈斯皮奇就忙不迭地问道。

母亲把一只手放在他肩上,说:"他躺在我怀里,艰难地喘着气。他痛苦极了。我就决定让他走吧。于是我就说,米卢廷!你现在可以走了。他看了我一眼,然后闭上眼睛。他发出最后一声叹息,无牵无挂地走了。"

尼古拉花了三天的时间,才好不容易打开了他父亲桌子的锁。

抽屉里都是他父亲的宝藏。

那卷用红蓝相间的带子扎起来的卷纸是什么？

是一封信函。"令郎乃一流明星。"上帝啊！

这个又是什么呢？它是罗格纳教授的来信，这位教授建议特斯拉神父将他儿子从学校带回家中，以免他因学习过度劳累而把命都丢了。

他找到一个夹子，解开紫色的丝带。几封很久以前写的信从夹子里掉落出来。米卢廷牧师给塞尼的一些公民写信，一如圣保罗[1]给科林斯人写信那样，并保留了这些信件的副本。以下便是其中的一段内容：

一个人，在我们救世主彩绘身躯的正中央，为教堂地板上方的吊灯安装支撑杆，其所作所为并不值得赞许。

从他古怪的父亲那里，尼古拉遗传了数学、语言以及超强记忆力这些天赋。

他生活中时时处处要与父亲对着干。他博览伏尔泰的著作，就是为了从中找到论点来反驳父亲。尼古拉读着读着，渴望眼泪能给他带来释放，但他不知道怎样才能哭出来。他的手颤抖着。一些剪报从夹子里滑落出来。他发现那分明是一张25年前的《塞尔维亚日报》，他父亲报道了利卡一带天空中的那个"美妙天象"。这一次，这位儿子觉得报道中所作的描述，读上去根本不像一家地方性报纸所发表的由一名业余人士所撰写的科学文章。它当之无愧堪称一篇诗作：

---

1 圣保罗（Saint Paul）：罗马天主教圣徒，被认为是基督教信仰的重要人物，《新约》中至少有十四封书信是保罗生前所写的，这些信件在基督教信仰群体对耶稣基督的认识以及神学、教义的历史发展中，有不可替代的重要地位。全世界许多城市和学校都以他的名字命名。

天空露出笑脸，星星熠熠生辉，朗照大地；然而，蓦然间，东边闪起一片光亮……星辰渐渐隐退，整个自然界仿佛停止了运转，一片静谧无声……

你想见识一下金色的布拉格吗？

回到布拉格后，他常常出去散步。他斜倚在查尔斯大桥的金属护栏上，对着暗黑色的水流极目远眺。很久以前，犹太教教士列维在这个城市创造了一尊有生命的泥人，将生命的气息吹进这尊用黏土制成的巨人的体内。在尼古拉的所有教授中，很少有人能将生命的气息注入他们的授课之中。在大学的授课大厅内，死知识始终与黏土无异，不为灵性所触及，因为教授们讲课时断无抑扬顿挫的语调，使一个个词汇听上去意义尽失，味同嚼蜡。尼古拉深知，这种感受是他绝不能和他同学谈论的。他轻声地自言自语道："被人们自以为并不拥有的偏见所绊倒，没有比这更糟糕的了。"

学校里的官僚主义要比亚述人神话中天使们的等级次序远来得错综复杂。办公桌对面坐着的，仿佛是一些硕大无比的昆虫。这些叮人的虫子告诉尼古拉，因为他对希腊语一窍不通，所以他不能以全日制学生的身份在查尔斯大学就读。因此，他只能作为一个非全日制学生，每周两次去上著名的卡雷尔·多马利普的专题研讨课。他还在德意志工程学院上阿达尔贝特·冯·瓦尔腾霍芬的物理学讲座课程。

西盖蒂的信件每隔一段固定的时间便会到来。每一封信的内容都是陈词滥调，唯一的差别在于，上一次痴恋的情人名叫埃丽卡，下一回则换成了玛丽亚。特斯拉则在回信中告诉他，他已经将集电器从引擎上拆解下来，把它固定在另外一根轮轴上。在他寄往布达佩斯的一封封信中，他反复重申，电机用交流电来驱动必定是可能的。

上午，他会在沃迪科娃大街的国家咖啡馆喝咖啡。无论他去往哪里，总有一个人如影随形地紧跟着他，并渐渐变得令他惶恐不安。他仿佛觉得，赫拉德卡尼城堡那宏伟壮丽的轮廓持续不断地盘旋在他的头顶上。他倒是十分喜欢黄金小巷上的玩偶屋子，但古老的犹太墓地布满了鳞次栉比的坟墓，令他毛骨悚然。傍晚时分，他重返国家咖啡馆，喝杯啤酒压压惊。

他在咖啡馆里邂逅了一位令人愉快的波希米亚式的人物，名叫弗朗齐歇克·茹雷克。他曾是查尔斯大学的一位学生。他开始带着特斯拉参加各种音乐会。音乐与月亮并无二致，在特斯拉的灵魂中激荡起一股股潮流，并掀起汹涌的波涛。在国家咖啡馆内，茹雷克向他示意，作曲家贝德里赫·斯美塔那[1]就坐在邻近的那张桌旁。作曲家的模样看上去甚是糟糕。

"人们都说他是个疯家伙，"这位波希米亚式的人物轻声说道。

茹雷克是泛斯拉夫主义的拥趸，祖母为德国人。他与特斯拉在克莱门特学院图书馆的帝国公共图书分馆发生了一个小插曲之后，便对特斯拉产生了兴趣。当时，特斯拉正要从他身旁经过，而这位红头发的哲学学生正在将拜伦诗歌的德语译文与英语原文进行对比。特斯拉伸出骨瘦如柴的一只手，一把将书夺过来。

"你将拜伦随便哪首诗的开头读给我听，"他说道，"我就能将全文给你背出来。"

那位年轻的捷克人读了第一行，特斯拉便从头至尾背诵了出来。茹雷克又在诗集的末尾部分挑了一首诗。特斯拉紧盯着他的眼睛，又将它

---

[1] 贝德里赫·斯美塔那（Bedřich Smetana, 1824—1884）：捷克作曲家、钢琴家和指挥家，捷克古典音乐的奠基人，捷克民族歌剧的开路先锋，捷克民族乐派的创始人。1874年不幸耳聋，但继续坚持创作，其中最著名的有由六部独立交响诗组成的交响诗套曲《我的祖国》和第一弦乐四重奏《我的生活》。

背完。拜伦所有的诗他都烂熟于心，因此茹雷克称他为曼弗雷德[1]。这位"曼弗雷德"对任何事情的言谈，都是以一种"世俗的和满不在乎的神情"进行。无论他说什么，皆言之有理，言之凿凿。诽谤他的人到处散布谣言，说他靠打台球赌博为生。在国家咖啡馆，特斯拉只会偶尔拿起台球杆来，但接下来，他的球打得如此之优雅，咖啡馆里任何人都不再有流言蜚语。

"堪为王子！"众人窃窃私语，充满了敬畏。

"曼弗雷德"和他新结交的朋友漫游布拉格全城，说起话来全是诗人的腔调：

"世界上，万物皆互联，正如疯子们都相信它们是互联的那样，"特斯拉低声说道。

"你能丧失任何并不存在之物吗？"茹雷克质疑道。

茹雷克的目标是，带着他的客人尽览这个神秘的城市，绝不放过任何一个犄角旮旯。

特斯拉是否知道，在布拉格，每一块石头都能讲述一个动人的故事？关于那尊有生命的黏土巨人，他是否早已听说了它的传说？听说过了，那很好。他是否知道，波希米亚地区至少有四分之一是被毁于三十年战争[2]期间？他是否也知道，郁金香首先是在这里——具体而言，就在紧

---

[1] 曼弗雷德（Manfred）：拜伦同名诗作中的主人公。

[2] 三十年战争（The Thirty Years' War, 1618—1648）：是由神圣罗马帝国的内战演变而成的一次大规模的欧洲国家混战，也是历史上第一次全欧洲大战。中世纪后期，神圣罗马帝国日趋没落，内部诸侯林立，纷争不断，宗教改革运动之后又发展出天主教和新教的尖锐对立，加之周边国家纷纷崛起，于1618年到1648年爆发了欧洲主要国家纷纷卷入德意志内战的大规模国际战争，又称"宗教战争"。这场战争是欧洲各国争夺利益、树立霸权的矛盾以及宗教纠纷激化的产物。战争以哈布斯堡王朝战败并签订《威斯特伐利亚和约》而告结束。战争基本上是以德意志新教诸侯和瑞典、丹麦、法国（法国是信天主教的，但是为了称霸欧洲和新教国家站在了一起）为一方，并得到荷兰、英国、沙俄的支持；神圣罗马帝国皇帝、德意志天主教诸侯和西班牙为另一方，并得到教宗和波兰的支持。这场战争推动了欧洲民族国家的形成，是欧洲近代史的开始。

挨着歌唱喷泉的皇家御花园——适应了欧洲的气候，然后才在荷兰遍地盛开？

"而在这里"——哈，哈——"这里，我们能见识到更有趣的东西，"茹雷克这位导游继续说道，"我一会儿就带你去参观查尔斯广场40号的那幢房子，那里曾居住过浮士德博士。魔鬼就是从那边的那个烟囱里把他带走的。看到了吗？就在那儿。"

特斯拉目不转睛地盯着烟囱。

在布拉格，特斯拉的灵魂备受煎熬。悲伤令他几近窒息。他焦躁不安，因为他无法假装出一副样子，好像世界没有陷入水深火热之中。在他梦里，他那已经驾鹤西去的父亲前来看望他，已失去双腿，身体在空中盘旋，他的教士袍像八爪鱼似的在风中飘荡。他还梦见另一个人，没有脸，却有两个背，声音像是从一个缝隙中发出来似的，听上去宛若许多条河流在一起奔涌。

"你是谁？"

"我是你兄长。"

"怎么回事，我怎么从未见过你？"

尼古拉洗了脸，穿上衣服，一直走个不停，直到凌晨，在浮士德博士的居所前踱着步。

某个东西冲着他耳朵低声说道：恐怖！

某个东西在他头脑中厉声尖叫：恐怖！

他用受伤的、烧得炽疼的眼睛，凝视着不绝如缕的雪花和雪花的影子。十分钟之后他再回去时，他的足迹早就被覆盖殆尽。他沿着大街来回走了三次，每一次都发现他的足迹已被大雪所覆盖。他没有留意到天正在变亮。上了年岁的妇人从他身边形色匆匆地经过，要赶往晨间弥撒。一座座教堂里的管风琴手开始弹奏音乐，传递着上帝思想。

"你听说过哈努斯大师[1]的悲惨结局吗？那座天文钟就是他造的。"茹雷克滔滔不绝地继续当他的导游，"你是否知道，当温瑟斯劳斯四世在布拉格把内波穆克的圣约翰的舌头割下时，被割断的舌头依然在进行布道？当这位圣徒被抛下查尔斯大桥时，大桥便开始崩塌，而所有人都无计可施，直到一位建筑师挺身而出与魔鬼签订了契约，并且——"

特斯拉不耐烦地打断他："我怎么觉得，在布拉格这块地方，似乎与魔鬼签订过很多契约。"

"确实不少，确实不少。"茹雷克回答道，充满了骄傲。

聪明的卷心菜

特斯拉的叔叔帕约·曼迪奇从布达佩斯抵达布拉格。他告诉那长着牛眼睛似的双目的侄子说，设在巴黎的爱迪生办事处的主任，名叫蒂沃道尔·普什卡什。

"那又怎么样？"尼古拉问道。

曼迪奇上校喝了一口蓓荷萝芙卡苦酒。他斜眼看着他的侄子——他依然记得尼古拉的那段赌博岁月。

"蒂沃道尔授予他兄弟费伦茨所有的权利，在匈牙利建设一个电话网络。费伦茨是我的哥们。他需要电气工程师。如果你想要这份工作，它就是你的了。"

---

[1] 钟表大师哈努斯（Master Hanuš）：距今五个世纪前的波希米亚王国，布拉格住着一位钟表大师哈努斯。他奉命为纪念国王继承人诞生日建造一座精密的钟表。哈努斯以十二位议员为蓝本塑造了十二圣徒的雕塑，又以丑陋恐怖的刽子手头子的形象塑造了犹大。巨钟落成当天，随着悦耳的钟声响起，雕塑逐一展现世人面前。议员们看到自己的样子骄傲不已，但刽子手头子却火冒三丈。入夜，刽子手头子闯入哈努斯的家中，刺瞎了大师的双眼。失明的哈努斯痛苦地摸索走进钟楼，亲手毁掉了自己倾注毕生心血的作品。

第一个在布达佩斯火车站拥抱特斯拉的是安塔尔·西盖蒂。

他已经变成了一个大帅哥，特斯拉暗想，心里不乏嫉妒。西盖蒂笑容可掬的眼睛令他回忆起普利特维采湖。安塔尔拥有一位游泳健将或体操健将的身材，能举着杠铃反复做蹲坐动作。安塔尔轻轻一抱便将特斯拉从地面上提起来，然后在地上蹦跳了一下，大声道，"你太瘦弱了！我们得改变这一切！"

每逢周六的日子，特斯拉那位阔绰的叔叔帕约·曼迪奇，以及福尔考什·西盖蒂，轮流做东，招待两位年轻人吃饭。那位年纪稍大的西盖蒂是个建筑设计师，花大量的时间颠簸在被车辙弄得凹凸不平的乡间小路上，用素描记录下匈牙利乡村装饰物的实例。他给特斯拉找到了一处住的地方，和他家的一位女性友人住在一起。

"她是个寡妇，还是离婚了？"特斯拉问。

"她是与她自己的脑袋离了。"安塔尔嬉笑道。

在特斯拉的新寓所，客厅装饰着一个贴着瓷砖的白色炉灶，形状像座佛塔。墙上挂着两幅画。表现女房东妙龄女郎时期的那幅肖像画上，颜料的裂纹使那原本金发碧眼的女子的脸变得满是皱纹。在另一幅画作上，有人正在举行加冕仪式——对于一个外国人来说，肯定弄不清那是圣伊什特万一世[1]还是马加什一世[2]。客厅的天花板极高，即使是一个身材高大的男子站在马背上也碰不到。所有的家具因过于庞大而显得笨重累赘。

特斯拉的搬家工程一结束，西盖蒂就在桌上摆上一个罗汉肚形状的

---

1 圣伊什特万一世（Saint István，约970—1038）：匈牙利阿尔帕德王朝大公（997—1001）及匈牙利第一位国王（1001起）。

2 匈雅提·马加什一世（Hunyadi Mátyás，1443—1490）：一位匈牙利及克罗地亚国王（1457—1490）。以强大的雇佣军征服大贵族，并通过数次军事运动，成为波希米亚之王及奥地利公爵。

酒瓶。特斯拉乐得直发笑，西盖蒂则一本正经地告诉他："这是地地道道的托考伊白葡萄酒"。

他们共同邀请女房东喝一杯。

女房东名叫玛尔塔·瓦尔瑙伊，出版过两部儿童图书，书名分别叫《聪明的卷心菜》以及《刺猬的演讲》。她含混的匈牙利口音悬浮在潺潺流水般流利的德语之上。她以富含知性的语调，谈论匈牙利浪漫主义作家米克洛什·约希卡的作品，而他正是莫约与尼古拉在戈斯皮奇时都十分喜爱的作家。她的儿子最近作了军医，在萨拉热窝服役，那里差不多就在特斯拉家乡所在的地方。瓦尔瑙伊夫人以她充满智慧的口吻指出，布达佩斯——帝国的"另一个首都"——亟须新鲜血液。

"我们需要你这样的工程师，特斯拉先生。"她继续道，语气十分热情，"我们需要一座崭新的歌剧院，一些崭新的桥梁，一些崭新的街道。"

玛尔塔伸展双臂，仿佛在为未来的林荫大道创造空间。瓦尔瑙伊夫人知书达理的语调诉说着她的一种修养，而她的肢体魅力则诉说着另一种气质。她眼神的闪烁，张弛有度的朗笑，无不让这种魅力展露无遗。一片光亮吞没了特斯拉。某种难以名状的温馨气息从她全身散发出来，撩拨着他，还撩拨着那个顺道来访的西盖蒂。

当她离开他们后，西盖蒂长叹一声。"你看出来了吗？"

"看出来什么呀？"特斯拉问道。

"我一点儿都不奇怪她已经埋葬过两任丈夫，"西盖蒂低声说道，"她不是活得比他们长寿——他们是被她耗竭而死的！"

他痛彻心扉地感到遗憾，没能早三十年认识她。

"聪明的卷心菜，逗谁呢。只有小孩子才信这一套。呵呵！但愿我能变成一只苍蝇，趴在她卧室的天花板上。"

在布达佩斯，安塔尔·西盖蒂生平第一次直言不讳地将他的色欲和盘托出。他喜欢让女性脱得一丝不挂，向他展示她们身体的私处。他喜欢让她们裸露着身体绕着房间走动，用她们的臀部来展示一股强大的力量，而正是这股相同的力量致使星星和行星在宇宙中运转。安塔尔经常光顾妓院，姑娘们的媚笑弥漫着情色的火焰和诡诈。他向特斯拉形容女性深入骨子里的那套虚情假意，并提出要带他也去光顾一家风月场所，特斯拉察觉到那肯定与但丁《神曲》中的"地狱篇"有某种关联。安塔尔临走时，在他朋友房间里留下了一部卡萨诺瓦[1]的《回忆录》。尼古拉是光看每个章节的标题，就知道后面的内容不堪卒读，这些标题包括"忐忑之夜""我与两姐妹坠入爱河却把安吉拉抛到九霄云外"，以及"船长将我们留在雷焦，我与亨莉埃塔一夜销魂"。

"卡萨诺瓦！"特斯拉默默说道。他把书放在一边，打了个哈欠，这个哈欠大得足以比得上吉他上的那个音孔。

正如很久以前在托贝尔巴德那样，他和安塔尔常泡温泉。他的朋友带他去听过几个音乐家的音乐，而这些艺人的相貌真的非常怪异。女歌手要比小提琴手的身高高出一倍，而后者在演奏时习惯性地双眼紧闭。表演锤式扬琴的那个男子，用来敲击琴弦的木槌包着一层燃烧的亚麻布。坦布拉琴的演奏者们则在琴弦上折断了他们的手指甲。女人们轻快地旋转着，她们身穿民间服装，绣以珍珠作为装饰。男人们翩翩起舞，帽子上顶着喇叭口的酒杯。特斯拉的灵魂随着节奏欢快的歌声而搏动，但忧郁伤感的歌词更令他动容。帝国的"另一个首都"与他可谓是情投意合，尤其因为他人生中第一次手头有了足够的钱。他不仅穿戴整齐，而且也极为透彻地掌握了服饰的无声语言。瓦尔瑙伊夫人用她细致精辟的建议帮他提升衣着品位。特斯拉则以一束红玫瑰向她表示感谢，等特斯拉刚转身离开，她便一头将自己的脸埋到花束之中。

---

[1] 贾科莫·卡萨诺瓦（Giacomo Girolamo Casanova，1725—1798）：极富传奇色彩的意大利冒险家、作家、"追寻女色的风流才子"。十八世纪享誉欧洲的大情圣。生于意大利威尼斯，卒于波希米亚的达克斯（现捷克杜克卓夫）。

在布达佩斯，工程建设进行得热火朝天——一座座大楼上高高耸立的塔顶，彼此憋着劲要一争高低。城市上空，人们迎来的日落景象都快变成什么了！整个粉红和紫色的天空，在一个个屋顶之上被解体分割，变得支离破碎。特斯拉和那些建造欧洲第六座电话交换机的工程师并肩工作。空气中到处弥漫着大时代的气息。

一个长着络腮胡子、头发金黄的西班牙征服者[1]式的人物，似乎永远在奔忙着，日理万机。他就是费伦茨·普什卡什。普什卡什会拍拍特斯拉的背，就像布兰科维奇叔叔很久以前常拍他的背那样。他给特斯拉升职，并开始称他为"孩儿"。

"抓紧干，孩儿，抓紧干！"

如果有人问起，特斯拉会说"迫不及待"（impatience）乃"天才"（genius）的同义词。他抱怨这个世界运转得太慢了，并十分享受将每天的工作任务安排得满满当当。白昼在他的右侧，黑夜在他的左侧。他急不可耐地等待拂晓的到来，这样他就能继续工作了。一切都令人如痴如醉，痛并陶醉着。特斯拉有几天在工地上消失了——有一股火一样的盲目力量在他身体内躁动。他把面罩拉下来，遮住眼睛。在刺眼的光芒中，他看到了一个更为绚丽灿烂的窗口，透过这扇窗，可以发现某种从未存在过的事物。他的首个发明就是这样诞生的。

"你造了个什么东西呀？"西盖蒂表现得十分好奇。

"电话听筒！我在电话的接收器里增加了磁铁的数量，"尼古拉回答道，"我还改变了它们相对于振动膜的位置。"

---

[1] 西班牙征服者（Conquistador）：指十五世纪至十七世纪间，到达并征服美洲新大陆及亚洲太平洋等地区的西班牙军人、探险家。自1492年航海家克里斯托弗·哥伦布发现美洲大陆以来，这些征服者便在美洲、亚洲及太平洋地区建立殖民统治。他们为西班牙帝国探险并征服大半个中南美洲，他们的探险既非政府推动，也未获政府资助，而是商人赞助的私人活动，主要目的是探险、打劫并向当地人宣扬基督教。

"普什卡什喜欢这玩意吗？"

这位年轻人的脸顿时亮了起来：

"他会在1月份一场歌剧演出的电话广播中采用我的发明。"

在前大斋节[1]的日子里，埃尔凯尔[2]的歌剧《洪尧迪·拉斯洛》在国家剧院上演。"布达佩斯市民倾城出动"，实况追踪了在维嘉都音乐厅的演出。电话广播的音质要比在巴黎的好。在灯光下，达官贵人们看上去在头脑中有了些许的感触。

"但是，特斯拉在哪里？"普什卡什低声问西盖蒂，语带不满。

一直到演出的前一日，特斯拉一直在以最大的热情策划这场广播，将普什卡什催得团团转，嘴里还重复念叨着，"工作能成就人，那就让工作也摧毁人吧！"

尼古拉不断加快工作节奏，直到他脑袋里最细的那根线路断裂。他的灵魂似乎一直悬挂在那根线上。线断之后，这位年轻人便变作一团烧得烫人的神经。他躺在瓦尔瑙伊夫人寓所里的床上，厚厚的窗帘密不透光。当人们告诉他电话广播大获全胜时，他虚弱得甚至无力露出一丝微笑。

颓废

当耶稣如此说完，便大声喊道：

---

1 大斋节（Lent）：亦称四旬斋或"封斋节"，是基督教的斋戒节期。据《新约圣经》记载，耶稣于开始传教前在旷野守斋祈祷四十个昼夜。教会为表示纪念，规定棕枝主日前的四十天为此节期。教徒在此节期间一般于星期五守大斋和小斋。

2 埃尔凯尔（Erkel Ferenc，1810—1893）：生于匈牙利久洛，卒于布达佩斯。匈牙利作曲家、指挥家。主要创作领域为歌剧。最为重要的代表作是《洪尧迪·拉斯洛》和《邦克总督》。

"拉撒路，出来吧。"

《圣经·约翰福音》第11节，第43行

如果只是依据瓦尔瑙伊夫人所撰写的儿童图书来判断她的教育背景，那将大错特错。特斯拉的女房东可以用法语朗诵魏尔伦[1]的诗作。她问她的房客，他是否读过波德莱尔[2]，结果却发现，他仅记得一行诗："撒旦啊，请宽恕我最后的绝望吧。"

当时，《恶之花》与特斯拉的年龄相当。在这部诗集的启迪下，整整一代诗人涌入文坛。诗人和画家所钟爱的题材，有病态的过度敏感，对都市文明的膜拜，以及通宵达旦的夜生活熬出黑眼圈的生活方式。欧洲艺术变成了《公主与豌豆》式的幼稚之作。但瓦尔瑙伊夫人清楚地知道，在所有那些崇尚大麻的麻醉剂以及苦艾酒那烈性酒精的人中间，没有任何人比尼古拉·特斯拉来得更为敏感、更为颓废的了。

在歌剧广播之前，特斯拉一天休息五个小时，但睡眠时间仅为两个小时。天还没亮，他就会醒来，匆匆赶到办公室。他无法确定，自己每况愈下的身体，究竟该归咎于布达佩斯，还是归咎于自己的命运。

这座城市令我气恼，他在日记中写道。

"我们出发吧！别松劲，孩儿！"费伦茨·普什卡什高声说道。

在他自己这边，特斯拉也鼓动普什卡什加快项目推进。特斯拉自己也加快了节奏。

接下来，传来一声断裂的声响。

---

1 保罗·魏尔伦（Paul Verlaine，1844—1896）：法国诗人。是象征主义派别的早期领导人。象征主义者，尝试把诗歌从传统的题材和形式中脱离出来。

2 夏尔·皮埃尔·波德莱尔（Charles Pierre Baudelaire，1821—1867）：十九世纪法国最著名的现代派诗人，象征派诗歌先驱，其作品《恶之花》是十九世纪最具影响力的诗集之一。

整个世界都在震颤,特斯拉也随之颤抖。然而,这两者并没有在一片寂静中同步倒塌,相反,两者的震颤互相碰撞。在颤抖之下,即使在一片寂静中,也有一场对话在进行,且只能被那个病人听到。尼古拉将那个幻觉分解成基本的组成部分。宇宙的低声细语,忽远忽近,听上去像杂—乱—乱—乱—乱—乱—无—章的词语。在外面传来的喧闹之下,这些词语持续不断地飘过来,非常缓慢,且语调拉得很长。究竟是谁在说话——是上帝呢,还是藏匿在日常生活这个脸面背后的魔鬼?

一列远处的火车的汽笛声致使他坐着的长凳晃动起来。第三个房间里面的钟敲响报时的时候,仿佛是铁锤敲击着铁砧。特斯拉能听到蚂蚁疾速越过地板。一只降落在桌上的苍蝇在他头颅的穹顶下激起一片闪光。黑暗之中,他可以凭借他额头上那种令人毛骨悚然的感觉,感知在几码之外存在着一个物体。

"你是只蝙蝠。"西盖蒂宣布道。

布达佩斯的交通所造成的震动,通过公寓大楼的结构、他的床以及他的椅子渗透进来,摇晃着蝙蝠的全身。阳光像机关枪扫射一样,透过室内绿植的叶子倾泻而入,让他睁不开眼睛。他十分感激瓦尔瑙伊夫人的公寓内帷帘足够厚实。他在每个床脚下都放了一块橡皮垫子。他希望能在地下的八层静静地躺下。他实在是累极了。

"我到底怎么啦?"这位年轻的工程师颤抖着。

医生们在房间里穿梭,房间里摆着盆栽的杜鹃花,还有弥漫着烟雾的镜子。西盖蒂将大夫们胸有成竹的模样,以及他们的山羊胡子一并冲着特斯拉的房门口做了描述。经过医生们两个星期的探访问诊,特斯拉的病情依然没有任何好转。他的手指悬垂着,仿佛要从他的手上脱落下来。他的手臂悬垂着,仿佛要从他的肩膀上脱落下来。

"你觉得如何?"西盖蒂在门口问道。

"像圣塞巴斯蒂安[1]一样。"特斯拉用微弱的声音回答道。

无数支箭曾穿透圣塞巴斯蒂安的身体,在他皮肤上刺出一个个洞,而在特斯拉身上,则是洞开了一只又一只眼睛:后脑勺上有一只,肩膀上有一只,腹部还有一只。一阵阵痛楚好似在活生生地剥他的皮。

"我们需要您的帮助。"西盖蒂对瓦尔瑙伊夫人说。

女房东斜着眼睛看了一下,神情中满是理解与同情。自那一刻开始,她每天都到那个黑咕隆咚的房间探望,她可以听到病人在胡言乱语。

"戴恩,放开我!请放开我!"

她拿来一些糕饼,还有洋甘菊茶,茶里加了蜂蜜,喝上去能变得甜一些。她轻声道:"吃吧。"

特斯拉露出他的尖齿,挣扎着要笑一下。

瓦尔瑙伊夫人为他祈祷,紧扣的十指全都发白。她渴望能抚摸那备受折磨的人儿。有一次,在他熟睡时,她深情地吻了一下他的额头。那年轻人假装没有注意到所发生的这一幕。他偷看了她一眼,但立刻又感到后悔了。她全部的女性灵魂在她眼睛里表露无遗。

当拉约什·瓦尔瑙伊从萨拉热窝前来探望他母亲时,他把了把特斯拉紊乱的脉搏,开出了大剂量溴化钾药方。

"他已来到死神的鬼门关。"他说,但他还是坚持要有人来复诊一下。著名专家罗森茨魏希博士上门诊断,最终,他果断地合上诊疗箱,宣布道,"医学对他已无济于事。"

"去他妈的医学!"西盖蒂怒吼道。

由于他已经失去了带特斯拉光顾风月场所的机会,对他来说,下一

---

[1] 圣塞巴斯蒂安(Saint Sebastian):传统上认为死于公元287年1月20日。圣塞巴斯蒂安在三世纪基督教迫害时期,被罗马戴克里先皇帝杀害。被尊为圣人和瘟疫者的主保。在文艺作品上,他被描绘成捆住后用乱箭射穿的形象。后来当罗马皇帝得知他还没有死时,用棍棒将其打死。

件他所能做的最有益的事情，至少是去帮助特斯拉做些身体活动。

"相信我。"他对特斯拉说，将他从床上抱下来。

难道金口约翰[1]没有说过，人充其量只是破裂的肥皂泡影而已？尼古拉全身麻木，耳朵时聪时聩，伴随着阵阵恶心。在他那持续不断的恐惧中，他像变形虫似的悸动着。他和西盖蒂一起走在大街上，两人仿佛凝结成冰块。在喧嚣的大千世界里，他艰难地移动着脚步，仿佛迈出的每一步即是他这辈子中的最后一步。

西盖蒂鼓励他锻炼下去。

"快起床。俗话说得好，病来如山倒，病去如抽丝。"

西盖蒂是唯一一个坚信他朋友可以战胜病魔的人。他对医生深恶痛绝，自言自语道："这些医生大人，全都有眼无珠。他们什么都看不明白，什么都拿捏不准。大多如此。"

他强迫尼古拉坚强地活下去。他每天都拉着他到屋外散步。狂风大作，卷起屋顶上的雪漫天飞扬。冰霜的气息是上帝的问候。尼古拉压低嗓音，向着教堂的尖塔咒骂那嘈杂得令人心烦意乱的城市。每当他经过一座桥下，他会觉得大桥正以雷霆万钧之势，压碎他的头颅。有鉴于此，他们选择去往开阔的田野散步。西盖蒂还逐渐将健身操加到他们的远足活动中。特斯拉手持哑铃，伸展手臂，从臀部举到头顶上方。他觉得他的状况很糟糕，而当一个人感到身体不适时，他所聆听到的音乐，只能由他一个人感受到。这就是他如何会第一次觉得他或许有救了。他仿佛一个海难事故的幸存者，感觉到海岸就在不远处。而在下一个瞬间，这已经不只是单纯的一种感觉而已——那就是真真切切的海岸！他甚至开始相

---

[1] 指圣约翰·克里索斯托（John Chyrsostom，约347—407）：古代基督教希腊教父、解经家和君士坦丁堡牧首约翰一世，有非凡的讲道才能。克里索斯托善于传教和解释经文，后来在一场暴动中，以一系列传教演说平息了市民的心情，因而博得"金口约翰"（John the Golden Mouth）之称。

信,他那痛苦的孵化过程行将结束——他将化蛹为蝶。在膜的另一边,有个身体在触碰着他。所有的神秘与迷茫,转瞬间便将拨云见日,豁然开朗。

公园

随着夕阳向布达山后西沉,余晖照亮了冰封的河流,也照亮了这座大城市,以及在公园里沿着碎石路散步的两位优雅的年轻人。1882年的早春二月,没有雪,但有冰霜。两个年轻人中,一人穿着黑大衣,纽扣一直往上系到领口,另一人则穿着一件米黄色驼毛外套。穿着黑大衣的那位,一头黑发,十分光滑地往后梳着。他的同伴胖乎乎的,八字须打理得尚且整齐。他频繁地皱着眉头,脸上露出不情愿的神情。

特斯拉则心情不错,嘴里哼出维瓦尔第[1]《冬季》中的一段曲子。西盖蒂则略抿着双唇,呈一副"嬉戏的爱神之笑"的模样。

"威廉明妮·施罗德-德弗里恩特创作的《一位德国女歌唱家的回忆录》,其中有一幕就以这座公园为背景。"他告诉特斯拉,而后者则完全心不在焉。

两位女士从他们身旁经过,戴在头上的帽子镶有巨大羽饰。她们谈论着一位著名的小提琴演奏家。

特斯拉和西盖蒂无意中听到其中一位说道:"你见到他本人时会觉得其貌不扬,但他的音乐却令人如痴如醉"。

两位女士身后跟着两个侍女。长着深褐色头发的那个侍女,头发直

---

[1] 安东尼奥·卢奇奥·维瓦尔第(Antonio Lucio Vivaldi, 1678—1741):意大利神父,也是巴洛克音乐作曲家,同时还是一名小提琴演奏家,主要作品有《四季》等。

直的,下巴棱角分明,挽着另一个侍女的手臂,后者则是一个金发女子,身材娇小,活脱脱像个果子冻卷筒蛋糕。

"我的牙不好。我只要吃到带着甜味道的东西,就会痛得哭出来,"金发侍女用快活的语调抱怨着,"但我还是喜欢……"

一个穿戴得像女孩的小男孩一屁股坐在地上,牙齿不好的那位侍女用力将他一把拽起来。"快起来,赫尔夫。别装可爱了,乖乖,听话。"

一只兴高采烈的麻雀在路上蹦跳而过。被驯养的鸭子用它们不停颤动着的喙,啄着人们在草丛里为它们撒下的粮食。

"我几乎忘了,所有这一切竟然存在。"特斯拉叹息道。

西盖蒂也忘记了这个大千世界。

他头脑中想着的,是丽塔与他接吻的双唇!

他梦想着用他的膝盖撑开她的大腿——一想到这个念头,他的脊椎骨中不禁一阵战栗——还听到她长筒袜子发出嘶嘶响声。她的脸在跳着舞蹈。啊,缪斯女神,快助我一臂之力,以便让我能够形容出那脸庞是如何舞动的。她觉得厌恶吗?还是说快活得飘飘欲仙?她是不是怒不可遏,却无力抵抗那股令他们俩神魂颠倒的力量……

"快看!"特斯拉推了他一下,"看在上帝的分上,看看那落日景象!"

那年轻的匈牙利人抬起眼睛,看到的是墨水般的云彩,那金黄色的圆盘淹没在一片深红的暮色之中。

特斯拉吟诵着歌德《浮士德》中的诗行,作别西沉的太阳:

白昼劳作既毕,绚丽光彩渐逝,
奔腾着去创造全新的生命,在全新的一天。

西盖蒂环视四周,说话时显得结结巴巴:"瞧啊——整座公园因为太阳而染成一片红色。每个人都变成印第安人了。"

特斯拉没有回答他。

"常青灌木被修剪成一颗颗棋子！瞧瞧那些高声嘶喊着的颜色！"

特斯拉再度拒绝回应。在布达佩斯的每扇窗户上，闪烁着教堂尖塔投下的钉子状的金色影子。地平线上飞鸟如织，太阳在鸟儿们的身后点点地下沉。当这群鸟飞过公园上空时，西盖蒂方才意识到他的朋友依然僵硬地锁定在原地，凝视着太阳。

"发生什么事了？"西盖蒂心感惊慌。

尼古拉目不转睛地注视着燃烧着的火球，眼睛一眨都不眨。

"看着我！"西盖蒂大声叫道。

"看着我！"特斯拉重复道。

接着，他又说道，两眼依然紧盯着太阳，"看我如何把它给扭转过来。"

西盖蒂左寻右找，希冀能发现一张离他最近的长凳。

"我给它接通电流——咔嗒！——它就转向一侧。接着——再咔嗒一下！——它改变方向，转向另一侧。"

这种罪我真是受够了，西盖蒂绝望地想道。但他很有策略地抓住特斯拉的胳膊肘，提议道："让我们稍微休息一会吧。"

特斯拉屹立在原地，一动不动。

"我关掉电源。它就停下来了！难道——"他的脸上突然露出一抹深受灵感启迪但又十分痛苦的微笑——"难道你没看到它不会爆裂吗？"

"什么？"

"噢，我说的是电机。"

西盖蒂脸上一副哭笑不得的神情，仿佛手里捏着一根带电的电线。

"稍等一下！"他大喊一声，"你的电机在哪里？"

"就在这里，"特斯拉指了指他们两人之间的那片空间。"接上电——咔嗒一下！所有问题迎刃而解！"

在和别人说话时，西盖蒂经常会闭上一只眼睛。很难说这是因为恼怒，还是因为需要全神贯注。于是，他眯起一只眼睛，问道："什么问题解决了？"

"我那交流电电机的问题呀！听，它工作起来多安静啊。"

"人的精神会如同风一般随心所欲，飘忽不定，但我们仅能凭借着声音来认识它"，耶稣曾经对法利赛人尼哥德摩如是说。一股不可名状的兴奋之情吞没了西盖蒂，因为他意识到，听上去像是痴人疯语的这番话，绝对不可能是一派胡言。

西盖蒂脑海中浮现出一幅古老的版画，描绘的是古希腊天文学家托勒密的地心说天文体系，地球静止不动，其他天体环绕在四周。版画中，一个无赖从众多的天体中探出脑袋，往远处眺望着太空。西盖蒂觉得自己就是那个无赖。他蓦然感到全身寒冷。

夕阳将特斯拉的脸染成古铜色。

他脸上露出一副深受灵感启迪但又倍受折磨的表情，而这恰恰是他父亲所憎恶不已的。

"我把问题解决了。现在，我死而无憾了！"

"拜托了，给我解释一下吧！"

特斯拉回过神来，恢复了正常，开始用手杖在碎石路上画图案。

"你看明白了吗，"他开始说道，"迄今为止，每个想攻克这一难题的人都仅仅使用一个电路。我至少会使用两个电路。为什么？因为在同一个发电机内，如果有更多的交流电流，就可以在引擎定子上的多个电轴内产生磁场。每一个电轴的频率与其他轴的频率相同，但它们的电磁波却不同步。"

西盖蒂能想象到的，是一位绅士与一位淑女翩翩起舞，但彼此无法协调步伐。

"它们的放电是交替进行的，"特斯拉继续解释道，"这产生的效果，就相当于给引擎增加了一个气缸。两个彼此垂直的磁场会像矢量一样积累增加，随之而形成的磁场便开始旋转起来……"

一个个抽象概念从特斯拉嘴里脱口而出，仿佛宇宙风驱动了虚无缥缈的引擎那样。他仍然用手杖在碎石路上画着图案。他一边说着，一边呼出一团团热气。

"随着电流改变方向，它就会旋转起来。一个可变的磁旋涡就是这么制造出来的，磁旋涡会牢牢地笼罩着电枢，这样，再也不需要转向器。"他睁大眼睛盯着西盖蒂，"难道它不是很美妙吗？难道它不是很简单吗？"

"它确实很简单。"西盖蒂确认道。

"它将能够进行远距离导电，"特斯拉兴奋地高喊，"我发明的这个电机就像阿拉丁神灯。一旦被释放出来，被困在里面的精灵就能为人类造福无穷。"

尼古拉眼里流着泪水，仿佛要打喷嚏似的。一阵狂喜在他心头澎湃激荡。西盖蒂仔细琢磨特斯拉说的每一个词语，他的脸尽染落日的颜色。当他最终理解了特斯拉的思路，一股兴奋感在他每条腿中汹涌奔流。他皮肤下一直被禁锢着的那头受了伤的野兽，挣断了拴着它的皮带。他妒火中烧，不想再听下去了。

你的电机……你的世界……西盖蒂想道。美丽的宇宙诗朗诵。阿拉丁的世界！在这个世界，哪里才是我的立足之地？

西边的天际流淌着最富悲剧色彩的深红血色。这两个年轻人凝视着碎石路的中央，那里画着电机的蓝图。

温暖的雾气飘浮在尼古拉褐色的眼中。霜冻中闻上去有花的气息。西盖蒂两眼凝视着旋转磁场的图案。然后，他放眼遥望西沉的太阳，克服了自己的私心杂念，就像《圣经》中所讲述的雅各力克天使一样。他第一次理解了他朋友所告诉他的那一切的重要性。安塔尔·西盖蒂的眼睛与特斯拉的眼睛一样闪烁着，他用得胜的语调低声说道："绝了！"

没有爱

布达佩斯的电话交换机于春天交付运行。由于已经无活可干,所以那位年轻的工程师收拾好他的行囊。费伦茨·普什卡什揉着他的大肚子,问道:"你为什么不调到我们在巴黎的电话总局?"

"当真?"特斯拉狐疑地问道。

"这还能有假吗!"普什卡什说道。

两个星期后,特斯拉从火车上下来,长叹一声:我来了!第一个月中,他沐浴在巴黎的光影中,就像麻雀沐浴在尘埃里一样。整座城市似乎全都感染在多情的燥热之中。爱情的压力巨大无比,一个人穿戴的盔甲如果不那么坚固的话,就会被碾个粉碎。夫妇们会在巷子里互相拥抱,摩擦着彼此的身体。恋人们抹了蜜的嘴唇几乎无法分离。年轻男女卿卿我我,情意绵绵,在入口通道处轻声地互诉衷肠。颤抖的手指互相紧扣,受惊吓的眼睛里透着疑问,你爱我吗?在每条绿树成荫的黑乎乎的小街上,在城市的每个角落,爱情时而噘嘴不悦,时而窸窣作响。谁能对恋人间这种令人陶醉的缠绵与絮语视而不见、充耳不闻?但尼古拉对于来自巷子里的那些笑声无动于衷。他穿梭于巴黎的大街小巷,任由自己的鼻子引导着他。

在妓院里,法官和银行家们吻着女人的胖大腿。人行道上,街头女郎噘起金色的嘴唇,带着浪笑招呼路人,"先生,想找乐子吗?今晚你寂寞吗?"

对于爱情,特斯拉有他自己的定义。巴黎乃世界之中心,而国家图书馆则是中心之中心。在那里——带着爱——他阅读莫泊桑早期的短篇故事;带着爱,他眺望奥斯曼大道沿街的建筑。他看着那些有着复折式屋顶的房子,猜想住在里面的会是什么样的人,并逐渐读懂了雕刻在大教堂上充斥着魔鬼的动物寓言故事。爱也引领他来到歌剧院,还有艺术展——不管你是否愿意相信。从他的卡尔洛瓦茨岁月起，尼古拉就开始将艺术和饥饿联系在一起。每当他走进一家美术馆，浮现在脑海里的第一件事便是烤鸡。然而，他还是会出于义务对着镶嵌在画框里的一片片模糊不清的色彩点头致意，多亏了画商杜朗-卢埃尔，这些印象派画作才得以声名大噪。

正是出于对巴黎的热爱，尼古拉可以毫不在乎他那间位于圣马索区的小房间是那么的逼仄。圣马索区素有"烈士的郊区"之称，以纪念历史上的巴黎公社。每个月的头一天，寡妇若贝儿，也就是特斯拉的女房东，会从他手里一把将房租夺过去。虽然特斯拉给了她钱去买肥皂，但她总是要把肥皂偷偷藏起来，直到他不得不自己再去买一块回来。隔壁房间里住着婚姻状况不详的一对。夜里，一个悲伤男子的声音总会从他们房间传过来："你不像以前那样爱我了！"门厅的对面，住着一位头发浅灰色的老妪和她中了风的丈夫。她每天会带他出门散步，慢得堪比蜗牛。

"日安，特斯拉先生。"老妇人总是先向他致以问候。

"日安，马斯卡尔太太。"

过了一阵子，特斯拉也结识了那位叫喊"你不像以前那样爱我了"的邻居。他是一位生物学家，名叫加斯东·拉巴斯。有一次，他们在楼梯口闲聊了很长时间，其间他提议道："你为什么不到我学院来，去照一照显微镜？"

特斯拉接受了邀请，对着显微镜看了一眼。一个深渊在巴黎之下被开启。在那明亮的圆圈内，他看到的是一个由隐形的生物体构成的霍布斯[1]

---

[1] 托马斯·霍布斯（Thomas Hobbes，1588—1679）：英国政治家、哲学家，创立机械唯物主义的完整体系，指出宇宙是所有机械地运动着的广延物体的总和。他提出"自然状态"和国家起源说，指出国家是人们为了遵守"自然法"而订立契约所形成的，是一部人造的机器人，反对君权神授，主张君主专制，利用"国教"来管束人民，维护"秩序"。

式的世界。它们是一群乱哄哄的兽类，每一个都竭力要把对方撕成碎片。

"它们在相互吞噬！"特斯拉惊叫起来，心生恐惧，用力将头从目镜前扭开。

在他观看了微观世界这个渊薮之后，他买了五块肥皂，一回到家便赶紧洗手。倘若不是因为这个城市太引人入胜了，他几乎会选择闭门不出。在圣马赛尔大道，有人在拉手风琴——一件穷人的乐器。他隐约觉得，那手风琴手是一个来自格拉茨的街头艺人的孪生兄弟，他还记得那街头艺人。在稍远一点的地方，另一位街头音乐家，借助一件悲伤的街头乐器和一只快乐的猴子，正在为路人献艺，以换取几个铜板。紧挨着他的是一位吞火人，看上去像一条火龙。在沿着大街更远一点的地方，一个魔术师将水从他的袖子中倒入口袋。一片落叶在空中舞动着，最后掉在一个乞丐的帽子里。他把叶子丢出来，同时笑了一下，嘴里已见不到一颗牙齿。

特斯拉如饥似渴——他渴望享受那些林荫大道，渴望欣赏著名的女高音歌手，渴望阅读好书……他也渴望更多地了解法国电气工程师们的研究。当领到薪水时，他便摇身一变，化身奢侈的路易十四。他兜里揣着一沓钞票，立即赶往英国咖啡馆，那里的领班穿戴得像一国首相。吃完八道主菜之后，他登临这场盛宴的巅峰——柠檬汁兔肉。最后，他用勺享用冰镇香槟，因为这对消化大有裨益。当月的其他日子里，他会在"哥俩好"餐馆就餐，那里的光顾者大多是木炭运送工。所有的顾客都坐在一张大桌旁，吃着完全相同的一道菜——勃艮第牛肉，喝的酒都是从大木桶里舀出来，然后倒入喇叭口的玻璃杯中。

"你好吗？"特斯拉对着巴黎的太阳高声呼喊。

夏季的那几个月份中，他每天早晨会先在塞纳河里游泳。然后，他会步行来到大陆爱迪生公司，公司位于塞纳河畔的艾弗里郊区。上班路上需要花一个小时的时间。星期日，他会划划船，放松自己的身心。碧绿的光影在水面荡漾。划累了，他就躺在船上。塞纳河上的一座座桥梁遮挡了他欣赏天空的视线。河面上空，飘荡着成团成团的云彩。

九月份开始下雨。整个巴黎披上了这座城市的鸽子的颜色。十一月，特斯拉开始搭乘由马牵引的有轨街车。挤在这种交通工具里的平民百姓，闻上去像是有一种自家制作的汤的气味。那种短暂的情谊感让特斯拉这个异邦人感到欣慰。在巴黎的第一个秋季，他靠着与旧友的通信往来度日。他一个都没有忘记他们，定期回复梅迪奇和库里希奇的来信。西盖蒂告诉他，他已经解除了他的婚约。特斯拉叹息道：一个多么才华横溢的工程师！浪费了多么美好的时光！

每天早上七点半，他在艾弗里郊区与法美两国的工程师一起吃早饭。爱迪生的朋友查尔斯·巴彻勒说话时带有浓重的英国口音，而特斯拉几乎无法理解他究竟想要说什么。巴彻勒的大胡子非常浓密，以至于人们都情不自禁想去触摸一下。

"我工作如此兢兢业业，甚至没有空闲时间去规划一下明天该做些什么。"他向特斯拉抱怨道。

特斯拉甚为羞涩地提到他所构想的电机。巴彻勒捋一捋他那精心打理的胡子，压低声音说，无论是爱迪生，还是维尔纳·冯·西门子，两人都反对交流电。这位发明家用耐心的微笑表示对此话不予理会。他十分肯定，他们都错了，而他的电机要不了多久就能纠正那种错误想法。一旦他在巴黎大陆爱迪生公司的工作岗位上站稳脚跟，他便说服他的雇主蒂沃道尔·普什卡什，让他致函西盖蒂，给他提供一份在巴黎的工作。

一日，皮埃尔·罗先生快步闯进特斯拉的办公室，焦急地说道："多可怕的灾难！"

"发生了什么？"

在斯特拉斯堡[1]火车站的开通仪式上,一条电路发生了短路。有一堵墙的一部分,正好就在德皇威廉一世的面前倒塌了。

公司对此类丑闻绝对是唯恐避之不及。

总而言之,公司决定将特斯拉派往斯特拉斯堡。

"如果你能收拾好这个烂摊子,"喘着粗气的公司主管许诺说,"你肯定不会后悔的。"

他给出了一个数目,那是一笔不菲的酬劳。

西盖蒂刚从布达佩斯抵达巴黎,尼古拉便把他一并带上,前往阿尔萨斯。行李员跟在他们身后,走得跟跟跄跄,因为西盖蒂这位体育健儿把哑铃一起打包放在行李内。这两个好朋友抵达目的地,一座由水所环绕的城市。在这里,尼古拉初次品尝到了成熟所带来的甜美果实。当地非常有钱的人欣然接受他,将他当作平等的一员对待。

那么,那是一种普通的生活吗?

不,我们的主人公所经历的人生从来都不是普通的。变幻莫测的奇迹像镣铐似的永远束缚着他。他无法控制光的大量涌入。每当那金色的面罩遮盖住他的眼睛时,是宇宙在帮他做出决定。在斯特拉斯堡,正如在布达佩斯一样,他太容易从世界的边缘上坠落下来。炽烈的闪光猛烈撞击着他的眼睑,所以他每天早早就上床休息了。从繁星满天的天空中传来的频率与信号,刺激着他的一束束神经枝条直冒火花。

他身上还发生了什么事情?噢,对了,一切全都由他指挥,他会给工程师们付工资,并向巴黎呈交报告。忙完一天的工作后,他会锁上自己的办公室,和斯特拉斯堡的前巴黎市长伊波利特·博赞喝上一杯。博赞高举起双手,邀请特斯拉前去欣赏罗翰宫。斯特拉斯堡这座城市在普

---

[1] 斯特拉斯堡(Strasbourg):法国东北部城市,大东部大区(Région Grand Est)首府和下莱茵省(Bas-Rhin)省会,也是法国第七大城市和最大的边境城市。

法战争期间，虽在一定程度上遭到战火的毁坏，但受损程度远不及十七世纪宗教冲突中的那么严重。

"两个世纪之前，这里发生过人吃人的现象，"博赞说道，"你能有什么办法？我们还是上餐馆吧。"

他向他的客人询问他所阅读的书。特斯拉提到了莫泊桑的《一个女人的一生》。博赞显然很高兴。他早就读过莫泊桑关于一个妓女和一个普鲁士军官的短篇小说，那篇小说是在一本杂志上发表的。

"我很高兴，你没能成为那些工程师中的一员。"博赞举起双手遮住眼睛，就像马的眼罩那样。

特斯拉用同样的手势给自己的眼睛遮挡住光线，说道："对，我不是那些工程师中的一员。"

"尼古拉是个什么名字？"博赞问，"是个塞尔维亚名字吗？"

他知道，关于塞尔维亚－土耳其战争中的塞尔维亚人，维克多·雨果有过非常正面的描述。特斯拉提醒他，拉马丁曾写过关于塞尔维亚人的诗歌，而梅里美则模仿过塞尔维亚的民歌。在巴尔扎克和司汤达之间，博赞更喜欢前者。他尤其喜欢《驴皮记》和《不可知的杰作》两部作品。福楼拜则让他凉透全身。"你可以拿枪崩了我，但他真让我全身起鸡皮疙瘩。"他无法相信，特斯拉对拉辛的喜爱甚于莫里哀。但他们两人对伏尔泰倒是都情有独钟。

博赞结婚很晚，对他的两个孩子喜欢得几乎无法形容。他会亲自为他四岁的儿子皮埃尔把食物切碎，而每当他八个月大的女儿揪住他嘴巴时，他简直成了世界上最幸福的人儿。

"看看她！"他极度幸福的神情几乎要压迫到特斯拉的脸。

然而，当着他妻子的面，特斯拉提醒他，罗伯斯比尔曾有个观点，所有的孩子都应该在七岁或者八岁时与他们的父母分开，集中在一起抚养长大，从而培养起他们对新思想的开放意识。特斯拉面露笑容，谈到圣西门所坚持的一个论点，即"性生活应该被限制在最低限度"。

他们吃着阿尔萨斯奶酪火锅，而天使们则用格乌兹莱妮葡萄酒的滋味撩拨着他们的味觉。博赞太太宣称，世界上没有任何一种味道，是无法在奶酪中找到的。

"言过其实了。"特斯拉说道。

作为回答，博赞太太嘴里吐出另一句拉罗什福科[1]式的格言："一旦你用餐过程中想闭上你的眼睛——当你想琢磨个究竟并发出叹息——这些便是美味佳肴的标志。其他一切皆微不足道。"

珍妮·博赞太太近期又为人母，母性的光彩使她的丽质越发耀眼夺目。她十分欣赏特斯拉眼睛里的柔情。

"先生，你还单身，"她冲他这么说，既带着一丝卖弄风情的意味，又不乏作为母亲的关心，"为什么会这样？"

"我得工作，"特斯拉和颜悦色地回答道，高兴地挥了挥手，"我不会虚度光阴的。"

珍妮不接受他的说辞。"没有爱，所有的光阴才是虚度的。"

一天，博赞把特斯拉叫到一边，告诉他说，1870年，当德国人打过来时，他把很多瓶圣埃斯豪夫葡萄酒埋在地下，这种酒可追溯到尼古拉祖父在拿破仑军队里服役的那一时期。

"最近，我把它们挖了出来，"博赞说，"除了你，我不想和任何其他人共饮此酒。"

尼古拉问，他是否也可以把西盖蒂一并请来。

---

1 弗朗索瓦·德·拉罗什福科（François de La Rochefoucauld 1613—1680）：法国公爵，十七世纪法国古典作家。他把沙龙游戏中的机智问答作为箴言记录下来，成为一部庞杂的著作，这部书主要表现他的愤世嫉俗思想，还有知识的神秘、思维的存在、思想和行动的矛盾。有些箴言宣扬无为，有些则宣扬权利意志，受他影响的有英国的哈代，德国的尼采，法国的斯丹达尔、圣伯夫和纪德。

"好主意。"博赞表示赞同。

特斯拉威胁并警告西盖蒂,要他离博赞太太远一点。他们围坐在桌边,聚会的氛围与教堂的气氛相比,简直是有过之而无不及。主人取来一瓶酒,像抱婴儿似的搂在手中。他打开瓶子,静静地给大家依次斟上。他们全都抿了一口。特斯拉第一个从酒的醇馥幽郁中回过神来。他被深深感染了,宣布道:"我从来没有喝过……这样的美酒……"

度过了这个充满欢声笑语的夜晚之后,他和西盖蒂得返回巴黎了。博赞答应,他会确保对特斯拉进行心灵教育,以便让他早日情窦初开。为此,他向特斯拉推荐了他自己的两位裁缝,一位来自斯特拉斯堡,一位来自巴黎。重返巴黎后,那年轻的工程师在他办公室坐下,调整一下他领带的结,给他身在利卡的不识字的母亲写了一封信。他心情愉快地走进罗先生的办公室,说道:"活干完了,该付我报酬了吧?"

正是通过这一次经历,特斯拉领教了法国人的礼貌,而这种礼貌要比德国人的严谨更让人受不了。他发现罗先生神秘地变了,变得判若两人。突然之间,他变得沉默寡言,说话惜字如金。他向特斯拉解释道,报酬一事不归他管,特斯拉应该去找莱布尔先生谈论此事。找到莱布尔时,他解释说特斯拉应该去见斯通先生。蓄着胡子的斯通先生则让特斯拉去罗先生那里查询,从而使这个兜圈子的游戏完美结束。他们便是谚语中所说的三只猴子,它们会跟人说"非礼勿视,非视勿听,非听勿言"。

"但愿爱迪生能知晓,这些欧洲勤杂人员打着他的名义都在做些什么!"特斯拉向巴彻勒抱怨道。

"那你为什么不调到我们在纽约的电话总局?"巴彻勒问道。

"当真?"特斯拉问。

"当然当真喽!"巴彻勒点头道。

漂洋过海

开始，启航，旅途与到达，
我已彻底遗忘

不朽的皮埃尔·洛蒂[1]

斗殴

一张狰狞的脸冲着特斯拉露出它的牙齿。他用拳头拨开那人的脸。来自木棍的痛苦一击，让他肩膀失去知觉。特斯拉转过身来，往侧面猛踢一脚，把一个水手横扫到一边。接着，他用那比警棍还要长的手臂，把另一个水手的鼻子揍歪。有人猛推他一下。特斯拉的后脑勺重重地撞到墙上。围在他四周的人群，全都衣衫褴褛，他们鼓噪着，仿佛群魔乱舞。

"散开！"船长高喊。

他拔出一把枪。

"砰！"

参与甲板上斗殴的人听到枪响，在空旷处好像都凝固住了一样。

船长厉声质问："谁先动的手"？

---

[1] 皮埃尔·洛蒂（Pierre Loti，1850—1923）：法国小说家，以作品中的异国情调而闻名。他在海军学校受训，后成为海军军官，从事海上职业达四十二年之久，几乎周游世界。丰富的阅历源源不断地给他提供写作素材，第一本小说《阿齐亚德》（1879）发表后，他几乎以每年一本书的速度相继出版了十二部小说、九部纪实随笔（其中包括记述英法联军火烧圆明园的《北京的末日》）以及若干自传性的作品。他对异域风光和异域民族文化的记述生动、逼真，非常吸引对海外世界充满好奇心的法国公众，且恰好适应了法国当局推行海外扩张政策的需要，因而他轻而易举地赢得了官方和民众的一致赞赏，于1891年当选为法兰西学院四十位不朽者中的一员。

来自利卡的几个男人

"人群中有人推我，分散我的注意力，同时，有人掏我的口袋，"特斯拉解释道，"他们偷走了我所有的东西，我的船票，还有我的钱。"

"那你是怎么上船的？"

"我用我的名字预订了一张船票。其他人没有露面，他们就让我上船了。"

两个来自利卡的身材魁梧的男子在一旁十分同情地听着。他们报上自己的姓，并做了自我介绍：

"我是巴契奇。"

"我是茨夫尔科蒂奇。"

接着，这两人相互抱住对方的肩膀，宣布道："我们是来自利卡的两位英雄好汉。"

第三个人物是个骨瘦如柴的十六岁男孩。他伸出一只手来，轻声说道，"我是斯特万·普鲁斯特兰。"

轮船拉响汽笛。码头逐渐消失在远处，缩减成一个淡蓝色的实物模型那样大小。海上的薄雾打湿了旅客的衣衫。他们把苹果核丢给海鸥吃。

特斯拉抹了一下自己的脸，"你老家在哪里？"他问斯特万。

"拉斯第彻窝。"

特斯拉脸上的表情没有任何变化。

"靠近书利卡波皮那。"那男孩解释道。

"我不知道它在何处，"特斯拉说，"但我父亲应该知道。"他询问那三个男人他们计划在美国做什么。

"别人做什么，我们就做什么。"巴契奇和茨夫尔科蒂奇说。

斯特万·普鲁斯特兰是三人中唯一看上去垂头丧气的。他讲述了一个故事，说有个来自利卡的男人从纽约港下船，那人一踏上陆地，就变得十分沮丧。

"他一直坐在地上,就是站不起来,"那男孩告诉他,两眼睁得大大的,"我们老家的人帮了他一会儿,但后来他们还是自己走自己的了。可是,那人就死在他坐着的地方。同样的事情可能也会发生在我身上。"普鲁斯特兰哀叹道。

"不会的,斯特万,不会发生的。"他的两位朋友拍着他的背说。

斯特万摇摇头,不予置信。

恐惧和希望都在他耳畔轻诉。他应该相信何者?一方面,黑暗的煤矿和号叫着的炼铁高炉会让他的生命流失殆尽;另一方面,金光闪闪的发财机会在向他招手。这个眼睛明亮、身材瘦弱的孩子最后鼓起一些勇气,向他们吐露了他的宏伟计划。他会在美国待上五到七年,然后回到利卡购置些土地。

"我会让我的兄弟们去种地,"他眼睛里闪着光,稚气十足,"而我则会去开一间酒馆。"

"酒馆起什么名字呢?"

"就叫'美国人'!我会坐在酒馆前,整天读我的报纸。"普鲁斯特兰作出翻阅报纸的模样。

"人们会穿梭往来,跟我打招呼:'日安,斯特沃[1]老板'。对有些人我会回答,对另一些人我才懒得理会。"

"你们两人去美国,又是为什么呢?"特斯拉问巴契奇和茨夫尔科蒂奇。

"因为我们整个村子穷得只有一把梳子。"

茨夫尔科蒂奇笑道,装出一本正经的样子。

在他们两人解释什么原因致使他们背井离乡、远赴美国时,他们会

---

[1] 斯特沃:斯特万的尊称。

使用"没有……"来组合不同的句子。孩子们没有足够的东西吃。老人们没有足够的东西吃。没有钱来交税。

"那你去美国的原因又是什么呢?"他们异口同声地问特斯拉。

萨图尼亚号

特斯拉花了一整天的时间才适应他的小隔间。他一夜无眠,听着轮船引擎有节奏地发出震响。

他们的轮船有个不祥的名称叫"萨图尼亚",当它驶出港口,来到开阔的海面时,所有较上层的甲板上充满了兴奋与激动。一位法国老妇人为淹死者的灵魂祈祷。母亲们把亚麻布挂在栏杆上晾晒。轮船开始颠簸摇晃。有个小孩号啕大哭,做母亲的怎么安慰都无济于事。船长建议,把他从船上扔到海里喂鱼,可能是最有效的应急手法。

当天早晨以瓢泼大雨宣告开始。波涛飞溅,发出的响声反而使风雨声减弱了些许。那天,特斯拉没有到甲板上去活动。他来到交谊厅,和船长交谈了一番。克洛德·鲁昂邀请这位年轻的工程师一起吃午餐。船长喝起酒来,完全是一副刚忙完工作筋疲力尽的人喝酒解乏的样子。他问他的客人,在轮船上是否有可能使用电话。席间,一位苏格兰工程师坚持认为,昔日里驾驶着帆船旅行远来得惬意。来自里昂的一位银行家的老婆,脾气很坏,动辄发怒,她压低话音训斥她那长相丑陋的女儿,而这女儿看上去仿佛一只鸵鸟。一位捷克的小提琴手也出席了午宴,他希望能在纽约歌剧院找到一份工作。他喋喋不休地谈论着唯灵论哲学,但特斯拉对这样一个话题提不起半点兴趣。

"知道吗,有一片瀑布将这个世界与另一个世界分割开来。"这位捷克人给那鸵鸟姑娘解释道。

早餐的时候,他再次大谈特谈人类所拍摄到的关于幽灵和梦幻的照片，连在蜂蜡里也被人拍到了"手掌"的印记。

"你可听说过唯灵论者若贝尔先生所收集的鬼怪歌曲吗？他可是卡尔卡松地区最顶尖的法官。"

"没有！"特斯拉不耐烦地打断他，转身离去。

他决定放弃与"有教养阶层"的交往，花更多的时间与"危险阶层"打成一片，也就是说，要与斯特万·普鲁斯特兰以及来自利卡的那两人待在一起。

"我第一次看到大海时，仿佛就与它心有灵犀，非常熟悉。"普鲁斯特兰在大风劲吹的甲板上把心中的小秘密透露给特斯拉。在船上，特斯拉感到冰冷刺骨，因为他没有带足够的衣服来御寒。然而，他带着诗集，以及他所设想的飞行机器的蓝图。大多数有铺位的旅客都是来自阿尔萨斯的法国人。两位眼睛晶莹纯澈的女士眺望着远方。她们是仅凭着报纸上的照片就决定嫁人的新娘，前往美国去与她们素昧平生的丈夫会面。巴契奇在她们面前用手指缠绕着自己的胡子。普鲁斯特兰则用惶恐不安的眼神凝视着大海——一会儿想象着在美国飞黄腾达而心旌荡漾，一会儿想象着前途莫测而惊恐万状。旅客们都向昨日的神祇祈祷，保佑他们在美国有美好的明天。一群巴斯克人警惕地守护着他们的一堆包裹。也有几个来自尼斯的法国人，甚至还有几家波兰犹太人。"一群漂泊之人，浪迹天涯，就像掷骰子似的将性命托付给无常的命运。"波吕斐摩斯[1]便是如此形容奥德修斯及其船员的。

---

1 波吕斐摩斯（Polyphemus）：希腊神话中吃人的独眼巨人，海神波塞冬和海仙女托俄萨之子。在荷马的史诗《奥德赛》故事中，经历过特洛伊十年鏖战的英雄奥德修斯于回家途中登陆独眼巨人聚居的西西里岛。他带着十二个希腊人为了寻找补给来到一个巨大的洞穴，那里正是波吕斐摩斯的巢穴。

混战是如何爆发的

第三日，大雨停歇，但狂风依然猛刮。轮船在汹涌的波涛中颠簸前进。许多旅客开始晕船。粪桶里的恶臭令人窒息。水手们强行将人们驱赶到甲板上透气，而大风打得他们的耳朵直发疼。尽管如此，还是有一个人掏出一个手掌大小的手风琴。另一个人则吹着梳子为他伴奏。特斯拉以为他们会演奏一首忧郁的曲子，传递出万事尚未开始、一切皆已落花流水般永远消逝的主题。万万没想到的是，他们奏出的却是一支欢快的曲子。有人开始跳舞，脚跟在木板上踢踏作响。几个女人开始扯起鸭子般的嗓子唱起歌来。旅客们在风中旋转着身体。巴契奇和次夫尔科蒂奇没有加入跳舞的队伍中——他们一直紧挨着那两个来自阿尔萨斯的新娘，用手指缠绕着自己的胡子。那两个姑娘低下头。水手们咧嘴笑着，围着女人调情。每一个浪荡的水手都是戴着头巾的珀涅罗珀[1]的求婚者。其中一个水手拦腰搂住一个阿尔萨斯姑娘。巴契奇用力将他推开。更多面带狂笑的水手冲过来，为他们的朋友助一臂之力。去揍几个孤立无助的乌合之众，那是何等的爽快啊！但这一次，情况却大不一样。

"揍死他们！"

"尝尝这一拳吧！"

一场全力以赴的斗殴在船上爆发。有几个人的鼻子被揍扁。在事件之后，鲁昂船长不再邀请特斯拉与他共进午餐。

真相

旅客们用呆滞无神的目光望着头顶上那片令人头晕目眩的天空，以

---

[1] 珀涅罗珀（Penelope）：古罗马神话中战神奥德修斯的妻子，为等候丈夫凯旋，坚守贞洁二十年。

及美国方向那片白茫茫的辽阔空间。蓦地，传来一阵骚动，把一群戴着帽子和头巾的人吸引到甲板上。一个走路一瘸一拐的巴斯克人借着自我介绍清了清嗓子，之后他向大家讲述了一则故事。这是一则关于事实真相的故事，属于世界上所有的民族：

一个年轻人离家出走，周游世界，立志要找到真相。在他上下求索真相的征途中，他翻过了七座大山，越过了七片大海。他向太阳求教，他向月亮求教，他也向大风求教。他磨破了三双铁鞋，才最终找到了她。

真相又老又丑。

这个年轻人与真相厮守了三年的时光。她教会了他很多很多东西。最后，他必须向她道别。在他前去告别的时候，真相恳求道："你能帮我一个忙吗？"

"当然可以。"年轻人说。

"当你回到人们中间，他们要是问起我，你就跟大伙说，我既年轻，又美貌。"

那里，即使是女佣也拥有女佣

在他们抵达目的地的前一日，天空中出现了一群燕鸥。

"海鸥也回来了！"有人大喊。

终于，他们看到了港口。数千缕烟雾从数千个屋顶上升腾而起。就在日落之前，一个个物体用它们自身内在的光，与太阳光交相辉映。用红色砖块砌成的建筑，散发出最美丽的光芒。当港口映入眼帘时，嘈杂混乱的各种语言，以及婴儿的啼哭这种普世语言，全都沉寂了下来。

甲板上所有旅客都站起身来，望着港口。每一个乞丐都成为史诗英雄，每一个人都堪称特洛伊战争中的勇士埃涅阿斯。美国的风亲吻着他们的脸庞。海鸥在他们头顶上盘旋。

巴契奇和茨夫尔科蒂奇花岗岩般的脸，还有斯特万·普鲁斯特兰惊恐的脸，都齐刷刷地面向曼哈顿那黑漆漆的轮廓。这些闯荡世界的人们凝视着美国，他们中的一些人有亲人在码头上等候迎接他们，但也有人举目无亲；有些人若干年后会返回家乡，但有些人将永远背井离乡，流落在外。

"耶稣啊，约瑟夫，玛丽，快告诉我，我们到哪里了？"一位妇人低声惊问。

深受虱子困扰的全船人群，身上散发出乡村生活的气味。他们心怀恐惧，但也万分勇敢。他们所希冀获得的，恰恰是他们所惧怕的。

曼哈顿！

这就是于勒叔叔躺在床垫上，像个百万富翁那样吃着肉和白面包的地方。母亲啊，那里，一切均不再是原来的模样。父亲啊，那里，一切皆不再是原来的模样。那里，人们因过度工作而累断背脊。那里，即使是女佣也拥有女佣。

一双双最为哀伤的眼睛注视着曼哈顿，眼神中有希望，有恐慌，也有莫大的无助感，这就是命。

凡人之光

旅途中，无眠的特斯拉经常看着晨星开启黑夜之门，拂晓的玫瑰色手指触摸大海，以及那被称为凡人之光的太阳神赫利俄斯，驾着他的四马战车开始他日复一日的征途。

特斯拉每每憧憬着他与神一般的托马斯·爱迪生的首次会面。在特斯拉看来，他会是世界上唯一一个能够理解自己的人。爱迪生像垂挂在一根金丝线上的蜘蛛,自天而降,两人将进行无休无止的交谈。

"早安!"特斯拉冲着水域上方的辽阔空间大喊。

大海轻声细语,海中的万物作答。在特斯拉及萨图尼亚号轮船的龙骨之下,那些"大洋深处叫不出名字来的海洋生物"随波翻滚,跌宕起伏。

有一日,我们的这位旅行者和颜悦色地劝抚大海:"你这骄傲的白浪滔天的大海,你!"

另一日,他说:"你这永恒的起伏跌宕,永恒的汹涌翻滚。"

"你这冰冷刺骨、鱼儿丰盈的大海。你这惨无人道的大海。"他高声吟诵着,气势堪比荷马。

在两个世界的空间里,特斯拉环视四周。他双手抓住栏杆,凝视着天空与海洋交界处的那一抹线条。有时,他会丧失对自我的感知,将他周围那永恒的蔚蓝色想象成自己的灵魂。

他举起望远镜,扫视着他们所驶入的水域。自然而然地,他似乎觉得……什么?在每一个波浪里,似乎有一个孤独的人在游泳,头部左右摆动。有时,那游泳者会从视线中消失,接着又再度浮现,手臂在波涛中划着水。

那是谁?

是谁紧随着轮船?望远镜的两个圆圈汇聚到一个斑点上,一张脸出现在框中。特斯拉认出了他。那是戴恩,他的兄长。很久很久以来,他早被淹没在时间的海洋之中。

多年之前,特斯拉学会了如何去面对像死亡这般巨大的现象。他开始轻声细语,因为每一个轻声细语的词汇,上帝听得最清晰。

"放开我!"他悄声而又无望地哀求道,"拜托了,放开我吧!"

在望远镜那合二为一的圆圈里,若隐若现的幽灵持续不断地逼近他。那倾侧的头部,以及毫不松懈地划着水的手臂,都在告诉特斯拉:

我永远也不会放开你的,我的兄弟!

中卷
美国

聋子之屋

特斯拉在纽约下了船。他对纽约这个城市本身兴趣索然。穿过林荫道和大街纵横交织的迷宫,他很快就找到了爱迪生的实验室。

"终于到了!"他一边敲门,一边祝贺自己。

实验室里,人们忙着构建通往仙境的大门,能够让人隐身的帽子,爱情魔水……

呵呵!

能够拍摄人类意念的相机,能够洞悉未来的瞭望孔,能够探知内心音乐的听诊器……

呵呵!

正是在这里,电灯泡开始光芒闪烁。

正是在这里,人的声音第一次从机器中发出。

上帝的创世工作在这个实验室得以延续下去——这种工作借由发明家们的努力而得以继往开来。

这里是世界的肚脐,是悄无声息的旋涡之眼。

外面,喧嚣刺耳的纽约咆哮着,芸芸众生尔虞我诈。爱迪生在纽约则怡然自得,如鱼得水。他是鱼的巫师,或者更精确地说,是鱼王。

债台高筑,令这位巫师几乎要被淹死。他永远忙碌着,动作频频——

他伺机接近有钱的客户，贿赂曼哈顿的报界人士。大麻纤维散落在他铺着锯木屑的地板上。引擎在他的车间里隆隆作响，制造着其他引擎的零部件。走廊里充斥着润滑重油的气味，而且总是人满为患。两个头发蓬乱的年轻人陷入一场争辩，大声说话的那位叫康奈利，他们彼此互不相让，坚持要由他们的老板来宣布谁是胜者。在一扇门前，一位从阿斯特里亚酒店赶过来的商人不停地看着他的金表。

"他现在可以见你了。"头发凌乱不堪的康奈利说道，像个秘书似的，把特斯拉推到里面。

特斯拉兜里仅有四美分硬币，他脸上摆出最美丽动人的微笑，走进那扇决定他命运的门。谁会在乎米卢廷·特斯拉呢？他真正的父亲——那个当今世界上最著名的科学家——就在这扇门的后面等着他！用不了几分钟，爱迪生将会慧眼识英雄，看出他是个伟大人物，一个志同道合的灵魂。

风扇在天花板上慢悠悠地旋转着，办公室内杂乱无章。一个头上戴着帽子的可爱男孩从镶着银色相框的达盖尔银版[1]相片中注视着办公室里的这一切。

那个脸上毫无掩饰的男孩，他日后的传记读上去仿佛圣人的生平。在他事业生涯开始之际，他先是在休伦港与底特律两地之间的火车上叫卖报纸，他事业生涯的巅峰，则是向号称"光明之城"的纽约出售带来光明的电灯。

在那不紧不慢旋转着的电扇下面，特斯拉显得像是一只幼犬。他那杏仁状的眼睛炯炯有神。在他下巴的下面，两个上过浆的三角衣领高高

---

[1] 达盖尔银版法（Daguerreo type）：又称银板照相法，被公认为为照相的起源。由达盖尔发明于1839年。在研磨过的银版表面形成碘化银的感光膜，于三十分钟曝光之后，靠汞升华显影而呈阳图。

突起。两拨浓密的头发，从头的中间分开。他看上去像个竭尽全力要给人留下良好印象的清秀的年轻人。他一会想，啊！一会又想，噢！接下来，他便跨出两大步，穿过办公室，将巴彻勒的推荐信面呈爱迪生。爱迪生用眯着的双眼再次打量了他一番。终于，和蔼可亲的神态取代了略带谨慎的微笑。这位发明之王用一个富有戏剧性的手势，扔下推荐信。他抬起头来，说道："如果你愿意，明天就可以开始工作。"

事情就这么定了。

特斯拉激动不已，几乎要晕过去。这将是所有好事的开端！他想道。所有好事！

他喜欢他迈出的这第一步——正如惠特曼[1]所说的那样——如此地喜欢。

特斯拉兴高采烈，心中充满希望，走起路来昂首阔步，仿佛行走在高出地面一英寸的层面上。天空逗得他心里直痒痒——天空已成为他灵魂的代名词。他简直无法等到在翌日醒来再去上班。这一切如此令人着迷，如此痛彻心扉地令人着迷，感觉如同赌博，如同酗酒，如同……他的脸上肯定露出了欢快、幸福的表情，因为人们纷纷对他侧目而视，面带微笑。第二天，上班首日，他便从上午十点半一直干到次日清晨五点。

在爱迪生公司上班的第二个星期，横穿大西洋的轮船"俄勒冈号"上的两台发电机同时发生短路故障。

"没法弄！"工人们皱着眉头，耸耸肩。

"没法弄，你这是什么意思！"爱迪生大发雷霆。

"意思就是修不了！"这些电工重复道。

爱迪生将这帮人全部炒了鱿鱼。

---

[1] 沃尔特·惠特曼（Walt Whitman，1819—1892）：美国著名诗人、人文主义者，创造了诗歌的自由体（Free Verse），代表作品为诗集《草叶集》（*Leaves of Grass*）。

"俄勒冈号"是第一艘用他的电力系统照明的横穿大西洋的轮船。

他们派特斯拉前去处理故障。他火速赶赴现场。

他的故障诊断与其说是基于知识,不如说是基于直觉:这是问题!这不是……煤灰洒满了他全身,天亮之前他才离开,样子看上去像被人用火炬痛打了一顿。

"瞧瞧,这位不就是我们的巴黎朋友嘛!那么,整场派对怎么样?"爱迪生在实验室外与他打招呼。

一声出人意料的回答直冲着他的脸飞过去:"我把'俄勒冈号'上的问题全部搞定了。"

"干得好。"爱迪生承认道,声音有些嘶哑。

特斯拉开心地笑了。

"能为您工作,对任何一个工程师来说都是一份荣耀。"

他经常向爱迪生谈论他的电机。他溢于言表的兴奋与激动,简直要把周围建筑物的墙都推到远处。

"对我而言,那份荣耀甚至会变得更为巨大,因为我长久以来一直渴望着向您展示我的交流电机。较之于直流电,它的巨大优势在于,现有的电站仅能覆盖一英里的半径,而……"

在这位年轻人以雄辩的口吻滔滔不绝地编织并叙述着他那金色的故事时,他的心怦怦狂跳。

"不妨想象一下,光是在纽约,需要建造多少座直流电站啊!"

那爱发牢骚的康奈利,此时再一次扮演起秘书的角色,侧身对着特斯拉的耳朵轻声说道:"他耳朵有点背。"

这位年轻人只好重复一遍他已经说过的那番话。

眯着的双眼和面带厌恶的微笑,这些构成了爱迪生魅力的一部分。在早晨的第一缕阳光中,他的脸上毫无表情。他的回答着实让特斯拉大吃了一惊:"一个发明家百分之九十的本领,在于他能断定什么是可能的,什么是不可能的。而你所说的这一切"——他冲着特斯拉做了个打消其疑虑的手势。既然特斯拉没有任何反应，爱迪生说出了他的结论："是断无可能的。"

"但我早就造出了一架工作模型。"他结结巴巴地说道。

爱迪生脸上再一次露出带着厌恶的微笑。"你可知道，当我开始建造我的第一批直流电站时，我必须与天然气行业斗得你死我活。我的记者们会这样写道，天然气有毒，以及诸如此类的内容，直到我得以启动我的电厂。试想一下，"他补充道，这一次带着一种肆无忌惮的微笑，"倘若我不得不去反击你那套要和我对着干的交流电系统……"

康奈利和一个戴着破旧帽子、被唤作小贝尼的人，异口同声地哈哈大笑起来。

"想象一下，假如我必须掏钱让记者们写出这样的文章——'当心交流电！'，结果会是怎么样？你要知道，人们立刻就会讨厌这样的东西。"

爱迪生拍拍手，大声说道："让我们丢掉这些……这些想入非非的念头。值得庆幸的是，你的系统根本不适用。"

"不是这样的……"

"不适用就是不适用！可是，你瞧，如果你真能如你自己所说的那样，有本事去完善直流电机，那么，这里头有你一万五千美元的赚头。"

特斯拉看着他，眼睛里火冒三丈。

爱迪生的眉毛拧成一条直线。他身上散发出一股酸臭味，因为他"不管是否必要"，一个月只洗一次澡。有传闻说，他的妻子已经精神失常。也有传闻说，他自己一个人负责照料她的日常起居。总之，各种传言满天飞。他嘴唇上的黏液让他含在嘴里的雪茄几乎要熄灭。他的鼻子像一棵蔬菜，头发则毫无生气地下垂着，像旱灾中的枯草。

特斯拉死死地盯着他——他简直无法相信这一切。他如此景仰那人，以至于他绝对不敢从另一不同的角度来看待那人，更不敢怒怼那人。

他犹豫不决，难以承认这个耳朵下垂、头发干枯、全身流汗的聋子，如此让他大失所望。如果连爱迪生都无法理解他，还能有谁？

他会继续他的研究工作，以证明他的观点。

在位于珍珠大街的电厂及附近的格克钢厂，他每天都在安装灯泡。他来回走路时，必须跨过一堆堆弹簧，装着玻璃管的纸板箱，以及有神秘名称的盒子。这些都是从各地运来供他们做实验的材料。来源地的名称五花八门，有帕拉马里博，有马来西亚，有刚果。在特斯拉的想象中，这些都是些殖民地的海市蜃楼，遍地充斥着狐猴和鹦鹉。

实验室便是整个世界。对他而言，纽约并不存在。

然而……

那一年，他第一次领教了纽约夏季的酷热。金融家们络绎不绝地前来参观这个名闻遐迩的实验室。约翰·皮尔庞特·摩根，这位华尔街上的苏丹[1]，也莅临实验室。他戴着高顶礼帽，像极了火车上的大烟囱。这些身穿黑色礼服的百万富翁看上去像殡仪馆官员似的，而摩根则是这所殡仪馆的所有者。特斯拉只是从远处看到他，而这人所留下的，则是一个令人不安的印象。

"仿佛有人用一个麻袋套住了我的头。"他跟小贝尼说。

就在特斯拉专心设计新型弧光灯和直流电机时，他邂逅了一个人，此人长着一张长长的脸，眼神冷峻，嘴唇很薄，巧舌如簧。他费了好大的劲才勉强面露笑容，自我介绍道："鄙人罗伯特·莱恩。"

他神秘兮兮地，递给特斯拉一张名片。"留着这名片，万一你需要有人资助你的弧光灯研发呢。"

---

[1] 苏丹（Sultan）：最初是阿拉伯语中的抽象名词，意为"力量""治权""裁决权"，后来变为权力、统治。最后，它变为对一个特殊统治者的称号，意为"君主，统治者"，十一世纪被伊斯兰教国家广泛使用。

"不必了。我现在这样,过得还算不错。"特斯拉回答道。

"我知道你过得还算不错。"莱恩语气尖锐地说。

在格克钢厂,实验有时会持续二十个小时。凭借着蚂蚁般坚忍不拔的毅力,工程师们在那里试了又试,试个不停。一天夜里,爱迪生将他的这些助手反锁在实验室里。另一个夜里,他决定让这帮人出去找些乐子。

"我们出去玩吧,我的失眠症患者们,"他高声喊道,"该出去享受一下了,我的失眠症患者们。"

如同摘掉了链条的狗一样,爱迪生的这帮失眠症患者一头扎进夏日的黑夜。他们首先涌入一家位于5号大街第65号的匈牙利餐厅。餐厅地板上撒满了松树锯屑。一把忧郁的锯琴在音乐家的琴弓下不绝如缕地呜咽着。

"要啤酒!来份肉!还要泡菜!"他们高声叫嚷着,拖着椅子来到餐厅的一角,椅子腿摩擦着地板,吱吱作响。他们把几张桌子拼在一起。

"我要红烩牛肉!"

"我也要!"

"抱歉,请问你肩膀上那一大块东西是什么?"汤姆·康奈利问老约翰。他负责伺候他们。

这位餐厅老板转身消失,又重新回来,把杯子和盘子摆在桌上。

外面,夏日的金犬狂吠不停。

小贝尼脸上闪现出一丝笑容,这实在是装饰一个彻头彻尾的游手好闲者最动人的微笑了。他用力拍一下老约翰的背,人笑起来,直到他差一点喘不过气来。"我从来没有在如此出色的侍者身上看到过如此闷闷不乐的一张脸蛋!"

康奈利告诉人家,就在特斯拉"下船"之前的一年,纽约如何被赋予了世界上的奇迹之一——布鲁克林大桥。

"巴比伦的空中花园已不复存在,但我们的大桥依然屹立着。"博学多才的爱迪生向他的助手们指出。

大桥通车后不到一周,有人在桥上高喊:"桥断了!"顷刻间便引发一场惊慌奔逃,致使十多人死于非命。

"我们当时真是夺命狂奔!"康奈利吹了声口哨。

那个悲惨的、喝得醉醺醺的音乐家拉着他的锯琴,摇头晃脑,两眼紧闭。

像一条多头蛇似的,爱迪生的团队站起身来,离开了餐厅。他们霸占了一辆公共汽车。刚从巴黎归来的巴彻勒,双手深深插在口袋里,也加入他们当中。

这群失眠症患者讲着笑话,说话的声音一个高过一个。他们一路兜风,来到位于波韦利大街上的金吊带酒吧。他们安静下来,彼此推搡着,由一个皱着眉头的德国人引到他们的餐桌。他们一边坐下来,一边用胳膊肘护住各自的朗姆酒杯。一个妆容凌乱不堪的女子推开他们油腻腻的胳膊肘,在他们的桌子旁坐下。"亲们,难道不请我喝上一杯?"她说道。

"那是封建制度,"贝尼解释道,"妓院付钱给警察。警察付钱给警察头子。警察头子付钱给政客。"他打了个极其恶心的嗝,顺口咒骂了一句。

"你们有谁知道,当史蒂夫·格雷迪从大桥上纵身跳下去时,他说的是什么吗?"眼睛发绿的康奈利的酒兴越来越浓,仿佛全身都在燃烧,"下去喽!"他将一杯朗姆酒一饮而尽。

"哈哈哈!"

酒桌上弥漫着一种极度夸张的、几乎令人害怕的欢乐氛围。他们做着鬼脸,扮着怪相,说的话空洞无物。在饱餐一顿之后,爱迪生的心情总会变得很好。只要他能操控谈话,他就会心情大好。他年轻的时候,曾经给火车站的一个金属小便池接通电流,他躲在一旁看着那些男人小便时全身颤抖,把他们自己弄得浑身是尿。

"哈哈哈!"

他掌控把持着酒桌,酒桌上到处都是酒徒们被雾气笼罩着的眼镜,以及一张张目瞪口呆的脸。酒吧里燥热极了。

酒吧的门敞开着。门外,夏日的狮子怒吼,凶猛的野牛沿着不熟悉的街道咆哮。散发着芳香的尘埃挑逗着灵魂,令鼻孔沉醉。都市那时断时续的灯光,以及远处传来的嗓音,全都变作痛苦的诱惑。每一双眼睛里都充满着渴求和欲望。烟雾透过敞开的门翻滚而出,消逝在黑夜之中。

音乐最大的特点是快速的节奏。

每个人都大口大口地喝着酒。

小贝尼要给康奈利点烟。雪茄烟没点着,却点着了他的胡子。

一名红头发女子扯着破嗓子在唱歌。每隔一会,她就会跑回后台,再次登台时会换上更短的裙子。鹰一般的侍者时不时被女人们的裙撑绊倒。除了啤酒,侍者对其他一切都双倍收费。

"这是怎么回事?"爱迪生怒气冲冲地问道。

"弄错了,先生。"狡猾的侍者向他道歉。

这位电的王子对着侍者摇晃一下他的手指,以示警告。他继续咯咯大笑。"彼得森太太曾问我,我灯泡里燃烧着的材料究竟是什么。"他满脸通红,"你们可知道我是怎么回答她的?我说是比利时的林堡干酪。"

"哈!哈!哈!"失眠症患者们爆发出雷鸣般的哄笑,仿佛歌剧中的合唱队。

爱迪生没有喝酒,但他依然自鸣得意地讲着,眼睛里含着泪,陶醉于其他人的陶醉。

"有一次,我曾吓唬过一个黑人,看看他是否会因为恐惧而全身变白。"

特斯拉感到有点毛骨悚然,因为爱迪生虽然没有喝酒,却似乎比其他人醉得还厉害。

康奈利插话进来。"你们还记得那个瑞士哥们儿吗,那个看上去一本正经、把沙拉当早餐吃的家伙?有一次他坐在我们的桌子旁,我就拔出一把枪,一把这么大的枪,跟他说,老子要一枪毙了你!"

"从此以后,他就再也没露过面,不敢来干活了。"小贝尼放声大笑。

"哈!哈!哈!"失眠症患者们简直是乐不可支。

就在那里,在那些做鬼脸、扮怪相的面具的旋涡中,特斯拉度过了他的二十八岁生日。他在学习,他的眼界在拓宽。

一旦爱迪生起身上盥洗间,这群失眠症患者就立刻在他背后议论纷纷。

"他吝啬极了,而且撒谎成性。"

"你可知道,小贝尼,他家族的人都是托利党人[1]。独立战争期间,他们都是保皇派分子,你们可知道。"

"他父亲狠狠揍过他一顿,因为他一把火把家里的谷仓烧了。"巴彻勒用一种主持葬礼般的声音宣布道。

"一个火车乘务员扇了他一记耳光,因为他把一个火车车厢给点着了。"

"他就是这样变得耳背的,"小贝尼语气肯定地说,"活该如此!人有多坏,耳就有多背。"巴彻勒抚摸着自己那史诗般的络腮胡子。

"你们都在议论什么?"爱迪生回到桌边,狐疑地问道。

"没议论什么。"康奈利看到他很高兴,"我们都在说,你是一个多么伟大的大好人。"

---

[1] 托利党:英国政党,产生于十七世纪末,"托利"(Tory)一词起源于爱尔兰语,意为不法之徒。在1679年议会讨论詹姆斯公爵是否有权继承王位时,赞成的人被政敌称为"托利"。托利党人是指那些支持世袭王权、不愿去除国王的人。十八世纪中叶,托利党成为以土地贵族和英国国教上层教徒为核心的政治派别,代表着英国贵族、地主和英国国教上层教徒的利益。十九世纪中叶演变为英国保守党。

骷髅之死

两件事情对特斯拉非常不利。

首先,他来自巴黎。那些失眠症患者清楚地知道,他仍然用法郎来换算价格,因此,就称他为"巴黎人"。而当他们听说他喜欢歌剧时,他们便开始用胳膊肘相互轻碰一下,在他背后对他冷嘲热讽。

"瞧瞧那张三角形的猫脸!瞧瞧那两只蝙蝠耳朵!"

"说不准他还穿着女人的内衣呢?"

其次,特斯拉并不是一个名副其实的巴黎人。

曾经在某个场合,爱迪生干咳一声,问他在孩提时代是否曾吃过人肉。

"你问这个是什么意思?"

"噢,是这样,我在文明世界的地图上,找不到利卡的斯米莲村。"这个所有发明之王一边回答,一边讥笑着。

"你的意思是,文明世界的地图就是米兰、俄罗斯等都用金色字母标出来的那张地图吗?"特斯拉彬彬有礼地回答道。

在爱迪生的想象中,斯米莲村全是些长着毒牙的鸟类以及食肉的蝴蝶。

在特斯拉看来,他出生地唯一的问题在于,像爱迪生这样的人已数不胜数——这种聪明绝顶却又粗陋不堪的人,为了维持他们的身份认同意识,拒绝洗澡。爱迪生坚信,只有内心充满了负罪感的人才会选择去表现得彬彬有礼。他更坚信,那些上过他当、受过他骗的人,恰恰会因为上当受骗,甚至越发对他佩服得五体投地。他让特斯拉回忆起卢卡·博吉奇。博吉奇只要见到小尼古拉,就会用枪指着他的脑袋瓜,威胁说:"我现在就一枪毙了你!"后来,在小酒馆里,博吉奇把此事讲给其他猎人听,引得大家一阵哄堂大笑。

特斯拉与爱迪生,每人都处于各自神志恍惚的状态,因此,虽然每天都会碰面，却各走其道，形同路人。

来自巴黎的这位新人直接向巴彻勒发展，汇报他在改进新电机工作方面所取得的进展。

最初，当失眠症患者们谈论爱迪生在专利局有间谍时，特斯拉觉得那是一派胡言而不予理睬，但当康奈利用手指着一个醉汉时，他改变了主意。那醉汉名叫泽纳斯·威尔伯·芬克，爱迪生利用芬克给他的提示，对其他人的发明进行改头换面，然后以自己的名义将它们申请专利。

爱迪生身上的光辉，每过一天便褪去几分。

没有了慷慨，这个世界会变成什么样？特斯拉扪心自问。它会变成一座监狱……

特斯拉开始着手将奥林匹亚发电机组的尺寸缩减至一个人大小。爱迪生不在乎睡在地板上过夜。他的头发看上去像是自己剪的一样，或者更确切地说，是在夜里用刀割掉的。但最重要的是，任何无法卖钱的东西，他绝对不会去劳心费神。

"狡猾，"特斯拉低语，倍感失望，"廉价的狡猾……"

从那天起，在一年之后，那魔术大师的徒弟完成了整整二十四个直流电机项目。

"我相信这些电机将成为标准，替代我们现有的设备。"他告诉巴彻勒。

他未经通报，径直闯进爱迪生的办公室。天花板上的风扇依然慢悠悠地旋转着。爱迪生翻阅着一份报纸。他灰色的双眼扫过一条又一条耸人听闻的标题：

阿帕契人的烦心事！愤恨不满者自杀身亡！路易斯安那州的贪腐！维克多·雨果的最后时日！廉租公寓里八个火灾罹难者！被扔出窗户的小孩！骷髅之死！亚伯拉罕·克鲁兹，那个布鲁克斯通的骷髅，昨日已魂归西天！

还没等他老板确认他的存在，特斯拉便兴高采烈地宣布："所有项目均已大功告成！你说过要付给我一万五千美元的！"

"你在说什么？"一个声音从瑟瑟作响的报纸后传来。

特斯拉正想把话重复一遍，却见爱迪生将报纸掷到地板上，动作十分夸张。特斯拉一瞧他老板的脸，心中立刻明白他连一个子儿都拿不到。

头顶上的风扇无情地转动着。

爱迪生摆出一副漫不经心、说话不算数的态度。他镇定自若地说："年轻人，你真不懂美国人的幽默感。"

特斯拉被惊得目瞪口呆。在这举世皆知的厚颜无耻中，根本不存在任何美国特色。在巴黎爱迪生电话总局工作时，特斯拉觉得，占他便宜的只是爱迪生手下的那些喽啰。但这一次，竟然是……

那风扇仿佛不再转动。

特斯拉那教科书式的伦理道德，遇到爱迪生那市井的狡黠，只能甘拜下风。直到那一刻为止，特斯拉为了他老板，工作兢兢业业，鞠躬尽瘁。他像一个芭蕾舞女演员，只要老板喜欢，他就会在蜘蛛网上用脚尖欣然起舞。这一年中，他对爱迪生敬仰有加，眼中尽是闪烁的星星。那魔术大师的徒弟相信，两人之间的别扭仅仅是由于彼此的误解。他以为，天下英雄所见略同，才华横溢者定会惺惺相惜。

从另一方面来讲，爱迪生父亲却在一个公共广场的中央抽打过他，仿佛他是个逃亡的奴隶。爱迪生在挨揍的时候，女人们全都躲在一旁。在尘土的气味中，那孩子的灵魂与他的肉体脱离开来。随着鞭子抽在他背上并断裂开来，后一个汤姆[1]在前一个汤姆倒下的地方站立起来。前一个汤姆的痛苦，转变为后一个汤姆的愤怒。在尘土和鲜血的恶臭味中，

---

1 爱迪生全名为托马斯·阿尔瓦·爱迪生（Thomas Alva Edison），英文中"汤姆"是"托马斯"的昵称。

爱迪生发誓，自己曾经忍受过的一切，不会让任何人逃过其中的一丝一毫。"你永远也甭想跟我斗"，他告诉全世界。他与活着的每一个男人、女人和孩子都处于竞争状态。在他眼中，胜利本身永远要比胜利的意义来得重要。尘土和鲜血的恶臭味永远弥漫在他的鼻孔里。为了给自己赢得一丁点儿的蝇头小利，他时刻准备着将巨大的伤害施加于其他任何人。

"但是……"特斯拉竭尽全力寻找能回答他的词汇。

烟灰洒落在爱迪生的西装背心上。他那倔强的嘴紧咬着雪茄。这使得特斯拉在脑海中浮现出一条死咬着骨头不肯松嘴的狗。他的嘴是某种进化需求的副产品，为的是能长出尖利的长牙，把肉撕下来，并将骨头咬个粉碎。

特斯拉浑身几乎要冻僵。"倘若没有我们怜悯心的光芒，人们将会是多么丑陋啊！"他说道。

"可是——"爱迪生略微迟缓地打断他，"我准备给你涨薪水，从每周18美元涨到26美元。"

"不可能有什么'可是'了，先生，"特斯拉说道，语气十分柔和，"我辞职不干了。"

爱迪生挥挥手，让他滚蛋。

背信弃义带来的一阵阵刺骨悲凉吞没了这位年轻人。"你这从不洗澡、肮脏污秽的小丑！狗杂种！"他用塞尔维亚语轻声骂道。

特斯拉不知道投奔何处，手指触摸到口袋里罗伯特·莱恩的名片。

爱迪生双颊鼓出。他竭力要让他蒙骗过的人笑出声来，这样就可以将他的背叛行为变作廉价的喜剧，将悲剧变作闹剧。如此，受害者转而成为需要道歉的那一方，因为他们会觉得人伦关系因自己而遭到破坏。

没活可干

特斯拉发明的"绝不嘶嘶作响、绝不忽明忽暗"的灯泡,把新泽西州的整个拉威小镇照得灯火通明,大放异彩。成群结队的魔鬼般阴影被驱赶出城外。电灯光下,人们尽情地唱啊、跳啊,飘飘然如同在空中似的。

"可喜可贺!"目光冷峻的金融家罗伯特·莱恩,还有他那胖胖的合伙人威利,激动得高声叫喊。

"这一切都非常棒,十分出色,"特斯拉向他们表示感谢,说话声像旋律般悦耳动听,微笑中含着羞涩,"但我们什么时候开始我们的正经事儿?"

"什么正经事儿?"

特斯拉的说话声变得严肃起来:"制造我的交流电机呀!"

威利和莱恩十分友好地暗笑一下。特斯拉重复了一遍他的问题,他再一次被待之以一阵欢快的笑声。在第三次提及他的电机之后,他通过邮件收到了一张设计得十分精美的证书,类似于一张大学文凭,用哥特式字体书写而成。

噢——对了!

他可以用镜框把它装饰起来。

可是——不行!

他无法用它来支付账单。

经过一整天的苦思冥想,他恍然大悟:"他们把我挤出了我自己的公司!"

他只好从他那带花园的大房子里面搬出来。他的家具也必须付费托管。

他接受了一个测绘员的工作岗位,但根本没有稳定的活干。

"我们最多也只有一个星期的活。"人们跟他说。

在那之后,他听到的说法是:"或许只有一两天吧。"

最终:"没活可干。"

而后又是:"没活可干。"

此前,特斯拉住在实验室,孤身一人,形单影只。在一个道路四通八达的大城市里,他经常发现自己分不清方向,茫然若失。

一种惊愕感在他身体内打着呵欠:

"世事多么变幻莫测!街道多么宽广辽阔!"

跟我来!

有一个广为流传的笑话,说站在百老汇大街和休斯敦大街的拐角处,任意朝一个方向开一枪,绝对无法击中任何一个老实人。

意大利人,波兰人,希腊人,犹太人,还有黎巴嫩人,各色人等熙熙攘攘,在城市黄色的大墙间摩肩接踵。他们身上唯一的共同点就是,所有人都爱高声叫嚷。

富有的曼哈顿上城绝不会与下城有任何的交集。偶尔会有拿着画板的年轻人冒险出现在下城的大街上,去栩栩如生地画那些真实的穷人,并想象自己正置身于那不勒斯或者开罗。这里,每个人都在高声叫嚷——推着车子的水果小贩,还有厉声呼喊着将小贩从街角轰走的警察。傍晚,一条条大街从快板乐章切换至渐强乐章。一个叼着粗烟斗的爱尔兰女人在卖苹果和"乔治·华盛顿"果馅派。一个内战退伍老兵在挨家挨户兜售鞋带。一个不停聒噪的二手服装小贩在沿街叫卖,头顶上展示着五顶帽子。卖玉米的黑人在用粗声粗气的喉咙叫喊,"又白又烫——刚出锅的!"

满脸放肆无礼的擦鞋匠使劲敲击着他们的擦鞋箱,拼命去争夺街角一处有利的位置。穷人们整天泡在俗称为"盲虎"的非法贩售烈性酒的酒吧里。而报童们则尖叫:"卖报了,卖报了!"

一场烟花秀的庆祝活动开启了贝德罗岛上自由女神像的火炬亮灯仪式。威廉·特库赛·谢尔曼将军,那位屠杀印第安人的凶手,为自由女神像挑选了建造地址,并通过发行彩票为这一工程筹集了资金。按照最初的构想,自由女神是一位黑人女性,身上的枷锁已被砸断。但后来,这位黑人自由女神摇身一变,成为一位白人自由女神。按报纸上的报道,庆典当日礼炮轰鸣,"大地与海洋皆沐浴于荣耀之中"。与此同时,一个快快不乐的瘦高男子嘴里轻轻念叨着"廉租公寓"这个词,带着不无厌恶的敬意。他无法在塞尔维亚语中找到一个与之对应的词汇。该词指的是一些大型建筑物,其用途是将尽可能多的穷人塞入其中。在这些廉租公寓的大院里,还有水泵和一些无法形容的附属建筑。

太阳的光线费了很大的劲才穿透挂在晒衣绳上的湿麻布。那个巴黎人皱起鼻子,说道:"这儿闻上去有股尿的味道!"

在他摸索着爬上那黑乎乎的楼梯后,这位新房客走进他那没有窗户的房间,差点被灰烬的恶臭熏晕。一旦他把自己锁在房间内,他便立刻感到一种对圣经《传道书》的亲切感。有一种疑惑让他倍受煎熬,那就是智者比傻瓜好不到哪里去,人比动物也好不到哪里去。用石膏板和木屑做成的墙根本无法隔绝各种声响。在他四周,劳苦大众有的打着呼噜,有的急促频繁地干咳着,也有的在扑哧扑哧地大咳着。

世事多么变幻莫测!他自言自语地重复了一遍。

他从来没喜欢过钱。但现在头脑中无时不刻无想着钱。早饭——四美分。午饭——价钱相同。但明天呢?明天总归有明天的活法。

随着第一场秋雨的到来,他花十美分租了一张周围没有隔断的床位。睡在地板上只需五美分。没刮胡子的脸颊把枕头套刺破。警察局地下室的那些所谓营房,被认为是劣等住所中最为低劣的。这位无业游民队伍中的初来乍到者，一走进"营房"，作为对他的报应，就有一股恶臭扑面袭来，紧紧掐住他的喉咙。但屋外，那魔鬼般的霜冻埋伏着，伺机等待着他。这位前布达佩斯的颓废者，和他那些全身臭气冲天、同样忍饥挨饿的同伴挤在一起，从中获得些许的温暖。他用毯子盖住自己的头，这样便能忘掉他身在何处，尽快入睡。他迫不及待，巴望着黎明快点到来，这样，他就能离开地下室，回到街头混迹于芸芸众生之中。

一个雨夹雪、雾茫茫的早晨，特斯拉穿着他那双已被磨破了的鞋，正沿着桑树大街一路打滑行走时，一张熟悉的脸突然出现在他面前。那是斯特万·普鲁斯特兰！他的眼睛绿得像山羊眼睛似的。在他圆鼓鼓的两个面颊之间，鼻子似乎收缩了一点，因为这位年轻人在他工作的那家德国面包店吃得太多了。

斯特万见到他的朋友非常高兴。他开心地在原地转着圈，告诉特斯拉说，巴契奇和茨夫尔科蒂奇已经去了匹兹堡，而他自己碰巧仍待在纽约。"你怎么样？"他问道。

特斯拉的说话声升到小鸟叽喳的音高——几近呜咽啜泣的地步，然后低沉说道："还好！"

这位来自利卡的特斯拉的年轻朋友毫不犹豫地把一只手放在他肩膀上，说出了特斯拉终身铭记的一句话："跟我来！一人吃好，两人管饱。"

斯特万带着特斯拉来到他的住处。

房间阴暗无比，如同一个白痴的心。

这房间唯一的好处是，特斯拉住在那里时，从来没有梦见过戴恩。

斯特万夜里要筛面粉，整个人弄得比鬼还要白。白天里，他穿戴整齐，体面得"像个美国人"。星期天，他的梳子会在他的头发中呼啸而过，就像劲风吹过锋利的草一般。他斜戴着帽子，用手杖敲击着人行道。下午，他前去光顾鲍厄里街区那一带的剧院。舞台上站着两个演员，蓄着海盗胡子，手中高举着寒光闪闪的匕首。一个漂亮的小姑娘跪在地上，尖叫道:"别杀我!"

斯特万·普鲁斯特兰像其他观众一样怒不可遏。他用带有浓重口音的英语以及塞尔维亚语高声大骂剧中的恶棍:"别碰那姑娘,你这狗娘养的!"

戏剧中提供了各种人物形象,在他眼皮下熠熠生辉。纽约大得令人头昏目眩,但这却让斯特万十分陶醉。每当他能省下几个钱时,他就会去买一顶新帽子。

"你觉得好看吗?我是不是该去镶一颗金牙?"他问特斯拉。

特斯拉没好气地回答道:"简直无法接受!"

特斯拉后来一直努力要将那年秋天从记忆中抹掉。他睡在普鲁斯特兰的床上,白天,这张床供那年轻的面包师使用,夜里则供特斯拉使用。

现在,已很难确定究竟在哪个瞬间,特斯拉的惊讶转而变成绝望。

按照当时的风尚,我们那位长期遭受着厄运的主人公,会在每个星期天通过阅读来提升自己。他来到图书馆,办理了《科学美国人》的借阅手续,把书带回他那臭气熏天的廉租公寓。在阅读其中一期时,他读到了社会学家沃·杰·萨姆纳这样一番高论:"在社会中,贫富之间是否存在巨大鸿沟,实乃一件无关宏旨之事。"

"谢谢你,萨姆纳,"特斯拉在他那通风不畅的房间里低声说道,顺便吹灭了油灯,"愿上帝保佑你慈祥的灵魂。"

咬掉一只耳朵

有几个恶棍在莫特街和公园大道之间一座教堂的庭院里持械抢劫。

"他们是些什么人?"特斯拉皱着眉头问道。

"别朝着他们看。"斯特万·普鲁斯特兰轻声说道。

"为什么？"等他们来到那帮人听不到的地方时，特斯拉又问。

"他们是'喵人帮'，"普鲁斯特兰愤愤不平地解释道，"他们是城里最危险的黑帮——还好，他们不认识你。"

每次回家，特斯拉总是有些提心吊胆。他到处打听，人们只是跟他说，他应该对喵人帮躲得远远的。这些爱尔兰黑帮使他回忆起利卡的帮派。在名为"停尸间"的酒吧里，他们喝着潘趣酒，里面掺杂着威士忌、热朗姆酒、樟脑、汽油以及可卡因。他们的武器包括手枪、碎砖以及挖眼睛的铜钩。偷盗是他们的本行，但他们也贩卖妇女，就像贩卖牲口一样。他们从赌场和妓院搜刮钱财，他们还贿赂警察。豪和赫梅李两位律师代表他们处理所有法律事务，在他们的薪水名单上，有一大堆专门做伪证的人。

"他们为什么把自己称为喵人帮？"特斯拉问。

"因为他们黑夜里就是这么相互呼叫的——像雄猫那样。"

"他们住哪？"特斯拉紧追不舍。

"他们的老窝就在这儿，"他那年轻的朋友回答道，眯着眼睛，仿佛在看着太阳，"如果不待在他们的老窝，他们便会去鲍厄里街区的'停尸间'鬼混，整天喝酒。他们在那里张贴着价目表，打人啊，谋杀啊，各种杀人越货的勾当，应有尽有。"

"去咬掉别人一只耳朵，他们怎么收费？"特斯拉开玩笑地问。

"十五美元。"普鲁斯特兰一本正经地回答道。

早上是一天中最难受的一段时光。这时候，他全身会像一条蛇那样，开始嘶嘶作响。特斯拉用靴子踩住它，但那条肌肉强健的大蛇在他脚下拼命扭动着身体。

"安静！"这个陷入绝望的人竭力发出比他自己恐慌的声音更响的嘶嘶声。"安静！"

天正在变亮，但整座城市仍然被掩映在灰蒙蒙的细雨之中。秋天发出了它的命令：死亡！特斯拉漫无目的地穿梭于城市之中，碰巧遇到一群挖沟的工人。他蹲坐在沟的边缘，询问这伙人是否有活可以让他干。那些牙齿已经掉落的挖沟工人张嘴笑了。那衣着整齐的年轻人二话不说，纵身跳到沟里，抓过一把铁铲。

"来吧，挖给我们看看！"其他人讥笑他。

当天傍晚，他全身酸痛。

第一个星期二是最糟糕的。手掌上的最后一个水疱在星期三彻底磨破。从水疱里溢出的黏液在他手掌上慢慢变干。

伤口又被尘土覆盖。

"我一直以为，有个东西一直在指引着我的人生，"特斯拉自言自语道，"现在，我对此表示怀疑。或许，并没有任何隐形的毛线球在我前面滚动，为我指明道路。或许，只有废话和空虚。惰性助我挖沟，但铲土令我大脑麻木。我为纽约市而工作。在这里挖沟，里面布的却是爱迪生的电缆。这样说来，我还是在为爱迪生干活。"

他自言自语着，就像大街上的疯子一样。他在昧着良心活着。

在布拉格，更不用说在巴黎，他养成了欣赏歌剧的雅兴，只要有财力，就会上剧院。对于自己的这种癖好，特斯拉暗自大吃一惊。他徘徊在纽约大都会的歌剧院外面，墙上贴着的海报宣布，瓦格纳的《齐格弗里德》不久即将上演。剧照中，男高音歌唱家迈克斯·阿尔瓦里身穿短袍，冲着天花板深情地抬起眼睛。特斯拉自己的背有点驼，所以他极为羡慕身姿挺拔的男男女女。那天使般纯洁的气息令他鼻子痒痒的。剧院入厅内观众的嗡嗡说话声听上去仿佛来自另外一个世界，令人为之精神振奋。中年妇女穿着青春洋溢的裙子缓缓而行。她们爆发出的大笑声，宛若盘子碎裂发出的声响。枝形吊灯里满是余烬。前厅里，穿着燕尾服的男人满脸堆笑，与穿着低胸礼服的纯情女子交谈。这位28岁的体力劳动者，只能暂时从一条狗的视角，冷眼观察着所有这一切。绝望宛如洪水涌入他的内心，慢慢扩散出去，像桌子上打翻了的油似的。《齐格弗里德》开场那一幕中，侏儒的铁匠铺里发出"乒乒乓乓"的响声，这些响声在他头脑中经久回荡。衣袖的肘部磨蚀严重，鞋子破烂不堪，衬衫肮脏发黑，脏头发和多汗的腋窝臭气熏天——这就是他现在的模样。他的衣服像擦地板的抹布。剧院前面的人看着他，仿佛他是他们汤里的一根头发。"喂，说你呢！在这里干什么？"他听到门厅侍者用洪亮的声音对着他高叫，令他全身几乎战栗起来。

他一辈子中最糟糕的秋天过后，紧随而来的是更糟糕的冬天。大风将雪变作漫天的雾。一场场暴风雪严重到报纸上将其形容为"白色恐怖"。

特斯拉每天醒来，就能看到自己口中哈出的雾气。他感到衣服冰冷刺骨，仿佛湿透了似的。获得上天垂怜的斯特万上完夜班回来，嘴里讲着笑话，手里拿着热面包。斯特万宁静的脸色驱散了特斯拉的阴郁心情。他喝完咖啡，离开房间，这样好让他朋友能在床上躺下睡觉。

"我毕生都在勤奋工作，服务人类，"这位闷闷不乐的发明家抱怨道，"人类是什么？难道人类就是那些酒吧侍者，把一桶又一桶残剩的啤酒贩卖给顾客？还是说，人类就是那些可怜虫，从这些侍者那里买来残剩的啤酒喝？人类是否也包括那些喵人帮恶棍，他们喝着烈性酒，里面掺杂着樟脑液体？妓女算人类吗，她们可只有两年的青春饭可吃？"

他逐渐给自己的人生琢磨出些许的意义，但在第一场冰凉刺骨的冬雨中，这些许的意义也烟消云散。大街上，马背上冒出一团团热气。雨夹雪的天气中，大街两侧的栏杆已不见踪影，建筑物也全部消失于浓雾之中。

他思念着母亲深沉的眼睛，给自己带来莫大的慰藉。

"危险阶层"

在纽约，三月下旬很难被称为春天。那个名叫奥巴迪亚·布朗的工头履行诺言，再次雇用了每一个他在上个秋季雇佣过的工人。布朗来自骄傲的密西西比州的南方，那里的人们按照月亮阴晴圆缺的周期来理发，然后将头发与剪下的指甲一起烧掉。他浓密的头发几乎彻底掩盖住了两只大耳朵。一支雪茄在他嘴角有节奏感地抽动着。从这个粗鲁无礼的汉子口中，偶尔也会蹦出一句很受用的话来。"我不喜欢斯拉夫人。"他挥舞手臂，在空中画着圈，"我也不喜欢爱尔兰人和犹太人。而且，我不喜欢意大利人。但是，兄弟，当我看着你眼睛的时候，我就不可能那样。"

冬天的冰雪融化后的第一个星期，布朗率领着他那帮工人，在一条为布朗克斯区建造的高架列车的轨道上干活，干活的工地位于第三大道。卡尔米内·罗卡紧挨着特斯拉在挖沟。放屁的声音让他异常高兴。他告诉沟里的难兄难弟们，"今早，我拉了那么一大泡屎，一整天都让我惊奇。"

他有一个习惯，常常会出乎意料地左右摇晃他的脑袋，然后像狮子吼叫那样打嗝。每次放完屁，他都会宣布，"我刚才撕裂了我的裤子！"

真希望有人把他杀了！特斯拉想。

早上，卡尔米内在沟里先是喷一下他的鼻息，然后宣布道："Fabriccarisi la furca cu li so stissi manu."（他正在挖他自己的坟墓。）午休之后，他竖起手指，说道，"Zoccu si cumincia, si finisci."（干完你已开始干的活。）

当别人问他和家人来自何处时，他恼怒地回答道，"阿德拉若。"

罗卡无所不知，虽然他几乎无法讲英语。他在这里只是暂时的，之后嘛……在新奥尔良有他自己的捞牡蛎的船……再之后嘛……

他的侄子乔凡尼·罗曼内洛和他并肩干活。他只能对他叔叔的古怪行为付之一笑，仿佛他想说，"你又能拿他怎么办？"看到这个叔叔让特斯拉烦透了——但看到这位侄子让他倍感轻松。这位地中海最大岛屿上意大利－拜占庭的当地人让他感到着迷。这个乔凡尼小伙哼唱的歌，透露出两千五百年之久的忧郁伤感。特斯拉感到纳闷：是什么赋予了西西里农民如此浑然天成的优雅？难道他是那个将柏拉图贩卖到奴隶市场的锡拉丘兹暴君狄奥尼修斯的后代？

显然，特斯拉和乔凡尼很像——他们的嘴角都会挂着一抹微笑。乔凡尼用他意大利语中悦耳动听的 [l] 音和 [r] 音，非常喜欢和特斯拉交谈。他说，驴是一种很好的动物，甚至非常美，因此他完全无法理解人们为什么要耻笑它。作为一种生灵，驴要比圣朱利亚诺侯爵善良得多，因为他的家人不得不为这位侯爵累死累活地劳作。他提到了西西里带着穷人血泪的橙子和柠檬。他告诉特斯拉，来自他老家村庄的人，一半都住在莫特街的廉租公寓内，公寓的喧闹与气味简直要把莫特街变成卡塔尼亚的市场了，只缺一座大理石喷泉。

"我的一个亲戚给我提供了一个在威尼斯当侍者的工作，"乔凡尼笑道，"餐厅的天花板高高的，一面蓝色的墙上画着穿顶和贡多拉船，工资还算不错，工作轻松多了。哈，拜拜喽！"

紧挨着特斯拉和乔凡尼，二十岁的帕迪·马洛尼也在挖着沟。他可以用一张嘴同时完成吐痰和吹口哨两个动作。

他斜倚在铁铲上，向特斯拉讲述了他的身世。在爱尔兰土豆饥荒和欧洲爆发大革命的那年，他的祖父来到了美国。他来自贝尔特拉镇，该镇位于康诺特省的梅奥县。在那里，忍饥挨饿的人们嘴唇四周都是绿色，因为没什么可吃，只能吃草。

"我只见到我祖父清醒过一次，简直无法认出他来。"帕迪告诉他们。

一年之内，他失去了祖父和母亲。

"死者。"这年轻人涨红了脸，仰头看着天空。

"人各有命。"特斯拉说，试图去安慰他。

"当我还是幼儿的时候，烟灰不停地掉落在我的身上，"帕迪最后说道，脸上毫无表情，"他们在我喝得酩酊大醉的姑妈的怀里发现了我。烟灰不停地掉落在我的身上……"

他的邻居们照料了他几年。在那之后，一家天主教弃婴医院接收了他，然后把他带上一辆孤儿火车，送到位于爱荷华州的一家农场，供人领养。

"那你怎么没让人领养呢！"帕迪以一个猥琐的手势，告别了修女。他跳下火车，徒步返回纽约。他做过擦鞋工，也做过报童。他和其他擦鞋和卖报的孩子们厮混在一起。"这些大名鼎鼎的友谊尽是狗屁。"他后来告诉特斯拉。

那孩子像海草一样随波逐流，听凭着曼哈顿的潮涨潮落而颠沛流离。关于纽约这座大城市肮脏丑陋的一面，特斯拉大部分都是从他那里了解到的。在他成长过程中，充斥着一大片混乱不堪的流行印象。他崇拜从布鲁克林大桥纵身跳下的史迪维·布罗迪。他对杰克·安德希尔赞不绝口，安德希尔有个绰号，叫鼠狼，因为他在一家位于第一大道与第十大道交叉处的啤酒馆里，只用半个小时便杀死了一百只老鼠。在他心目中，拳击手约翰·苏利文简直是神一般的存在。帕迪至今还记得苏利文在纽约的首场拳击比赛，只用了两分半钟就将史蒂夫·泰勒打趴在地。"之后，他只用了十一分钟便击败了爱尔兰人帕迪·瑞安。"帕迪的记忆从来不出丝毫差错。

像古吉·科克伦和巴蓬·康纳利这样一些来自喵人帮的重量级人物，他都能说得上话。

"他就这德行，爱吹牛卖弄，"工头咕哝着说，"否则，他就是个好孩子——一个干活的料。"

帕迪口若悬河地讲述起纽约林荫大道上的种种传奇故事来，那神情就像人们滔滔不绝复述荷马史诗《奥德赛》那样。他一直追踪着鸽子妓院里柔情麦琪和柔情莉齐彼此争风吃醋的故事，这两人风尘女子都想割断对方的喉咙，因为她们都爱上了那风度翩翩的拉皮条男子丹尼·德里斯科尔。莉齐临死前的最后一句话是："我就算到了地狱，也要把你的眼珠子给抠出来。"

帕迪也喜欢到汤普金斯广场去听无政府主义者们发表的演讲。他深信，上一年芝加哥干草市场的爆炸案是由劳工骑士们组织的。并且他坚持认为，华人会偷抢白人女性，将她们关起来当作奴隶，因此，国会禁止他们进入美国，这让他非常高兴。

"早就该这样了！"

有一次，收工之后，特斯拉迫不及待地让帕迪拉上他，一起上酒吧喝酒。酒吧看上去像一座破旧不堪的废弃剧院，一个短号手拼命演奏着，决意要和那个略有醉意的钢琴师一决高下。女歌手登台时，蓝色的长筒袜引得观众猛烈鼓掌。她的嘴巴巨大，可同时唱不同的歌曲。帕迪试图诱惑特斯拉进入后面的一个房间，里面有一丝不挂的姑娘表演康康舞。一个略带讥讽的笑容还是没能阻止他，特斯拉只能断然拒绝道："拜托不要这样！我真的不想。"

帕迪玩犹太人的法罗牌游戏，有时在名叫"小鸡欺骗者"的廉价旅社里玩，有时则在麦高克的"自杀大厅"里玩。当他喝醉之后，他有时会上黑酒吧，回来时一只眼睛会被揍得全黑。工头称他为"小公牛"。

"我曾经也过得像他那样。"奥巴迪亚·布朗说道，用手指着他眉毛上的一处伤疤。他捏了捏帕迪的肌肉，说："你本来可以成为一个出色的拳击手。"

"你打过拳击吗？"帕迪宽大的脸庞突然充满了生机。

"我的上勾拳厉害极了。"那工头挥舞了一下他的手臂。

早上，在上工之前，帕迪会屏住呼吸来鼓起他那强大的胸膛。他喜欢边唱歌边干活，而乔凡尼会把他自己的男高音悄悄地加入进去。皮肤黝黑的葡萄牙人若阿金则添加一条低音线。在他们唱完歌后，特斯拉有时会谈论他的电机。他的工友们都听得一声不吭，不敢有丝毫的讥嘲。

帕迪·马洛尼清醒的时候还是一个好小伙子。当他处于醉酒状态时，一股比他自己年岁大得多的愤怒就会从他身上喷涌而出——他妈的英国佬。他妈的雨。他妈的英雄主义。他妈的传说。他妈的生活！

"在这股怒气之下，隐藏着多么巨大的悲愤！多么巨大而又愚蠢的悲愤！"特斯拉低语。

有一次，他在余醉未醒的情况下来上班干活。他转过身去，在一堆污秽物上呕吐了一会儿。当他清醒过来并意识到身在何处时，他甚是鄙视地看着乔凡尼和罗卡：帕迪的父亲出生在美国，而那两人则刚刚从船上下来。

帕迪无法忍受罗卡，特斯拉知道其中的原因。那西西里人不断向人透露他未来的牡蛎船梦想。他说个不停，但他的话却全部消失在干活发出的响声中，铲子的刮擦声，还有镐的挥动声。

"春天。"罗卡咕哝着说，内心十分不满。

帕迪皱皱眉头。"你到底在说些什么，你这死胖子。"帕迪决意要寻衅滋事，他怒目而视，气势汹汹地直逼罗卡暗淡的双眼。在帕迪伸出他下嘴唇时，那西西里人匆匆瞥了他一眼。

"你有什么问题吗？"帕迪的脸上露出一丝恶劣的笑容，"你这黑鬼！"

在帕迪狰狞的眼神面前，罗卡根本不是对手。他懒懒地退到一旁。

"我这儿有个问题。"罗卡的侄子出乎意料地说。

乔凡尼扔下手中的铁镐，直起腰来。帕迪迅速转过身来。他二话没说，就直冲过去，但立刻后退一步，双手捧着腹部。他的嘴一张一合，仿佛想要说什么似的。

"刀子不能拔出来！"奥巴迪亚·布朗跳进沟里，"否则，他会失血而死！"

"啊！我的天哪！"特斯拉轻叹道。

149

乔凡尼站在那里，被自己的决定及其后果惊呆了。他显得很平静，几乎是面带笑容。当警察将他从现场带走时，他迈开麻木的双脚，沉重缓慢地走过展现在他眼前的那片空地。

帕迪竭力睁开吃惊的双眼，将他四周的大千世界最后一次尽收眼帘。之后，他的双眼越发变得呆滞，远处窗户的图像便永久地凝固在这双眼睛上。

非法烈性酒馆

斗殴发生的当天，尼古拉和工头布朗最终出现在一家非法售卖烈性酒的酒馆。布朗喝的是朗姆酒，特斯拉则喝着啤酒。他们谈论着帕迪的死以及乔凡尼的被捕。

"事情太恐怖了！"尼古拉嘟囔道。

"我们生活在这个城市之下，"那工头开始说话，"我父亲一直告诫我，要活得有出息。可我没能做到这一点。你知道，我的兄弟是位工程师。可我从没想过要做一番什么事业。我只是一直在西部漂泊。"

"啊，我的上帝！"尼古拉摇摇头，觉得不可思议。

"整个这件事让人感到恶心。这纯粹是一种他妈的美国式的误会，"三杯朗姆酒下肚，布朗两眼大睁，"那个帕迪喜欢打架，但他从来不会使用刀子。另一个家伙乔凡尼倒是生性安静，但打起架来却会用刀。因此，不同的规矩互相抵消。由于暴力，人的本性都被抖搂了出来。人简直是活在地狱里。"

在那非法酒馆昏暗的灯光下，布朗的头发变成不自然的黄颜色。

服务生过来端走他们的酒杯，又端上新的酒杯。布朗用手摸摸自己额头上的伤疤，说道："我蹲过监狱。因为——"他很恶毒地大笑一声，"反正不管因为什么吧。但当你年岁渐高——你自己会弄明白这一点的——你就会开始从不同角度思考问题。"

尼古拉仍然没有从震惊中缓过神来。

"你还记得他们是如何一起唱歌的吗？"

平日里，奥巴迪亚·布朗是个沉默寡言的人，他宁愿忍受工人犯下两个错误，也不愿做出一次解释。现在，他却变得非常健谈，滔滔不绝。

"我小时候有保姆照料我。我的数学要比我兄弟好。但此时此刻，他正坐在办公室里，书堆到天花板上，而我却混成这副模样，"他又一次指着自己的伤疤，"每年感恩节他都邀请我去吃火鸡，火鸡大得像只骆驼。但我从来不去。"

布朗紧绷着脸，勉强挤出一个自嘲式的微笑。他露出牙齿，牙的颜色比他的头发还要黄。他两眼紧盯着特斯拉。"你跟我说起你的电机。你以为我不懂。不，我懂。我上过学。那实际上很简单——你不就是去掉了那个什么……转换器嘛"，他一边读出那个不常用的单词的发音，一边做着怪相，"这样，电流就被传导到很远的地方，这就是爱迪生无法做到的事。我说的对吗？"

服务生将一大杯啤酒"砰"的一声用力放在特斯拉面前，而十分轻柔地将朗姆酒放在布朗面前。布朗用鼻子闻一下朗姆酒，对着特斯拉眨眨眼。特斯拉对这人的记忆力深感惊讶。

"你没必要干这样的烂活了，"布朗得出这样的结论，"不能再这样继续下去了。我会把你引荐给我的兄弟。虽然他帮不了我什么，却能帮你一把。"

一个个头戴黑色圆顶礼帽、身上衣衫褴褛的猿猴，在他们周围叽里咕哝地说着话，头脑早被魔鬼朗姆酒所窃取。

"我们都生活在深坑之中，"奥巴迪亚做了一个鬼脸，说道，"就在这个城市之下。至少，得有人跳出去。"

布朗像一只没头的鸡，步履蹒跚地走出酒吧。特斯拉觉得，第二天他什么都会记不起来。

然而，在接下来的那个星期，当布朗出现在特斯拉面前时，他的头发梳得服服帖帖，两耳齐刷刷地露在外面。他黄色的头发从中间向两边分开，白色的头皮展露无遗。他告诉特斯拉穿上像样一点的衣服，跟着他走。

"嘿，瘦个子！跟我走吧。"

有半个小时的时间，他们默默地迈着大步，向上曼哈顿城走去。一路上的影像神奇地变化着——他们越是进入上曼哈顿城，垃圾越是消失得无影无踪。行人和商店变得越来越体面。帽顶越来越高，人们衣领上也围着的皮毛越来越多。在女士们裙撑的尾部，拖曳着一整块打褶的装饰织物。在西联电报公司的大厅，站着一位佩戴着饰带的门厅侍者。他没有将两人驱赶出去，而是笑容可掬地将他们引入大门。阿尔弗雷德·比·布朗在西联电报公司身居要职，担任首席工程师。

布朗兄弟俩在门口简单地拥抱了一下。奥巴迪亚·布朗的兄弟似乎是个和蔼可亲、略显神经质的人。他做每一个动作，都要耗掉两倍必要的能量。他迅速拿出他的眼镜，架在鼻子上。他那被镜片放大的眼睛对视上了特斯拉的眼睛。"我知道你是谁，"他说，"我自己也为几种弧光灯申请了专利。我记得你在拉威市弄的那些灯泡。"

在他办公室里，一切都井然有序，各得其所，从暖色的橡木镶板到窗户上面部分的彩绘玻璃。时不时地，布朗那儿会闪光发亮——他的眼镜，他的自来水金笔，还有他的烟盒。那干净的气息，布朗那浆过的衣领，他那金光闪闪的烟盒，尤其是他那和蔼可亲的性格，都不失为一些可喜的迹象，标志着特斯拉将重返他自己那长期失去的归宿。

奥巴迪亚·布朗第一个开口说话，挥舞着他的双手，而他的手大得足以和珀施尔教授的那双大手媲美。接着由特斯拉继续讲，他娓娓道来，做出详尽的解释,将他头脑中构想的蓝图一个接一个地描绘出来。阿尔弗雷德认真地听着。最后,他与特斯拉紧紧握手。他把两人送到门口,拍拍他兄弟的肩膀。这次达成的协议旋即给特斯拉带来了一间明亮的旅馆房间,衣柜里也添了几套西装。布朗告诉特斯拉,他欢迎特斯拉到他的实验室工作,并且安排了要在一个月内与新泽西州律师查尔斯·佩克会面的事宜。(布朗低声吼叫着说,佩克口中的"或许"要比其他人口中的"是的"更为靠谱。)佩克知道,西屋电气公司一直在实验的多相系统没能如预期的那样行之有效。"但是,他也怀疑你的模型。"布朗警告特斯拉说。

四月份的最后一个星期六,大气骤然降温,但也带来了那场等待已久的会议。参加会议的人们,他们浆过的前胸衬领全都白得闪闪发亮,而特斯拉觉得自己就像一只天鹅,被他的同类簇拥着。

他那突出的瘦弱模样让所有与会者深感惊讶。

他穿着嘎吱作响的新皮鞋,焦躁不安地在布朗的实验室里来回踱步。他屏住呼吸,想着自己已经为这一切做了数个星期的准备。他的兴奋激动之情再一次撼动了高墙,将它们推至一旁。他的一个新建的电机模型等待着与会者们的鉴定。

查尔斯·佩克额头上的皱纹看上去像极了五线谱。他虽然长得十分矮小,却很是能干。特斯拉觉得,他可以用实力来说服他,而不必用魔法来迷惑他。佩克瞥了一眼他的手表。"请开始吧。"他点点头,而大家都注意到他脸上毫无笑容。

特斯拉笑了一下,提醒大家说,当年哥伦布让一个鸡蛋直立在桌子上后,西班牙王后送给了他好多条船。

"为了能说服大家,我制造了一个可以旋转的鸡蛋的铁质模型。"

特斯拉在佩克的眼前启动开关,让铁质的鸡蛋从他手掌滑落到磁场中,铁蛋开始旋转。随着它蹦跳一下,发出很大的一声金属响声。随着它旋转的速度越来越快，响声消失，铁蛋直立起来，被锁定在电的旋涡中。

"诸位应该都亲眼看到了！"特斯拉抬起他细长的手指。

佩克不再皱着眉头。他原本严峻的双眼闪闪发亮，准备着立刻做出决定。

"明天下班之前将蓝图寄给我。"他命令道。

特斯拉蓦然意识到，不会再有任何门厅侍者把他从一个有钱人的办公室驱赶出来。那金色的毛线球恢复了生命，弹跳着，在他脚前再一次开始滚动。

雅典娜变形记

餐桌上的火鸡真是硕大无比！阿尔弗雷德·布朗带着焦急的微笑把它切开，将白肉和烤焦的肉分离开来。新剪的鲜花摆在桌子上，散发出醉人的芳香，将特斯拉淹没其中。

女主人递给他一个玻璃碗，里面盛满了煮熟的小红莓。

"请慢用。"

这里还缺谁啊？特斯拉思忖道，挖了第二勺小红莓，放在他餐盘里的火鸡肉上。

作为荷马史诗的忠实读者，特斯拉回忆起，女神雅典娜每当想帮助奥德修斯时，便会变幻成各种不同的形态，现身于奥德修斯面前。翌日，特斯拉来到捷运公司的办公室找奥巴迪亚·布朗。办公室里的人耸耸肩。

"他走了！"其中一个人回答道。

那个上了年纪、老是叼着雪茄的人，他能到哪儿去呢？

特斯拉再次途经公园大道与莫特街拐角处的那个危险丛生的教堂庭院，前往斯特万·普鲁斯特兰的住处敲门找人。女房东递给他一个信封。

普鲁斯特兰用参差不齐的字体告诉他，他把工作给弄丢了，已经和一群黑山人离开纽约，前往匹兹堡附近的霍姆斯特德。

特斯拉去寻找帕迪的坟墓，但是也没能找着。此时，一片孤独寂寞将他笼罩。他只觉得自己已遭遗弃，被交与那连针都能折断的刺骨寒风。大家全都突然消失，究竟去了哪里呢？

纯粹是凭借着一股强大的意志力，他在自己眼前召唤起一个亲切的身影。那是久卡·特斯拉，她就站在他面前，手里握着一把梳子，头发下垂，看上去是如此真切，他甚至能触摸到她。

"这一切究竟是怎么回事？"她儿子问她。

难道每个人消失得无影无踪，便是他功成名就的代价，这难道是某种靡菲斯特[1]式的契约所要求的？

魔鬼，你真不愧是个老手！干起你的勾当来，你是多么狡诈！你的手法是多么老辣！

无论如何，他没有什么时间去想念那些与他十分亲近的人。一切都发生得太快了，几乎容不得有任何人情味，仿佛都是由魔法铸就。他面带笑容，眼噙泪花，废寝忘食，夜以继日地工作。他工作起来的劲头，就像一个横冲直撞的大雪球，一路上呼啸滚动，将越来越多的雪吸附其上。时间一个月一个月地过去，像消防车一样隆隆作响。现金出纳机隆隆作响。教堂的大钟也隆隆作响。季节的变换更是回荡着声响，大自然充满了青春永驻的诸神发出的欢声笑语。

他每天工作十六个小时，绝不做任何一件不必要的事情。有一股风裹挟着他。时间飞逝，日复一日，月复一月。他工作起来双手都在飞。他的脑波也随着音乐在飞。霹雳滚滚，电闪雷鸣，火花宛若鞭子在空中噼啪作响，爆裂开来。

---

[1] 靡菲斯特（Mephistopheles）：歌德《浮士德》中诱惑浮士德的魔鬼。

白昼永无尽头。

黑夜仅是眨眼的一瞬。

日记摘抄

5月5日绝非平凡的一天。但我能否冒昧地问一下，是什么使它变得如此特殊？

这一天因何变得特殊？原来，安塔尔·西盖蒂在这一天抵达了纽约。

西盖蒂与我紧紧拥抱，我几乎喘不过气来。置身于这个环境中，他看上去有些怪异。他整个人精力充沛，容光焕发。他在我半空的实验室里做了个侧身翻。然后，他这儿看看，那儿瞧瞧，急促地喘着气，开心无比，仿佛一个刚画完公鸡尾巴的小男孩。实验室闻上去还有油漆和新木的气味。无论是桌子、椅子，还是铜灯，都是崭新的。"那好，我问你，这实验室属于谁？"我用难以置信的语气问安塔尔。"属于你，尼古拉。""对了，它确实属于我。"我真的无法相信这一切是真的，于是，我就向他描述了佩克是如何给我们抽雪茄，之后我们又是如何对专利达成了五五分成的协议。

"博赞一家向你表示他们的问候。我们的老朋友库里希奇、唐豪塞，还有瓦尔瑙伊夫人也一并向你致以问候"——西盖蒂几近窒息——"还有普什卡什兄弟俩，还有我父亲，还有你叔叔帕约，还有你家所有其他亲戚。"

我告诉他，在经历了穷困潦倒之后，我依然无法获得充分的仁慈体贴。在整整一年的时间里，我无法积聚起足够的威严在餐厅吆喝侍者，或者和狗玩耍。我还在一个劲儿地跟别人说"谢谢您"或"您客气了"。

最后，我热泪盈眶。

听到这番话，西盖蒂同样也是两眼湿润。

为了掩饰自己的情绪，他问道，"你可知道今天是个什么日子？"

"什么日子呢？"特斯拉问道，微笑中带着嘲讽。

"今天是我三十三岁生日啊！"

特斯拉跳着站起来。"那么，用香槟来庆祝再合适不过了。香槟是必需的！我带你去一家匈牙利餐厅。"

西盖蒂笑了，连他那金色的八字胡也神采飞扬。"你肯定疯了！"

"他们甚至还有锤式扬琴助兴呢！"

"难道你觉得我远渡重洋，只是为了吃上一顿匈牙利式红烩牛肉吗？"这位纽约市的初来乍到者抗议道。

最终的结果是，那脸色红润的匈牙利人和那脸色苍白的塞尔维亚人，来到一家名为"仲夏夜之梦"的屋顶花园餐厅，吃的是牛排。

关于那天夜晚的情形，特斯拉在日记中这样记述道：

西盖蒂那含混不清的口音透着些许旧大陆的气息。我出乎意料的成功闻上去有一种孤独的意味。他的降临所带来的是一种冰融雪化。我感到覆盖在我灵魂上的冰霜正在消融。"一番宏伟大业就在我们前方"，我说道，话音震颤着，"你必须帮助我"。在经历了如此漫长的时间之后，我感到如释重负。狂风没有将每个人吹走。喝完第三瓶香槟之后，我们两人爆发出一阵莫名其妙的大笑。"我们那亮堂的心灵，美酒将它点亮，藏不住推杯换盏多少回，只有把酒言欢，一醉方休……"

在仲夏夜之梦餐厅，安塔尔说起话来开始变得口齿不清。

"你在巴黎干什么呢？"尼古拉问。

仿佛在等待某种提示，西盖蒂露出他美丽的牙齿。原来，在巴黎时，他常光顾妓院，在这种灯红酒绿的风月场所，人们脸上的笑容无不散发着狡黠和欲火。他说，在那里，一个红发女子和一个黑发女子一边深情接吻，一边摩擦着彼此丰腴的乳房。

"我讲这些不是只给你听的，"西盖蒂情绪激动地说道，"我是说给全人类听的。去感受我所感受到的那一切。你！你！你必须去感受我所感受到的那一切！"

"噢，是吗？"特斯拉嘲讽了他一下，竖起其中一只眼睛上的眉毛。

"不妨想象一下，一男一女置身于一家巴洛克风格的妓院中，香槟只需花20美分，"西盖蒂口齿不清地说道，"他们干枯的双唇困亲吻紧紧粘在一起，那简直是天造地设的一对。她像一头雌鹿，深陷情网。他则伸开手指，抚遍她那丝般光滑的臀部。她对他报以深情的一瞥：我是你的了！"

西盖蒂紧盯着特斯拉那修长的、修道士般的手指。一丝轻佻的爱神之笑挂在他唇边。"他浴火中烧，他颤抖着，那些话让他神魂颠倒，他飘飘欲仙，她则咯咯荡笑，像糖溶化在水中一般……那狂风暴雨般急切的爱情场景就此展开。"

"爱情场景？"特斯拉打断他，"当一个卖淫女给你上演一场激情秀时，你管这叫作爱情？"

那匈牙利诗人根本不理会他。"她被吓坏了，她被震惊到了，她也变得狂暴，双眼紧闭，快活至极……"

一丝带有挖苦意味的笑容突然出现在西盖蒂的脸上，仿佛他突然感到一阵痒痒似的。

"够了，西盖蒂！别再说下去了！"特斯拉从桌子边站起身来。

"她双眼紧闭，快活至极，"那疯子继续说着，"她的脸在舞动。她横跨在他光滑的肚皮上前后滑动。她抚摸自己的乳房……啊，爱情——"

"爱情诚可贵，但工作价更高。"特斯拉最后不得不打断他，"上床休息吧，寿星！伟大的事业正等待着我们。"

成功

由于充分意识到新发明可能价值数十万美元之巨，特斯拉的三位专利律师——邓肯、柯蒂斯及佩奇——与来自旧金山的投资人以及来自匹兹堡的乔治·威斯汀豪斯展开商业谈判。

"事情正在发生！"查尔斯·佩克皱着眉头告诉他。

特斯拉以惊人的节奏工作着，他将研制感应电机的计划分解成一系列专利。他工作的进度取决于他的技术人员能否跟上他的节奏。特斯拉与那整天乐呵呵的西盖蒂一起，设计了主轴，并造出了原型，这样，原本数周的工作量扩展为数月的工作量。

四月一个多风的上午，一个眼睛里充满着温暖的年轻人出现在他门口。这个人头顶上不断消失的头发，似乎全都转移到了他的八字胡须上。这个正饱受秃顶之苦的年轻人做了一番自我介绍，他名叫托马斯·康默福德·马丁，是美国电气工程学院副院长。

"神学家们相信，上帝能数清人们头上的每一根头发。要数清我的头发，这倒不是一件特别困难的事。"他戏谑道，拿自己开涮。

马丁前来拜访，只为了一个问题："您能在我们学会举办一场演讲吗？"

"我简直难以置信！"

这些年，他一直在低三下四地与那些无动于衷的人套近乎、巴结讨好他们，竭力向他们兜售他的电机。现在，他们竟然想听那聋子爱迪生所不想听的一切内容！

"我太紧张了，不能跟你一块去，"西盖蒂说道，"你得告诉我这一切是如何发生的。"

但是，1888年5月16日，当一辆装潢考究、由两匹栗色骏马拉着的双排座开合式顶篷四轮马车停靠在自由大街实验室大门前时，西盖蒂还是跳了上去。

"上路吧。我愿意一同前往。"

西盖蒂紧挨着特斯拉坐下，转身到处张望，皱了皱他的鼻子。同车乘客身上散发出的紫罗兰芳香扑鼻而来。

西盖蒂显得比特斯拉还要紧张，从一个银质长颈瓶中抿了一口酒。

"安塔尔！"

"谁都希望在某件事情上获得宽宥原谅。"西盖蒂说道，借以表示歉意。

不到二十分钟，那两匹短尾骏马在美国电气工程学院的大门口停住。学院的入口处是由一整片装饰性砖墙改建而成的。铜条将楼梯井上的地毯固定得纹丝不动。余音缭绕的门厅，从中庭呈放射状向各个方向延伸。

"这边请。"有人为特斯拉引路。

"祝你好运。"西盖蒂对着特斯拉低声耳语一句，旋即消失在听众席中。

他们的脚步声沿着棋盘般的大厅回荡着。

"跟我来。"马丁说话时，嘴几乎紧贴着特斯拉的脸颊。

镶嵌着木板的礼堂散发着一种沉闷但又令人愉快的气息。

特斯拉身材极高，因此，对于观众而言，他似乎踩着高跷。他的脸从他宽阔的眉头渐趋变窄，一直到他长长的下巴。他的头发从头中间分开，形成两片黑色的侧翼。他那受过伤害却充满着神秘色彩的眼睛在眉毛下显得炯炯有神。

他们对我抱有怎样的期望呢？特斯拉愤愤不平地想道。想要看踢踏舞呢，还是想让我表演耍火把？

他太紧张了，真想从自己的身体中逃离出去。

孩提时代，他经常一头扎进寒冷的卡若娜河。此时此刻，他照葫芦画瓢——他干脆一头扎入演讲之中，直接开讲。电嘛，他解释道，如同液体一样难以被压缩。电被困于物质之中，而电又构成了物质的基本组织原则。它仅有一小部分处于自由状态。倘若电荷存在不平衡，电的力量就会主宰宇宙，因为它要比地球的引力强大许多倍。

特斯拉的脸上露出一种奇特的表情：一半受到神灵启迪，一半又甘为殉道者。他的鼻子朝天仰着，眼睫毛扑闪扑闪，整个人看上去像盲人一般。

他说，电是肮脏的世界里一个洁净的物质，其数量恒定不变。它像真主阿拉——它无味，无形，无声，但一旦它将其自身呈现出来，则万物无法抵挡它。闪电的爆裂不是电——那只是热空气，因为电始终隐而不见。

那演讲者睁开他痛苦的双眼。他全神贯注的状态令他的双眼熠熠生辉。

他谈到物体相引与互斥的现象，在听众的耳中，他仿佛是在谈论爱与恨。他接下来又讲到电荷磁力那种神秘的迷人之处，讲到它们似乎存在着双重特性，而这在所有自然力量中则是相当独特的。我们所面临的主要问题是，我们能否以一种实用的方式来利用这些力量？答案是肯定无疑的！

听众席中，有一群人，包括来自哥伦比亚大学的塞尔维亚人米哈伊洛·普宾[1]，开始对他发出嘘声，喝倒彩起哄。

"嘘嘘嘘嘘，嘘嘘嘘嘘！"礼堂内嘘声四起。

演讲主持人让起哄者安静下来。

蓦然间，每个人都想洗耳恭听那耳聋的爱迪生所拒绝聆听的。在那个瞬间，特斯拉知道："我已经征服了他们！"他无法记得从那一刻开始，他都讲了些什么。

激动的情绪令他近乎窒息。他谈到了未来电力的远距离传输，并且，有朝一日，尼亚加拉瀑布所产生的电力将点亮整个纽约市。"当一座发电厂就绰绰有余时，为什么像纽约这样的一座大城市却需要两千座发电厂呢？"他质问道。

那金色的毛线球再一次轻快活泼地沿着他的路径向前滚动。他说话时语速极快，甚至忘记了喘气。人们聆听他的演讲，内心充斥着一种不乏苦楚的敬畏之情。听众席上的许多学院成员高兴得宛若凝固了一般。另外许多成员则觉得，他们的头顶仿佛已被人割掉。最终，礼堂内爆发出雷鸣般的掌声，连天花板都震颤得跳起舞来。

尘埃终于落定。这便是他的世界。

在如雷的掌声中，那演讲者的脸上露出了微笑，他的双腿细长得足以和鹤的双腿相媲美。马丁被震惊得两眼发圆，他一把抢过特斯拉的演讲稿，以便将它发表在他主编的《电气世界》刊物上。

这是一场大觉醒！特斯拉的脑海中闪过这个念头。但这场觉醒是我的，还是他们的？

全体听众拥抱了他。那由许多双眼睛与许多高贵的八字胡组成的人

---

[1] 普宾（Mihailo Pupin Idvorski 或 Michael Pupin，1858—1935）：南斯拉夫-美国物理学家，发明家，在哥伦比亚大学执教近四十年。普宾完善了远程电话和电报的传输质量，设计了一个可对X射线轰击起反应的荧光屏，可直接观察到X射线并拍摄成照片。他总计获得三十四项发明专利，他的著作《从移民到发明家》于1924年获普利策奖。

群仿佛融合成了一个人。这个由许多双眼睛构成的生灵在问:"你能肯定整个系统足够安全吗?""在没有损耗的情况下,电力能被传输到多远的距离?"这个喧闹的生命实体,从不同的嘴巴里问出无数个不同的问题。

"热烈祝贺!你让他们彻底为你所倾倒。"安塔尔含有酒气的呼吸冲着特斯拉扑面而来。

即使是普宾也冲他露出微笑,脸上带着自我满足的神情,并以最亲切的方式与他握手。"我有幸拜访您吗?"这位刚刚幡然醒悟的皈依者问道。

特斯拉在人群的脑袋上方寻找着他的手稿,而此时此刻,他的手稿正在消失的途中,"直接拿到印刷厂付梓"了。掌声震耳欲聋,但也将他提升起来,升到舞台之上,升到人类之上。查尔斯·佩克在他背后现身,木头似的手指紧紧拽住特斯拉的胳膊肘,说道:"我必须把你介绍给一个人"。

匹兹堡

"乔治·威斯汀豪斯。"佩克通告道,仿佛大主教在缓慢庄重地吟诵一篇祷告文。

一个身材高大、头发灰白的人伸开双臂,而这一天成为一个节日。他海象般的胡子散发着光芒。他的双眼清澈明亮。任何一件必须要说的事情,到他那里都被压缩成三句话:

"我听了你的演讲。你说服了我。我会买下你的专利。"

太阳都要静止不动了。

"我不知道该说什么。"特斯拉低声说道,口齿有些含混不清。

"什么都不必说，"威斯汀豪斯说，"来一趟匹兹堡吧。"

那真是一次精彩绝妙的拜访。

一个身穿金纽扣制服、戴着高顶礼帽的马车夫在火车站接上特斯拉，带他来到威斯汀豪斯的庄园。这座被命名为"幽居"的庄园更像是一座城堡。前院草坪上，一棵木兰花树，落英缤纷。在花园小径上，特斯拉注意到已经生出绿锈的青铜日晷。两只知更鸟围着这个柯罗诺斯[1]的装置嬉戏打闹。尽管他叔叔帕约在布达佩斯附近的庄园美轮美奂，尽管他所游览过的为数不多的几处阿尔萨斯豪宅也精美绝伦，特斯拉还是不得不承认，"幽居"庄园是他所见过的最富丽堂皇的宅第。窗户、墙壁，以及部分屋顶呈出人意料的弧形或椭圆形。温室里，一座喷泉被挤在几棵棕榈树之间，喷出的水汩汩流淌着。穿过茂盛的绿植，一条红砖小径通向这位马车夫位于马厩上方的住宿区，而在马厩里，八匹马和它们的伙伴，一只白色小山羊，正在吃着干草。一个黑人仆人头发花白，白得像绵羊的毛似的，他是特斯拉所见过的最英俊的长者。

这位客人心情欢快地转动玻璃制作的球形门把手，室内阳光明媚。特斯拉冲着镜子高兴地笑着。一座玛格丽特·威斯汀豪斯的大理石半身像监视着两扇窗户之间的角落，在那半身雕像中，玛格丽特·威斯汀豪斯摆出古罗马已婚女性的造型。法式落地窗从地板一直延伸至天花板，阳光透过窗户倾泻而入。镶木地板折射出星星点点的金色光芒，就像布伦希尔特[2]的秀发。

召唤仆人的电话嵌在墙壁内。正厅的中央摆放着圆形的褥榻，厅内的色调处理得如此高超巧妙，以至于那银白的色调给人以一种错觉，仿

---

1 柯罗诺斯（Chronos）：古希腊神话中的一位超原始神，首先代表着超越一切的第一因，同时也代表着时间。在《二十四圣辞叙事》中，为时间之神。

2 布伦希尔特（Brünnhilde）：德国中世纪史诗《尼贝龙根之歌》中的女王。

佛整个正厅是精心镶饰的珍珠母[1]。用书法体写成的关于一日三餐及每日活动的日程安排就摆在特斯拉的房间里，等待着他大驾光临。

他们在下午两点整抵达"幽居"庄园。晚饭安排在七点，因此他有充足的时间休息一下。

乔治·威斯汀豪斯和玛格丽特·威斯汀豪斯，他们夫妇俩身材都极高。他们的床都是定制的，以容下他们高大的身子。特斯拉在床上一斜躺下来，一场内心的风暴将他像一只纸风筝似的卷到半空。在那张巨大的床榻上，他体验到了几次光芒闪烁。个人安全保障在他体内似乎失灵了，他经历了一系列精神上的性高潮。每一次高潮短促而有节奏感，像极了癫痫发作。

啊，多令人兴奋的升天！多耀眼的光芒！

当他们叫他下楼时，他仍然在看着他眼睑下的光芒闪烁。玛格丽特·威斯汀豪斯的裙撑瑟瑟作响，响声伴随着他走进餐厅。上帝的天使们，他们的魔力神不知鬼不觉地穿透墙壁，流溢而入。在枝形吊灯上，水晶郁金香晶莹闪耀。穿着燕尾服的男子和穿着抹胸连衣裙的女子围着餐桌在各自座位上就座。仆人们冷若冰霜的表情仍然令特斯拉担惊受怕。每张椅子背后，都站着一位穿制服的仆人，先是将椅子拉出来，然后再将椅子推回去。穿着白色衣服的侍者则默不作声，端上来的菜肴有：

牡蛎

洋蓟奶油稀汤

番茄冻配蛋黄酱

鸽子配豌豆

蜜汁火腿配马德拉葡萄酒

法式酱汁嫩牛排

---

[1] 珍珠母：蚌科动物三角帆蚌、褶纹冠蚌或珍珠贝科动物马氏珍珠贝的贝壳。

草莓配黑樱桃酒

白兰地酒渍黄梨

水果蛋糕配冰激凌

　　一旦给最后一位宾客上菜完毕，餐盘就会被撤走。因此，每个人都必须吃得很快。威斯汀豪斯的工程师们根本没有胃口。在涉及利害关系时，一切都显得顺理成章。每当他们听到特斯拉谈论他的解决方法时，他们会齐声高喊，"那个，我们知道！"

　　他们很少说话。他们一边吃，一边吮咂着他们干燥的嘴唇。对于威斯汀豪斯的这位新宠，他们投以短促而又居心不良的一瞥，借以进行报复。他们称他为"同事"时，显得极不情愿。他们相信，他们只要在赞美他这件事情上惜字如金，那么，这些溢美之词就会重新倾泻到他们自己身上。个人怨恨最经常地被伪装成公共性担忧。威斯汀豪斯的工程师对世界怀有深切的忧虑。

　　"在三月份那场可怕的暴风雪中，那么多家庭大雪封门，真不知道他们最后的遭遇如何？"工程师史迪威问玛格丽特·威斯汀豪斯。

　　而工程师沙伦伯格用他那低沉沙哑的喉咙发出一些沙哑刺耳的声音，原来他说的是预计来年在巴黎举办的世界博览会。"那个为自由女神建造了底座的埃菲尔，正是此人还要为博览会建造一座铁塔。"

　　"你难道不想看到埃菲尔铁塔沐浴在一片光亮之中吗？"特斯拉问道。

　　"人们总得找些活干，否则会闲得发慌。"史迪威回嘴道，说话的口吻宛如塞勒姆女巫审判案[1]的审判法官。

特斯拉用一丝略带嘲讽意味的微笑作为回答，他依然可以看到他眼睑下闪烁着的光芒。

一排曲线优美的玻璃杯紧挨着每一位宾客的餐盘颤动着。杯子里先是斟上白葡萄酒，然后是红葡萄酒。当杯中的酒被饮毕，就会有戴着手套的手将杯子撤走。特斯拉几乎还没有机会抿上一口用新收割的麝香葡萄酿制的白色烈性甜酒，就有侍者在他杯子里斟上琥珀色的干邑。宴会厅里，在那些刚刚体重陡增的绅士的重压下，椅子背发出痛苦的呻吟。点上一支雪茄，可以充当一个托词，让自己深深叹息一下。

威斯汀豪斯眼中露出一种被竭力压制住的欢笑，他回忆起他如何开始把他们在这座城市下面勘探到的天然气用泵开采出来。

"他的天然气实际上将整整一个产业引入匹兹堡。"那个总是不失时机溜须拍马的沙伦伯格补充道。

威斯汀豪斯挥挥手，对他的评论不屑一顾。

"他引起的不是一丝涟漪——而是一排惊涛骇浪！"史迪威如是赞美他的老板。

"他是个斗士，从不轻言放弃！"沙伦伯格高呼道。

史迪威决意不惜一切代价，以阻止别人盖过他的风头。他用他那富有戏剧色彩的夸张天赋，指着他的雇主对特斯拉说："正是此人，硬是

---

[1] 塞勒姆女巫审判案（Salem Trial）：1692年，美国马萨诸塞州塞勒姆镇一个牧师的女儿突然得了一种怪病，随后平时与她形影不离的七个女孩相继出现了同样的症状。从现代医学角度讲，这是"跳舞病"的一种表现。这类症状的病因是一种寄生于黑麦的真菌"麦角菌"。但当时人们普遍认为，让孩子们得怪病的真正原因，是村里的黑人女奴蒂图巴，和另一个女乞丐，还有一个孤僻的从不去教堂的老妇人。人们对这三名女人严刑逼供，"女巫"和"巫师"的数量也一步步增加，先后有二十多人死于这起冤案中，另有两百多人被逮捕或监禁。1992年，马萨诸塞州议会通过决议，宣布为所有受害者恢复名誉。

把那些人刹停火车的乐趣给剥夺了。"

威斯汀豪斯的轻笑声突然变成快活的狂笑。

"很久以前，每节火车的车厢都有一位专属的刹车员，"他向特斯拉解释道，"在火车进站时，随着一声哨响，每个人开始拉刹车。有时，他们过早地将火车刹停，有时又让火车开过了车站，只得重新倒回来。但无论发生何种情况，乘客们都会追赶着这些刹车员，要痛揍他们。"

"这样，当这位先生将他的刹车器申请了专利之后，"沙伦伯格将他的那杯干邑放在餐桌上，"这些娱乐性十足的场面就不复存在了。"

"哈！哈！哈！"在"幽居"这座庄园内，爆发出一阵哄堂大笑。

在他预订前往匹兹堡的火车票之前，特斯拉曾向皱着眉头的佩克打探过关于威斯汀豪斯的情况。他被告知，在上一年中，威斯汀豪斯总部设在匹兹堡的公司利润翻了四番，另外，他的父母曾是波罗的海－俄罗斯的贵族。

"没有杰出人物，就不会有任何东西被创造出来，"威斯汀豪斯在他的宾客面前举起手指，"同样，没有一个机构，一切将荡然无存。"

整个晚间，主人没有说过任何一句不得体的话。他向管家示意，将一瓶干邑放在一张矮桌上。他斟上些酒，向特斯拉吐露衷肠："我的整个人生皆与铁路有关。我是在火车上结识了我的太太。我的第一个发明就是在火车上想到的。"

这位身材异常魁梧的主人回忆起内战之后的那段时光，当时，铁路纵横交织，遍布全国。人们从火车上射杀野牛，将野牛皮用作墙壁的覆盖物。铁路的所有者买通一个个参议员，就像买下一袋袋土豆似的。那些可以被"买通"的参议员，都被视作诚实之人。随着火车引擎穿过世界上这片最雄伟壮丽的苍茫大地，诗人们乐此不疲地颂扬引擎的呼啸声以及尖厉的汽笛声。

威斯汀豪斯太阳穴上的那片银发使他深红色的脸庞显得格外醒目。

"一个识时务者必然是富有远见卓识的人，"他解释道，"没有了远见卓识，他就不会识时务——他只是个等闲之辈。"

他的热情带有一股孩子气。他是个好斗分子。他挪了挪椅子，靠近特斯拉道："他们都说我在学校时是恶霸一个，我在大学里也没待多久，我不是读书的料。我擅长的是别的事情：我喜欢撸起袖子，说服别人。对于你的电机，我就想这么干。"

凭借着那宽阔的胸膛，清澈明亮的双眼，这位身材魁梧的贵族深深吸引了特斯拉。一旦威斯汀豪斯离开房间，灯光就变得昏暗，而一旦他重返房间，一切都似乎在向四周扩展。

"我一直知道那电机是可能的，"晚宴结束之际，他说道，"我提议我们一起来证明这一点。"

自从这位年轻的发明家与威斯汀豪斯会面之后，他一直有一种特别的预感，让他既难受得直想呕吐，又激动不已。躺在"幽居"里他那张巨床上，他与即将降临的成功竭力搏斗着，就像雅各与天使搏斗那样。成功是个活生生的生灵，庞大却又隐而不见，夜里睡在他的房间，白天则在他身边呼吸。成功带有二月寒风的气息，更散发出巨大的孤独与寂寞。

工程师们

邪恶对美德的压制，远甚于善良对美德的褒奖。

《堂吉诃德》

那位初来乍到的匈牙利电气工程师的脸，让匹兹堡的一面面镜子大放异彩。他时刻都处于兴奋激动的状态，整天都是乐呵呵的，因为大家对他喜爱有加。

"你长着圆润的脸颊，浅色的双眼，总让我联想到一头猞猁。"威斯汀豪斯笑道。

威斯汀豪斯喜欢叫他"安东尼"，并请他详细讲述他在布达佩斯公园里目睹的那次发现，但西盖蒂心中只想着威斯汀豪斯太太，对其他人一概视而不见。

"你看到她的乳沟了吗？"他对着特斯拉的大耳朵悄声说道，"我不会介意像一只仓鼠那样蜷缩在里面，休眠一整个冬天。"

特斯拉翻着白眼，把他介绍给威斯汀豪斯的工程师们。

"告诉你，我的朋友，这些家伙并不喜欢你。"安塔尔在见过这些工程师后，当即这样告诉他。

"为什么？"特斯拉大吃一惊。

"因为他们都嫉妒你，而你一点都不嫉妒任何人，"西盖蒂回答道，"他们还以为，他们对你有恶感，而你对他们同样也有恶感。"

特斯拉回忆起他父亲说过的一番话：真理对于一个聪明和诚实之人永远不是一种悖逆。在他那傲慢的幼稚影响之下，尼古拉相信人们终将知晓，他是对的，他们是错的，而这将有助于人们将错误的重负从他们心头摘除。这些工程师在与特斯拉交谈的过程中，会出现习惯性的短暂停顿，这些停顿就是要用来提醒他，他得学会掂量自己"有几斤几两"。

奥利佛·沙伦伯格发明了电度表，而他的助手刘易斯·史迪威则发明了放大器，放大器的功能类似于特斯拉发明的卷轴。在那伙工程师中，沙伦伯格和史迪威是最为恶劣的。

"我会为你两肋插刀，和他们厮杀到底。"西盖蒂向特斯拉许下诺言。

沙伦伯格经常满脸堆笑，但他的笑容中总流露着一种甜得发腻的恶心。

在家里，他的妻子会小心翼翼地确保不让他们的孩子吃到最好吃的鸡肉，因为那是专门留给她丈夫的。沙伦伯格将白肉切成薄薄的小片，细嚼慢咽，甚是享受。饭后，他会温柔地拥抱他们年幼的女儿，用噙着泪花的双眼抬头望着天花板，质问道，为什么呀，上帝！

这位雄心勃勃的工程师心头有个印象，命运赋给他的，是一只腐烂之手。火山般的怨恨，狂暴的无能，以及富有攻击性的恐惧，这些在他胸中此起彼伏。他才是昔日的奇才。是他在过去的数年中一直在钻研交流电机：新闻记者们为什么不去问他在中国所发生的事件？他那年幼的女儿——在她啃完鸡翅之后——为什么不为她的父亲感到骄傲？

刘易斯·史迪威则几乎从不操心去思索此类问题。他的鼻子长得匀称好看，他的眼神既有钢铁般的冷峻，又不乏香槟般的热烈。这个英俊而又冷峻的男人根本不在乎功名。夜里，在他脚上的第二只鞋子掉到床边之前，他做了个鬼脸：那陌生人竟然不知道如何来处置他的钱财。假如史迪威拥有那么一大笔钱，他会在哈德逊河上建造一座豪宅，另外还要造一座教堂。他的马厩里要马匹成群，必须是萨拉托加温泉城中最好的良驹。

届时，人们就会知道他史迪威是何许人也！

这伙工程师中间流传着一则传闻，说威斯汀豪斯向那陌生人提供了某种合伙关系。显而易见，那陌生人愚蠢至极，拒绝了他的提议。

"但是，只要您不介意，我仍然会待在匹兹堡的，"特斯拉许诺道，"来改进我的电机，让它能适配您的系统。"

"我们可以按以下方案执行，"威斯汀豪斯在一次闭门会议上提议道，"我会在六十天内向你支付五千美元的现钞；如果我在这段时间结束之际购买你的专利，就向你支付一万美元；以每两个月为一期，分三次向你支付两万美元；每瓦特两点五美元作为收益，外加我公司两百股股份。"

"真他娘的！"沙伦伯格气得直咬牙切齿。

"这么干可不行。"史迪威怒吼道。

合同刚签完，战争便一触即发。

特斯拉的电机无法匹配威斯汀豪斯设备的较高频率，因此特斯拉建议调低这些设备的频率。史迪威和沙伦伯格用尽各种冗长的辩解，来掩饰他们心中充满恨意的万般不情愿。他们的说辞包括了"系统的完整性""技术原理"，以及"经济因素"等，这些说辞以固定的周期被不断重复。

在匹兹堡，特斯拉经历了发生在他眼睑后面频繁的光芒闪烁。一次次光亮的迸发向他呈现出许多他以前只能无助地冥想的事情。各种公式和图形浮现在那液体的铂金之中。特斯拉拒绝去钻研别人也能做到的事情——他只希望从事只有他才能进行的研究。每一天，西盖蒂代表他与那伙工程师不失礼貌地周旋着。

吃饭过程中，他们一放松下来，特斯拉便开始高谈阔论："为了注意到某一独特之物，人们必须无视平常必需之物。大的机构倾向于力推强制性概念。那些可取的理念以金钱作为回报，人们还会拍拍你的后背。大机构训练人们不要将注意力放在那些无以回报的事情之上，也不要力图去弄懂那些不能带来个人利益的概念。"

在与那些工程师打交道的过程中，西盖蒂无聊得要抓破自己的皮肤，且由于纠缠于繁文缛节而几乎要晕倒。虽然如此，他还是不屈不挠地坚持着。他向史迪威及其上司所做的解释堪称奇迹，清晰而又充满灵感。沙伦伯格的力量则来自老调重弹。他永远讲着原封不动的故事，使用原封不动的措辞。每天晚上，这位匈牙利潘神[1]会在安徒生酒店打开一瓶酒。在斟上酒之后，西盖蒂会猛击一下自己的前额，大喊一声："真是两个十足的白痴！"

特斯拉则像个预言家那样回答道："一个人，如果他希望其社会地

---

1 潘神（Pan）：希腊神话中的牧神，照顾牧人、猎人、农人和住在乡野的人。他拥有人的身体，头上长角，长耳朵，下半身及脚长得像是羊的脚。潘神也是森林之神，性好女色，放纵情欲。潘神也爱好音乐，最擅长吹笛子、排箫，能创作出非常好听的曲子，据说他的笛声有魔力，容易让人（包括希腊众神）陶醉、忘我。

位获得承认，他似乎就必须放弃他的认知能力。啊，这些大机构！"他说道，提高了声音。"你的目的是使人们变得盲目，然后就可以去带领这些瞎子。在你身上，他们炫耀他们的知识，仿佛知识全无任何神秘的因素。在你身上，他们像练习体操那样来进行被洗脑的运动锻炼。在你身上，那两头唤作史迪威和沙伦伯格的工作马匹，身后拉的是两大车权力。"

喝完第二杯后，安塔尔觉得来了灵感，断言道："这两人憎恨原创性，视其为魔鬼般的荒谬。他们更希望，每天的晨报跟他们讲述的都是一些他们早就知道的事情。"第三杯酒下肚，他厉声吼叫起来："我真是弄不明白，人们何以能够如此活着。"

在这两人的内心之中，是那受到永久伤害的自尊。如果让沙伦伯格在患上感冒和让一个人死去这二者之间做出抉择，他肯定会选择避免得病。

"那个史迪威会怎么样呢？"特斯拉被逗乐了。

"他会嫉妒一个瞎子拥有一条不瞎的狗。"

瞎子说眼睛会发臭

长远看来，长着金色翅膀的神话难道不会比一组组枯燥的数字更为持久？那些用其玫瑰色翅膀擦拭我们热得发烫的眉毛的传说，那些用毛茸茸云朵般的金色棉花为我们包扎伤口的传说，我们怎能不爱它们呢？

人类无时无刻不在向神话发出呼唤：啊，神话传说，请将我们从黑暗的现实中解救出来！啊，神话传说，请对我们施以慈悲吧！

据传，特斯拉将他那高傲的侧影转向听众，高举双手，将一张百万美元的支票撕个粉碎。

"你信任过我。"那则神话传说透过特斯拉的嘴说道。

但在现实中，人们听到的是乔治·威斯汀豪斯的一声怒吼：

"绝不可能！"

约·皮·摩根，那个所有实业家中的总头领，已并购了爱迪生的公司，现在也提出要并购威斯汀豪斯的西屋电气公司。

"绝不可能！"威斯汀豪斯咆哮着，像一条垂死的雷龙。

在这次大发雷霆之后，他与一些小型制造商结成合伙关系。匹兹堡上方的天空变得十分暗淡。投资者们变得惶恐不安。他们用手指甲在合同中的一个条款下重重地画出两道线来，该条款载明，特斯拉有权获得每瓦特两点五美元的收益。他们重复说道：

"把这一条删了！"

当特斯拉打开门时，威斯汀豪斯看上去像一个裹着燕尾服的大衣橱，被震荡得失去了平衡。这巨人紧蹙双眉，望着窗外，看着乱风将最后几片残留的雪花吹拂过窗边。"那大猩猩派他狂吠的猴子，来收购我的公司。"他说道，深深叹一口气。

两个浅蓝色的角，突然从特斯拉的两侧脑门上冒出来。他没有去聆听这位来访者跟他说的事情。他在聆听的，是威斯汀豪斯的骨髓所发出的声音。在他的鼻子与嘴巴之间，他捕捉到了那人灵魂的一丝滋味。

"我别无选择，"威斯汀豪斯算是彻底垮了，"求你了，放弃你的红利分成吧。"

那时，特斯拉依然是个初出茅庐的年轻人，渴望获得他人的喜爱。他的眼睛里散发着温暖与专注。他的头发沿着头顶的中线，分成两个侧翼。他的衬衫一片洁白，足以令威斯汀豪斯患上雪盲。

这位发明家渴望成功，他身上的每一根神经都充满渴望，而他也准备迎接这一成功。然而，随着他翘首以盼的成功日趋临近，他感受到一种恐惧，让他变得无能为力。所有的事情都在与他作对，无穷无尽的耽搁，居心叵测的工程师，还有剽窃成性的竞争对手。

"好吧。"特斯拉叹息道,决定以金钱换名声。

从那一刻起,威斯汀豪斯再度变成一片汹涌的波涛。他不断地向他的工程师们施压,因为他们已经致使项目延期长达一年之久。

所有既有的设备都必须做出修改,以便能够匹配那可恶的电机。沙伦伯格和史迪威对此充耳不闻。但问题总得有人解决。就在这个紧要关头,年轻的工程师本杰明·莱米登上了历史舞台,他眯着双眼,就像土拨鼠节上的一只土拨鼠似的。他看上去整天睡眼惺忪,即使在他捕捉猎物时也是如此。威斯汀豪斯让他负责将电机装配到设备上,就好像将先知穆罕默德带至大山上一样。那心地善良的莱米欣然接受了特斯拉原来的建议,将系统适配那个以 60 周频率运转的电机。

"这根本不可能。"沙伦伯格的脸涨得通红,愤而离开了会议。

"等等。"史迪威在回声缭绕的过道里抓住他的肩膀,"这事还没完。"两人交头接耳,仿佛两只蝎子在一块岩石下互相亲吻一般。史迪威说得眉飞色舞,异常兴奋;而他上司的脸顿时变得亮堂起来。在沙伦伯格故弄玄虚的咧嘴笑容中,隐约闪烁着某种真正甜美的、几乎是真诚的意味。"你是这么认为的?"他问道。

"当然。"史迪威答道。

"你确实这么认为?"沙伦伯格重复问一遍,甚是感动。

史迪威轻声解释道,这一次,这个点子不能算在特斯拉的功劳簿上,而是把它当作一个全新的点子。他们可以接受这个点子,把所有的功劳都归诸莱米,这样便将特斯拉这个闯入者排挤在外,而这个闯入者很快就得收拾行囊,滚回纽约。他们两人将会像蟋蟀一般坚持不懈。在特斯拉离开期间,他们持续不断的喊喊喳喳将使他们编造的谎言变成真理。

在女仆把他浆好的衬衫收拾好并放到他行李箱的当口,特斯拉将一份份文件扔进他的包里,同时嘴里不停地哼着小调。在匹兹堡,他和那些工程师纠缠了整整一年,就像齐格弗里德与邪恶的侏儒们搏斗一样。

"从花朵中，一只蜘蛛只能收获毒液——而一只蜜蜂则可以收获蜜汁。"他沉思自语道。

"瞎子则会说，眼睛会发臭。"西盖蒂打趣道。

女仆用她全身的重量，将塞得满满的行李箱的盖子使劲往下压。

"你能肯定你再也不想待在威斯汀豪斯的公司？"西盖蒂问。

"难道那两个官僚腔十足的人渣不知道他们所说的一切都是谎言吗？"特斯拉一边说着，一边重重地合上他的包，像是在报复一样。

西盖蒂耸耸肩。"难道歌德不曾说过，即使是诽谤者也应该被认真对待，因为要人们不去真心诚意地相信他们所渴望的事情，这是绝不可能的。"

为所有生灵

竞争的法则，虽然有时对某一个体而言甚为残酷，

但于整个人类而言却是最优的，

因为他使每个领域中的适者得以生存。

——安德鲁·卡耐基

他在一群肩膀上沾满了灰尘的搬运工中间挤出一条路来，好不容易在火车上找到一个座位坐下。在他对面，坐着一对姐妹，两人都长着大鼻子，还有她们的母亲，相貌与她的女儿们极为相似。当特斯拉还是一个学生时，他曾在一次演讲中说过这样一席话："我亲爱的同学们，精神激昂的同学们——请追随你们鼻子的指引！"现在想起这番话来，笑声仿佛香槟酒的气泡，从他的鼻孔中冒出来。他赶紧用报纸遮住脸上的笑容。之后，他又将盖在鼻子上的报纸移开，焦虑地抬头望着天空：快

要下雨了！他口袋里还揣着斯特万·普鲁斯特兰留给他的信。看着由一个工人的手在一张褐色的纸上写下的地址，他感动至深。

在附近的霍姆斯特德，特斯拉下了火车。

霍姆斯特德，这便是布雷克的那些黑乎乎、撒旦恶魔般工厂的所在地——那成片成片的厂房，全都属于那个神圣的铁匠布雷克，将他称为现代版的瘸腿伏尔甘[1]也毫不为过！

一声汽笛声从远处传来。整座工厂宛若一条巨龙，怒吼着，口吐火焰。法拉赫们奔忙着去建造金字塔。空气中烟雾弥漫，飘荡着一股酸味儿。

每天十二个小时，工人们不间断地往熔炉中喂食铁矿石。太阳被囚禁在高炉内，透过炉门狂乱地舞动着它那火焰触须。高温将一座座熔炉的眉毛烧得焦黑。

就是在这样的地方，那些英语说得结结巴巴的人生活着，分享着他们支离破碎的记忆。特斯拉走过一张张沾满煤灰的笑脸。在工人肮脏简陋的工棚里，斯洛伐克女人吟唱着最忧伤感人的歌曲。在工棚前，上了年纪的塞尔维亚和克罗地亚妇人彼此诉说着各自的腰酸背痛。

"你身体怎么样啊？"一位妇人问道。

"别提有多糟。"另一位拉长腔调答道。

一个大清早就喝得醉醺醺的醉汉，不知在用什么语言表达着他强烈的情绪。工人们个个长得腰圆膀粗，穿着沾满泥土的靴子，蓄着大胡须，讲着关于某个波兰人的故事，说那个波兰人用脚踢到了一只臭鼬。

"那真是个大错误。"所有人都大笑起来。

"喂，格兰普斯爷爷，你年轻过吗？"他们逗一个老人。

"但愿我能有你那样的脑袋，孩子，"他答道，"我就可以呼呼大睡，

---

[1] 伏尔甘（Vulcan）：罗马神话中火与工匠之神，朱庇特之子，长得丑陋，瘸腿，却娶了最美丽的女神维纳斯。

一口气睡上三整天。"

有传闻说,不久将发生罢工。

特斯拉左右摇晃着肩膀,走近那伙大胡须男人。

"劳驾,你们有谁认识斯特万·普鲁斯特兰吗?"

"当然认识啦。"工人们吃了一惊,这位绅士居然说的是他们的语言。但他们的眼神马上提出了一个无声的问题:你那么了不起,那么成功,而我们这么穷,这么惨,你不觉得与我们格格不入吗?

不,我当然不这么觉得。

他们告诉他,斯特万最近搬到兰金去了。那里,人们给的报酬更高——每小时十四美分。

"你必须踏破三双铁鞋才能到达那里,"这伙人一阵哄堂大笑,"你得先乘轮渡到基廷,但今天轮渡不开。"

他在到处寻找斯特万,可他的斯特万无处可觅。

每当这时,斯特拉似乎觉得,他被鬼魂包围着,而这些鬼魂却一个接一个消失得无影无踪。

"啦呀啦,我心上的好姑娘!"在酸味弥漫的天空下,有人拉长调子吟唱着。

寒风中飘来两句叠歌:

"莫回头……"

"忘了我……"

他沿着铁轨,步行走向火车站,口中呼吸着机器油脂所散发出来的不冷不热的气味。步行途中,他听到一个显然是土生土长的塞尔维亚工人在对一个老妇人说,有人葬身于 C 号熔炉的爆炸事件。

"可怜的人儿……他是个好人,和那个玛拉结了婚。他父亲拉多凡也是个好人,他们都是好人哪。您可要保重身体啊,老奶奶。"

这些朴素的话语让特斯拉陷入悲伤。

他感到难过……为那些人,还有小孩子们……

为所有生灵……

长着络腮胡子的女士

爱迪生的两眼仿佛地堡内的裂缝。他脸上露出一丝厌恶的笑容,问道:"那么他们的弱点是什么?"

"他们的系统可能构成某种危险。"巴彻勒咕哝道,一边用手掌捋平他的络腮胡子。

爱迪生伸出他的食指:"他们的系统是致命的。他们会把魔鬼释放到我们每个人的家中。"

爱迪生的头发看上去宛如被霜冻打蔫了的乱草。他的鼻子像极了腌过的菜根。他的十个手指在桌子上方乱舞。

"这了无新鲜感。我们以前和天然气公司争斗的时候,用的就是这个套路。去把乔·加姆休叫过来。顺便把山姆·埃缪也一块叫过来。"

巴彻勒负责擦拭神灯。加姆休和埃缪吊儿郎当地踱步进来,用暗淡的眼睛贼眉鼠眼地扫视一周,高声问道:"主人,您有何吩咐?"

那冷酷无情的嘴巴紧咬着雪茄。烟灰洒落在爱迪生的衣服上。他的手指仍像打鼓似的敲击着桌子。"我担心的是威斯汀豪斯!"这位大发明家厉声说道,宛如犬吠,两眼则眯成一条缝,"那家伙绝不会善罢甘休的!"

他们管威斯汀豪斯叫作"人浪",这样的称呼不无道理。他不知疲倦地收买政客和商人。他不断接受报刊的采访。他把他的代理商和推销员悉数派出,遍布整个美国。他早就把他的交流电系统卖给了科罗拉多州的一座煤矿。

179

爱迪生的危险性丝毫不亚于一条地下暗河,他与加姆休和埃缪进行密谋策划。对于他竭力介绍给别人的主意,他总是第一个深信不疑。在各大报章上,他痛斥他所谓的那些"电气谋杀者"。

在爱迪生的无情命令下,马戏团的帐篷在整个纽约州及中西部全境拔地而起。

"让好戏登场吧!"

在伊利诺伊州的皮奥瑞亚,一条惊恐万状的狗在舞台上尖叫。一个杀气腾腾的助手先是把几根电线连接到狗的身上,再把电线连接到一架仪器上。他俯下身来,用手捏住狗的脖子,将电极固定好。

"老兄,放了那条狗!"一个旁观者高声叫嚷。

演示者脸上露出柴郡猫[1]那样的咧嘴嬉笑,看上去像极了在堪萨斯小镇上沿街叫卖蛇油的那些"教授"中的一员。

这位装出满脸惊恐的教授,用他最大的肺活量对着观众高喊,仿佛他们都是孩子或聋子。"女士们、先生们,尊敬的同僚们!匹兹堡的威斯汀豪斯先生希望将一种新的电流引入你们家中。在你们家的女人们陪着孩子玩耍的这片地方,他想安装那所谓的交流电。我知道你们会说什么!你们会说——"这个兜售蛇油的推销员脸上堆起善良的笑容——"我们早就拥有了安全的直流电,这是爱迪生先生慷慨赋予我们的。"

在场的人只见识过煤油灯和火光摇曳的蜡烛。虽然如此,他们还是点头表示赞同。

这位教授夸张的怪相和手势,起到了与他如簧巧舌同样重要的作用。

"威斯汀豪斯告诉我们,"他继续讲道,下巴颤抖着,仿佛一出戏

---

[1] 柴郡猫(Cheshire Cat):英国作家刘易斯·卡罗尔(Lewis Carroll, 1832—1898)创作的童话《爱丽丝梦游仙境》中的虚构角色,形象是一只咧着嘴笑的猫,拥有能凭空出现或消失的能力,它消失以后笑容还挂在半空中。

里的悲剧主人公，"他的那种电可轻易地进行远距离的传输。任何轻而易举的事情，绝不可能是好事情。那种电安全吗？它能是安全的吗？"这位说话者被他自己的问题吓了一跳。"大伙等会就能看个一清二楚！"

在疯帽人[1]的示意下，幕布拉起，展示出特斯拉设计的那令人惊恐的线圈。

被皮带紧紧绑着的狗对着眼前的场景哀鸣起来。

"伊戈尔，请吧！"教授用他唱戏似的嗓音下达命令。

那驼背的伊戈尔狡诈一笑，将连接着狗的电线检查一遍，轻身向那长着络腮胡子的女士使了一个眼色。

"拉控制杆！"

那长着络腮胡子的女士旋即拉下了控制杆。

电流的嘶嘶声，还有四处飞溅的火花，与狗可怜的哀嚎混杂在一起。对于观众而言，他们所目睹的，似乎只有燃烧着的肉体冒出的烟雾和散发出的气味。那教授弯下腰，俯伏在那过早地一命呜呼的动物的尸体上方，高声宣布："它已被威斯汀豪斯谋杀身亡！"

那驼背的伊戈尔，咧着嘴角的教授，还有那长着络腮胡子的女士，抹在他们脸颊上的胭脂闪着暗光，他们的眼睛瞪得浑圆，不停地眨巴着。他们露出邪恶的笑容，彼此手拉着手，向观众们鞠躬谢幕。

将手置于水罐之中

在实施电椅死刑的前夜，任何一个对科姆勒谋杀案感兴趣的人都无

---

[1] 疯帽人（Mad Hatter）：初次登场于《蝙蝠侠》第四十九期（1948年10月）的超级反派，本名为杰维斯·泰奇，以催眠和控制人脑两项本领称霸一方。

法睡得安稳。据监狱警卫德斯顿报告，所有列席电刑的在押犯，没有一个不神经紧绷的。

有人试图说话，但喉咙里发不出声来。石头走廊里，只有不祥的脚步声回荡着。

疯帽人，伊戈尔，还有那位长着络腮胡子的女士都没有出现在行刑室里。

威廉·科姆勒走进行刑室。就是他，那个在水牛城屠杀了他妻子的杂货店主。他显得异常的平静。

"先生们，"他说道，"我祝你们好运……我只想说，人们关于我所说的一切，大部分都不是真的。我已经够坏的了。但将我描绘得比那个真实的我还要令人不齿，那是冷酷残忍的。"

他毫不犹豫地坐到电椅上，仿佛想好好休息一下。行刑者让他再次站起身来，在他脊柱底部的衣服上剪出一个孔，这样电引线就可以连接到他的皮肤上。

"可别接错了。"他说道。

狱警们在他头部也接上电引线。这个在劫难逃的人看上去面目十分狰狞，因为他头部绑着几根皮带，把他一部分的脸遮盖住了。

"准备就绪了吗？"他问道。

没人回答。

科姆勒抬起眼睛，瞥见一缕射进行刑室的阳光在舞动。

"再见了，威廉！"狱警德斯顿说道。行刑室里随即传来"咔嗒"一声。椅子里那人站起身来。他身上每一块肌肉都紧绷到极限。倘若没有皮带将他绑在椅子上，强大的电击早就将他抛到房间的另一边。他们拉回控制杆。每个人都松了口气。然后，他们惊恐地看着科姆勒。

"慈悲的上帝啊，他还活着。"德斯顿突然醒悟过来。

"把电重新接上。"另一个人喘着粗气道。

"弄死他，看在上帝的分上！让我们赶快把这了结了……"

科姆勒的胸腔不停地起伏着。

斯皮茨卡博士下令："通电，再来一次！"

像先前那样，又是"咔嗒"一声，电椅里那必死之人再度全身僵硬。但是，发电机这次没能正常工作。现场可以听到巨大的的电气爆裂声。那可怜人的脸上流着血。科勒姆全身都渗出了血。在恐怖达到巅峰时，他们注意到电极周围的毛发和肉都被烧焦和烤煳了。那股恶臭谁都受不了。

我只是大致浏览了一下

"我只是大致浏览了一下科勒姆的死刑执行报告，"爱迪生评论道，"这不是一次令人愉快的阅读经历。"

"一个众所周知的事实是，大概已有30或40个人死于触电事故……依我之见，让医生来负责电刑是个错误。首先，科勒姆的头发不是一种绝佳的导体；其次，我认为头顶不是连接电极的最佳位置……手臂中含有多得多的水分，并且肉更为松软，这使它们成为最明显不过的选择……因此，更优的方案是，将手置于水罐之中。"

《纽约时报》，1890年8月6日

借由我们姐妹的肉体之死

我来时如闪电，去时若轻风，

我知道，天堂中你会再度遇见我，快乐又幸福。

菲尔多西[1]

最近一段时间，人生对于西盖蒂来说变得重复无聊——品其滋味，仿佛甜味尽失的蜂巢。除了那一直阴沉着脸的助手加诺·邓恩之外，西盖蒂还雇了个匈牙利人科罗曼·齐托，因为他能说相同的语言。西盖蒂住在葛兰姆西公园附近的一所豪华公寓内，他的房东是个无可救药的酒鬼，经常打自己的老婆。

"如果你要照料别人，"西盖蒂说道，对那妇人胆小怕事的态度甚为恼火，"你最好先照料好自己。"

"先生，那你为什么不照料好你自己呢？"她问道，全身颤抖。

已经有一段时间，西盖蒂停止了举着杠铃做蹲坐运动。他蜂蜜色泽的头发散发着汗臭，他的皮肤油腻腻的。他越发变得五大三粗的样子，并且，由于身材越发粗壮，整个人便变得越发低矮。他那天生的兴高采烈的情绪爆发已变得不再那么频繁。他患上了偏头痛，抱怨道："但愿你能知道它如何在我脑袋里一次又一次像闪电般划过！"

特斯拉根本不理睬他。科姆勒之死撼动了他那个世界的根基。

"我已经够坏的了，"那被处以电刑的人以夸夸其谈的口吻不断重复着，"但将我描绘得比那个真实的我还要令人不齿，那是冷酷残忍的。"

"进步是你的上帝，"米卢廷·特斯拉的说话声音盖过了科姆勒的抱怨，"但进步对世间万物一视同仁——它也助长邪恶。"

尼古拉受到的震撼是双重的，因为现在看来父亲是对的。他记起布兰科维奇叔叔身上的虚荣。在尼古拉的人生中，进步第一次向他展露其

---

[1] 菲尔多西（Ferdowsi，940—1020）：波斯人，伊朗桂冠诗人，979年开始《列王传》的创作，历时三十余年，1010年成书，共十二万行，分五十章，包括神话传说、勇士故事和历史故事三大部分。

面目丑陋的一面。

是爱迪生在杀人,却是借助了特斯拉的手。

"普罗米修斯做出了那么巨大的牺牲,但尼禄攫取了他盗来的火种。"特斯拉愤恨不平地说道。

但所有那一切都只是他的"个人生活"。如同往常那样,他根本没有时间做任何的幻想。

科姆勒那可怜的幽灵再一次哀号呻吟,最终从特斯拉的梦魇中消失。凭借着一股纯粹的意志力,我们的主人公再次戴上他的职业面罩。他与目光柔和的马丁合作,撰写了他的人生故事。他还为威斯汀豪斯完成了数项专利,还发明了两种新型彩虹灯。

有股力量推动着特斯拉不知疲倦地工作。

安塔尔则逡巡不前。然而,每当一个忌妒的想法进入他头脑,这个匈牙利人便将它当作一封没有开启的信函予以退回。这样,无论这些忌妒的想法来自哪里,最后全都返回了老地方。

他在听觉上产生一种幻觉,仿佛大街上人们说的都是匈牙利语。他开始光顾那家有锤式扬琴表演的餐馆,虽然他最初觉得十分无聊。布达佩斯则变作一座神话般的虚构之城。那里,小提琴像鸟雀那样叽叽喳喳,而立式低音提琴则像一头庞大的动物发出"嘭嘭"闷响。那里,农民的双轮马车如同姜饼屋那样色彩斑斓,在街头有轨电车的阴影中滚滚流动。

但……但……但……回去则意味着失败。那么,现在又该作何打算呢?

除了欢笑一无所有,
除了灰尘一无所有,
除了一无所有还是一无所有,
没有任何理由让这一切发生。

在葛兰姆西公园附近，他那片宁静的街坊掩映在树叶之中。那黄绿相间的影影绰绰，交织在一起，便构成了一幅镶嵌图画。他开始将他舒适温馨的公寓视作一个陷阱。在房间里，他哼着优美却带有自杀意蕴的歌曲。在房间里，他顾影自怜，醉心于练习切腹自杀。

"谁都希望在某件事情上获得宽宥原谅。"他说道，那金黄色的八字胡卷曲着，形成一个笑脸状。

对于特斯拉而言，工作等同于休息。西盖蒂则需要在工作完毕之后进行大量的休息——而这种休息事实上是令人厌倦的，因为他过度沉溺其中。白天，他与特斯拉探讨以太[1]的结构、电、物质与光彼此之间的关系。

晚间，惰性将它的利爪深深插入安塔尔·西盖蒂的躯体，将他汲干，并开始在他的住处存活下来。阿佛洛狄忒[2]向他派来女神埃特[3]，使他的心灵患上晕船症，并充斥着黑暗的疯狂。他竭尽全力去遏制在他体内迅速扩散的愤怒。他嘴唇上常挂着好色之徒的笑容，淫荡变作他的职责。那些造成潮涨潮落的自然力量也控制驾驭着他。上帝将他重新塑造成贪婪的化身，使他滑离理性之钩。如同很久以前的唐豪塞那样，他无可救药地奔向那放浪形骸的地狱。每当他光临一家妓院，脱下外套，感受到女人的手指在他头发中摩挲，他便长叹一声。

这无耻的投降成了他甜蜜的释放。

他依然陶醉在女人骨子里的那套花言巧语。那些阅尽各种嫖客的女子，向他信誓旦旦地保证，他是个中翘楚。妓女们的浪笑声，仿佛是大

---

1 以太（Ether）：古希腊人以其泛指青天或上层大气，而在亚里士多德看来，物质元素除了水、火、气、土之外，还有一种居于天空上层的以太。在科学史上，它起初带有一种神秘色彩。后来人们逐渐增加其内涵，使它成为某些历史时期物理学家赖以思考的假想物质。

2 阿佛洛狄忒（Aphrodite）：希腊神话中爱与美的女神。

3 埃特（Goddess Atë）：希腊神话中惹人轻举妄动的女神，后被视为惩罚或复仇女神。

铁锅下燃烧着的荆棘在爆裂。西盖蒂给他钟爱的姑娘奈莉带来一顶缀满了玫瑰的高顶礼帽。他用手掌摸着她的脸颊和嘴。他让她吮他的手指。他让自己淹没在她的丝裙之中，等待着性欲高潮将他置于世界的中央。

西盖蒂沉溺于观看裸体康康舞，那已经死去的帕迪·马洛尼也曾竭力拉着特斯拉要去一睹为快。从匹兹堡回来后不久，西盖蒂便成为纽约妓院的熟客，无论这些妓院是高档的，还是廉价的。

这种放浪形骸的生活帮助他得以苟且活着。

以前，安塔尔曾诉诸温泉浴、太极拳和徒步旅行来抵挡他那淫荡的生活方式。特斯拉问他为什么不再做徒步旅行这样的运动，他给出的回答都是些软弱无力的反美借口："美国嘛，哪里有什么大自然的美景可言！"

"怎么可能呢？"特斯拉被激怒了，"大自然的旖旎景色，在这里要比在世界任何别的地方都多。你要做的只是走出纽约。"

西盖蒂哪儿都没去。

当他打开一瓶托卡伊葡萄烧酒与特斯拉共饮时，他变成了一个懦夫。他闭上眼睛，想看看自己在醉酒状态中会滑落多远。最后，他说："我的人生徒有其表，完全被我毁了"。

"不，你没有，"他的朋友安慰他，"你已经变成熟了，只是没有意识到而已。"

看来，安塔尔的肉体所要叛逆与反抗的，恰恰是他的灵魂所不愿意承认的。

特斯拉警告西盖蒂，正如他自己在格拉茨赌博成瘾的那段日子里被西盖蒂所警告的那样："悠着点。"

那年春天，威斯汀豪斯做好准备，要与爱迪生展开终极大对决。他向交流电机的创造者施压道："尼古拉，你必须举行一场你自己的科学展演，来反击他们的马戏团表演"。

尼古拉自己也意识到了这一点。他抬起下巴，深深呼吸一口气，看到了一条金色道路。他决定去做一件从不曾有人做过的事情。他决意要将爱迪生大肆渲染的"交流电会夺走人命"的说法驳斥得体无完肤，而他所设想的方法是让相同的那股力量旋涡穿越他自己的身体。

"你认为我能活下来吗？"他问西盖蒂。

西盖蒂蓝眼睛中透露的神情，从天真变为心不在焉，又从心不在焉变得十分凶险。最后，他笑了："你吗？对。你能。"

一个女人从旅馆的大厅给他房间打来电话，将他从睡梦中惊醒。他一下楼，她身上一团浓重的香水味向他直扑过来。她燃烧着的眼睛几乎要将他灼焦。

"求你了，特斯拉先生，请跟我走。"

"你是谁？"

"事发突然。"她似乎没有听到他的问题。

他有生以来第一次进入那种场所。两个一丝不挂的妓女在玩一个气球，先用她们的鼻子后用脚指头击打它。房子的内部以白色为主色调。整个场所散发着香水味，慵懒的女性气息，还有假冒的奢华。对特斯拉来说，那些穿着内衣走来走去的妓女看上去像极了美丽的魔鬼。她们狡猾的眼睛显得呆滞无神。她们其中一个说道："他就在楼上。"

特斯拉快步赶到楼上。

那已经不是安塔尔了。他已变成一个玩偶。

一个涂着又深又浓睫毛膏的妙龄女郎，正坐在那玩偶身旁。特斯拉和大夫让她离开。

"情况怎么样？"特斯拉问。

"我们仍然无法确定。"那秃顶大夫叹着气回答道。

"可卡因吸食过量。"那美丽的魔鬼说道，没有移动半步。

他们策略性地同意，将尸体从位于 29 号大街的妓院转移至一家医院，在官方尸检报告中，将西盖蒂死亡的地点说成是他的寓所。

他们也怀疑谋杀。

特斯拉心急如焚地等待着结果。

"是动脉瘤破裂，"大夫在完成尸检后告诉他，"一切都无济于事。他自己浑然不知，这反而更好。"

"他怀疑过有什么不对劲吗？"特斯拉问道，因为他对他朋友的情绪还记忆犹新。

"没有。"大夫说。然后，大夫改变了他的判断。"这世上有很多事情是我们所意想不到的……"

在布达佩斯，西盖蒂曾逼迫特斯拉要好好活着。可在这里，特斯拉却不知道如何知恩图报。他来到死者的寓所，整理他的遗物，寄送给他的家人。他像一条蛇那样发出咝咝声，脸颊鼓起。枕头上扔着西盖蒂的鞋子，一条熨烫过的内裤上有一把刀和一片烟熏香肠。特斯拉吹了一声口哨——他从没见过如此狼藉的场面。有一幅平版印刷画挂在他床的上方，描绘的是一个脸色红润的方济各会僧人向圣母献上一颗燃烧着的心脏。床头放着陀思妥耶夫斯基[1]一部书的德文译本，还有一卷皱巴巴的圣奥古斯丁[2]的《忏悔录》。

在这个房间内，安塔尔每天醒来，全身裹在被汗水湿透的床单里。这里，他深受宿醉之苦，试图用脚去踢死飞蛾。这里，他感觉到散落在

---

[1] 陀思妥耶夫斯基（Dostoyevsky，1821—1881），俄国作家。1861年发表长篇《被侮辱与被损害的》。1866年他的代表作《罪与罚》出版，为他赢得了世界性的声誉。后又完成《白痴》《群魔》《卡拉马佐夫兄弟》等作品。

[2] 圣奥古斯丁（Saint Augustine，354—430）：基督教早期神学家，新柏拉图主义哲学家，其思想影响了西方基督教教会和西方哲学的发展，因其所著作品而被视为教父时代重要的天主教会教父。重要作品有《上帝之城》《基督教要旨》和《忏悔录》。

他光脚下的硬币，个个都是冰凉的。这里，他翻起他的双眼——蔚蓝得如同普利特维采湖的湖水——并思忖着如何付清他的账单。每天清早，这位潘神的狂喜会变作潘神的惶恐。

"谁都希望在某件事情上获得宽宥原谅。"他过去总是这么说。

名望使特斯拉的生活急剧加速，达到一个可怕的节奏，而一只无形的手却夺走了他深深爱戴着的人们。奥巴迪亚·布朗，帕迪，普鲁斯特兰，西盖蒂，他们都已随风而去。这些人消逝在远处，他们的面孔转而变作面具。由于速度的缘故，他们的身影拉得长长的，最终融合成一个身影。成功闻上去有一股暴风雨的气息。

他坐在床头，梳得又紧又密的头发像头盔一样庇护着他，整张脸苍白得宛若一朵荷花，十个手指紧扣在一起。这里曾是温暖的源泉，现已变作一个冰窟。放眼那雾茫茫的未来，他觉得无力无助——未来一片虚无。

"这就是命。"他轻声说道，全身不寒而栗。

他感到喉头隐隐作痛。

感伤的八爪鱼用它那湿腻腻的拥抱把他包裹起来，并开始用它的许多触手来把他勒死。他大口喘息，用随手胡乱抓到的东西——一双干净袜子——拭去眼中的泪水。

"安塔尔啊，安塔尔。"他轻声呼唤。

他鼻子变得扁扁的，诚恳地扪心自问："我这是在为死者哭泣，还是在为我自己哭泣？"

西盖蒂蔚蓝的眼睛和爽朗的笑容总能让他高兴并振作起来。他们曾经一起有过无数次无厘头的开怀大笑，笑得东倒西歪，像风中的杨柳。

"你看，我可以做到让你在任何时候对任何事情都捧腹大笑。"西盖蒂说道，笑得气喘吁吁。

而那个放荡不羁的安塔尔还一度想成为一个牧师。他希望能像亚西西的圣方济各那样，用爱的言辞来昭告世界：

赞美你,我的主,借由你所造的每一物,

尤其借由我的主人太阳兄弟……

赞美你,我的主,借由月亮姐妹以及浩瀚星辰……

赞美你,我的主,借由我们姐妹的肉体之死……

"永不"之后

我们四周,万物均在旋转,

万物均在运动——能量无所不在。

尼古拉·特斯拉,1891年5月

大日子终于来临。

他穿着带有厚厚软木鞋底的鞋子,6.6英尺的身躯在舞台上显得像是被拉长了似的,怪异可怕。礼堂内坐满了电气工程师,有年轻的,也有年长的,他们热切期盼的脸庞使场内的气氛十分活跃。听众中既有朋友,也有敌人。

"在所有形态的能量之中——这些能量存在于大自然,无所不在,无可限量,且不断变化着,运动着,给宇宙带来像灵魂那样的生命——"特斯拉做着演讲,手指舞动着,"最引人注目的或许就是磁和电。"

说到这里,他提高了嗓音:"要对这些引人注目的双重现象做出解释,答案就在于无限小的微观世界,在于其分子与原子,它们都在属于自己的轨道上旋转,十分近似天体的运转。"

听众们脑海中所能想象到的,是微小的星系在他们的大腿、眼睛和心脏内旋转。

"毫无疑问,我们能够直接利用这种能量,并从这些无限的资源中创造出光来，而这种光"——他停顿一下，视线从一张脸扫到另一张脸——"可以以无线的方式传输"。

这次伟大的科学展演，旨在回击爱迪生的马戏表演。特斯拉挥一挥手，向他的助手加诺·邓恩示意了一下。

空中"咔嗒"一下，与人们在行刑室里听到的那个声音一模一样，毫无二致。

整个礼堂的光线暗了下来。

科学家特斯拉消失不见了。

一个孤独的表演者出现在舞台上，全身被笼罩在一片白光之中。

在刺眼的光芒中，他白色的燕尾服一看就知道精心浆过。这位表演者显得非常悲伤而孤独，脸上的每一丝皱纹都清晰可见。

他面前的桌子上，摆着几台仪器设备，对于绝大多数观众而言，这些仪器设备乃纯粹的"物体"，因为他们浑然不知它们葫芦里究竟卖的是什么药。紧挨着那多相感应电机的，是一个垂直的轮，一个银球，还有其他一些多少让人觉得甚为骇人的装置。

泛着蓝光的黑暗开始低鸣。两条弧光在引擎上方跳跃，发出爆裂的声响。线圈释放出网状的璀璨光线。那戈尔贡蛇发女怪[1]的头发缠绕在银球的四周。电流嗡嗡作响，噼啪炸裂。在特斯拉身后，一个法拉第笼[2]将飞溅的火花吞噬殆尽。

观众目睹眼前这一幕，内心既掺杂着宗教般的谦卑，又不乏马戏团

---

[1] 戈尔贡蛇发女怪（Gorgon）：古希腊神话中三个蛇发女怪之一，为海神福耳库斯的女儿，面貌可怕，人见之立即化为顽石。

[2] 法拉第笼（Faraday Cage）：是一个由金属或者良导体形成的笼子，是以电磁学奠基人、英国物理学家迈克尔·法拉第的姓氏命名的一种用于演示等电势、静电屏蔽和高压带电作业原理的设备。它由笼体、高压电源、电压显示器和控制部分组成，其笼体与大地连通。

般的讶异。

加诺·邓恩神情严肃，像个斗牛士似的。在特斯拉的示意下，他增强了频率。那闪亮耀眼的鞭子在上帝的手指与亚当的手指之间发出爆裂声。闪电持续的时间一次比一次长。特斯拉的小胡子显得格外精神，他的头发平整光滑惊人。他像一个发出绝杀之前的斗牛士那样，背部笔挺。在毫无预警的情况下，他把一只手伸向机器。刹那间，电流像旋风似的将他的身体飞卷起来。他手里握着的灯泡闪烁了三下，最终彻底亮了起来。观众席中爆发出一片惊叹声。

"看哪，阿米莉娅！他全身着火了！"

"电流正在穿过他的身体！"

那表演者的头上，头发根根直立，他在观众席中穿梭了十五分钟，只要用手触碰一下，便可点亮灯泡和真空管。他的演示证明，只要在礼堂的电磁场范围内，任何灯都无须接通电源便可无线工作。

之后，他重返讲台。

那个头上长出两个蓝色光角的人，在讲台上继续他的演讲，仿佛一个歌唱家将要唱出一个高音似的。

"虽然一次单一的电击有可能是致命的，但矛盾的是，人接触放大的电压，完全是安全的。"

经特斯拉允许，穿过他身体的电流，其电压要远高于电死了科姆勒的电流。

礼堂内掌声雷动。他再度悬浮起来，盘旋于舞台上空。在他双脚着地的一刹那，整个世界已经因其而改变。

在展演之后，气喘吁吁的记者们都想知道，他的身体承受住了多高的电压。

"你真的安全无虞？"

"你什么时候第一次敢去触摸裸露的电线？"

"你对自己的计算真的那么有把握吗？你有没有在动物身上实验过？"

"我只在自己身上实验过，"特斯拉回答道，"我只拿自己的身体做实验。"

伦敦奇迹

致莫约·梅迪奇的信札

巴黎［污痕］1892年

我亲爱的华尔兹之王，

我深感抱歉，没能早些时候给你回信。发生的事情太多了，真乃千头万绪。名声迎面袭来，就像熔炉中扑面而来的炙热。在我的纽约演讲大获成功之后，我受邀前往伦敦和巴黎做巡回演讲。因此：

我人在旅途，我的仙子，

愿上帝明日与我同在，

我的哭泣，我的泪水，我的悲伤，

但愿你能知晓，我的仙子，

我人在旅途……

我迅速整理好我的行囊。耶格塞尔，我的那个吹玻璃工匠，为我制作了各种型号的玻璃管。

任何旅行，最精彩的部分便是旅行的尾声。

伦敦的天空一片灰色，周遭的一切看上去仿佛都是从同一块布料上裁剪下来似的。那神奇的伦敦之雾令珍贵的灯光几近窒息。即使是人们服饰的纤维,看上去也像极了固体的雾。在透纳[1]的绘画中,金色的洪水吞没了英国议会大厦。我会花很长的时间,一边凝视着威廉·莫里斯[2]的墙纸,一边在嘴里嚼着半生不熟的羊肉。

我的朋友威斯汀豪斯警告过我,说英国人充满了盲目的偏见,他们的幽默感会令这些偏见在表面上变得十分温柔,但实质上变得越发僵硬。(他警告我的方式,令我这个旅人内心十分焦虑。他使用的措辞包括"冷漠""无可忍受的自负",甚至"令人痛恨的傲慢"。)但我的亲身经历与这种警告大相径庭,或曰决然不同。二月,我在伦敦皇家学会发表了一次演讲。你知道,1000伏特即可致命。在皇家学会,我允许20万伏特的电流通过我的身体,而我甚至什么都没有感觉到。只是在刚开始的时候,一个电火花蜇了我一下,而这种情况本来也可避免。这样的电流不会置人于死地。我亲爱的莫约,这样的电流每秒钟会振荡好几百万次。我们人类的神经不够敏感,不足以感觉到它……

在舞台上,我只需触摸一下,便能让灯亮起来;手一挥,便能让灯熄灭。在我的演讲中,我表达了一种坚定的信念,即——正如电灯那样——电机也可以进行远距离操控,不需要直接连接到任何能源上。

我亲爱的莫约,过去,我曾睡过无家可归者栖身的工棚,那里的穷人长着坚硬锋利的须楂,把枕巾磨成稀巴烂,我都竭力不去向你抱怨人生,

---

[1] 威廉·透纳(William Turner,1775—1851):英国画家及图形艺术家,尤以光亮、富有想象力的风景画及海景画而闻名。作为多产的艺术家,他创作了几千幅素描、雕版画、水彩画及油画。作为英国最著名、技艺最精湛的艺术家之一,他对光线及色调的兴趣超过形体,为日后印象派画风格的形成奠定了基础。

[2] 威廉·莫里斯(William Morris,1834—1896):英国建筑、家具及织物图案设计家、作家、诗人,主要从事织物、墙纸、瓷砖、地毯、彩色镶嵌玻璃等平面设计,另外在印刷、书籍装帧设计方面也取得十分突出的成就,被誉为现代设计的先驱、现代设计之父,是工艺美术运动的代表。

以免让你心烦意乱。现在，我则竭力不去自吹自擂，以便让你免受我的唠叨。但我还是要说，这次确实是一次如此巨大的成功。

堪称一次伟大的成功。

一次世界级的成功。

前来参加我伦敦演讲的，都是上流社会的名流——有威廉·克鲁克斯爵士[1]、开尔文勋爵[2]、奥利弗·洛奇爵士[3]，以及威廉·普利兹爵士[4]。据新闻界报道，我让他们陶醉了整整两个小时，像着了魔似的。

我欣然支持英国奇思怪想这一光荣传统。从来没有任何地方能比伦敦更让我感受到，我与那么多人志同道合，意气相投。各大报刊以及插图期刊（尤以后者为甚）发表了许多我演讲的图片。这些图片大都将我表现为正置身于电火花的旋涡之中。有一个标题是这么写的："特斯拉先生玩闪电与霹雳于股掌之间。"

瑞利勋爵[5]令我印象深刻，主要是因为他的连鬓胡子。他告诉我，我有特殊的发明天赋，我应该专心致志，完成一件轰轰烈烈的大事。威廉·普利兹爵士让我觉得有些怪异。他让我联想起那位来自格拉茨的裁缝穆尔科。具体来说，他的怪异之处在于，我无法肯定是否有一只苍蝇飞进了他的鼻子，还是他竭力想让他的笑容充满魅力。我们交谈之后，我开始

---

1 威廉·克鲁克斯爵士（Sir William Crookes，1832—1919）：英国物理学家与化学家，参与皇家化学学院，致力于光谱研究。

2 开尔文勋爵（Lord Kelvin，1824—1907）：原名William Thomson，英国物理学家，提出热力学第二定律，创立热力学"绝对温标"。

3 奥利弗·洛奇爵士（Sir Oliver Lodge，1851—1940）：英国物理学家及发明家，电磁学先驱，开发了调频装置。

4 威廉·普利兹爵士（Sir William Preece，1834—1913）：英国邮政总局总工程师。

5 瑞利勋爵（Sir Rayleigh，1842—1919）：原名约翰·威廉·斯特拉特（John William Strutt），1904年第四届诺贝尔物理学奖得主，主要成就包括发现惰性气体，提出瑞利散射、瑞利原理等。

思考如何以无线的方式传输声音和图像。莫约，这就是所谓的通灵术——只是需要借助一点机械手段而已。

威廉·克鲁克斯则希望利用电来摆脱连绵不断的恼人细雨，英伦海岛已不堪其扰。

我也花了一些时间与开尔文勋爵交谈。这位智者有着高高的眉毛，但眼睑低垂。他坚信，与电相涉的诸般现象，与人生所涉的现象别无二致。

最后，杜瓦教授让我在法拉第本人专用的扶手椅里坐下，给我从法拉第本人专用的酒樽中倒了些威士忌，邀请我再做一场演讲。我欣然接受，因为我能感受到那古老扶手椅的友好情谊。我这次英国之行的辉煌顶点，是我被接纳为伦敦科学院的会员。

在英伦海岛上进行了多次令人兴奋的历险之后，我渡过风急浪高的英吉利海峡。到现在为止已有数周的时间，我一直待在巴黎的和平酒店休息。我已经与比利时的阿尔伯特亲王见过面，并将我的一些专利出售给了德国人。这些日子里发生的事情千头万绪，我迟缓的笔墨无法跟上它们的节奏向你一一告知。我打算完成巴黎之行后，前往利卡。所以，不妨将此信视为一个引子，容我们见面之时再作长叙。

您真诚的

（无签名）

附：这几日，我的法国同行达松伐尔止常着我游览巴黎，竭力要让我变得腐化堕落。

巴黎

"我不想看!"

"你一定得看看!"达松伐尔说道。

说话的当口,两位科学家正站在罗特列克[1]的一张海报之前,雨水的冲刷已经使海报陈旧褪色。一个骨瘦如柴、头戴礼帽的男子的侧面轮廓,在海报的前景中显得格外醒目。在他身后,是围成一圈的一群男男女女的剪影,其中,一个金发女郎从她玫瑰状的裙子中高高踢出一条大腿来。

"你一定得进去看看!"达松伐尔坚持道,将特斯拉拽进红磨坊歌舞表演厅。

尽地主之谊的达松伐尔冲着侍者点了点头,立刻就有一张桌子在他们面前摆好,上面有一朵鲜花,还有一瓶放在银质圆筒里的酒。

"哇,哦——"这位主人叹道。

乐队以疯狂的节奏演奏着。玻璃杯也叮当作响。特斯拉认定,在这种场所,外省的银行家们混迹于一群群谈吐机智的年轻男子中,去勾搭某些大都市里的女演员。

比利时阿尔伯特亲王姗姗来迟。他的餐桌也很快摆好,紧挨着舞台。亲王向达松伐尔和名闻遐迩的特斯拉招招手,邀请他们把桌子拼在一起。特斯拉早已接受过报界无数的采访,采访次数如此之多,以至于……

"我读过……我们可以谈谈……"亲王大声说道,竭力要压倒音乐的声浪。

"这里,唯一一个留着需要你会面的是上帝。"达松伐尔说道,声音有些沙哑。

---

[1] 罗特列克(Henri de Toulouse-Lautrec,1864—1901):法国后印象派画家,近代海报设计及石版画先驱。

一些美貌的女子几乎无法忍受。但一看到她们穿戴的珠宝首饰，特斯拉觉得他仿佛在嘴里尝到了血的味道。一张张羞红的脸，像鲜花般盛开在衣着讲究的身体上。人们用观剧小望远镜或手指敲击着桌面。有些疯狂的客人则彼此展开一场竞争，看谁能以最大的嗓门高喊与尖叫。

"再来一个！"

"这音乐简直是一种疯狂发作。"特斯拉得出他的理性结论。

在这种最为疯狂的寻欢作乐中，一个人的灵魂究竟会发生什么？那个在意识之下从不断消融的稠密的黑暗中游过的灵魂，究竟会发生什么？那个作为深海中一条鱼的灵魂，它究竟会发生什么？

他突然意识到自己已是大汗淋漓。在某处，某件事情出了问题。此时此刻……

他仿佛正置身于时光隧道之中，人生的速度如此之快，朋友变作熟人，熟人变作……鬼魂。他感到纳闷，任何一个人能否永远是真实的？

有个问题突然闪过他的脑海：《圣经》中所说的地狱究竟在哪里？何处是地狱？

一种令人不寒而栗的忧虑将所有的一切染成绿色，将舞台上那些早就显得怪诞不经的舞者，变作一个个魔鬼。

雪崩似的音乐，倾泻在脸色苍白的特斯拉和咧嘴笑着的达松伐尔身上。女孩子们尖叫起来！那个绰号叫"老饕"的招牌舞女与她那身姿曼妙的舞伴在舞台上翩翩起舞，其他舞女提起大腿，往外踢出去，然后双腿来个大劈叉，稳稳地落到地板上。

达松伐尔看得两眼放光。他抬起英俊的脑袋，露出剪短的八字胡，以及燕尾状的络腮胡。

特斯拉观看着这场歌舞秀，仿佛一只猫似的，主人喂给它吃的是沙拉。

"这只是一片刺耳的噪声。"他皱着眉头说，"演出没头没尾的。"

"噢，你有何评论？"他离开红磨坊后，他的同行问他。

"很棒。"特斯拉板着脸回答道。尔后，他表示实在不好意思，还得请他的新朋友把他送回和平酒店。

都市的灯火透过他的眼睫毛渗透到他眼中。然而，一阵寒意顺着他的脊柱直涌而上，他的腭感受到某种金属般的味道，令他震惊。他设法向达松伐尔道别，走进酒店入口处半个贝壳形的玻璃门廊。

"特斯拉先生。"一个太监似的嗓音在酒店大厅内回荡。

"有什么事吗？"

一个男孩，粉红鼻子长得像兔子鼻子一样，他用灰色的眼睛望着他，递给他一份电报：

久卡病危。速归。

叔叔：帕夫莱

急速返家

与死亡的赛跑开始了。他觉得，自己的头脑已变成一架难以忍受的自动钢琴。一个被宿醉折磨的人，会觉得酒精的恶臭渗透到他的整个灵魂，同样地，尼古拉也觉得，红磨坊康康舞的节奏充斥着他的灵魂。

火车发出"轰隆轰隆"的沉闷声响，那节奏经久不衰地在他耳畔回荡。他双手颤抖。他的胸膛如同一面鼓，他的心脏在他嗓子眼里怦怦乱跳，声音大得几乎要将车轮的声音彻底淹没。车轮在轨道上哐当作响，穿过雾霭。火车飞奔，将铁路旁的丛林拉成一条线，而一处处丛林又合为一体。维也纳，那个他一辈子都不曾有机会去了解的城市，就在车窗之外。

在卢布尔雅那[1]，尼古拉的焦虑变成了痛苦。但他嘴巴里锌的味道甚至要比痛苦还要令人难受。它类似于一种癫痫发作。自从他遇到了威斯汀豪斯之后，所有的一切都发生得太快，令人应接不暇。他的成功像冰霜一样，来的时候带着深深的孤独与寂寞。帕约叔叔在萨格勒布接上他。帕约·曼迪奇叔叔有个习惯，总是冲着人们高喊"喂！"仿佛要将他们从梦中叫醒似的。他高大强壮，头发正慢慢变得花白，他绵羊般的眼睛紧盯着特斯拉。

"喂，你怎么啦？"他问道。

"我觉得像是有人在用钳子夹我的腹部。"尼古拉呻吟道。

当他由车转乘马车时，那地狱般的康康舞音乐仍在他头脑中回响。他的担忧不断加深。如果他能及时赶回家，母亲就不会撒手西去。他可以紧紧抓住她的手臂，将她从死亡边缘重新拉回到他的身旁。

"我母亲的情况怎么样？"他问他叔叔。

"该啥样就啥样呗。"

戈斯皮奇是座城市，但散发着村庄的气息。一个老者沿着特斯拉家所在的街道，把灯一盏盏点亮。

一场暴风雨正在酝酿之中，一切都变成了绿色。大雨从天而降，像挂着水帘子似的，人行道上有物体的白色碎片噼啪作响。全身湿透的马在他家门口停下。那座老旧的房屋看上去变小了，但依然光芒四射。

"那是母性之光。"尼古拉轻语，"是母性之光。"

他从被电灯照得明亮无比的房间，返回到了点油灯的时代。

"这里永远是你家，而月亮便是你邻居。"

他一点都没有变。他只是不知道如何把家归。

---

[1] 卢布尔雅那（Ljubljana）：斯洛文尼亚共和国首都及政治、文化中心。

他们的家算是城市里的一处居所，但是——可能是手编地毯的缘故——这屋子仍然散发着些许的绵羊气味。整整有十年的时间，这里的世界对他来说并不存在。他觉得所有的一切都是不真实的，但与此同时，唯有这个家才是真实的。现在，他那消失已久的世界重又回来。一切变得神奇而又深刻。这一点令人黯然神伤。此后，现实又扩展了对人们的束缚，事物再度变得稀松平常，因为它们本来就是如此。

他似乎觉得，未来梦想的力量在世界之巅要来得更为剧烈，而在世界的底部，人生阅历则更为丰富。不，戈斯皮奇所代表的那个世界，绝不是开尔文、阿尔伯特亲王或他的同行达松伐尔的世界。从这里看出去的景致更为清晰，也更为痛苦。这里是个旧世界，在这个世界中，有梳子，有草叶奏出的音乐，有宝石蓝的湖泊，有圆形面包，有固执地刮个不停的风，还有看上去像极了田野里的罂粟花的利卡帽。

一个个房间，连同它们所散发出的气息——一切都击中他心灵中的敏感之处。在父亲所供奉的圣像上，他们家族的守护神圣乔治正专注于杀死一条恶龙，对其他一切依然无动于衷，而那条龙的红脑袋像极了一只烤羊的头。那个曾经的傻瓜，那个做弟弟的，现在衣锦还乡，摇身一变，竟然成了一个大名鼎鼎的风流人物。他的亲戚们眨着他们那一双双褐色的眼睛，围坐在一起。这里，依然充满着爱与善良，但也看得出来，他们为彼此感到羞耻。

久卡躺在卧室里。她的呼吸声，一屋子的人都屏息仔细听着。特斯拉的三个妹妹弯着腰，在门厅里抹着眼泪。他感到，和他的妹夫们说话要比和他这几个妹妹说话轻松自如得多。玛里察走到他跟前，用一双狗一样高度警惕的眼睛盯着他。他注意到她已经老了许多。

"拥抱一下——然后忘掉一切！"他暗自下定决心。

玛里察对待尼古拉，仿佛在对待一个高贵的陌生人一样。她不知道如何去爱他，因为她对她所爱的人，永远充满了怜悯。她看待爱的方式，会让整个的人类生存染上悲伤的色彩。她的身体就是一口井，里面是古老的眼泪，装得满满的，一直到她的眼睛，任何时刻都会流溢而出。那口井比她的整个身子还要深——它深入地下三百码。

尼古拉伸出一只手，放在她肩膀上。

"别哭——哭了……"

"你就别哭了。"

他伸出手，去按久卡房门的把手。

"求求上帝，但愿她能认出你来。"他听到有人在后面说，"喂！"

母亲房间里热得让他受不了。他坐在床头，握着她的一只手。她的手很轻，眼睛里透着疲惫。她也等待着他。当他看到她黯淡无光的双眼时，他几乎要窒息。她抚摸着他的头，动作极轻极小。

"我的尼科。"

尼古拉将她那轻若羽毛的手按在自己的脸颊上，觉得一股深沉的、无与伦比的宁静降临到他身上。

那行将离世的脆弱女人，依然在努力保护着他。

啪——嘣

仙子们以蒜籽为生，会一直活着，直到生活变得过分无聊。当这种事情发生时，她们便停止进食，毫无痛苦地死去。

久卡·特斯拉

啪——嘣！

啪啪——啪啪——啪——嘣！

那地狱般的康康舞曲一刻不停地在他的脑袋里演奏着。葬礼在亚西科瓦奇墓地举行。山杨树在风中颤抖,尼古拉觉得头晕恶心。

他一点都不懂人们在说些什么。

"我们就像溢到地面的水,覆水难收。"久卡的一个兄弟说道。

尼古拉无法理解他们所说的话。

"我会去往她那里,但她永远不会来到我身旁。"另一位牧师朗诵道。

一个个声音越来越远,然后渐渐消失在远处。

"就像一阵风,吹拂而过,永不复返。"预言家借由他舅舅佩塔尔主教之口说道。

尼古拉将半杯白兰地倒在地上,以祭奠那已经逝去的灵魂,剩下的半杯他一饮而尽。半杯酒下肚,他的血管中非但没有激荡起一股火热,相反却充斥着无数碎冰块。但比那些碎冰块、腹部的蜇痛,以及伫立在她坟墓边来得更为可怕的,是他头脑中闪过的一个念头,那就是,久卡一辈子都籍籍无名,默默无闻。在一生中,她每天从凌晨四点起,就在忙碌操劳,直到深夜十一点。由于她母亲是个瞎子,久卡在很小的时候就曾撞到一扇关着的铁门上。在她撞上铁门的那一刻,她便得出了一个无可否认的结论:"事情本就如此。"

拂晓时。久卡会在炉子上方甩动她湿漉漉的手指,水滴掉在发烫的金属上,发出"呲呲呲"的响声。

她把削下来的苹果皮放在炉子上烤,以便给屋子里增添些香味。在全家人醒来之前,在她当天戴上头巾之前,她会梳理头发。火光透过房门照射过来,木柴在炉子里噼啪作响。

在火焰的映照下,母亲变作一尊青铜雕像。尼古拉偷偷地看着。就他一个人。他一直想救赎她。他想拯救她。但他不曾找到(他抹一把眼泪)……时间。

这种情形,就仿佛是一棵树在森林中倒下,悄无声息,没人能听到。

世界将他推得远远的。

生活失去了它的中心。

母亲是对他而言，唯一一个重要性远胜于工作的人。现在，他只能听凭工作的摆布了。

魔鬼娴熟地将温暖从世界上收集殆尽，就像收集羊毛似的。世界一分为二，一个是温暖的内心世界，一个是寒冷的外部世界。现在，这两个世界互换了位置。

而真理呢？面对渴求保护的欲望，真理几乎没有获得昭示的机会。在灵魂的需求面前，规则与价值观毫无意义。他的发明以及这些发明所要服务的人类变得毫无价值。那个飘荡着的世界也毫无价值——而他却置身于这个世界。

现在，温暖从何而来？来自他自己那些闪耀金黄色的光芒？还是无处可觅？

尼古拉的双脚总算触碰到地面。世界在不断扩展着，直到它消失于黑暗之中。他一边哭泣，一边大口大口咽下空气。

周围树木的瑟瑟声吞没了他。

"我不再在这个世界上，但他们还在这个世界上，而我正在向你走来。"

啪——嘣。

是的，山杨树在风中颤动着，而他觉得头晕恶心。他紧紧挺住双膝，以免滑倒。头晕目眩的感觉让坟墓显得更深了。借助一股无可抵制的旋转力量，久卡的死也将他拉进了坟墓。

嘣——嘣。

他停下步来，站在他为父亲立的墓碑之前。

戈斯皮奇牧师，普鲁托木雷奇·米卢廷·特斯拉，生于 1819 年，卒于 1879 年 4 月 17 日，心怀感激的儿子尼古拉敬立，1889 年。

父亲以前经常说："黏土会告诉陶工说：'你没有双手！创造了眼

睛的人，他难道会是瞎子？'"父亲认为，诚实是人生中所有问题的答案，并且他坚信，即使天空中的云朵也能断定他是多么诚实。

但这位内心充满了感恩之情的儿子，对他父亲仍然耿耿于怀，因为他在竭力拯救这孩子灵魂的过程中，践踏了他的灵魂。

他的双脚变得麻木。是的，他的双脚总算触碰到了地面。

什么东西能穿越森林而不会飒飒作响，穿越水而不溅起水花？——影子。

他已经记不得他们是如何回到家的。

每扇窗户，每张桌子，每个抽屉柜，甚至每个盒子，都用她亲手绣的花布盖着。她的手指灵巧得如同"火焰"。她亲吻过他的头发，被太阳晒得暖洋洋的，她的吻则可以使秀发更"美"。房子散发出的仿佛都是她的气息。他的妹妹们忙着给亲戚端茶倒酒，把碟子弄得叮当作响。众亲戚举起酒杯，缅怀死者：

她相信你无法改变他人——你只能爱他们。
她相信人们可以在亚麻树下祈祷。
她的族谱之树上挂着三十六件牧师袍。
她在一根眼睫毛上打过三个结。
她精通草药，还能给动物治病。
她哭过，只因为从没上过学。

尼古拉·特斯拉早上醒来，头脑里蹦出一个问题："我是谁？"这问题就像一件紧身衣突然裂开那样，一股奶白色像潮水似的东西涌进他的记忆。他的大脑一片空白。对着镜子的碎玻璃片瞄上一眼，便几乎让他崩溃：瞧，我的一缕头发已经变白。

以前，他就抱怨过自己健忘。

他的工作由两部分构成，开采矿石和玩轮盘赌。在纽约，他每天工作十六个小时，这使他彻底心力交瘁。当他发现，那些既像缪斯又像魔鬼的助手不加惩罚便无法使唤时，为时已晚。

本丢·彼拉多[1]曾问："何为真理？"同样地，特斯拉问："何为爱？"他无法向自己解释任何事情，因此他就让自己那些迷茫的想法以及事件，像难以驾驭的母牛到处乱窜。

"是不是高压电抹掉了他的记忆？"一个妹妹轻声问另一个妹妹。

"或者是痛苦？"

"他是不是脑子有病？"

拥有这样的兄弟，既是一桩幸事，也是一种祸端。

在歌美莲修道院花园，尼古拉在极度宁静的状态中休息了几个星期。他全然没去理会修道院四周的柏树，或者那些新来的修士，他们在点燃蜡烛之前必须要先亲吻一下这些蜡烛。修道院的院子里，鸽子发出低沉的咕咕细语，令人着迷。

尼古拉眼神涣散，他竭尽全力与他记忆里那片魔鬼般的茫茫白色搏斗。很久以前，同一个尼古拉已经能够凭借着坚强的意志力抵挡住戴恩葬礼的那一幕场景。现在，他则用尽他的意志力来努力把事情铭记于心。而要做到这一点，仿佛是要将整个世界从一处移至另一处。这个可怜人在记忆的迷宫里苦苦寻找一个个名称，再将寻获的概念重新摆放到他大脑的架子上：

苏格拉底是个哲学家。菲狄亚斯是个雕塑家。布西发拉斯[2]则是一匹马。

---

[1] 本丢·彼拉多（Pontius Pilate）：罗马帝国犹太行省总督。根据《新约圣经》所述，他曾多次审问耶稣，原本不认为耶稣犯了什么罪，却在仇视耶稣的犹太宗教领袖的施压下，判处耶稣钉死在十字架上。

[2] 布西发拉斯（Bucephalus）：亚历山大大帝的战马，古代最著名的战马之一。

一个个令人陶醉而又令人窒息的形象纷至沓来，应接不暇，宛若煤烟，宛若金叶，宛若音符。

巫师的徒弟

在尼古拉的睡梦中，令人陶醉、令人窒息的形象纷至沓来，应接不暇，宛若煤烟，宛若金叶，宛若音符：

尼古拉变成一只鸽子。

爱迪生变成一只狐狸，它扑到鸽子身上，要将它弄得窒息而死，鸽子的羽毛撒落一地，到处飞扬。

尼古拉变成一只猎犬，要去把狐狸弄得窒息而死。

狐狸变成一头猞猁。这头猞猁跳到猎犬身上，咬得它浑身流血。

猎犬变成狮子，掐住猞猁的喉咙。

猞猁变成一条龙，要把狮子撕成碎片。

狮子变成珍珠般的米粒，撒落在地板上。

龙变成一只公鸡，啄食米粒，吃掉所有米粒，只剩下一粒，滚落到床底下。

尼古拉从这粒米变成一只公猫，全身闪闪发光。

公猫从床底下猛地冲出来，掐住公鸡的喉咙，折断了它的脖子。

炫目的光

尼古拉感到惊讶，他那些萨格勒布的熟人中，竟然没人注意到他所陷入的状态。他期望有人会抓住他的肩膀，使劲摇晃他，跟他说："嘿，你咋了？"

但这一切并没有发生。

自然，这里的人们说话时抑扬顿挫的语调，与在巴黎的人们全然不同。一张张脸庞依然是他所熟悉的家乡人的脸庞。然而，人们与他擦肩而过，彬彬有礼，交情浅薄。

"人们都是有眼无珠。他们视而不见。他们听而不闻。无论怎么说，他们中大多数人就是如此。"他已故的母亲曾如此教诲过他。

最有可能的是，他的那些东道主期待着，他们所请来的这位大名鼎鼎的客人按理必定是个怪人。

"人们皆有眼无珠。"尼古拉得出结论道，他无奈地放弃了挣扎，转而竭力去掩饰他所陷入的状态。

虽然像一片片飘零的雪花那样注意力无法集中，他还是在萨格勒布作了一次演讲，内容基本上与他在伦敦的演讲大同小异。演讲结束之后，他在浴室里花了半个小时努力使自己平静下来。另有一次，一个官方代表团不得不在一旁等着他，因为他在那座著名的石桥前要掏钱给乞丐。

"你怎么知道他们不会拿着钱去买酒喝？"代表团中有一个人问他。

"让他们去喝吧，随他们的便。"

除了阿尔穆什市长与其他达官贵人之外，他还会晤了该市从事市政改造工程的人，一位是赫尔曼·伯勒，另一位叫伊苏·克尔什尼亚维。后者的络腮胡子比巴彻勒的要稍短一点，他牵着一条全身斑点的大丹狗，狗的尾巴看上去像根警棍。自地震发生之后，大教堂四周一直搭着脚手架。如同在其他地方一样，新闻记者们一刻都没让他闲着。

"是的，与家乡的父老乡亲们在一起，我感到格外亲切。"尼古拉微笑道。

他在利卡的亲戚们告诉他，塞尔维亚人与克罗地亚人之间的关系在不断恶化。但他却记得，米卢廷·特斯拉与穿着天主教服饰的科斯特伦契奇在教堂前亲切握手的那一幕场景。他答应未来会无偿地帮助他的乡亲们建造发电站。他建议他们采用交流电系统，这在美国已经实现了重大的突破，连爱迪生都已放弃了对它的诋毁。他真心诚意地补充说，如果他们遇到任何问题，都可以与他联系，获得无偿的咨询。虽然他那些顽固倔强的家乡人听不进他的那一套，但他们在报纸上仍不吝笔墨对他大加赞赏。

周四上午，即他待在萨格勒布的第三天，一群来自塞尔维亚青年大学的学生代表，一路上欢声笑语，涌进了他所下榻的奥地利皇帝大酒店的大厅。他们伟大的同胞语重心长地告诫他们："与其装模作样，好像你懂得你在生活中的所作所为，不如去做出一项真正的科学发现，因为两者所花的精力是相等的。"

学生们离开的时候，一个个都垂头丧气。他们遭受着青春那无尽欲望的煎熬。在这些欲望之上，那发明家高高举起的食指，就像大天使加百列吐着烈焰的剑，在燃烧着。大天使借用尼古拉那阴郁的嗓音，警告他们道："要躲开女人，就像躲开烧得通红的煤块一样。"

铁轨炫目的光，再度延伸至眼睛看不到的远方。在潘诺尼亚平原上，一朵朵云彩在空中一闪而过。

法国的云彩与匈牙利的云彩有何区别？世界上存在国家云彩这码事吗？

连绵不断的平原，让他眼睛感到疲惫。

母亲的死是否让他和人们之间的隔阂又加深了些许？他是否已变成了一个气球，正在空中越升越高？

黑暗将一座座葡萄园吞噬殆尽，而人们则会将这种黑暗转化为酒。布达佩斯那熟悉的景象将他唤醒。多年之前，正是在那里，两个年轻人进行了一场喝牛奶比赛,西盖蒂因一口气喝下了三十九瓶而大获全胜。一辆辆马车行驶在新建的林荫大道之上。这是他昔日人生一次重大的重新演绎。他简直等不及看到他的灵魂将会给那片熟悉的风景抹上何种颜色。

"你怎么啦?"瓦尔瑠伊夫人一见到他就关心地问。

"没什么。"

瓦尔瑠伊夫人绝不是一个盲目的人生行者。她的眼睛不可能没有注意到痛苦。

特斯拉环视那座熟悉的寓所。还是那洒落着尘埃的窗帘,那谜一样的镜子,还有那患着象皮病的植物。在起居室的那幅画中,马提业斯·科维纳斯正在接受加冕,看上去一如既往地热情高涨。白色的笔触营造出一种印象,好像加冕典礼的现场深受感动的观众眼里,正泪如泉涌。

为了和他的健忘搏斗,这年轻人请求获得允许,去打开"他的房间"那扇嘎吱作响的房门。立刻,那房间变成了他心灵的谐振器。"我差点就死在这张床上。"

的确,就在那张床上,他的灵魂历尽痛苦,丝毫不亚于磨难。他那么疲惫,以至于他想沉睡在地下八层的深处。他的女房东曾在这间房里偷偷吻过他。他全身颤抖,整个世界也与他一起颤抖,但两者间的颤抖并不一致,没有同步起来形成和谐。

记忆痛苦地一点点回归,这是个好兆头。

"我在巴黎的报纸上读到了关于你的报道。"瓦尔瑠伊夫人缓缓地说道,仿佛在给学生授课一般。她为他而倍感骄傲,并以她自己平静的方式深受感动。她的儿子现在是波斯索尼的一位内科医师。"是的,他会来这里。"她说道,"他会来这里……只要他有空。"

她脖子上的皮肤早就开始松弛下垂。但她的眼睛依然炯炯有神,她的双眸依然洋溢着青春活力。那眸子如同铁轨炫目的光芒,向着无限熠熠闪烁。

"我还在这里时，他们就已经开始建造国会大厦。他们何时能竣工啊？"尼古拉笑着问。

"永无竣工之日。"瓦尔瑙伊夫人叹道，放下咖啡杯。

他乘车外出，走进芳香扑鼻的夜幕之中——噢，夜幕之中，一盏盏油灯掩映在树顶之中。蒂沃道尔·普什卡什带着他去品尝世界上最美味的红椒鱼。

特斯拉笑笑。"我的生活显然落伍了。"

"你来这里，太好了。"普什卡什用嘶哑的声音向他举杯祝酒，"你来这里，真的太好了。"

帕格尼尼将小提琴夹在他的双下巴之下，最高音域的那根弦像小鸟似的发出颤音。忧郁伤感的音乐随后发生变化，变得不可阻挡。一个舞者一边努力将他帽子上的一杯酒保持平衡，一边把靴子踢得噼啪作响。

特斯拉觉得自己已经死过一回，然后又复活了，而现在则行走在曾经生活过的地方。

第二天上午，他到公园去散步。内心的燥热引领着他来到一个地点，他在那里经历过一场顿悟，而正是这次顿悟让他和西盖蒂走到了一起。

五月的雨最早在水上清晰可见，之后，雨水轻柔地亲吻草木的叶子。公园内芳香四溢。池塘的水面上，雨滴激起的涟漪更迭，快得像一个钢琴演奏者的快速弹奏。雨点也落在到处游弋的鸭子的身上。特斯拉情绪激动得不能自已，便到一处凉亭歇息片刻。他放眼观赏周围的景致，他身旁有一人也在观赏着。带着浓浓怀旧色彩的回忆纷至沓来，也带来了西盖蒂的声音："朋友，你可安好？"

星期天，他和西盖蒂的父母静静地坐在一起，向他们转交了属于他们儿子的戒指和手表。说话过程中，他借故去了趟盥洗室，用了很长时间洗脸。很久以前，福尔考什·西盖蒂与他们两人谈论过心灵的主题，该主题在匈牙利民间艺术中是那么的普遍。他还告诫他们两人，必须要慎重对待帮助这件事情："永远也不要主动提出去帮别人的忙——但拒绝别人的帮忙则是一种罪孽。"

很久以前，这位老建筑师听人说话时会静静地坐着，一旦他开口说话便会变得情绪激昂。现在，他几乎已经不开口说话了。尽管尼古拉并不喜欢一个人说话，但大部分时间里确实是他自个在说话。

是他邀请了他朋友西盖蒂来的，也是他让西盖蒂到美国去的。

"我很抱歉。"他想跟老人这么说，"请原谅我。"

没有人因为任何事情而责怪他。

他把手表、戒指和钱给了他们。"谢谢你。"西盖蒂父母说道。

暮色中，有人把一只肮脏的手放在特斯拉的灵魂上。那忧郁的黑暗伸出爪子抚摩了一下他的膈膜，想弄清楚它是由什么构成的。

穿过一条由西卡莫槭树交叉形成的"隧道"，车夫将他送到他叔叔位于波马兹的宅邸。波马兹与布达佩斯相距不远。

来自利卡的人都爱吹嘘他们的国家是如何诞生了世界上最伟大的两位发明家：一位是工程师尼古拉·特斯拉，另一位是帕约·曼迪奇，曼迪奇发明了一种方法，迎娶了整个匈牙利最富有的塞尔维亚新娘。一列火车要花上两个小时才能穿越曼迪奇岳父佩塔尔·卢帕的庄园。

那日渐年迈的军官帕夫莱·曼迪奇抱怨，他感到骨头疼痛。医生坚称那是痛风症，但帕夫莱根本不信大夫的那套说辞。米丽娜曾经是个美人，但现在眼睛周围已出现黑圈，她骂她丈夫道："你真是个典型的毫无涵养的军官，直到你变成灰的那一天你还是老样子。无论多少次我把事情向你解释得一清二楚，你还是要充耳不闻，我行我素。"

这位叔叔鼓起双颊，为自己辩护道："除了梅达克显赫的特尔博耶维奇家族，莫戈里奇的米洛耶维奇家族，弗雷巴茨的波格丹诺维奇家族，以及波奇特里的多申家族之外，格拉茨的曼迪奇家族乃利卡最显赫的名门望族之一。"

他手指着由宅邸车道两旁的树顶所形成的"隧道",对特斯拉不无骄傲地说:"有了这些西卡莫槭树,你怎么走都不可能迷路。如果你把这些树种在月亮之上,这些树会让月亮变得更美。"

喝完两轮葡萄酒后,帕夫莱打着嗝,开始跟特斯拉讲他们亲戚的事:"佩塔尔叔叔已成为主教,并向皇帝宣誓效忠。那年迈的布兰科维奇叔叔情况怎么样呢?他嘛,还坚持着。看到墙上那幅《人类的空虚》的画了吗?那是他给我的。"

玛里察和安格林娜的婚姻幸福吗?呸,幸福才怪!

显然,在某个时间点,变化的瞬间会降临,但这个瞬间不会说:喂,我是那个变化的瞬间。因为变化永远不会宣布自身的出现。

"尼古拉变了。"婶婶告诉叔叔。

无论是他们说他变了,还是说他一点都没变,特斯拉都感到被冒犯了。

在帕夫莱叔叔的宅邸里,酒帮助特斯拉远离那些黑暗的思绪。他独自一人,在镶着橡木的大厅里一直待到凌晨。不止一次,他睡在沙发上度过一夜的时光。已经有两个月了,他从来没有梦到过戴恩。相反,西盖蒂总到梦里来拜访他,跟他讲述他在天堂里的妓院风花雪月的历险。特斯拉与他拥抱。"安塔尔你能想象到吗?人们跟我说你死了。"

另一个塞尔维亚青年代表团在波马兹找到了特斯拉。他们一路欢声笑语,涌进那巴洛克风格的宅邸。在特斯拉面前,他们变得一本正经。一个长头发的小伙子向前跨出一步,一边走上前来,一边整理着他的领带。然后,他脸涨得通红,忘了所有的礼节。"您可否前来贝尔格莱德,让我们所有人都高兴一下?"

仲夏夜之梦

"我告诉你,我等着他,左等右等,等着他的到来。"莫约·梅迪奇开始说道。

"起先,他从伦敦给我写信。因此,我就到戈斯皮奇去看他。他们说,他病了。然后,简直是晴天霹雳,我收到了一封来自布达佩斯的电报:'我将前往贝尔格莱德,你难道不想来吗?'我心血来潮,决定前往,这样,便乘船从泽蒙来到了贝尔格莱德。我知道他下榻在帝国大酒店。

"因此,我亲自前往那里,以一窥究竟。

"他的行踪我全部掌握,因为他已成为贝尔格莱德一个街谈巷议的人物。当我乘着有轨电车到处兜风消磨时光时,他正在接受亚历山大国王授予的勋章。

"六月份的光阴,在贝尔格莱德绿树成荫的街道和一层楼的房屋之上,无休止地延伸着。年纪轻轻的街头小混混向路人扮着鬼脸,手抓着电车免费搭车兜风。乘务员用鞭子将他们赶走。我沿着长长的大街望去,心想住在马路遥远尽头的那些人是否依然生活在上个世纪。贝尔格莱德的大多数公民都清楚地记得土耳其人离开这座城市的那一日。老一辈的人们甚至还能回想起维什妮娅奶奶和耶夫雷姆老爷的模样,贝尔格莱德的两条街道就是以他们两人的名字命名的。

"当年幼的塞尔维亚国王称赞尼古拉说得一口'字正腔圆'的塞尔维亚语时,我则正在斯卡达利亚菩提树荫下亨用午餐。酒馆的墙上,有人写了一行字:'信者,悲哉。'马路对面,有个小伙子正在树墩上砍一只烤好的羊。一个睡眼惺忪的吉卜赛人给他的小提琴调好音,开始演奏一首罗马尼亚民间曲调,声音尖锐刺耳,像是用锉刀锉出来似的。

"'快从这儿消失。'酒馆的侍者冲他大声喊道。

"'你是个脾气暴躁的绅士。'那吉卜赛人停止了演奏,但没有离开。

"然后，一个头发卷曲的诗人开始纠缠我。他主动伸出手来与我握手，说道：'我乃缪斯们的宠儿，十四行诗的大师。'他说，他真是喜出望外，能见到一个来自奥匈大地的塞尔维亚人。你觉得贝尔格莱德怎么样？这些店家——他指着那一排酒馆说——才是我们真正的大学。有些酒馆你能在这里看到，但除此外还有许多。这巧舌如簧的吟游诗人骄傲之情溢于言表，开始吟诵起一个个酒馆的名字，如数家珍：

火柴棍，金坑，
天文塔，
孔雀，月色，鸽子，
园丁们的佩特卡，日穆科，马贩子彼特，
白色羊羔，犹太人，
黑鹰，七个德国佬，
谁曾拥有这家酒馆——又有谁将拥有这家酒馆？
快活庄园，白猫，九个马车夫……

"可他的语气却在暗示：

拉辛，塞万提斯，歌德，
戈雅，维米尔，达·芬奇，
贝多芬，维瓦尔第，莫扎特……

"我掏钱给他买了一杯酒，才摆脱了他的纠缠。

"当人们将尼古拉介绍给国王的摄政者们时，我则正在贝尔格莱德的农场主集市上，偷听一首早已被人遗忘的歌曲的片段，这首歌可以追溯至民族大迁徙时代。我研究了特雷兹吉广场喷泉上雕刻着的一对狮子脸上那惊讶的神情。我全身流着汗，觉得有苍蝇在我头发根爬行。当尼古拉在贝尔格莱德大学鉴赏各种图书珍藏时，我正在一家商店，店的面积还没有一间砖砌的小房间来得大，店主是一个信奉犹太教的塞尔维亚人，名叫莫萨·阿夫拉姆·马察，他卖给我一把伞，用来遮阳。下午，当两层楼的建筑开始冒出阴影，就像蜗牛头上冒出触角时，尼古拉则正在向贝尔格莱德的大学生们发表演讲，描绘出未来灯光明亮的大街以及灯火通明的夜景。

"'我就是想启迪你们，'他直率地告诉他们，'因为当我做学生时，没有人来启迪过我。'

"当学生们聆听着他的演讲时，我则正在阅读报纸上关于他的报道。一个陌生的伟大人物从图文并茂的纸面上凝视着我，他已经不再是那个与我共度整个童年时光的小男孩了。人生中能与他相遇，令人激动。记者们写道，他是一颗'一流的新星''一个塞尔维亚奇才'。记者们还写道，他的眼睑很少会睁大，因为他生活在自己的白日梦境之中。他们说，他的脸上露出一丝微笑，他醒过来，看到了那他觉得好玩的现实。这样的现实我觉得一点儿也不好玩，因为时间已进入极为炎热的七月，我疲于奔命，从一处树荫赶往另一处树荫。

"市长和一些大学教授簇拥着特斯拉去游览卡莱梅格丹公园。军乐队列队奏乐。当特斯拉陶醉于萨瓦河和多瑙河的美景时，我则正用一张报纸盖住脸，睡了个午觉。热浪稍有减弱。我打开我旅馆房间的窗户。透过窗框望出去，那团紫红色的火焰正在贝萨尼加山的上空渐渐消逝。从萨瓦河上刮来的风，携带着清新的气息。我听到有个女人在唱歌。河面波光粼粼。我外出散步，听到整个城市都在议论着他。

"'他仍是我们中的一员。'有人轻声说道。

"他们说，尼古拉在他大学发表的演讲中指出，他的成功并不属于他本人，而是属于整个塞尔维亚民族。

"'整个民族，见鬼去吧。'我简直要发疯，'这个民族发明了交流电机吗？这个民族发现了电的无线传输吗？'

"一家名为'达达尼尔海峡'的酒馆敞开的大门里，香气四溢，古希腊人和犹太人曾将这种香气供奉给诸神享用。这股烤肉味将我引诱到酒馆里面。我撞见一个理着小平头的男孩，他在外面端着一大杯啤酒。他摔了一跤，把啤酒全都打翻在地。我掏出一枚银币丢在桌子上，银币在桌子上不停打转，仿佛蝴蝶震颤着翅膀似的。那男孩用拇指和食指夹住银币，一下就拽了过去。

"酒馆的墙上挂着一幅图画，画的是一个目光如炬的男子。图画下面用古书法写着'萨瓦·萨沃诺维奇先生'。在另一张相片上，有一群戴着皮帽的人在一头已被屠杀的暴龙旁摆姿势拍照。相片的题词写道，'乔治·约内尔——乔尔杰·扬科维奇，涅戈廷，1889'。

"一个由业余演员组成的舞蹈团在表演'九个尤戈维奇兄弟'。脸蛋红通通的小伙子们朗诵着诗词，头上的羽饰闪闪发光。与此同时，两个诗人陷入一场争吵，为谁会先死吵个不停：'我会给你献上一篇伟大的悼文！'两个人的嗓门一个比一个大。

"隔着几张桌子，那个我曾在斯卡达利亚街酒馆里邂逅的'十四行诗大师'向我招手。整个酒馆已座无虚席，于是，某个秃顶绅士邀我加入，在他的桌子坐下。

"'您看——您觉得可以吗？'侍者问我。那绿眼秃顶男子就像母鸡护小鸡似的，代替我点了菜：'给这位先生来些硬菜。'

"侍者放弃了所有康德式华而不实的菜肴，给我端上一份足有一只脚那么长的牛排。

"'甚好！甚好！'那秃顶绅士说道。他向我伸出手来，做自我介绍，说自己名叫班迪·福尔诺斯基，是塞尔维亚驻罗马尼亚首都布加勒斯特的副领事。这位知识渊博的外交官向我讲述，英国保守党报纸《标准报》

曾提出，塞尔维亚应由奥地利和保加利亚予以分割。他问我知道这种说法吗？我说不知道。我还补充了一句：'我甚至连萨瓦·萨沃诺维奇是谁都一无所知。'

"'他是个大名鼎鼎的人物。'福尔诺斯基回答道。

"'那他是个诗人吗？'我冒险做了一个猜测。

"福尔诺斯基抬起手来。'诗人，他不配。他所从事的活动性质完全不同。'

"'那他究竟是个什么样的人？'

"'他是个吸血鬼。'这位副领事答道。

"当外面大街上烟雾可能变作猫、猫又变作烟雾时，福尔诺斯基——用他特有的南方口音——向我讲述了关于锡矿的事情，这些锡矿是他和他的年轻朋友——维贝斯库亲王，在罗马尼亚开设的。

"'钱来得不费吹灰之力。'他得出结论道，笑得活像一头黑豹。

"'妙哉。'我说。

"许多人都等着能空出一张桌来。福尔诺斯基尚未起身离席，就有一名侍者一把抓住他坐的椅子的木背。'您已不需要这椅子了吧？'

"就在那个时刻，贝尔格莱德市长正在魏福特啤酒厂主持一场晚宴，专门宴请特斯拉。诗人拉扎·科斯蒂奇在主桌就座，他被整个场面震撼得仿佛刚从一次海难事故中被救回来似的。在场充斥了太多的诗人，吟游诗人模样的吹牛专家，还有大言不惭、空话连篇之徒。年迈的约万·约力诺维奇·兹马伊朗诵了专门献给贵宾的诗：

它是否就是世界之本源——我不知道，
抑或是我们的情感徒增荣耀，
但听闻您大驾光临，
我们全都感到触电一般。

"这位老诗人的下巴在颤抖。那高个子的美国人俯下身,吻了他的手。每个人都感动得哭了。当他们全都淹没在泪水之中时,我则正坐在酒馆的椅子上,无聊得给自己挠痒痒。我撩开窗帘一看,外面开始下起毛毛细雨。

"'什么时间了?'我问侍者。

"'十二点半了。'那男孩答道,说话声是从鼻子里出来的。

"雨滴答作响,仿佛有一千只钟在同时走。

"终于,我听到了马车清脆的车轮声,还有一阵说话声。一群人推门而入。

"他背对着我,因为他正和那长着八字胡的安德拉·米特洛维奇告别(我记得他们所有人的名字,仿佛他们都是我亲戚一般)。当他转过身来的时候,我也站了起来。他向我走来。他身上散发着紫罗兰的气息。他吻了我。'你好啊,我的华尔兹之王?'

"我则竭力要弄明白,美国是否已经让他变成了另一个人。

"永远地精力充沛,永远地孤苦凄戚!

"'你怎么瘦成这样?'我为他着急。

"'你又怎么会变得越来越发福了?'

"我摸着自己的肚皮,眼睛却一直盯着他。他杏仁状的眼睛变得更加温柔,更加湿润。我就他母亲的去世向他表示了慰问。他身体战栗了一下,挥了挥手。我告诉他我在一所高中教书,我们的老教师,那个造出带电圆球的马丁·塞库里奇,已经溘然长逝。我们所有的朋友——约万·比耶里奇,尼古拉·普里察,甚至是久罗·阿姆申尔——都有了工作,并且都已结婚成家。然后,我感叹道:'今天我简直无聊死了。'

"'我可不是那样。'他回答道,我们两人旋即都开怀大笑。

"'我们的国王亚历山大,究竟是个什么样的人?'我想听听他的看法。

"'还没长出下巴。'

"'还有呢?'

"'胖胖的。'

"我们出去散步。尘埃在雨后散发出的气味,让我们的鼻孔觉得痒痒的。我们一边眉飞色舞地聊着,一边徜徉于夏夜的馨香之中。他对国王只字不提,却坚持要向我描述他对约万·约万诺维奇·兹马伊的印象。他最欣赏的是这位诗人的纯真。他说,'这位年迈诗人的家人全都去世了。然而,老诗人的眼光温和安详,仿佛他的灵魂在透过它的眼睛诉说。'

"睡觉已是断无可能。他告诉我——他说什么来着?噢,他想将兹马伊的诗译成英语,但又不知道谁能帮助他进行这项翻译。

"我问他是否记得奈纳德·阿拉吉奇和文柯·阿拉吉奇。

"'当然记得。'他说,'他们都是我亲戚。'

"'奈纳德为争夺家庭遗产,杀死了文柯。'我告诉他,'之后,他锒铛入狱,在狱中度过了数年时光。后来,宪兵对他和他手下的黑帮在比奥科伏山下展开围剿,子弹击中了他的腹部。他在山洞里痛苦死去,就像一匹狼。'

"'啊,我的天!'尼古拉哀叹。

"我们不再谈论各种新近发生的事,而是只谈往日的时光。

"我还能记得,久卡和米卢廷是如何的性格迥异。曾经有一次他们把麦子铺在地上晒干。一头母牛过来,吃掉了一半麦子。久卡疯得简直要死掉。米卢廷安慰她说:'别往心里去,久卡。是自家的母牛吃掉了自家的麦子。'

"'我倒是彻底忘了这茬了!'尼古拉有些惊讶。

"我们一边追忆着久卡,一边开怀大笑,这样做是缅怀死者唯一恰当的方式。

"在贝尔格莱德那个芳香四溢的夜晚,'你是否记得'是我们用得最为频繁的叠句。

"'是的,我现在记起来了!'尼古拉会突然回想起我所提到的事情,他会两眼发光,补充道,'但你是否记得……'

"我们回忆起他是如何在他叔叔位于卡尔洛瓦茨的家里忍饥挨饿的情形,还回忆起施特劳斯的华尔兹舞曲。黑夜一个时辰接一个时辰地消逝,可我们说话的兴致丝毫不减。

"'看看天空的碎片。'我用一根手指指着星空,'有人击碎了所有的星星。'

"像我这样粗壮的中年男子,竟然会爆发出充满青春朝气的爽朗大笑,实属罕见。

"天空在大教堂上方泛着红色。街头的油灯已经熄灭。我们依然谈兴正浓。我们乘船渡过银白色的萨瓦河,河面波光粼粼,我们周围挤满人,戴着高低不一的帽子,白色头巾,还有高高的皮帽。我醉醺醺地斜倚在无甚用处的雨伞上,抬起下巴仰头望着。小鸟在河岸两侧的柳树上啁啾。整个世界在慢慢醒来。这个世界散发出的气息既涵盖河中的淤泥,也涵盖不断增加的湿度。垂钓者们已各就各位,浮标在水面上噼啪作响。清晨早起的海鸥循着船的尾流紧随在我们后面。是夜,我们两人谁都没有合眼,最后我们在泽蒙火车站话别。

"'我们自上次见面之后到现在,已经有多久了?'他长叹一声,用力捏了一下我的手。

"我也用力捏了一下他的手,说:

"'时间根本不存在!'"

你们会明白的！

每当轮船从波峰坠至波谷，那情景仿佛是，海水会灌进轮船的大烟囱，浇灭锅炉内熊熊燃烧着的火焰。尼古拉没有去向上天祈求平安，而是不断重复着盲人先知忒瑞西阿斯对奥德修斯说过的一番话："归途一片风平浪静，家室摇曳着甜蜜的灯光，得此二者，人生足矣！"

他的那个世界，迄今为止，其中心一直是戈斯皮奇，在他母亲的家。现在，他的那个世界已经失去了中心。

而他的家已换作了曼哈顿。

特斯拉一踏上美国的土地，威斯汀豪斯和加诺·邓恩便把他两边夹住。

"看在上帝的分上，你这阵子都到哪里去了？这里可没少发生事情！"

威斯汀豪斯用一份折叠起来的报纸拍拍他的肩膀："你不妨一读。"

在我们当下这个时代，没有任何人能像这位才华横溢的电气工程师那样，一蹴而就地赢得了如此全球性的科学威望。

"他们写的是你的欧洲之行。"威斯汀豪斯用他洪亮的男高音激动地高喊。

邓恩大笑一声。"你在欧洲那边时，他们有没有带着瞎眼的和瘸腿的人来让你抚摸？"他问道。

"还有一件事情要跟你说。"威斯汀豪斯大声说道，努力要盖过轮船的汽笛声，"爱迪生的通用电器公司现在正在转换到交流电。他们正雇用工程师去重新设计你的电机，这样他们好拥有他们自己的专利。"

特斯拉扮了个任性而又放肆的怪相，试图掩饰自己的喜悦之情。"真的吗？"他的嗓音听上去像变了调似的。

"我还没说完呢。"威斯汀豪斯在港口的喧闹声中吼叫起来，"你猜到由谁去建造尼亚加拉瀑布的发电厂吗？"

"什么？"特斯拉用手拢起耳朵，问道。

"不是什么，"威斯汀豪斯对着他的大耳朵高声说道，"而是谁！"

"那好，谁呢？"特斯拉反过来对着威斯汀豪斯大声问道。

"我们！"

"当然，通用电器也给自己切了一大块蛋糕。"那健谈的加诺·邓恩歪着嘴说道，"事情只能如此，没办法。皮尔庞特·摩根在当他们的后台。"

威斯汀豪斯的眼中闪过一丝孩子般晶莹的光亮。"一切皆已尘埃落定，尼古拉！事到如今，胜负已定。我们赢了！"

尼古拉变成一只公猫，从床底下猛地冲出来，掐住公鸡的喉咙，折断了它的脖子。

"现在，我需要休息一下。"尼古拉深深地叹了口气。

"根本不可能有那闲工夫。"威斯汀豪斯低声说道，牙关紧咬，"永远也不会有休息的时间！"然后，他补充道："让加诺把你的行李送到格拉克酒店。我们要在雪梨餐厅好好庆祝一番。"

突然间，沃尔特·惠特曼市有轨电车发出的刺耳尖叫，仿佛成了一首宏伟乐章的一部分。尼古拉最初抵达美国时，他觉得这个国家与欧洲相比落后了一百年。威斯汀豪斯的消息现在给他的印象是，美国正大踏步地遥遥领先，独领风骚。他，尼古拉·特斯拉，便是惠特曼诗篇的一部分。他悄无声息地奔跑在变化的前头，仿佛船头上双眼紧闭的艏饰像。

当穿着制服的门厅侍者将雪梨餐厅的大门在他们身后关上时，尼古拉觉得自己像只老鼠，钻进了一架钢琴的共鸣板里。宁静像哈欠似的不断加深。餐厅笼罩在一种充满了安全感的氛围之中，使人心境趋于平静。烤肉和配菜散发出小心翼翼的香味，要比桌上鲜花散发的芳香更加令人陶醉神往。墙上的镜子映照出熙熙攘攘的热烈景象。银质餐具，在浆过并折叠成冠状头饰的餐巾中间熠熠生辉。冰块在银桶里叮当作响，更在酒杯中闪光发亮。

一群侍者很快簇拥在那大名鼎鼎的自欧洲返回的凯旋者周围。

"这边请，这边请！"

在餐厅单独隔开的一个区域，一群如英雄般头发灰白的男子，正襟危坐，练习着如何在脸上摆出最亲切友善的微笑。

"都是银行家！"威斯汀豪斯对他低声耳语道，"我们新的投资人。"

在靠近餐桌的头部，特斯拉注意到几张脸，他像识别植物标本那样，一眼便认出那尽是盎格鲁–荷兰精英的子孙们，而这些精英则一直可追溯至这座城市的初期。

尼基·范得比尔特脸上挂着一丝心不在焉的微笑，主持了这次会晤。总是流露着温暖眼神的马丁，亦即传记作家，异常高兴地看到他回来。坐在威斯汀豪斯身旁的那人，眼神中生气勃勃，头发灰白，眉毛则又浓又黑。

威斯汀豪斯介绍他道：

"海勒姆·马克沁，机枪发明者。"

他转过身来对特斯拉说：

"海勒姆讨厌牧师。"

他又转过身去对海勒姆说：

"尼古拉长期以来一直是伏尔泰的崇拜者。"

两位发明家互致微笑。与此同时，餐厅领班单调乏味地报着五十多种不同的牡蛎菜肴。每位客人都挑选了一个菜，但他们全都一致点了香槟。酒瓶上霜冻的景象以及壶上的银龙吸引了特斯拉的注意力。一只只戴着白手套的手给他们端上食物和酒。默不作声的侍者们端上来的盘子里，摆着红色的钳子、龙虾尾巴，以及蟹饼，饼上是数圈漩涡状的蛋黄酱。至于甜点，他们上的是一道糖制的荷花。尼古拉与他刚来美国时已判若两人。他已经喜欢上吃藕了。那充满了未来主义色彩的纽约，对于健忘症患者无疑是个理想之地。

"为尼亚加拉瀑布干杯！"特斯拉举起他的酒杯。

"为尼亚加拉瀑布干杯！"威斯汀豪斯附和道。他鼓起他那野牛般的胸膛，抚弄着自己的八字胡，补充道，"当然……还有更重要的事情值得我们庆祝。"

"还有什么可庆祝的？"

威斯汀豪斯摆出一副带有喜剧色彩的严肃神情说："现在，尼古拉，你必须争分夺秒地工作。从海勒姆那里借把机关枪，用枪威逼你的助手们。还有，给你那些吹玻璃工上紧发条。"

特斯拉看着他，暗自吃惊。

"把展演的事留给我。"威斯汀豪斯的话是冲着特斯拉说的，但脸却对着投资者们，"我们要创办一场精彩绝伦的展演，既要让科学家们倍感震撼，又要让民众痴迷其中。克利夫兰总统已经邀请西班牙和葡萄牙两国的王室莅临现代世界最辉煌壮观的盛事。"

"究竟是什么呀……"

"尼古拉，我们已经获得了正式委托。"

"受委托做什么？"特斯拉问。

"我们将为芝加哥举办的世界哥伦布博览会提供全部的电力照明！"

只有那个天使般心不在焉的范比尔特——他有着花岗岩般的下巴，蓄着连鬓胡子——毫无反应。其他人都问："什么博览会？"

乔治·威斯汀豪斯盯着每个人的眼睛。他凶神恶煞的微笑像间歇喷泉般迸发而出："你们会明白的"！

万国博览会

克利夫兰总统长着令人瞩目的双下巴,并蓄着令人瞩目的浓重八字胡,转动了那把"通向未来的钥匙"。

"啊!"数百万人都如释重负地叹了口气。

清澈的湖水映照出一座座展馆的倒影。贡多拉船划过碧波荡漾的水面。喷泉上的羽饰随风起伏。在此次博览会上,史学家弗雷德里克·杰克逊·特纳宣布,北美大陆最终已被定居。而在世界宗教大会上,印度瑜伽大师斯瓦米·维韦卡南达就人格在永恒时间中的虚幻性发表了演讲。维拉圭公爵,作为哥伦布的后裔之一,带着梦幻般的心满意足,领略着博览会的壮观景象。而卡普尔塔拉邦大君,则展示了他那令人惊叹的胡子,有二十多位女性见到那胡子便晕厥过去。西班牙的尤拉莉娅公主微服出游,逛遍了芝加哥,甚至还在公开场合吸烟。而乔治·法力士设计的那座摩天轮,在世界上最巨大的轮轴上转动着,人们此起彼伏的惊叹声似乎为它提供了驱动力。

"这场梦幻的美,其意义何在?"作家亨利·亚当斯轻声问道。

大批人群潮水般地从博览会大门口涌涌而入。女士们穿着紧身内衣的身体流着汗。这些汗流浃背的女士,从她们枯燥之味的农场大老远赶过来,而在农场,陪伴她们的只有呼啸的大风和噼啪作响的油灯。而现在,在她们的人生中,她们第一次得以在那个光明世界中,亲眼见识伊斯曼照相机、奔驰汽车、克虏伯大炮、拉链、口香糖,还有电气厨房。当她们既渴望又愁闷地叹息时,她们的孩子们则拉着她们来到一座用巧克力塑造的米罗的维纳斯雕像前。在博览会场的每一处,尖厉的声音经久不衰:

"让我们去观赏驯狮人吧!"

"让我们去看看拉普兰德村庄,还有阿尔及利亚村庄!"

"让我们去水牛比尔马戏团玩!"

"让我们乘着热气球去兜风！"

"让我们把每个项目都玩个遍！"

脸上长着雀斑、鼻子向上冲的孩子们观赏到了用盐制成的自由女神像，以及其他各种产品，这些产品不乏奇思妙想，却毫无实用之处，例如用丝制成的火车头，还有用肥皂做的吊桥。在堪萨斯展馆，用小麦制作的一群水牛到处闲逛。在农业展馆，有一幅用腌菜组合而成的美国地图，还有一块重约一吨的令人恐怖的奶酪。

"你想尝一块魔鬼般恐怖的奶酪吗？"乔治·威斯汀豪斯问尼古拉·特斯拉。

"我迫不及待！"那发明家笑道。我们这位英雄此时正处于喝香槟的心境之中。"你知道这场博览会意味着什么吗？"他越来越激动，"这是一座辉煌壮丽的里程碑。在欧洲，人们依然将美国想象成遍布着印第安野人和水牛的地方。实质上，美国与时俱进，紧随着时代潮流。"

"而我们的电灯在美国的大地上投下了一片全新的光芒。"威斯汀豪斯带着自豪感，承认特斯拉言之有理。

麦马尼的喷泉和所有的展馆上都装着一排排灯泡，这些都是特斯拉和威斯汀豪斯的杰作。他们的电灯所耗掉的电，比整个芝加哥市还多。

是他们两人挥舞着指挥棒，而几十万个灯泡则以无声的音乐作为回答。

在这片辉煌璀璨——他们所创造的辉煌璀璨——之中，特斯拉依稀记得房门下燃烧着的那根金丝带，以及他还是孩子的时候为了偷偷读书自制的蜡烛。而现在又是何种景象呢？他自己已成为一缕光，与其他光芒一起闪烁着，竭力要穿越那些并不存在的人，实现他的突破。

博览会举办的那个季节，人们对紫色、绿松石色和紫罗兰色的服饰趋之若鹜。必须要有人让这些服饰亮起来！必须要有人让葡萄干做的堂吉诃德亮起来！用巧克力做的米罗的维纳斯以及尤拉莉娅公主——所有的一切都必须被点亮。

一个理想完美的城市拔地而起，它紧挨着那个由"膀大腰圆的劳动者"、屠宰场及煤烟翻滚的工厂所构成的城市。那个真实的城市凶险肮脏，到了近乎怪诞的地步。另一个城市则洁白透亮，令人目眩。前者危险可怕，后者平安无虞。在前一个城市里，两千个失业工人正在举行罢工，那耀武扬威的现代性所构成的壮丽图景与他们毫不沾边。在后一个城市里，博览会的参观者们则被震撼得潸然泪下。

"感谢上帝！我悲惨的人生不足以用来衡量天下所有的事情。"来自堪萨斯的人们窃窃私语，"感谢上帝，如此美妙之事竟然在人世间得以成为可能！"

在电力展馆的屋顶上，一束聚光灯不断旋转着，仿佛是在问：

"什么？什么？什么？"

印象主义画家柴尔德·哈萨姆则用一幅蓝色的水彩画，将威斯汀豪斯和特斯拉的那个小型王国变为不朽。

一个五十英尺高的亭子耸立在电力展馆的中央：西屋电气与制造公司的特斯拉多相系统。亭子上，一块块玻璃霓虹灯标牌不停地闪烁，仿佛是在燃烧，显得极为醒目。在这些标牌中，塞尔维亚诗人兹马伊的名字以轻柔的蓝光闪烁着，十分与众不同。那些霓虹灯标牌噼啪作响，整座建筑内到处都能听到小小霹雳的爆裂声。获邀出席特斯拉演讲的，只有国际电气大会的成员及其太太们——条件是，他们必须持有通行证。

特斯拉和威斯汀豪斯与他介绍的达官贵人——握手。他的传记作家马丁向他引见了一个人，此人双唇厚实，小鼻子，眼睛状若杏仁。"这是我们的一位嘉宾，来自印度，前来参加世界宗教大会，斯瓦米·维韦卡南达大师！"特斯拉凝视着那陌生人与众不同的眼睛。

"我们能进行交谈，真是太好了。"维韦卡南达淡淡地说。

特斯拉的微笑气势逼人："我甚是期待！"

威斯汀豪斯在一旁不耐烦地干咳。

亭子笼罩在一片兴奋激动的气氛之中。在一张覆盖着天鹅绒布的桌子上，哥伦布的鸡蛋在一片电流旋涡中旋转着。较小的圆球绕着较大的圆球旋转，就像行星绕着太阳旋转那样。即使其他的电气工程师也不清楚这些仪器究竟是什么。特斯拉就像一个未知疆域的地图绘制师，正在从事着给事物命名的神奇活动。

在那场蔚为壮观的展演中，他向与会者展示了振荡器。振荡器体积很小，甚至可以安装在帽子里。他还展示了一个无线电波的发射器，发射器的目的为何，谁也猜不出来。

在他的演讲中，特斯拉穿着一件冒烟的白色夹克现身。他站在观众面前，与此同时，另一个人紧挨着他站着，那人的头发正慢慢地直竖起来。特斯拉的一头黑发从中间分开，他的耳朵往外突出。他疲惫的眼睛呈现出暴风骤雨来临之前那天空特有的色泽。

读者应该为他感到担忧，因为他看上去如此的病恹恹，他不得不为自己向大家表示歉意："威斯汀豪斯邀请了许多电气工程师来参与此次演讲，但当演讲的日子真的来临时，我是唯一一个健康之躯。"

演讲开始之际，他的整个身体还显得有些前倾，但随着演讲不断推进，他挺直了肩膀。不过，他再一次将电描述为一种无所不在的物质，把粗糙的物质连接在一起。电作为一种物质，具备广泛而又安全的实际用途，开尔文勋爵几乎将其等同于上帝。特斯拉描绘了电磁场中铁棒的加热和铅的熔化现象。他还提及，电具备使人返老还童、治愈疾病的可能性。

特斯拉的助手加诺·邓恩根本没在听演讲。他在等待着一个手势。

特斯拉挥了一下他的手。

整个亭子顷刻便淹没在一片漆黑之中。

黑暗中，还是同样那些霹雳在发出噼噼啪啪的爆裂声。那位意大利哲学家詹巴蒂斯塔·维科坚信，这些爆裂声代表着上帝向人类宣告的最初的意念。特斯拉线圈变作一团熊熊燃烧着的灌木，包裹在火焰之中，但没有任何东西被烧成灰烬。伴随着轻轻的"乒乓"声响，灯泡和玻璃管自动亮了起来。当时，只有当那个穿着冒烟夹克的人，让二十万伏特的电压穿过他的血肉之躯时，演讲才达到了高潮。他不仅让这些电压从他身上穿梭而过，他还变作一团电流的飓风。当他的头发直挺挺地全部竖起来时，人们一片惊恐，纷纷后退。

"啊，我的上帝……"有个声音喘着粗气叫喊道。

倘若特斯拉对自己失去控制的话，他很有可能已被毁容。虽然他精疲力竭，但换来的却是兴奋刺激。这位科学家脸上露出扭曲的笑容，头上仿佛长着先知摩西的犄角，他一会儿左转，一会儿右转，绕着越来越大的圈子。没人敢去触碰他。他的身体和衣服持续不断地释放出一串又一串光环。

"这场梦幻的美，其意义何在？"一个女性的声音问道。

在幻想世界中

托马斯·康默富德·马丁将特斯拉介绍给一位女士和一位男士，那女士头上有一绺灰白头发，而那男士则是高鼻梁。他们两人都揉着眼睛，仿佛刚从黑暗中冒出来似的。

那陌生男子的八字胡，所形成的鬈和波浪很自然地融入他的络腮胡子中。他微微仰起鼻子，透过他的夹鼻眼镜注视着特斯拉。

"鄙人罗伯特·安德伍德·约翰逊。"他重复了一编，每个音节都用强调的语气拼读出来，仿佛马丁刚才没有介绍他似的。

他那位女士伴侣，从她那儿投过来的一瞥就足以令许多男人的膝盖软得像一团果冻。她脖子上的项链熠熠生辉，与她的酥胸一样令人惊艳。

她的鼻子散发出一股神秘的自信气度。她的双眸既犀利又明亮。

"我是凯瑟琳·约翰逊。"她说道。

她突然爆发出的朗朗笑声，使整座电力展馆几乎要旋转起来。她一边爽朗地笑着，一边冲着马丁说："你为什么不邀请特斯拉先生到我府上一坐？"

"我会的。我保证。"马丁弯着腰回答道。

三个星期之后，凯瑟琳从特斯拉手中收下了一束令其甚感惊讶的玫瑰，特斯拉给她捧上花束时，用双手小心翼翼地护着。乍看起来，她的脸庞尽是古典式的宁静与安详，更多地呈棱角，而不是椭圆形。但她那没有梳理服帖的头发却不经意间暴露了她紧张的情绪。流露着紧张的还有她的双眼。她的微笑使她身体四周的空气化作甜美醇香的美酒。

在餐厅的一角，一个柳条篮中盛满了葡萄酒的软木瓶塞。当天晚餐的灵感来自意大利托斯卡纳的烹饪法，这让特斯拉和马丁感到又惊又喜。约翰逊是位意大利美食爱好者，他坚信，亚平宁半岛上的烹饪虽然偶尔会缺乏连贯一致性，但完全可以和法式烹饪相媲美。他甚至说，他应该写一本意大利餐馆的指南，仅供美食鉴赏家们使用。

"你已经远远走在你这个时代的前头了。"他的两位宾客称颂道，脸上泛着红光。

一股充斥着玫瑰芳香、令人甚感惬意的气息，在各个房间和门厅到处循环。罗伯特和凯瑟琳的女儿艾格妮丝，虽然年仅十六，但早已出落成一个美人。儿子小欧文则是个"仅膝盖高的精力充沛的淘气包"。他们有一条黑色的拉布拉多犬，小欧文常骑在它身上。狗一不小心，头就会重重地撞到桌子上，但它还是不停地摇着尾巴，仿佛什么事都没发生。

"它叫理查德·希金森一世。"罗伯特漫不经心地报出了狗的名字。

他们还有一只白猫，名叫圣艾夫斯。圣艾夫斯经常潜步追踪肉眼所看不见的事物。

"猫往往生活在幻想世界中。"凯瑟琳说道，脸上露出一丝微笑，显得意有所指。

在气氛热烈的交谈中，尼古拉和罗伯特开始侃侃而谈。马丁满意地笑着。罗伯特感到惊讶，尼古拉竟然能把那么多诗歌倒背如流。

"艺术不应该与生活相脱离。"——他把酒杯推到一旁，表示强烈的赞同，激动得几乎说不出话来——"若把它当作过分珍贵的东西供奉起来，就无法付诸日常的使用。"

"约万·约万诺维奇·兹马伊恰好便是这样一位诗人。"尼古拉大声说道。他感到十分遗憾，罗伯特无法去读兹马伊的诗作。"他的诗还没被翻译过来……"

罗伯特显然不愿意停止对诗歌的讨论。"事实本身远远不够。"他也大声说道，"它们只有借由诗歌的火焰的淬炼，才会变得无可抗拒。"

罗伯特·安德伍德·约翰逊一般被认为是位诗人和编辑。特斯拉很快就明白，他实际上是位魔术师。他认识纽约的每一个人，十分类似于成年的汤姆·索亚。他是马克·吐温的挚友。

"马克·吐温为什么没来博览会？"特斯拉问道。

"实际上他来过。"约翰逊回答道，"但是……"

那位幽默作家一抵达芝加哥便病倒了，在旅馆的床上躺了十天。除了嘴里含着体温计，他还咳个不停，所以就没有去成博览会。他没法去体验五十美分的环游世界之旅。他无缘一睹肥皂搭成的吊桥。他没能去记述主运河，而在运河上方，美利坚女神像——肩膀上镀着金的那个"大玛莉"——高举着手祝福美国。那个被称为"站着的熊"的印第安酋长，坐在法利士的摩天轮上，两百根羽毛在他的头饰上颤动，这一幕马克·吐温也欣赏不到。他无法去克虏伯展馆中测量那些令人胆战心惊的大炮的尺寸。他无法用胳膊肘顶着，为自己挤出一条道，穿过一大群正在安慰走失孩子的警官，或穿过一大群在渔夫岛上购买德式煎香肠的农民。他无法看到由五十艘电动贡多拉组成的舰队沿着运河顺流而下。他无法目睹那个崭新的美国，因为变化而欢欣鼓舞，并由此而不再惧怕变革。他更无法见证特斯拉和威斯汀豪斯给无数的灯泡通上电，创造出一个璀璨的星系。

"他无法目睹你在舞台上如何变成一座火花四溅的喷泉。"约翰逊最后说道。

那个总是流露着温暖眼神的马丁补充说，吐温还失去了欣赏"小埃及"的机会，这个"小埃及"是位肚皮舞舞娘，她在"开罗的街道上"疯狂扭动着她的臀部。说完这事后，他愤怒地放下盛着干邑的酒杯："我想问你另外一件事，威斯汀豪斯为什么没有起诉爱迪生，控告他剽窃你的电机设计？"

特斯拉用他明亮、顽童般的眼睛紧盯着马丁，"如果我告诉你其中的原因，恐怕会让你吓得丢了小命。"他警告道。

"为什么？"那无所畏惧的马丁又问了一遍。

"因为他自己也剽窃过爱迪生的灯泡设计。"

当大伙终于忍住了哈哈大笑之后，他们都想起了印度教中的那位圣保罗——斯瓦米·维韦卡南达。

"你们可知道，海勒姆·马克沁是怎么评论他的吗？"特斯拉问道，"马克沁说，此人是一个活生生的例子，代表着那'没有获得拯救的灵魂'，此人对哲学与宗教知识的掌握，全美国所有牧师和传教士加在一起，都无法望其项背。"

"我听说他会前往纽约发表演讲。"

"我会去那里，听听他讲些什么。"马丁保证道。

"整个博览会是一本视觉论著,是巴别塔¹被摧毁之后的最后一次聚会。"凯瑟琳说道,然后打了个哈欠,"整个城市像一个……闪闪发光的金属图片。置身其中,人们只想一边吃着棉花糖,一边惊奇地吹着口哨,眨巴着眼睛。"

马丁笑了一下,显得相当忠于职守。

但是,罗伯特并不同意那样的看法。此次世界博览会确实是人间盛事,但与芝加哥真实存在的问题相比,博览会让人觉得十分空洞。"在博览会结束之后,无家可归者成群结队地搬进了这座未来之城,入驻一个个被遗弃的展馆,这你们知道吗?"

总而言之,当晚大家都聊得极为热络。马丁早就想告辞了,但他们前来拜访的原因还根本没被提及呢。

"你怎么样,要走吗?"他问特斯拉。

"我不急。"特斯拉耸耸肩。

罗伯特和他留下来继续聊。他们发现,在他们两人的童年时代,他们的父亲都曾在乡村到处旅行。一位是医生,另一位则是牧师。罗伯特依然记得,在印第安纳的一个农家,早晨吃过半生不熟的肉食。"我必须敲碎脸盆里的冰,才能洗个脸。"

特斯拉则描述了利卡的灌木丛如何会在六月长出一片黑压压的虫子。在虫子的重压下,树枝会折断。罗伯特听得津津有味。特斯拉发现,在他新结交的这位朋友身上,既有着善良的性情,又不乏对趣事逸闻的嗜好。他对生活严肃以待,但这并不妨碍他常常开怀大笑。

正是这位常常开怀大笑的男人,成功地推动了国际版权法,向他的

---

1 巴别塔:《圣经·旧约·创世纪》第十章中说,人类最早都住在一个地方,讲一种语言。他们决定造一座通天的塔,所有的人住在里面,再也不会分散。上帝不同意,他将人类拆散到世界各地,让人类讲不同的语言,从此难于沟通。因此,"巴别塔"就成了混乱和语言不通的代名词,是《圣经》中最广为人知的故事之一。

友人约翰·缪尔提议应该将约塞米特开发成国家公园，全力支持过妇女参政权论者，并以良好的品位和威望编辑了《世纪》杂志。罗伯特是格兰特将军的熟人和出版商。他认识前总统哈里森，并与正在冉冉升起的政治新秀西奥多·罗斯福关系密切。

"过来，坐这儿！"罗伯特对特斯拉说道，随手将一个松球丢进壁炉。松球瞬间便化作一朵燃烧着的玫瑰花。整座房子的装饰极尽奢华，采用阿拉伯风格的饰面。达到病态地步的考究决定了墙纸的色泽深浅。房间的波尔多颜色由于两盏蒂芙尼壁灯投下的斑点而变得生动活泼，而那两盏灯简直像极了一对水母。一座带有太阳和月亮造型的金银质地的钟，在胡桃木的钟盒内嘀嗒嘀嗒走着时。谁都不知道那天晚上他们推杯换盏喝了多少酒，也不知道约翰逊往壁炉里弹了多少次烟斗的烟丝灰。凯瑟琳美艳动人，堪比威尼斯。她旋转身体，裙子也会跟着旋转起来，飘到膝盖以上。最后她坐在钢琴旁。玻璃杯在橱柜里叮当作响。那条拉布拉多犬坐在它自己的两条后腿上，罗伯特和它一起跳起了华尔兹。"啊！"他叹息道，全身瘫倒在扶手椅里，整个晚上富有戏剧性的活动已使他筋疲力尽。当理查德·希金森一世发现只有它自个儿时，它便和那呲呲作响的散热器打斗起来。

"我家的狗经常和某个东西吵架，就像马丁·路德与魔鬼辩论似的。"罗伯特说，"它会对着门把、雨、打雷狂吠不止。"

当附近的钟楼传来午夜十二点的钟声时，那拉布拉多犬便冲着钟楼的方向一阵狂吠。但当钟楼只是简单地敲响一点钟的钟声时，那狗却露出悲伤的神情，一声不吭。

"你打哈欠时，看上去美极了。"约翰逊对他妻子说。

"我上床歇息了，"凯瑟琳说道，"再见。"

她有着爱斯基摩狗那样的蓝眼睛。她凝视着特斯拉的眼睛，微笑着说："我们会成为好朋友的。"

"你这么认为吗？"

所有的卖弄风情在她美丽的脸庞上找不到任何踪迹。这女人回答道："我知道会的。"

世界之巅

特斯拉的欧洲之行，再加上芝加哥的世界博览会，使他声名大噪。

在《电气评论》上，那个总是流露着温暖眼神的马丁首次使用了那个神奇的字眼："普罗米修斯！"

在戴尔莫尼科餐厅，店家招待他的有喷着火焰的菜肴，甜点上则插着火花四溅的烟花棒。

蓦然间，每个人都记住了他的名字。他的老友们开始给他写信——这其中有来自斯特拉斯堡的寡妇博赞，有他那疾病缠身的叔叔布兰科维奇，甚至还有唐豪塞。唐豪塞邀请他参加自己在维也纳举办的婚礼。

从一个忍饥挨饿、营养不良的少年——这从瓦拉日丁岁月中留下的照片可以看出——尼古拉现在已变成一个攀登上世界之巅的风云人物。他的签名变得十分华丽。他的手势透露着神经质，但充满了威严。如果他就餐的时候有苍蝇飞到桌布上，他会要求把餐桌重新布置一遍。

阿斯特子爵夫人的沙龙只接纳著名的"四百名流"，而特斯拉便是沙龙的座上宾之一。在那有限的空间里，乐手们演奏的是一串数字：一首进行曲，一首四对舞曲，一首华尔兹，一首波尔卡舞曲，一首加洛普舞曲，此外，还为每首四对舞曲增加两支环形舞曲。一般情况下，进行曲在晚餐之前演奏。特斯拉身上带着两副手套——晚餐前他会戴一副，晚餐后会换一副戴。他经常出席此类社交场合，但不会去跳舞。"我只与我的头脑跳华尔兹，从来不和我的两腿跳华尔兹"，他如此解释道。

他也曾说过这样一番话:"你不应该等着让某个国王来封你为骑士,因为那个国王有可能是个傻瓜或恶棍。相反,你应该自封为骑士。"

特斯拉还吹嘘,他是第五大道上穿着最考究的男人。他用拐杖敲着自己的鞋头,并宣称:"在穿着打扮这件事情上,人们对一个人作出判断时,是按照这个人自己的判断来进行的,而这个人自己的判断,则透过他的外表展示出来。"

这位爱打扮、赶时髦的花花公子,从不洗他的手套和浆过的领子——他直接将它们全部扔掉。一位制鞋大师源源不断地为他提供皮鞋,皮鞋有着很高的饰边。由他姓名首字母组成的花押字,让他衣柜里的每一件服饰都锦上添花。夹克衫像是要巴结讨好他似的,紧贴着他那灰狗般的身体。每周一,他都会去按照司汤达式的红与黑色彩组合,购买一条崭新的领带。

最近一段时间中,他一直生活在世界之巅。事实上,他生活在比世界之巅还要高耸的地方——生活在发明的快乐之中。他如同耶稣行走于水上,跳着心灵的华尔兹。他那小精灵似的耳朵触及天庭,星辰在他头发中旋转。在一个个创造的瞬间,那些造成世俗藩篱的高墙和各种条条框框、清规戒律皆灰飞烟灭。他是个凯旋的古罗马人。戴恩的幽灵站在他身后,对他轻声说道:"切记,你不过是一个凡人。"

从帽子里变出来的人儿

任何一个普通的美国人都很爱他的家人。

如果还剩一丝爱,他就会将其献给马克·吐温。

托马斯·爱迪生

罗伯特·安德伍德·约翰逊一次又一次摘下他那魔术师的高顶礼帽，为的是能对特斯拉有所助益。一个个名人不断地从帽子里蹦跳出来，他们也依次脱帽致意。他首先将特斯拉介绍给安东宁·德沃夏克。这两人都记得——或者说假装记得——他们曾在布拉格的国家咖啡馆有过一次邂逅。

在《世纪》杂志的办公室，特斯拉遇到一个有着明亮眼睛的年轻人。他脸上挂着温暖却又像猫一般的微笑。他的八字胡十分浓密，额头甚高，极黑的眉毛高高耸起，仿佛要去替代他那日渐稀少的头发。他的鼻子又薄又直，蓝眼睛炯炯有神。他像军官一样鞠了个躬，自我介绍道：

"我是鲁德亚德·吉卜林。"

特斯拉对《幻影人力车》恭维了几句。吉卜林虽然已与一美国女子结婚，但他说了芝加哥很多坏话，并厚颜无耻地诽谤纽约的下东区：令人厌恶的无尽街道，令人恐怖的用鼻孔说话的人们，比西南非洲的霍屯督人还野蛮。

在接下来的那个星期六，罗伯特邀请特斯拉前往戴尔莫尼科餐厅赴约，并信誓旦旦地说："你会喜欢上他的！一个烈焰燃烧的红色脑袋！全部是红色——甚至包括他的八字胡。"

"一个文艺复兴时期的人物！"凯瑟琳不无讽刺地补充道。

"本韦努托·切利尼。"马丁显得十分起劲。

但特斯拉发现新结识的那位友人，脸色发红时，血液不仅会涌到他脸上，也会涌到他的头发。

"那是个幸运的家伙。"人们常这么说，"那魔鬼诞生在一颗幸运之星下面。"

他两侧面颊上的红色斑块绝不是天赐的健康，而是肺结核病症的迹象。他名叫斯坦福·怀特！

"人们说他是魔鬼。"凯瑟琳解释道。

239

"人们说我是魔鬼。"那位建筑师谦卑地确认道。

"我给你讲一个在波斯尼亚广为流传的故事。"特斯拉说道,作为对怀特微笑的回报。

一个男子遇到一个陌生人。

陌生人英俊,潇洒,机智。

"你是谁?"那男子问道。

"我是魔鬼!"

"绝不可能。"那男子大声说道,"魔鬼应该是又丑又哑。"

那陌生人露出微妙的笑容,回答道:"都是道听途说而已。"

"在你的阿里巴巴洞穴里,是否还藏着别的奇迹?"有一天,在范艾伦斯餐厅用餐回来的路上,凯瑟琳问道。

"你们为何不造访一下这个洞穴?"特斯拉反问道。

"我们会叫上一些朋友一起去。"凯瑟琳嘟哝道。

"我将翘首以盼!"

在一个阴雨连绵的日子,空气中弥漫着像切开了的哈密瓜所散发出的气味。随着由远而近的马蹄声,一辆马车在特斯拉位于南第五大道的实验室前停下。在一群来访者当中,一个有着灌木般浓密眉毛的男人,其挺拔的身材显得格外醒目。数以百万计的人们虽然与他素昧平生,他的大名却如雷贯耳——他便是个履行了自己永远不会边睡觉边抽烟诺言的大作家。

此人名叫马克·吐温。

"真是百闻不如一见!"他两眼紧盯着特斯拉,还未开口说什么,其咄咄逼人之势已直冲过来。他脸上的表情不断发生着变化,透过他暴风雨般的眉毛以及温厚善良的八字胡展露无遗。当他和特斯拉说话时,一丝微笑会盘旋在他的那八字胡周围。"罗伯特说你整天忙着工作。"

"如果你不把思索考虑进去,"特斯拉回答道,"那么,我就是世界上最懒惰的人了。"

"不要与我争辩,年轻人。"吐温粗鲁地打断他,"我才是最懒惰的人。我整个一生都在逃避工作。如果说我这辈子有所成就,那不是因为工作,而是因为玩耍。"

吐温的一条眉毛高高耸起,显得乱蓬蓬的,另一条则修理得整齐服帖。特斯拉听着他那略带吼叫、几乎是结结巴巴的语调,而这种语调用于讲故事再合适不过了。

"感谢上帝。"尼古拉对着自己叹息道,"在所有的盗马贼和忌妒者之中,偶尔会有一个像吐温这样的智者行走于这个世界。"

特斯拉相信,幽默作家要比哲学家更富智慧。他向吐温坦陈,他年轻时患上霍乱,是吐温的早期短篇小说帮助他重新振作起来。如同许多其他作家一样,吐温时常怀疑,他所做的一切是否毫无价值。特斯拉的一番话消除了他那富有戏剧性的乖戾暴躁,并使他热泪盈眶。

在那个镀金时代,每个人都变得比以前更为富有,唯一的例外,是给这个时代起了名字的那个人[1]依然一贫如洗。当天,他每到一处,人们都自鸣得意地笑着,说:"逗我们笑笑吧。"

但在夜间,这充满智慧的小丑却毫无睡意,他在自己的房间里来回踱着步。"和大多数人一样,我在夜间状态不太好。"他向朋友们坦白道。

约翰逊轻声告诉特斯拉:"你知道吗,他倾其所有,把钱投到一个毫无价值的印刷系统中。"那个黑洞吞噬了吐温全部的收入,甚至还有他妻子莉维的一笔巨额嫁妆。他债台高筑,甚至打算出售他哈特福德的宅邸。房子的屋顶上有好多个烟囱,山墙呈姜饼的装饰式样,整座宅邸的灵魂折射着作家自己的灵魂。

---

[1] 给这个时代起了名字的那个人:指马克·吐温,他在1873年发表了作品《镀金时代》。

"你移民来到美国,而我则想移民离开美国。"吐温向特斯拉倾诉他的心里话,"或许,你可以提供些电疗机器,我可以把它们卖给上了年纪的欧洲贵妇。我们可以五五分成,如何?"

"一言为定。"特斯拉表示同意。

那发明家满面笑容,向吐温和他的友人们介绍了他那个由黑色机器构成的世界,这些机器被闪烁着的微光所环绕。

"你知道这些究竟是什么玩意儿?"吐温轻声问约翰逊,声音有些沙哑。

"略知一二。"约翰逊答道。

"听着!"特斯拉宣布道,话说得像维吉尔那样直截了当。"我们尚未进入地狱,但我们已经在去往地狱的途中。入此门者,必当放弃一切希望。对于迷信者而言,这是一次令人不安的经历。"

空气犹如被通了电,给人的感觉是他们好像游走于带电的蜘蛛网中。访客们期待着幻灵的双手会在任何一刻出现在房间里,来抚摩他们的脸庞。

特斯拉继续解释道:

"这里的有些装置会产生振动,其力度是人类迄今为止所不曾实现过的。等我把我的振荡器与地球的频率同步之后,我就能以无线的方式不仅传导能量,而且也传输信息。"

"这个又是什么呢?"吐温问道。

特斯拉没有理会他的问题。"所有能量的生命——从太阳到人的心脏——究其本质,都是在一定频率上的搏动与振动。"

在特斯拉用修长的手指,指着一个又一个不知名称的物体的同时,他那银铃般清脆的嗓音,快速地将"这"和"那"两个词汇像连珠炮似的射向他的听众:"这是一架振荡器,其威力之大,足以摧毁布鲁克林大桥。那是一个灯,可以自动亮起来。这是一架'影像'机。那是栖息在我线圈里的精灵。"

他拉下一个控制杆，放电现象便立刻吐出一条十五英尺长的电舌，从房间的一侧喷向另一侧。一听到放电的声音，他的朋友们一个个都缩头弓身。当一个个小霹雳在他们身体周围发出噼里啪啦的友好声响时，他们更是缩头缩脑。"这些都是我的小精灵。"特斯拉说道。

他的客人们很不情愿地直起身来。

"刚才向大家演示的，只不过是一个较为壮观的版本，电一直经由我们的身体和世界流淌着。"

"人不过如此。"吐温声音沙哑地笑着，他的黑眼睛变得越发明亮。

当霹雳还在房间内到处噼啪作响之际，特斯拉提议让他的朋友们站到铺着振荡垫的平台上。那老作家第一个登上平台，他满头的灰白头发微微颤动，眼睛十分明亮。在不断闪烁着的光亮的包围下，他直挺挺地站着，好像一只公鸡。过了一会，他说道："感觉棒极了。"

"注意你的……"特斯拉想警告他什么，但一切为时已晚。

那位幽默大作家发现，振动立刻刺激了他肠道的功能，他不得不快步奔向盥洗室。当吐温一脸尴尬地回来时，大家哄堂大笑。接下来他们开怀畅饮，漂浮在变形虫般的蓝色光影中。

"为我们的照片！"访客们齐声高喊。

"为我们的照片！"特斯拉向他们举杯敬酒。

特斯拉用他的发光管为他们拍了相片。那个大鼻子的约瑟夫·杰斐逊，还有脸部像被凿刻过的马理昂·克劳福德，成为那个精灵四伏的环境中最早变成永恒的人。接着，特斯拉为凯瑟琳拍了照，那一绺绺头发和惊恐的双眼显得格外醒目。最后，吐温那下垂的八字胡被十分传神地捕捉到相片中。他一只手里还握着一只没有插电却亮着光的灯泡。

他们拍摄的都是磷光照片，是最早问世的照片。墙上的日历显示，这个多风的日子是1894年4月26日。

少妇的诱惑

> 我们两人坐在燃着火的壁炉旁,甚为慵懒。
>
> 但两人小天地毕竟太小——至少三人才能令它热闹活泼。
>
> 尤其是当屋外漫天雪花飞舞之际……
>
> 摘自凯瑟琳致尼古拉·特斯拉的信

尼古拉·特斯拉望着地板,笑了。罗伯特·安德伍德·约翰逊仰起头,冲着天花板,搜肠刮肚地要找到合适的韵律。他父母——尼姆罗德和凯瑟琳——从壁炉上的照片注视着他们,没有些许的理解之意。他父亲的发型带着十九世纪五十年代特有的风格,这种风格在今天的人们看来则显得相当傻。他母亲当时被人们视为美人,但这张照片却并不能佐证这种看法。

这两个模范的韵律制造者决定,要将约万·约万诺维奇·兹马伊的诗作译成英语。第一个韵律制造者提供原诗的字面意思,第二个韵律制造者则用典雅却略显空洞的格律,把原诗呈现出来。

为了给塞尔维亚语中"挤在一起"寻找到对应的英文表达,特斯拉站起身来,走到日本屏风前。他抱怨道:"从外面看,塞尔维亚语像是一门极小的语种,但从里面看,它是如此博大精深。"

"永远也不要用你的手,写下任何你不愿去读的内容。"约翰逊从《一千零一夜》中引了一句话,作为对他的忠告。

罗伯特脸上的种种迹象表明,他是个成熟稳健的人。他的同代人将他的罗马鼻子看作代表着极为充沛的精力。他英俊的脸庞,开始呈现出圣伯纳德犬所特有的那种可爱的表情。两位诗译者通过信使每天交流三次。在那些备忘录中,罗伯特自己的签名为"卢卡",以表示他对兹马伊一首诗中黑山英雄菲利波夫的敬仰。

当他们两人在罗伯特家那饰有太阳和月亮，并永远准点报时的大钟的影子里翻译兹马伊的诗作时，特斯拉的马车则在外面静静等候着。

"爸爸，爸爸，我能提个问题吗？"欧文低声问，嗓音像唱歌似的，"我们能不能乘着尼科叔叔的马车出去兜一圈？"这个善于摆布人的小家伙一脸可爱的微笑，但其实小心思不少。

马车已经用上了橡胶轮胎——这项技术成为减震奇迹。他们在艾格妮丝和欧文的脚下放置了铜制的取暖器，并给他们盖上苏格兰格子呢。

马车沿着大街一路驶去，街道两侧黄色和蓝色的灯光摇曳舞动。马车也驶过公园浓密的树荫。约翰逊的两个小孩仿佛已长大成人。

踢—踏—踢—踏

艾格妮丝开始号叫起来，欧文则担心她有可能变成狼人。

当两个小孩坐在马车里游览时，罗伯特向特斯拉讲述他妻子凯瑟琳的故事。

在他们的结婚典礼上，接住她抛出去的新娘花束的人，竟是一位新闻记者。

"她怀孕时，我吻过她的肚子。当我将艾格妮丝抱在怀里之前，我根本不知道世界的中心究竟在何处。当我第一次抱起我的小宝贝时，我对自己说，'现在我知道了'。"

初为人父、人母，他和凯瑟琳夜间会一起从床上起来，去查看艾格妮丝是否在呼吸。

"你肯定猜不出我是如何向她求婚的……"罗伯特回忆着，睁大双眼，他的夹鼻眼镜把他的眼睛放得更大了。"我带她来到哈德孙河边的一处悬崖，在那片壮美无比的风景中，我问她是否愿意嫁给我。就在我们举行婚礼之前，有一次她冲我大发雷霆，把订婚戒指掷进壁炉里。我只得把它再挖出来——就这样徒手去挖。"

罗伯特中断了他的故事，把他脚上的拖鞋收回来，而那理查德·希金森一世对着他的拖鞋又是猛拽，又是吼叫。罗伯特满不在乎地笑了笑。"然后，我们就和好如初。我紧紧拥抱了她。她叹了口气，说道：'当一个男人和一个女人拥抱时，他们便在寒冷的宇宙中筑起了一座堡垒。'"罗伯特停顿了一下，眼睛移向别处。"我永远忘不了那一幕。"

总而言之，那位发明家与那位诗人之间逐渐形成了一种古罗马式的友谊，如果古罗马哲学家塞涅卡[1]在世，他肯定会对此大加赞赏。每当特斯拉手头拮据时，罗伯特的支票便会地飘然而至。罗伯特比特斯拉年长五岁，他成了尼古拉从未遇到过的兄长——可爱可亲，不像戴恩那样神圣而又遥远。

莱克星顿大道273号，大批名流贤达云集。作为这个都市社交圈的核心，那女人风韵犹存，魅力不减。她的头发看上去像是在干邑白兰地酒中洗过似的。沐浴之后，她裸体站在镜子前，在脸上略施粉黛，用手指在臀部的皮肤上擦了一下。是的，她依然美艳动人！由于得过结核病，她有时会在科罗拉多的疗养院让她的喉咙接受日光浴的治疗，一晒就是几个月。与许多维多利亚时代的女子一样，凯瑟琳·约翰逊是依据以下这几条准则被抚养长大的：竭尽所能以求美丽漂亮，如有必要则言谈机智诙谐，但即使要命行为也要贤淑端庄。

可惜的是，我们的女主人公总处于一种兴奋的状态。她在社交圈内那别具一格的做派是个错误。即使是她的姨妈，也曾问过她这样一个问题："凯特，你难道真的这般疯疯癫癫？"

罗伯特·安德伍德·约翰逊对他爱妻的"气质"则甚为欣赏。他只

---

[1] 塞涅卡（Lucius Annaeus Seneca，约前4—前65）：古罗马政治家、斯多葛派哲学家、悲剧作家、雄辩家。一生著作颇丰，现存哲学著作有十二篇关于道德的谈话和论文，一百二十四篇随笔散文收录于《道德书简》和《自然问题》中，另有九部悲剧等文学作品。

会在一旁露出微笑，让她尽情表达她的想法。她越是要和别人争个面红耳赤，她就越显得"怪异"。

"自古以来，思索一直被视为恶劣的风度。"她那处事圆滑的丈夫这样安慰她。

罗伯特坚持认为，女人比男人更善于理解人生的局限之处。但凯瑟琳却并非如此。如同她的那只猫圣艾夫斯一样，她也经常潜行追逐肉眼所看不见的事物。她常感到窒息。同时，她又深感负疚，因为她并不十分幸福。她所希冀的，是实现某种突破，抵达空气的另一侧——那个不曾有生灵栖息过的地方，也无法为任何生灵所栖息的地方。青春韶华的逝去令她倍受折磨。她渴望追求真正伟大的事物，而这种衣食无忧、闲适体面的生活并不一定是伟大的。

"别傻了。"她的姐姐告诫她。

凯瑟琳在黑暗中摸索，探觅着她心中的目标——某种隐藏着的奇迹。

"奇迹，什么样的奇迹？"她的另一个姐姐问道。

特斯拉带来的玫瑰，在桌子上发出惊雷。

报纸连篇累牍地报道着他。眼尖的记者们注意到他的眼睛，将其形容为"由于思想而变为蓝色"，还有他那"修长的拇指，昭示着非凡的聪明才智"。这个个子极高、身体瘦削、体重还不到七十公斤的男人，几乎全身透着灵性。这个"精灵"显得"甚为羞涩"，但"他的衣服极为贴身"。

在她梦中，他曾献给她无花果树的花，虽然无花果树的花并不存在。她也梦见他用他那非同寻常的拇指触摸她，而他的长拇指则象征着他超凡脱俗的聪明才智。所有这一切，令她酝酿出以下诗句：

好奇之心诱发最糟糕的淫荡，
　如此，灵魂虽幻想着纯洁，

却震惊地发现，它自身正揉摸着上天的内衣，

耶稣曾穿着它，以掩饰他的裸体。

她梦见他以光为衣，只穿着光衣。

那鳗鱼似的躯体！真是给白白糟蹋了！他一辈子给自己沐浴，仿佛是给死人沐浴一般！

性欲的火炬是否已在她体内点燃？

玫瑰在桌子上发出惊雷。

她听说，特斯拉差点被淹死，失去过记忆，从狼群那里逃离出来，跌落到沸腾的开水之中——总而言之，他永远濒临心力交瘁和多灾多难的边缘。

"他的生命多么脆弱！"她告诉罗伯特，话语中满是柔情。

"肉眼见不到我！肉眼见不到我！"她轻声说道，像个小女孩。

正因为她是隐身的，所以她能看到他，而没有人能看到她。

那些沿着人们的手臂和心脏爬行的病菌，令特斯拉心生恐惧。温暖的爱和寒冷的爱在他内心深处交战。所有那种人类的交流，所有那种动物的温存，都与世界中心的那寒冷的火焰相距十万八千里。

"他是如此的纯真无瑕。"凯瑟琳继续说道，"他有点让人害怕。"

凯瑟琳知道，那些能够游走于物质世界与精神世界之间的灵媒，其本质在于天真无邪。她注意到，特斯拉对每一个乞丐，都乐善好施。她也注意到，他那凝视的目光，既富有洞悉力，又令人倍感折磨。此外，他还有一种上升到痛苦层面的思想意识。她可以感受到，在他身上，孩童般的调皮、奢侈、幽默，三者集于一身。她看得出来，他十分享受让那些听他说话的人神魂颠倒。但同样地，她是唯一一个的人，意识到他作为一个血肉之躯，显得有点冷若冰霜，其成长过程尚未全部完成。她很惊恐地从他眼中发现，电与冰是在何处相互交汇在一起的。她心中的

这个男人，既生活在这个世界，又生活在另一个世界。他那充满灵性但又爱捉弄人的微笑仿佛在说："我在这里，但我又不在这里！"

在这些日子里，当他们三人外出野餐时，上帝会让她嘴里充满爽朗的笑声，而周遭的各种鸟类又让那原本十分惬意的时光平添了许多欢愉。

玫瑰在桌子上发出惊雷。

特斯拉和约翰逊夫妇聚精会神地看着演出，在舞台上演出的是他们的朋友，波兰钢琴大师伊格纳西·帕德雷夫斯基。那钢琴大师一边演奏出洪流般的肖邦音乐，一边甩动着他那狮子般的浓密长发。他们观看演出的地方是大都会歌剧院，陪他们一同前往的，有时是大鼻子的约瑟夫·杰斐逊，有时是那个脸部像被凿刻过的马理昂·克劳福德。歌剧里，男高音和女高音的嗓音交织在一起，仿佛烈火与干草缠绵在一起似的。"当我们与音乐浑然一体，我们便能获得最深切的对于现实的体验。"叔本华对着凯瑟琳·约翰逊的耳朵悄声说道（她的耳朵刚好可以被约翰逊完全吸入口中）。在他们的包厢里，特斯拉则与罗伯特轻声交谈着，讨论塞尔维亚诗歌的翻译问题。幕布后，歌手们哼唱着，练习着充满睿智的威尼斯词作者洛伦佐·达·庞蒂创作的歌词，而这些歌词则被莫扎特包裹在一片令人陶醉的音乐的云雾之中。

凯瑟琳偶尔偷瞄特斯拉几眼。每周，她都会带着那种心不在焉的微笑，向那个男人发出邀请："过来会会卡纳克爵士……海伦·亨特·杰克逊，还有乔治·赫斯特参议员。过来会会安妮·摩根……过来吧！"

人们为什么不能按照他们的价值观来生活，而偏要按照他们那些令人耻辱、令人憎恶的需求来生活？那样公平吗？难道她应该被剥夺其生命中最慷慨的那一面？被剥夺她终极的自我？被剥夺真诚？被剥夺温暖？作为一个性情中人，她要活出她的真我本色，那充满渴望的人性弱点，为什么要为此而惩罚她？渴望将她体内的五脏六腑撕裂开来。她觉得自己像是一个潜水者，一边屏住呼吸，一边清醒地知道，如果她不在此时此刻立即浮出水面，她就会淹死。她还觉得，自己仿佛全身裸露，在大雪中快要冻成冰。如果她无法寻找到温暖，她的心脏就会因为寒冷而爆裂。她再也无法忍受这种折磨了。那不争气的泪水，快帮帮一个柔弱女子吧！

上帝啊，你为什么没能使我们变得自足——我们永远又饥又渴，男人渴望女人，女人渴望男人！

红色的幕布向左右两边拉开。舞台被笼罩在一片光亮之中，费兰多开始唱道：

我的多拉贝拉不可能背叛我。
上帝赐予她美丽，
同时也造就了她的忠诚。

古列莫回答他道：

我的费娥迪丽姬不可能欺骗我。
我相信她美丽无比，
同样也忠贞不二。[1]

冰宫

尼古拉·特斯拉致凯瑟琳·约翰逊的信函：

彼得大帝在他那不幸的侄女库兰的安娜的婚礼当天取笑了她。婚礼

---

[1] 此处所涉及的歌剧为莫扎特与洛伦佐·达·庞蒂合著的歌剧《女人心》。

之后，她旋即变成了寡妇。

安娜在远离首都的地方度过了她的青春岁月，她一直待在多雨的波罗的海附近。当这个薄嘴唇、灰皮肤的女人重返圣彼得堡成为女皇时，她几乎什么都没做，去消弭她作为一个施虐狂的恶名。

特斯拉脸上的表情变得十分痛苦。他奋笔疾书，继续写道：

安娜下令，命她的仆人们给她建造一座冰宫。

我不知道，他们是从涅瓦河还是从芬兰的湖泊里采来冰块的——尼古拉·特斯拉承认——但我知道，这些仆人每次都要花数周的时间，才能将冰块运至建筑工地，其间要穿过水晶般透亮、凛冽刺骨的冰霜。手持十字镐的工人以及戴着假发的建筑师蜂拥在越砌越高的冰墙周围。音乐家们演奏了木管乐器和弦乐器，以庆祝宫殿的竣工。地狱般的烟火将光亮泼洒在窗户和角楼上。宫殿内的穹顶，柱子，栏杆，楼梯，枝形吊灯，那些瞎眼雕像，一排排光彩夺目的房间，是用冰制成的。

尼古拉长叹一声。

安娜下令，让一个男佣和一个宫廷侍女结婚，在冰宫内的一张冰床上度过良宵。

一丝微笑从特斯拉脸上消失，他那带着讥笑的双唇凝固住了。他的眉毛颤抖着。带着自虐狂式的残酷，他继续写道：

在我的梦里，这两人戴着我们的脸面。

那张床冰冷刺骨。它紧贴着我们的后背。

在一阵阵轻柔的叮当声中，冰宫无穷无尽熠熠闪烁的光亮成倍地增加。

我们凝视彼此的眼睛,全身都在颤抖。

我们是因为激情而颤抖的吗?还是说死神以他金刚石般的手指将我们死死地握住?

那宫殿用它摇曳的光芒诱惑了我们。

我们以相同的节奏呼吸。

我们呼出的是烟雾。

半透明的家具是用冰制成的。

床和床的罩棚是用冰制成的。

我张开的双臂是蓝色的。

你的双眸像银色的虫子。

你的头发灰白,洒满了冰粉。

你看着我,微笑中含着鬼魂般的快乐。

我们可以听到婚礼上施放的烟花爆竹那连串的爆裂声。

"假如我说着人类和天使的语言,却没有任何爱……"有几个女高音歌手在吟唱。

我的头发里满是雪尘。

宫殿外,弦乐器奏出的凄惨音乐越来越微弱,渐渐消失。

我梦见我是男佣,你是侍女,我们正在冰床上共度良宵。

搏动!搏动!

请接受我的忠告,

永远不要去发明任何事物——除了幸福。

赫尔曼·梅尔维尔

"我只要爱上一个男人,就会为他感到难过。"凯瑟琳说道。

特斯拉以前似乎听到过这番话,可是,是在哪里来着?

"为什么?"他问道,努力去回忆。

"因为他是一个凡人。因为他会死去。因为对于何为人生,他一无所知,正如我一无所知那样。"

那是十月的一个午后,他们在《世纪》杂志编辑部见面。罗伯特正在与卡斯特的寡妇会晤,他计划出版一本关于她丈夫的书。于是,特斯拉陪着凯瑟琳一路散步,来到中央公园。

"多么美好的一天。"她对他说道,"天空如此蔚蓝,我觉得我身体里也完全是一片蔚蓝。"

他们漫步行走,穿行于印第安夏天[1]那黄色和赤褐色的光影之中。他们贪婪地享受着空气的甜美,呼吸着这甜美空气的快乐。一些自以为是的脚踏车骑手骑着车穿过公园。在他们的轮胎下,沙砾沙沙作响,橡果被轧裂。松鼠互相追逐,忽而在树底下,忽而穿过欢快的草坪。一阵风刮来,卷起黄色和红色的叶子在小径上飞扬。

"那把洒满阳光的长椅在等着我们呢。"凯瑟琳用手指着长椅说。

特斯拉和她说话,向女性一般温柔。他举手指着松鼠,"你瞧那些松鼠。"他说道。

一只松鼠做出三次波浪形的单腿跳跃,然后在椅子前面一动不动地站住。下一刻,它尾巴所处的地方,便成了它头所处的地方。它又尾随着另一只松鼠,嗖的一声就蹿上树干。接下来,这两只松鼠在细树枝之间相互追逐,摇晃着它们的尾巴。

---

[1] 印第安夏天(Indian Summer):在加拿大与美国的交界处,魁北克和安大略南边,有一种很特别的天气现象。深秋的时节,在冬天来临之前忽然回暖,宛若回到了温暖的夏天,于是常叫作"印第安夏天"。

"节奏，节奏。"凯瑟琳低语道。

整个世界都洒满阳光。阳光挂在她嘴角和眼睛上。湖面上，黑与蓝的光影交替呈现。有几只野鸭在浅水处用它们亮闪闪的喙在觅食，其他的则漂浮在水面上睡觉。

赫拉克利特那隐形的火焰笼罩着整个世界。摩西的那片燃烧着的灌木，不正是那个世界最令人瞩目的象征吗？

搏动，搏动——阳光自湖中折射过来，光影不断地重复着，与他们的眼睫毛交织在一起。

蜜蜂唱着歌，嗡嗡声歌颂着创造者的荣耀。

蜜蜂堪称伟大的嗡嗡作响的生灵。

作为一位神秘论者，作为一名科学家，特斯拉已经与这个阳光灿烂的日子那催眠般的重复性浑然一体。

搏动！搏动！

特斯拉觉得，整个世界都在他的周围振动。他注视着湖水与树木的波动荡漾；他注视着她脸上有节奏搏动着的微笑。

"所有事物，从太阳到人的心脏，都只是在某一频率上的振动而已。"他陷入冥想，思索着他情有独钟的主题。

何为宁静？宁静只是不同振动的均衡状态。

他对此心知肚明。她也感受到这一点。

凯瑟琳坐在长椅的一侧，噘着嘴，鼻子收窄。她正全神贯注。在她紧握着的拳头上，指关节发白。

"这些树梢在风中的无底旋涡，还有比这更美的吗？"

他们直直地凝视着对方的眼睛，然后又从对方的身旁往远处望去。最后，他们全都默不作声。他们甚至都不知道他们沉默了有多久。终于，她先回过神来。

"我们仍在原地吗？"她问道，用手拭去她肩膀上根本不存在的一片污物。

"我们漂啊漂，像流水那样漂。"他说道。

"我们飘啊飘，像云彩那样飘。"她回答道。

翌日，他无法推辞去罗伯特家参加晚宴的邀请。两个孩子再度坐着他的马车出去兜了一圈。小欧文对着车外的行人伸舌头，遭到他姐姐一顿训斥。特斯拉已经有很长一段时间没有去莱克星顿大道造访罗伯特一家了，因此他们这场深夜聚会变得十分愉快。罗伯特比凯瑟琳笑得更多，他的笑声慢慢透露出醉意。可以想象一下，小欧文早就开始问一些逻辑性极强的问题，比如，盲人的梦是彩色的吗？岛上怎么会有动物的？在他们全都开怀大笑之后，三个人突然陷入沉默，每个人都盯着酒杯上方的什么东西若有所思。然后，凯瑟琳走到另一个房间，很快又回来，说道："我给你读一首罗伯特尚未发表的诗。"

她把诗读得非常出色，情感拿捏得十分精准。诗的标题是《不祥的预感》。对于特斯拉来说，蜡烛映照在她脸上的光亮，要远比那诗更有诗意：

一个个预兆，曾经只是玩笑，
现在，却成为命运的信使。
而幸事，虽携带着至福，
要么永不到来，要么姗姗来迟……

腹部的一个洞

尼古拉·特斯拉的实验室被焚毁，

实验室里所有令人惊奇的物件全都没能幸免于难，这绝非单独一个人的损失。它是一场全球性灾难。

《纽约太阳报》，1895 年 3 月 13 日

"起火了！"他一打开房门，有人就直冲着他的脸大喊。

他赶紧给自己赤裸裸的身子裹上一件燕尾服，挥手示意疾驶中的马车停下。马蹄下火花飞溅。他蜷缩在马车里，而这马车除了下雨天从来没有被洗过——整个车子散发着烟草难闻的味道。他听到自己实验室起火的时辰，甚至要比他听到西盖蒂死讯的时辰还要早——清晨五点！马蹄发出的踢踏声，每一声都击入他的脑袋。他一打开马车门，烟尘便和他的头发粘在一起。

在他面前，一个警察两腿叉开站着，挡住了他的去路。"停下！"

特斯拉把他推到一边，飞奔着冲上那已经被烧得面目全非的建筑的楼梯。

地上到处流着油和污黑的水。机器被烧得熔化。

他从楼里面出来，全身撕心裂肺地疼。

他几乎要晕倒。

四周的墙上被涂上了一层灰尘和油烟。

"一切都付之一炬了！"他自言自语道，嘴变得十分僵硬。

有个老妇人的脸被划破了。也有人在火中丧生。有两层楼烧塌了，他的所有机械设备从四楼坠落到二楼。

他目瞪口呆，难以置信。整件事情让人觉得完完全全的不真实——毕竟，所有的东西还都在那里。

他的个人博物馆，文件和笔记，一架架机器。

他曾经失去过记忆。现在，他则失去了体现在物件中的记忆。

世界上最有意思的一块地方，像被焚烧的祭品一样，顷刻间灰飞烟灭。

过去，正是在这里，他的客人们常开怀共饮，漂浮在一片变形虫似的蓝色之中，等待着幽灵的双手来触摸他们。

所有的事情，他都是在这里呕心沥血研制完成的。

曾经，维韦卡南达开玩笑地将他比拟为有着许多手臂的印度三大主神之一的湿婆。

他用一只手臂，研制出了后来被称为 X 射线的设备。可现在它已经消失了！他用另一只手臂，研制出了后来变成机器人的设备。它也消失了！他用第三只手臂，竭力去制造出液氧。这也消失了。他还去研制发电机，将蒸汽变作电力，另外还能产生治疗效果。那也化为乌有。处在实验阶段的彩虹灯，毁了。他和科罗曼·齐托早就在实验室和二十个街区之外的格拉克酒店之间交换过无线信息。他们正计划从格拉克酒店向哈德孙河面上的一艘蒸汽轮船发送另一则无线信息。

"实验室购买保险了吗？"这是大家见到他后问的第一个问题。

他看着齐托，摇头表示没买保险。

"为什么不呢？"

"正如生命一样，它有的是价值，而不是价格。"

一片玫瑰色的微笑沿着东边的天空扩展开来。随着黎明无可阻挡的降临，特斯拉的朋友们找到了他。由于烟熏以及缺乏睡眠，他们眼睛里全都布满血丝。

齐托联系了特斯拉的传记作者马丁，马丁转而又通知了约翰逊夫妇。

"怎么会发生此等事情？"马丁问道，几乎说不出话来。

怎么发生的？在纽约，经济公寓着火，容易得就像火柴棍着火一样。人们在房间内煮胶水，用鞣酸将兽皮制成皮革。也可能有人打翻了油灯。

"有没有可能是实验室里发生了短路？"马丁问。

特斯拉耸耸肩，坦率地说道："是的，有可能。"

短路故障确实是有可能的。如果真是那样的话，他就必须为三楼那家人的死亡间接负责。

凯瑟琳·约翰逊抚摩了一下特斯拉的肩膀。她这样做的风险是，她会让他看到她肿胀的脸。"谁干的？"她问道。

在江河日下的喵人帮以及日趋人多势众的哈德孙扫地帮中间，很多黑帮分子无恶不作，干着给马下毒、挖人眼和纵火的勾当。

难道，当咆哮的火焰开始隆隆作响发出号叫时，纵火者在逃离现场的过程中，他们的身影会变得更长？

那究竟有可能是谁干的呢？

他扫视一遍一片死寂的火灾现场。垂头丧气的消防队员正在收拾他们的装备。

那焚毁后的废墟冒着烟，散发出小便的臊臭味。

外面的寒冷世界与里面的温暖世界再一次变换了位置。据传说，宇宙是由一只被屠杀的怪兽的各个身体部位构成的。表面之下就是混乱，所有的事物都渴求淫乱的彼此拥抱。寒冷取代了温暖，而世界的中心再度变成一个冰冷的深坑。

特斯拉觉得，自己好像变成了一个坐在木桶里刚刚从尼亚加拉瀑布滚落下来的人。

寒风嗅着他的身体，仿佛不认识他似的。

当命运背叛一个人，给这个人以沉重一击时，他该怎么办？他会觉得，脚下的地球根本不存在似的。他只知道，不断地将一只脚放在另一只脚前面，机械地往前走着。

特斯拉必须让自己变得僵硬起来，才能使身体不至于散了架。哪怕他肌肉内的张力松弛一分钟，他腹部的那个洞都会膨胀得比他的身体还要大，那样，他就会消解在灰蓝相间的黎明之中。

甚至是灵魂

灵魂是只喝醉酒的猴子，蝎子又把它狠狠蜇上一口。

"我已经给你写过数封信，但我没有得到任何回复。"他的妹妹安格林娜从彼得罗沃泽洛哀号道。

"彼得罗沃泽洛。"特斯拉低语道，"它到底在世界的哪个犄角旮旯？"

"我甚至还不知道如何写下这封信的第一句话，因为我们得不到你的只言片语。"玛里察从里耶卡抱怨道。

她们的来信在他抽屉里日渐发黄。这个脸色苍白、胡子稀疏的男人瞧着抽屉里的信。所有那种动物的温暖是如此的遥远。

"你好像消逝到了空气之中。"焦急万分的凯瑟琳在给他的信中写道，"你近况如何？"

他在充满痛苦的恍惚中，每迈出一步都要细加思索：向左转！现在，向右转！他无法自然流畅地做任何事情，而对于那些不再存在的事物，他感觉到了一种极其迫切的需要。

或许，有人对他的实验室进行了人为的纵火。

他漫步于城市之中，仿佛它是一座海市蜃楼。他嘴里不断重复着诗人爱默生的话：整个社会总是串通合谋，要与其全体成员的人性背道而驰。

"你在哪里？"凯瑟琳在每一封来信中都关切地询问道。

他穿过布鲁克林大桥，凝视着一个个冒着烟的屋顶。他去聆听维韦卡南达的讲座，听他论述"所有宗教之母"的印度教以及佛陀的四大神圣真谛。

"是的，"维韦卡南达用他那悦耳动听却略带忧郁的声音解释道，"佛陀向他忠心耿耿的马车夫车匿告别，临别之际赠他两句格言：群鸟栖于一树而各飞东西，云彩聚于空中而消散四方。凡间万物，皆由此命。"

"虚，乃万物之本质。"那杏仁眼的圣哲宣称道，"痛苦源于人类的欲望，此欲望就要将短暂之物变为永恒之物。鸟儿在歌唱：万物乃过眼云烟。世间万物，无本质可言。没有任何一个人、一处地方是我们所放不下的。要去捕捉某种确定性，便会使我们处于永恒的精神奴役之中。"

特斯拉聆听着他的阐述，眼中带着紫色的阴影。他听到的这番道理，既让他惧怕，也让他倍感慰藉。

灌木丛和一辆辆马车在风中颤动，风卷着纸片在屋顶上空高高飘扬。整个布鲁克林在他周围猛烈地撞击着，号叫着，幸灾乐祸着。特斯拉透过窗户往外望去，街道上的这番残酷无情的画面令他心碎神伤。

"一个不相信自己的人，便是个无神论者。"那个鼻子虽小却曲线匀称的导师微笑着说道，"信仰可以唤起我们内心的神性。当一个人丧失对自己的信念时，他便死了。"

大楼外，高架列车隆隆驶过，震得建筑物微微摇晃。维韦卡南达满怀信心地嗟叹一声："伟大之人，必能看破红尘，弃绝万物，驾驭激情，渴求宁静。"

这些话对特斯拉来说十分受用，因为他一直以来难以理解其他人所认知的现实。

当整个纽约都想知道特斯拉身在何处时，他正与维韦卡南达推心置腹，促膝谈心。与这样的知己畅谈，实乃前所未有的一种体验。

在布鲁克林所度过的一个个漫长、似乎永无止境的午后时光中，特斯拉和维韦卡南达在交谈时满口隐喻。特斯拉向他倾诉的，都是他不曾跟别人说起过的事——比如，当光亮潮水般涌过他的前额并带给他狂喜时，整个世界如何会突然消失，而正当他在应对这一切时，上帝如何会用天使的语言——换言之，借助事物的各种形态——与他交谈。

那堂吉诃德式的科学家，与那矮壮敦实的圣哲，他们都意识到彼此之间竟有那么多的共通之处。维韦卡南达劝诫人们，对任何形式的性能量都要实施终身禁欲。小时候，每当有乞丐经过他家，他母亲都不得不把他反锁在屋内。

"要有怜悯之心，我的孩子们，要怜悯穷人，怜悯无知者，怜悯受压迫者……"

他有一本爱不释手的书，那是一本百科全书，他可以整页整页地从中旁征博引。对于他耳闻过两次的内容，他可以一字不漏地复述出来。

特斯拉的记忆能力同样令人难以忘其项背。即使是他们两人看问题的眼光，其深邃程度也不分伯仲。

他们在一个波动、流变、非恒定的世界里，谈论着无限与永恒。

"任何一人，任何一地，都不是我们所无法抛弃的。"维韦卡南达不断重复着这一理念，"特斯拉先生，有朝一日，你甚至可以抛下你自己。"

脸，大山，花岗岩建成的房子，所有这些都会发生变化，就像空中的云彩一样。唯一不同的是，它们变化的节奏要慢得多。

在世界永不停歇的编织与拆解过程中，万物均会蒸发，销声匿迹——物体，躯体，抑或是我们在胸膛所能感受到的那颗缥缈的星。

甚至是灵魂。

1896年的日子

> 但这还不是故事的全部——那样的话就显得不公平了。
>
> 康斯坦丁·卡瓦菲，《1896年的日子》

"你们最近见到过他吗？"斯坦福·怀特向约翰逊夫妇询问道。

"没见过。"

"我在酒店给他留信了。"马丁叹息道，两眼睁得圆圆的。

"结果呢？"

"杳无音信，简直是石沉大海。"

特斯拉的两名助手，乔治·舍夫和齐托，两人都交叉着双臂，声称毫无线索。

整个纽约市的人们都在纳闷："究竟他人在何处呢？"

尼古拉觉得，他自己好像在水下，或藏在一面镜子后面。他觉得自己已变成一个戴着假发的人，假发是用雨丝制成的。

他在哪儿呢？

一个女孩

一个女孩身穿她祖母用窗帘做成的裙子，坐在桑树街上给她的玩偶娃娃喂东西吃。当她喂完娃娃后，就把娃娃放在一旁，坐在她的廉租公寓前，凝视着被影子分割成两半的街道。

对于闪电、花香和新衣，犹太教的哈西德派该如何赐予祝福，她的父亲十分精通。在犹太高等学校，他与一位脾气暴躁的立陶宛人交往，这两人刚一相遇，便开始吵个不停——他们争吵的内容，不是犹太教法学家迈蒙尼德，就是犹太教经师纳赫曼拉比。

"一个人可以凭借着神圣的光芒而熠熠生辉！"女孩的父亲高喊道，"一个人可以成为一个伟大的先知。"

"但一个人永远不可能成为上帝。"那立陶宛人尖叫道。

饭桌上，摆着些用卷心菜馅做成的波兰式饺子，还有黑麦面包，以及鲱鱼。摆在桌上的这些食物够三个人吃，但实际上却是为五个人准备的。实在太少了，自私的父亲呀！实在太少了，爱吵架的父亲呀！

"吃的东西可能不算多，"她父亲无助地张开双臂，"但一旦我开始阅读我的犹太律法，一切都会被我弃于脑后，我们惨不忍睹的房间顿时会变作宫殿。"

她的母亲则大发牢骚，抱怨她那两个大一点的孩子对她缺乏应有的尊敬，因为她对英语一窍不通。仿佛英语是那么的复杂难学。她姐姐贝卡吹出的蓝色肥皂泡滞留在空中，随风飘荡。毫无目标的快乐在那女孩的胸中荡漾，这女孩便是我们所选取的女主人公。

那内心的庭院散发出极度快乐的气息。

那女孩名叫米莉安，夜里睡觉时，她把一块地毯盖在自己身上。

一条发霉的污痕横贯天花板，仿佛是一个十分亲切的附体阴魂。

这个爱思考的女孩对着敞开着的人生大门浮想联翩。她长大之后会在韦斯糖厂工作吗？她会结婚嫁人吗？她一生中会有好的事情发生吗？

就在那一瞬间，一辆光鲜亮丽的马车在大楼入口处停下。一个神情忧郁的男子转过头来，四周打量了一番。华丽的高头骏马喷着鼻息。

"你想乘着这马车兜一圈吗？"那男子问道。

女孩回答说"我想"，而这是任何一个女孩子都不应该随口说的。

"你叫什么名字？"

"米莉安·甘兹。"

"好吧，米莉安！"那位绅士叹道。

一切都显得如此自然。

那绅士环视四周。维韦卡南达的话在他耳畔回荡："要有怜悯之心，我的孩子们，要怜悯穷人，怜悯无知者，怜悯受压迫者……"

他为自己感到叫怜。在大街上，斯特万·普鲁斯特兰曾向他伸出手来，说道："来吧。一人吃好，两人吃饱。"正是在这里，他和那年轻的面包师合用同一张床，在那个没有窗户的房间里。

自从他来到美国，他已经吃了一大口袋的盐了。而他现在身在何处？像魔鬼的徒弟那样，他可以说："我什么都没学会，反而连本来知道的东西都忘得一干二净。"

他告诉马车夫，让他带着他们去曼哈顿上城。

米莉安对外面的寒冷毫无感觉。从她那高高的位置，她骄傲地望着车外。哎哟，看哪：那个位置与生活中的她完美匹配！她先是想：啊，要是贝卡，所罗还有凯文能看到我，该有多好呀！接着，她得出结论，此等好事乃——

"只为我一人所独享。"

"我们能让马车跑得快点吗？"这位灰姑娘从她的南瓜马车中问道。

"当然可以！"

从人行道反射过来的阳光刺得他们睁不开眼睛。大风卷起尘土，将空中染成橘黄色。

踢踏——踢踏！

戴着白头巾的女人都已经从大街上消失。人变得越来越稀少，而且很安静，而街道实际上也变得畅通无阻。低顶的鸭舌帽已不见踪影，取代它们的是高顶礼帽。那些辉煌的贫民区旗帜晾在一根又一根晾衣绳上的衣片，被远远地留在了身后。再见了，吵闹嘈杂的邻居们！我从来就不在乎你们。再见了，小孩们！对我来说你们并不足够的好。成堆成堆的垃圾已变得越来越少。米莉安以她惊恐害怕的眼睛看着这一切，不解地问道："忧愁先生，您是谁呀？"

他的肤色十分苍白，还略带黄色，和她的肤色相差无几。他的眼睛也和她的差不多——除了显得落寞惆怅得多之外。他看上去仿佛是她的"第二个父亲"。或者，也许更像她的叔叔？所有的人，无论多么贫穷，都理应有一个有钱的叔叔。难道不是这样吗？

"您在想什么呢，忧愁先生？"

每一条狗都需要舔舔自己的伤口，然后再挣扎下去——母亲的话让特斯拉甚感安慰。

米莉安可以闻到自己印花棉布裙和自己腋窝的气味，而在这气味之外，还有一股全新的气息——世界的气息。她对自己感到惊讶，倾听着自己的呼吸声。就像很久以前的莫约·梅迪奇那样，她现在能听到令人心头痒痒的人生絮语。有一百万个玫瑰的花蕾在她耳朵里绽放。

他们越过那个熟稔世界的界限，发现他们已置身富人区，一个她从未到过的地方。

火山般的快乐从她胸膛喷薄而出。她看到了那个真正的城市，一个她从未见过的城市。在一座花岗岩建筑上，一排旗帜在风中飘扬，仿佛连片翻滚的波涛。一座座雕塑上，人物的脸静穆安详，仿佛在监视着阳光中飞舞的雪花。哈哈！雪和太阳在十一月的空气中相遇。那不失为这座城市大奇迹中的一个小奇迹。商店的橱窗上，刻着金色的字体。巧克力店和珠宝店外面停着等候的马车。一切都是那么的干净整洁。但是，她的同伴却对大街上的一切毫不在乎。

米莉安注视着那位绅士凝固的脸庞，似乎明白了什么。她暗自下定决心，我要为了您而快乐。

在富人云集的街道上，女人们都被裹在羽毛般柔软的毛皮之中。她们精心护理的双手太娇贵了，不能暴露在外。所以，她们把手藏在皮手筒里。即便是孩子，也穿着毛皮。人们呼吸过程中哈出的气体，在太阳底下清晰可见。她偷偷瞄了一眼那位绅士。他的灵魂是什么颜色？蓝色的吗？

那蓝色灵魂的男子使劲拧了自己一把，以免哭出声来，他的喉咙绷得紧紧的。他张开嘴巴，来释放全身的重负。上帝给人类施加的负担，从来不会超过他们所能承受的限度。这便是他所希望的。痛苦。他看到他实验室里那拖得长长的闪电。痛苦。他看到吐温那拍摄在照片里长长的、无力下垂的八字胡，在那胡子下面还有一个灯泡。在每个思绪之后，紧接着的便是：痛苦，仿佛电报中的停顿符号似的。他乘着马车穿过一条条街道，在他前面驱使着黑压压的大片大片的噩梦。夜里合上双眼小憩片刻，白天吃上几口食物——所有这些便构成了他的一个个胜利。

"在那里，我得以……"

他过着弗兰肯斯坦式的日子，那些死寂的悲伤残片将这样的日子一个个串联起来。他的灵魂里全部都是毒蝎与带刺的铁丝网。然而，在实验室失火之后的每一个阴暗忧郁的日子里，他都会受到一次金色的刺蜇，一次短暂狂喜的迸发，就像这一次那样。否则，他会略感精神错乱，并会对他周围的一切形成一种扭曲的看法。

他的麻烦持续不断。他必须以更大的力气坚持不懈地努力下去。他头脑里想的是：我最后十分钟活下来了。我最后半个小时活下来了。

这样做对他不无裨益。

那个女孩和那魔术师彼此没有说话。米莉安—玛丽亚在寂静中望着中央公园和湖水。她目睹了路灯在公园里亮起时最初的一缕缕微弱光线。她眯起眼睛，路灯的光芒便变作乱糟糟的一片尖刺。过了一会，马车夫把马掉过头来。

踢踏——踢踏！

他们原路返回，从天堂重归人间。

街道又变得凌乱嘈杂。

顺着那位忧愁的绅士的鼻子往下看去，思想正好与他的额头成一条直线。他听着马蹄发出的踢踏声。他回忆起布拉格那座古老的犹太教堂以及那片犹太人墓地：一座座坟墓层层叠叠，鳞次栉比。他们发现，他们两人再度置身于芸芸众生的平凡世界，那里有瓷器般光滑的额头，忧郁的眼睛，长着大胡子的提琴手，附近的阴魂，巴拉莱卡琴，社会主义报刊，陀思妥耶夫斯基，各种爱称和昵称，以及用意第绪语吟咏的圣歌祷文。Oy Vey[1]！这个世界里还有飞翔的犹太圣贤以及神圣的争吵！

---

[1] Oy Vey：意第绪语，意为"哎呀，天哪！"。

米莉安早就彻底遗忘的一堆堆垃圾，再度出现在鹅卵石铺成的街道上。被一辆马车碾压而死的鸽子，立刻就变成一团带着羽毛的污物。白色的水在人行道上细细流淌。一堵堵灰色的墙壁重新映入眼帘，在这些墙壁背后，斯梅尔蒂亚科夫杀死了年迈的卡拉马佐夫，而拉斯柯尔尼科夫则杀死了放高利贷的人。人们又在对着彼此大声吼叫，仿佛要扯破了喉咙似的。在街头拐角处，有人在兜售锡器模样的物件。有些人高高地卷起了袖子，露出闪亮强壮的前臂。还有一群人，戴着平顶鸭舌帽，肩膀上沾满灰尘，正无声地将一座古典雕塑从一间艺术工作室拉出来。这尊雕塑仿佛一头被捕获的动物，脖子上套着一根绳索。一只母鸡飞奔着穿过街道，一个意大利小男孩在后面紧追不舍。

只有在这时，她才记起她的家。桌子上有切碎的动物肝脏，鸡的肥肉，还有面包。这些食物够三个人吃，但实际上却是为五个人准备的。实在太少了，悲伤的父亲呀！实在太少了，令人憎恶的父亲呀！

那位绅士让她在自家门口下了马车。

他叫什么名字？她永远也没能打探到他的尊姓大名。

那绅士摘下帽子，用它轻轻拍了一下马车夫的背。米莉安此时此刻所在的位置，与这个故事开始时所在的位置一模一样。但除此之外，一切已大不相同。从她内心深处奔涌而出的欢愉，永远留在了外面的世界。欢乐的暮色一点点消散，化作无数支歌：围着她的卷发，黄昏用亦人亦鬼的声音向她轻声细语。

烟瘾

"特斯拉！终于大功告成！"

全新的实验室竣工了。没有任何庆祝的烟花秀。然而，消息不胫而走。

约翰逊是第一批前来拜访的房客之一。他以巨大的权威气派，戴上夹鼻眼镜，然后紧盯着特斯拉。

"究竟发生了什么？"他一边呼出一口气，一边将手套掷进自己的帽子里。

"噢，是……"特斯拉叹息道。

上个星期二，在华尔道夫酒店（老妇人在那里说话，都会把声音压得格外低），在酒店的棕榈厅，他会晤了爱德华·迪恩·亚当斯。这个额头上长满了马蹄形皱纹的权势人物提议，他们一起开一家公司，启动资金为五十万美元。"公司将专门处理你的研究成果。"亚当斯用近乎吼叫的语气强调道，并且用手敲击着桌子。

"你拒绝了他的好意？"约翰逊几乎无法相信自己的耳朵。

"我很难容忍任何体制化的事物。"特斯拉解释道，"我会死在那里的。"

一绺头发落下来，横贯于特斯拉的额头。在那一瞬间，那个来自马里博尔和格拉茨的台球玩家和赌博者，在他身上复活了。

与罗丹的雕塑《思想者》有所不同的是，罗伯特·安德伍德·约翰逊并不认为，一个人只有紧锁着眉头才能进行沉思——或者，由于这一缘故甚至变得严肃起来。但此时此刻，他紧锁着眉头，以免说出任何话来。

"大学并不出售知识。"特斯拉解释道，"大学所出售的，是伪装成知识的地位。像高等学府这样的机构，使平庸者变得枯燥无聊的权力得以合法化。教授们空洞无物地频频皱眉，在这些皱着的眉头的包围下，我无法呼吸。而我也不想在那样一种氛围下呼吸！你肯定知道，没有游戏成分的创造性，只能说……"罗伯特一声都没吭——他清楚，坚持要给一个将你视作枯燥无聊的人提建议，是毫无意义的。

"……不是欺骗，就是错误。"

"听我说，"那战战兢兢的实用主义者简直要爆炸了，"站在亚当斯背后的，是堪称华尔街苏丹的约·皮·摩根！一股巨大的势力将成为你的后盾。"

"如果我为了金钱而工作，思想只会萎缩为涓涓细流，但当我自由无羁时，我的思想会喷涌倾泻，如同尼亚加拉瀑布。"

"自由，难道自由可以不受常识的制约？"约翰逊诘问道。他摘下他的夹鼻眼镜，神情显得极为沉着镇静。"你这是把送上门的财神爷给赶走了。你知道报纸上是怎么报道马可尼的吗？"

"马可尼是森林里的一只迷途羔羊。"

约翰逊挺直了腰板。"那只迷途羔羊现在正在和伦敦的劳埃德集团合作，它便是你所谓的各种体制化的机构之一，而你对其又是如此的鄙视，如此的不屑一顾。"

"但是，"特斯拉补充道，"他们根本不懂他们正在使用的是什么频率。他们也根本不懂地球在传递信息过程中所扮演的角色。"

"但他们正在竭尽全力……"约翰逊"啪"的一声，将夹鼻眼镜扔在桌上。

"听着，"特斯拉不耐烦地说，"数以千计的人在圣路易斯目睹了我的无线电实验。我研究了马可尼的专利。他的专利中将信号说成是以赫兹为单位。信号实际上不是以赫兹为单位的。他盗用了我的系统。"

特斯拉终身都沦为不负责的奇思怪想的俘虏。是宇宙在替他作出决定。但是，在他的两处太阳穴上，他拥有两根微型天线。每当这两根天线开始颤动，他便能察觉到危险。敌意的波浪尚未达到浪峰，但他早就嗅到了他人的猜忌——而猜忌正是焦虑的胚胎。

约翰逊拿起他的眼镜来检查，看镜片是否被自己划损。他对镜片哈一口气，用指甲在镜片上测试一下，然后用拇指擦拭。

"像鸵鸟那样把头插在沙子里，你会完蛋的。"他继续说道，带着更多的克制，"爱迪生已经准备好要与马可尼合伙干。米海洛·卜平也入伙了。此外，还有《电气世界》的卡尔·赫林。其他人还包括雷吉纳德·范信达、刘易斯·斯蒂尔韦尔、查尔斯·施泰因梅茨，以及伊莱修·汤姆森。"

特斯拉依然脸朝着窗户。

他搬到一个新的街区，就在唐人街边上，整个街区一分为二，一半是闹哄哄的朗姆酒，一半是静悄悄的鸦片烟。烟瘾，那种对鸦片的嗜好，成为那里的主宰。无论是教会的执事，还是数学教授，每天都会花上二十美分去买一颗豌豆大小的鸦片。一个脸色苍白、长着眼袋的男子在他楼前向他解释说："一个醉汉会割断他母亲的喉咙，而一个吸食鸦片的烟鬼——永远不会！"

约翰逊审视着那个与电灯打交道的诗人瘦削的肩膀，竭力想揣摩出他陷入其中的那片寂静究竟意味着什么。"对于你那无往而不胜的能力，还是不要太自鸣得意。"他说道，以便打破特斯拉那一声不吭却又充满了优越感的气场，"否则，那会显得十分愚蠢。"

"我一点都不蠢。"——特斯拉突然转过身来——"远没有你在我眼中显示的那样愚不可及。"

约翰逊干笑一声。他坚信，由于拒绝了亚当斯送上门的金钱，他的这位朋友犯下了一个鲁莽而又致命的错误。在特斯拉的世界里，既不存在活生生的人，也不存在竞争者。他既对现实置若罔闻，也对他人带来的危险视而不见。

罗伯特竭力要让他变成一个识时务者："任何一个人，对于他越是恐惧的事情，越需要加强防范。"

特斯拉透过窗户望着外面，反呛道："我只能复述意大利文艺复兴诗人彼特拉克的名言来回答你：我不能把我的大脑变作一件商品。"

他注视着宽阔的大街。有几个中国人彼此呼喊着对方。中国人生活在他们自己神秘的世界里，说起话来像水下的钟磬。他们在鱼市贩卖海怪。他们唱歌时的样子像是要被勒死的老鼠。他们吃燕窝，开餐馆和洗衣店，扎纸鸟，还从孔子那里引经据典："亡而为有，虚而为盈，约而为泰，难乎有恒矣。"

"对着聋子说话，对着瞎子眨眼，这一切纯属徒劳。"罗伯特得出结论。

就在这一刻，特斯拉看着他，神情中充满了暖意。他的嘴角渐渐泛起一丝和颜悦色的微笑。"听我说，罗伯特。这个星球充盈着自由的能量。我要做的是，既要传输能量，又要传输信息。要么不做，要做就做得彻底。"

"但为什么不一次只做一件事情呢？"罗伯特问，"就在此时此刻。"他用紧张的语气继续说道："围绕着信息的无线传输，一场战役马上就要打响。这场战役与当时你和爱迪生之间的电流之战一样，规模庞大。顺便提一下，当时，你有威斯汀豪斯与他的公司充当你的后盾。"

"如果你一直感到厌倦与无聊，那么，装出一副充满智慧的模样，这有什么用处？"特斯拉回答道："信息的无线传输对每个人而言都是神奇的。但我推测，我们视网膜上面的图像——也就是我们的梦境——可以通过电话来记录并传输。在我给《电气评论》所撰写的文章中，我提出的假设是，能量既拥有粒子，也拥有物质的特质。我要传输的，是信息、图像与能量，让世界任何地方的任何一架引擎上的飞轮欢快地转动起来。我要传输的是优美的旋律。"

虽然如此，在他微妙的心灵之耳与隐隐发疼的太阳穴之间，尼古拉仍然能感觉到一丝敌意。一种焦虑的暗示。在空气中战栗。

在《舆论》这份期刊上，有文章这样写道："特斯拉的科学发现所涉及的事实十分简单，且寥寥无几。然而，围绕着这些发现所编织的童话故事却是数不胜数。"

来自哥伦比亚大学的卜平教授坚持认为，特斯拉浪得虚名。他的名声就像一个空空如也，徒有回声的木桶："咚！咚！咚！这就是它发出的回声，仅此而已。"卜平讥讽道。

专业刊物也开始变得紧张不安。特斯拉的同行们——尤其是他的对手——对他的两种做派甚为恼怒，一是出手阔绰、入不敷出的生活方式；二是将尚在头脑里的设想，当成业已完成的项目。

他感觉到罗伯特有一只手搭在他的肩膀上。"要记住他们曾跟那个疯狂而又杰出的巴伐利亚的路德维希所说过的话。"约翰逊说道。

"说过什么？"那发明家问道，同时将搭在他肩膀上的那只手移开。

"在人类社会之外，不存在任何幸福。"

特斯拉向罗伯特投去梦幻般的一瞥："我的朋友，也请你把这一点铭记在心——自由能量！"

特斯拉在说这番话的同时，辅之以一丝无可抵御的微笑，这笑容既揭示出一种不乏灵感的弱点，又揭示出一种更高层次上的真理。他脸上的那丝微笑，发出耀眼的光，并且，如同他振荡器的频率，这光亮变得越发强烈。特斯拉脸上的神情，一半显得深受灵感启迪，一半显得痛苦不堪。正是这种神情，曾让他父亲甚感恼怒。维韦卡南达难道没有说过，灵魂是一只喝醉酒的猴子，又被蝎子狠狠地蜇了一口？罗伯特不由得心生恐惧，凝视着灯火通明的远处，空中飘浮着缕缕蜘蛛游丝，还有特斯拉眼睛里的童话。除了特斯拉那无可抗拒的魅力，罗伯特还能感觉到，一个由古怪和孤独构成的光环，正在将他的朋友笼罩起来，并由此而为他感到难过。

毫无疑问，读者也一直在为特斯拉担忧。

特斯拉脸上的微笑一如既往地浮现出来。每个女人，只要有一个酗酒的丈夫，都熟知那种笑容。那是一个无可救药的赌徒至福的笑容，也正是这种笑容，使特斯拉的母亲向他让步。

旋涡

"你为什么不来参观我的实验室?"特斯拉问道。

有一小会儿,那红发魔鬼愣住了。不知何故,他竭力要把他那顶白颜色的圆顶硬呢帽的帽檐弄平。紧接着,他飞快作出一个决定,皱着眉仿佛要把整张脸压缩在一起:"一言为定!"

翌日,在紧挨着唐人街的新实验室里,斯坦福·怀特见到了许多他叫不出名称的机器。在那个电光闪烁、脉动无处不在的环境中,真的很难分清楚哪些是有生命的,哪些是没有生命的。纯洁的精灵等待着从神奇的线圈中诞生。这些线圈用它们白色的像蛇一样的舌头,相互舔舐着对方。希腊火[1]在空中书写出一个个魔鬼般的字母。经上帝的手指触碰,很多东西上面腾起了火焰。怀特口中吸入的是新鲜带电的空气。他将这个地方视为特斯拉的蓝色卡巴莱[2],各种自然力量和没有躯体的幽灵在此作秀。置身此地让人觉得,那发明家将手中的鞭子抽得噼啪作响,将它们驯服得俯首称臣。这位著名的建筑师从实验室出来,彻底被怔住了。

"你来拜访我一下——如何?"他结巴着说,两条腿直打哆嗦,差点站不稳。

两个星期之后,我们的那位幽灵召唤者,那拜伦式的神秘人物,那曼弗雷德[3],前去造访怀特位于长岛的庄园以及庄园里美不胜收的榆树。他仰起头,看着阳光从相互缠绕着的树顶渗透而过。长满红叶的枫树上,

---

[1] 希腊火:东罗马帝国所发明的一种可以在水上或水里燃烧的液态燃烧剂,主要应用于海战中。

[2] 卡巴莱:指有歌舞或滑稽短剧等表演助兴的餐馆或夜总会。

[3] 曼弗雷德:英国诗人拜伦代表作之一《曼弗雷德》的主人公。他从小是个落落寡合的人,壮年时独居于阿尔卑斯山的大自然中,但他的心境无论如何不得宁静。他埋头科学研究,然而从知识中亦不能得见幸福。"知识之树,终非生命之树。"曼弗雷德在这样的苦闷中厌世。

挤满了叽叽喳喳的小鸟，令整个园林生机盎然。尼古拉和斯坦福斜躺在帆布椅中，一棵大榆树将他们遮住，榆树的树枝随风波荡起伏。一阵微风在他们上方树顶那茂密的叶子中吹拂而过。风吹过一遍之后，仿佛忘记了树叶的确切数量，故而重新又梳理一遍。

"据说，那几个将俄耳甫斯撕得粉身碎骨的女祭司变成了树。"斯坦福·怀特用他甜美的声音开始说道，"正当她们开始长出根的时候，她们因为害怕而发疯了。"

树顶在风中形成的旋涡十分迷人。

一个眼神呆滞的天使将一股水柱喷入一个绿色池塘。那模仿伊甸园而建的花园，使园中的这两个赏景人得以摆脱外面世界的所有纷扰。

怀特喝着酒。他红色的头发仿佛在燃烧，并在有节奏地颤动。他向特斯拉敞开了心扉。

他宣称，他憎恨清教徒以及道德改革派。他坚持认为，这些人将是他的末日。他强压着厌恶，谈起他母亲最钟爱的女高音珍妮·林德，这位女歌唱家曾由于"道义"而拒绝在法国和意大利登台演唱。

"我是个好父亲。"他向特斯拉推心置腹，"但我身上毫无美德可言，我将此仅归结于我的本能。"

他向特斯拉介绍了他英俊的儿子，还有两个野心勃勃得近乎冷酷的女儿。他们的母亲负责监督他们的钢琴练习以及拉丁文中的词汇变格的学习。贝西·怀特是个身姿挺拔的女人，对于自己的完美无瑕，连她自己都甚感厌倦。她那英国气质的脸庞，是青蛙与仙女杂交而成的产物。她聪明过人，谈吐也机智风趣，但真正滋养着她的则是礼仪。于她而言，每日数个剂量的幽默与真理成了过于浓烈的调味香料。她美丽的脸庞上时刻都露着笑容，因此很难分清她何时病了，何时累了，何时心有不悦。她嘴角上那无情的皱纹，究竟是标志着反抗，还是标志着自嘲？她从不露出一种一无所知的样子，好像但凡这个城市里所有别人知道的事情，她全都知道。

当她独自一人时,现实会溶解到她玫瑰色的祷告之中。"愿他深爱着我!"她带着激情祈祷,"愿他只爱着我。"

凯瑟琳·约翰逊曾有一次触摸到贝西·怀特的背,不由得倒退半步:你的身子绷得那么的紧!那承载着许多担心与焦虑的背,时常会变得十分僵硬,贝西不得不去找女按摩师进行治疗。

她丈夫背后拖着一个火焰四溅的十六世纪的影子。

"本韦努托·切利尼。"

"那魔鬼。"他们说。

斯坦福·怀特的行当,就是将威尼斯的宫殿搬至美国。他为美国的钢铁大亨和煤炭大亨去搜罗家具、地毯及壁毯,而像特斯拉朋友斯特万·普鲁斯特兰这样的人,则为这些钢铁大亨和煤炭大亨像狗一样苦命干活。除了长岛上的这座庄园,他在格拉莫西公园、花园大厦以及西五十五大道各有一处宅邸。怀特搜罗到的图书、青铜雕像、绘画和裸体雕塑,成堆成堆地摆放着。虽然有人出于忌妒怀疑它们不是真品,但它们确实全都为原件。他家的门是用电控制的,只要按一下按钮就可以打开,门开之后,就可以看到他家佛罗伦萨的壁毯上有几只灰狗在无声地吠叫着。

怀特的一头红发像是在燃烧。他说话的样子略显木讷,他的八字胡如同两片小小的火焰向上翻卷。每说完一个句子,他常常会附加上"故而……"

"是的,布鲁克林大桥标志着纽约市那个英雄时代的开端。"怀特说道,"廉租公寓获得了管理,至少是在政府的文件里。对于大楼里没有窗户的区域,必须提供最低限度的氧气。大楼中央的通风井成为强制性的,虽然没过几个月它们便变成了垃圾堆积处以及鸽子的墓地。是的,大楼内也有防火措施,但廉租户们在里面有装订图书的,有用鞣酸将兽皮制成皮革的,也有制帽的。是的,以土耳其、俄罗斯以及日本的影响为灵感的建筑，这些年来甚为流行。我承认，在我建筑师生涯之初，采用了新浪漫主义的理查森装饰风格，后来又推崇沙利文的装饰风格，但我依然坚持文艺复兴时期的理想。故而……"

怀特设计了尼亚加拉大坝，瀑布激起的泡沫形成巨型的帘幔，将大坝覆盖。大坝竣工之际，他对特斯拉说："我特别想在尼亚加拉大坝建成之后，和你一起干点什么。"

在接下来的几个月中，他们只能短暂相遇便又各走其道，因为每个人都忙得不可开交。"下周再聚！"他们每次都这么说。

当莎拉·伯恩哈特携其剧作《伊泽尔》来到纽约时，约翰逊邀请她共赴晚宴。正是在那个场合，特斯拉将怀特介绍给了斯瓦米·维韦卡南达。"如此说来，你这是在把魔鬼介绍给天使？"怀特笑道。

"下周再聚，说定了！"

又过去了几个月。

终于，在八月份，他们在罗德岛的纽波特共度周末。沿着海岸线，白帆点点，整片景象如同一幅印象主义绘画。一座座城堡彼此较着劲，要一决高下，看哪个更奢华。大理石在草坪的中央闪闪发光。孔雀小心翼翼地踩在草上，穿过草坪。穿着燕尾服的燕子飞落在百万富翁官邸的屋檐下。在听涛山庄前，浪涛猛击黑色的岩石，碎成无数水花。

"七百万。"斯坦福·怀特从嘴角挤出这句话，一边假装眺望着大海，"铁路大亨范德比尔特花了七百万美元，才能获得此般享乐。"

他们在山庄前一处柳条搭成的凉亭，观赏着落日景象。七点时分，一位身子笔挺得像威尼斯总督的管家前来恳请他们移步入屋。两只布鲁塞尔小种犬对着门厅里一个装饰着野甘蓝的瓮狂吠。怀特和特斯拉慢悠悠地为晚宴更衣。穿戴完毕，他们衬衫的硬衬胸亮闪闪的。他们拾级而下，来到中庭彩绘的天穹之下。那里，悬挂着巨型的枝状烛台，上面有十六盏乳白色的灯。大厅内的楼梯，是仿照巴黎歌剧院的那个楼梯建造而成。

大厅里的墙上，装饰着玫瑰色的纳米比亚大理石和绿色的意大利大理石。山庄的书房类似于朱丽叶的阳台，书房内的壁炉则是从一座十六世纪的法国城堡中运过来的。壁炉前空旷的地面透着一股凉意。老旧而又毫无生气的青铜小雕像在一张张桌子上陷入绝望。每间房子里的摆饰，十分讲究对称，近乎达到极致的地步；房内摆着大量鲜花，芳香四溢。

"过去，我还没等到肚子饿，就想吃东西。"怀特向特斯拉坦白道，"我现在这副瘦骨嶙峋的样子，是因为我患有肺结核。"

这座庄园的建筑风格，所依照的是自帝国时代起法国人所想象的那种文艺复兴时期的风格。范德比尔特还聘请了一位法国著名厨师。这厨师自鸣得意地闭着眼睛，亲自端上盛着小牛肉的托盘。

嗯嗯嗯……

这法国人夸耀说，在他的国家，每年三百六十五天，每天都有一种不同的奶酪，因此他拿出几种奶酪让主人和他的宾客品鉴。尼古拉仍记得那来自斯特拉斯堡的博赞太太说过的一句话："一旦你在用餐过程中想闭上你的眼睛，这便是美味佳肴。其他皆微不足道。"

晚宴过后，他们来到音乐室小酌一番，大家围坐在用坎帕尼亚大理石制成的蓝色壁炉前。四周墙壁上的镜子"面面相觑"，构成了一个迷宫，让天花板上的灯盏数量陡增。有一次，三个管弦乐团在这座夏宫里同时演出。

当天晚上，这座闻名遐迩的庄园显得静悄悄的。

科尼利尔斯·范德比尔特二世刚刚从一次中风事件中康复过来，所以说话不多。他的鬓角像蒲公英草的茸毛，络腮胡子则硬得像石头，整个人在特斯拉看来显得甚为安静却又精神错乱。他的兄弟威廉·基萨姆从附近一座唤作云石庄园的"夏舍"策马前来，这栋房产已让他耗资一千一百万美元。他说，工程师已将电接入他的寒舍，但那只是个昙花一现的时髦玩意而已，哈哈。他那倔强的女儿阿尔瓦待在中式茶亭，这样她可以面向大海欣赏海景。威廉·基萨姆的微笑总让人觉得他是在打哈欠，而他一而再，再而三地将大家聊天的话题引向"保卫者队"在美国杯赛场上的胜利。

"不，不，请试试这烟！"他坚持道。古巴雪茄的烟头开始冒烟，泛着红光。一股刺激而又令人愉快的味道迅速在房间里弥漫开来。烟雾在空中四散旋转，像一块魔毯似的让他们飘飘欲仙。他们能听到邦戈鼓的声音。猴子和鸟开始欢快地聊天。一阵伤感的吉他声飘然而至。那股辛辣的烟味成为一种诱惑，让他们越来越深陷那迷宫之中。屋外，沿着海水浴场，惊涛拍岸，碎裂成无数水花。威廉·基萨姆指出，哈瓦那更能让他纵情享受，远胜过巴黎。

在听涛山庄，特斯拉睡的是一张法兰西帝国时期的床，床不长，但很美，拿破仑的妻子约瑟芬曾在上面睡过一夜。他感到十分焦虑。令他惊讶的是，他没有梦见戴恩。他梦见的，倒是印度卡普尔塔拉邦大君的八字胡。在他梦中，女人们看着那胡须，把她们的手抬至眉毛处，之后便晕倒在地。午夜时分，蟋蟀进入狂欢状态。蟋蟀的歌声唱得一阵比一阵高，直到歌声响彻云霄，抵达璀璨的星空。

在接下来的那个星期六，特斯拉和斯坦福又见面了，在那之后又见了一次面，再在那之后又见了一次面。

与那贫困潦倒的西盖蒂不同，怀特对纽约的了解可谓深入了骨子里头。他身边一直围着许多歌舞团女演员。有传言说，卡门西塔曾为他表演过脱衣舞，那个小埃及曾当着他的面将她那绝美的臀部展露无遗。

斯坦福将自己称为"情圣"以及"芳心驯服高手"。眼泪从未进入他诱惑女人的"葵花宝典"之中。他相信，他自己身上从不具备一个诱奸者心灵应有的专注力，而那些女人反而觉得这格外迷人。当他聊女人时，会眉飞色舞，却又愚不可及。他的头发燃烧着鲜艳的火焰。他斜倚在沙发中，因离得太近，特斯拉可以闻到他呼吸中的威士忌味。

"诱奸令人心驰神往。"他向特斯拉诉说衷肠,就像西盖蒂很久以前那样,"坠入情网如同通了电一样充满刺激。如果我将我所有的性高潮加在一起,恐怕那感觉就像是经历一次雷击。我会被劈得粉身碎骨。故而……"

"那不会有点太过分了吗?"特斯拉微笑着说,但那笑容甚为冷淡。

"太过分?这样的词语毫无意义。"那红发魔鬼火冒三丈地说,"据《路加福音》记载,法利赛人还指责过耶稣吃喝得太过分了呢。"

1897年12月的一个星期六,下午四点天就已经黑了,怀特带着特斯拉来到位于西十六大街上吉米·布里斯的工作室。门把手已经歪了,但它似乎依然毫无畏惧。特斯拉毫不犹豫地握住了门把手。

布里斯戴着一张银制的森林之神面具。一位仆人演奏着双管乐器。墙上,象征着三种预兆的三个人,举起手对着昏暗的落日余晖。室内的圆柱,四周都镶嵌着马赛克瓷砖,一如西西里岛巴勒莫卫星镇上蒙雷阿莱大教堂内的圆柱。天花板被建成一滴眼泪的形状。来自戴尔莫尼科餐厅的侍者一个个累得气喘吁吁,献上一顿二十道菜的大餐。所有宾客在享用这顿大餐时,头上都戴着常春藤花环。

"人们做出了一些比这更怪诞的事情,以便能感觉到有事情正在发生。"怀特对特斯拉低声说道。

饭桌上的各位绅士,边吃边欣赏舞女们赤裸的大腿。在怀特抽雪茄的上方,烟雾拼写出一个阿拉伯字体的签名。他的嘴唇翕动着,但他毫无知觉。由盲人音乐家组成的管弦乐团,演奏的音乐听上去像是飓风在咆哮。这顿宴席上有一道"菜",是一个巨型的"杰克·霍纳"饼。一群金丝雀,如同一团金色的烟雾,从饼中猛地飞扑而出。在这些纷飞的鸟之中,波提切利的仙女缓缓升起。她一绺绺秀发像瀑布似的垂挂在她梨状的乳房上。这些在表演现场目睹了维纳斯诞生的宾客,震惊得几乎下巴都要掉下来。戴着花环的食客们欣赏了她美妙的躯体。

"哇，哇，哇，哇！"这些男人发出兴奋的呐喊。

特斯拉甚至都没看一眼。

怀特笑了。他竭力向围坐在餐桌四周的人解释道：

"此人不食人间烟火，他根本不是地球人。"

灵魂之婚

全纽约的人都想看到他结婚。和谁结婚呢？与他们所有人吗？在众多佳丽中，有可能是与安娜·摩根结婚。安娜·摩根便是那华尔街苏丹的女儿，一个长着尖削膝盖、身材高挑的女孩。那瘦长的发明家收到了她无数的邀请。

"快来和温斯洛小姐见个面。她无法相信我与你认识。"

"快来和阿玛莎·卡斯纳小姐见个面。"

"过来吃个饭吧。弗洛拉·道奇小姐会出席，还有玛格丽特·梅林顿……"

他会接受邀请出席这些社交场合，步态诡秘，耷拉着耳朵，笑的时候露出牙齿。在他眼中，那一个个名媛淑女所构成的，实乃一片纷繁杂乱的场景——轻柔的微笑，花边阳伞，天真的抹胸连衣裙，不乏挑逗意味的暗送秋波，天鹅般的玉颈，荷叶裙边，以及她们膝上摆着的兰花和木兰。她们自以为，并且她们也深知，她们像尼亚加拉瀑布那样无法抗拒。然而……

这些发生在马儿嘶鸣般的男性气概以及猫叫似的女性气质之间的游戏，让他觉得无聊透顶。每当有人提及男婚女嫁这个话题时，特斯拉那充满讥讽的头脑，所听到的是塞尔维亚史诗吟唱者用那紧张而又荡气回肠的声音，吟诵《杜尚皇帝的婚礼》中的诗句：

皇帝他何时会来迎娶他的新嫁娘，

究竟会是一年中的哪个季节，

他会带多少宾客参加婚礼……

对于这些问题，那发明家给出的富有戏剧色彩的耸人听闻的回答是："科学是我唯一的未婚妻。"

无论他性欲的潜在对象是谁，他都没有任何欲念将其付诸实施。科学发现是对他而言最高境界中的亢奋——那是来自上帝的亲吻。在他实验室内，特斯拉的人格渐渐退去，取而代之的是一股盲目的力量，如同燃烧的烈火。与它相比，所有其他形式的亢奋微不足道。

但人们不愿相信这一切。

"那是我更高层次上的恋爱。"他补充道。

人们眨眨眼，窃窃私语，并责怪他。"如果我说话用的是人类和天使的语言，但没有爱的话，那我充其量也只是吵闹的锣，或叮当作响的钹。"他们这样说。

这个钻石王老五昂起头，他的眉毛随着烟草产生的烟雾一起，直冲天花板。人们不甘心，就此让事情过去——他们不厌其烦地把这些问题问了一遍又一遍。

在新闻记者面前，他学会了作秀："有时，我觉得，我的单身状态对我的工作而言是一种过于巨大的牺牲。"说完后，他会突然改变他的故事，耐心回答他们的问题。"你问我是否相信婚姻？对于一个艺术家而言——是的！对于一个作家而言——是的！但对于一个发明家而言——不。他的天性过于强烈而狂热，这天性中充斥着太多狂野不羁、激情洋溢的特质。"

英国散文家德·昆西曾写道，一道神圣快乐的深渊是如何在他身体里豁开来的。对于特斯拉而言，他只能在孤独中承受快乐所带来的神志错乱。数年来，他几乎是生活在一种持续不断的极乐状态中。在他硬邦邦的衣领下，他觉得有股激情强大得足以撼动大山。

"自从我童年时代滚了一个雪球并引发了一场雪崩之后，我便与自然界的某股力量生死相许了，而这股力量瞬间即可改变万物的意义。"他缩在硬邦邦的衣领里轻声自语，"相比而言，所有人类的制度只不过是小儿科而已。"

他无法忍受去看一眼珠宝。如果要让他去抚摸一位女性的头发，他简直要呕吐。他拒绝"同流合污"，让自己融入爱德华·迪恩·亚当斯、各种体制化的机构，以及女性成员所代表的力量之中。总而言之，他拒绝向人类现状和人类的各种条条框框卑躬屈膝。

"难道说阿喀琉斯和马尔科亲王不是两个遗世独立的风流人物吗？"他问斯坦福·怀特。他们正坐在一列火车的普尔曼豪华卧车车厢内，卧车车厢的墙上镶嵌着各种装饰品。火车驶向的目的地为尼亚加拉瀑布，列车外面电闪雷鸣。

"快看！"特斯拉惊叫起来，一边用食指触摸着窗玻璃。田野里，几头母牛在暴风雨来临之前嬉戏玩耍，并开始像狗那样四处蹦跳。斯坦福没听见他在说什么。"给我另派一个侍者过来。把这个长着一副小丑脸的侍者换掉！"他大声叫喊道。

怀特的满头红发燃烧着火焰。他无情的手给自己一杯接一杯地斟酒。他提醒特斯拉说，宙斯是那么地享受与赫拉克勒斯的母亲寻欢作乐，以至于他多次导致星座停止运转。像古代亚述人那样，怀特相信那都是太阳神捣的鬼，让所有女人都怀孕，而天下的男人只不过是工具而已。像宙斯一样，他希望自己能成为天鹅，成为野牛，成为撒金者。

"别担心。"那已经喝得酩酊大醉的建筑师嘟哝着说，"我会替你去做爱的。"

那真是再好也不过了，特斯拉心中暗想。但你两眼中那焦躁不安、水汪汪的神情从何而来？

怀特昏昏沉沉地睡着了，睡梦中搂着女人的玉颈和腰肢。天渐渐暗下来。在旷野某处燃起一堆火，明亮的火花射向天空。火车像一条巨龙咆哮着，卷曲着它的尾巴，全速驶入开阔、广袤的世界。然而，铁轨似乎再一次消失了，而在火车头所到之处，莫名其妙地就在前方突然变了出来。

翌日清晨，火车抵达水牛城。那发明家感到浑身僵硬，而那建筑师则因余醉而感到全身难受。

站在特斯拉设计的涡轮旁边，那队庄严肃穆的人群显得像是一群侏儒。从一篇篇仪式感十足的发言中，特斯拉意识到，自从科姆勒在电椅上接受死刑以来，所有的一切都已发生变化。在美国人的心目中，交流电已经从魔鬼一跃而成为天使。

尼古拉·特斯拉的致辞显得中规中矩。讲到一半时，他的热血开始变冷。蓦然间，他觉得十分忌妒那个已经死去的乡村男孩，同时也充满了负罪感，因为他把上帝赐给那男孩的恩宠夺走了。戴恩终身未娶，因此他自己也不可能拥有家室。他几乎忍不住要脱口而出："我已经够坏的了。但要将我描绘成比那个真实的我还要不堪，那是残忍的。"

在所有官方讲话结束之后，市长紧紧抓住特斯拉和怀特的手臂，建议他们登上游船"雾霭之女"号，从瀑布下方更加近距离地观赏那巨型瀑布。市长大声告诉特斯拉，大多数美国新婚夫妇都会来这里度蜜月。特斯拉真的感到激动万分。他凝视着隆隆作响的水帘，直到他彻底忘记自己所凝视着的是什么。

"这庞然大物，比世间任何其他东西都要大。这便是命运。"

雾霭将一切笼罩于其中，一条条彩虹在空中飞舞。丝绸般的水流在边缘上翻腾，旋即便倾泻而下。刹那间，水变成一片茫茫白色。随后，水再度腾起，化成云彩。风吹起云朵，将凉爽扩散至周遭。虽然都穿着雨衣，但特斯拉、怀特还有市长的脸全都被打湿。能让他的涡轮转动起来的，正是这股力量。它令他再次回忆起那个小小的雪球，经他的手以一个漫不经心的动作掷出去之后，如何压碎巨砾，像一根根火柴棍似的将松树碾断，变成一股纯粹的力量，力度不断增强，最终如命运般气势磅礴。那种伟大感，还有那震耳欲聋的咆哮声，在他全身弥漫开来。

印第安人将处女祭献给这些由泡沫构成的帘幕。

只有这漫无边际的凉爽最终将生命活力重新注入他体内，从他的灵魂上洗净了被焚毁的实验室所留下的灰烬。他眼中噙满泪水，他的灵魂与那被释放出来的自然力量融为一体。是的，发明家的天性狂野不羁，激情四射。瀑布的声响彻底掩盖了他的声音。特斯拉的嘴唇无声地翕动着。在这场与那无可衡量的力量所举行的秘密婚礼上，他以柔和的声音重复着：

"我愿意。"

战争

一切都始于一声爆炸。

"与西班牙开战了！"报童沿街叫喊着。

报业巨头赫斯特旗下的报纸兜售着战争新闻，而这场战争也让赫斯特的报纸大卖特卖。

人们的脸颊涨得通红。人们用手指盘绕着八字胡。人们将草帽抛到空中，像孩童似的，人们为即将发生的屠杀而兴奋。在他那海象般的八字胡下面，西奥多·罗斯福牙齿毕露，招募了他的莽骑兵[1]。

---

1 莽骑兵（Rough Riders）：1898年美西战争中由西奥多·罗斯福招募的美国第一批志愿骑兵团的骑兵。

"每个人都在谈论菲律宾，"讽刺作家们得意扬扬地嘲笑道，"可是，直到最近，他们甚至还弄不清它究竟是一个国家，还是一种罐头商品。"

在战争激动不安的情绪涌动之际，伴着约翰·菲力浦·苏萨的音乐——嗒，嗒，嗒，咚，咚，嗒，嗒，嗒，嗒——电气展览在麦迪逊广场花园举行了开幕庆典。斯坦福·怀特组织了这次特殊的活动（"故而……"他在自己简短的发言最后，又以这句口头禅作为结束语）。而美国副总统加勒特·霍巴特以他惯有的刚愎自用，宣布了展览活动的开始。

一切都始于一次爆炸：马可尼的助手，小托马斯·爱迪生，炸掉了存放着他们剩余爆竹的仓库。

"我难道没跟你们说过吗？他们根本不懂如何调整频率。"特斯拉强压着他声音里的喜悦之情。

然后，他站在听众前面，头顶着令人惊羡的五月云彩。在他四周，似乎围起了一堵墙，一堵由圆顶礼帽和亮得刺眼的白衣领构成的墙。这些绅士用他们的领带阻挡住了所有的两难困境。他们都是留着八字胡的兄弟。一群洁净的老妇人也出现在现场。她们中有人天真地眨着眼睛，有人则面带不满，清着嗓子。两个眼睛明亮的女士，穿着紧腰衣，将腰束得像黄蜂的腰似的，她们从自己那巨大、仿佛盘旋在空中的帽子下注视着他。所有人的脸上闪着光亮，带着嗜血的好奇心。

一丝微弱的笑容开始浮现在特斯拉的嘴角。他略带微笑的双眼给人以高度警觉的印象。他修长的拇指——象征着极高的智商——紧紧抓着一个铬合金盒，盒子外面接着一根金属线。

拇指按下按钮。

中央池塘里的一只船开始转动起来。

船做了它该做的事情。

就像他那样。

特斯拉再次按下按钮，船停了下来。

通过他的无线指令，他从一定距离之外，让船上的灯全都亮了起来。

他"向船问了几个问题"，那只遥控的船做出一些动作，作为应答。

啊！

又一个没有名称的事物诞生了。

人类的首个机器人！

人们拒绝相信自己的眼睛。

"你们管这叫什么？"孩子们一边从池塘方向转过头来，一边问他们的父母。

"远程自动。"

观众的感受可谓跨越了期望的边界，跌落到一片虚空之中。

那情形仿佛是一棵树在林子里倒下，没人能听到任何声息。

凯瑟琳·约翰逊将嘴唇凑到她丈夫毛茸茸的耳旁，愤愤不平地说：

"没有人看到这一切！"

诞生

特斯拉离开麦迪逊广场花园，头顶之上是吐着泡沫的五月云彩。

他们怎么可能没看到那一切呢？他一边漫无目的地在下曼哈顿西区四处闲逛，一边心感疑惑。

"没有哪条法律规定，任何人说的每一句话都要得到聆听。"米卢廷·特斯拉对着他耳朵重复道。

他过去认识的那些罪犯，也就是那些令人恐怖的喵人帮成员，已经全都被处死，或者被逮捕。在格林威治村的各个角落，将他们取而代之的是哈德孙扫地帮，这些人都是些凶悍的可卡因瘾君子。扫地帮与城市波希米亚人是朋友。这两个黑帮全都认识特斯拉。他斜倚在他修长的手指上，从报纸上抬起头来，带着无声的嘲讽看着他们。

"快看这人，"当那长腿的科学家从他们身旁经过时，他们其中一人说道，"他像极了一头古怪的动物。"

"他看上去有点失意消沉。我真想给他点可卡因，帮他提提神。"另一个人一脸坏笑地说。

"那就祝你好运，老兄。"还有一个人说道，"他就是在可卡因里诞生的。"

阿斯托里亚酒店

六月份，特斯拉再度收到邀请，前往位于罗德岛怪石嶙峋海岸上那个到处都是宫殿和草坪的镇子上。

"致敬，白色的桅杆！致敬，蔚蓝的天空！"

这一次，是约翰·雅各布·阿斯特四世邀请他前往纽波特，在海上驾驶帆船。特斯拉抵达了阿斯特家族的大理石夏宫门前，整个宅邸拥有着世界上最大的一束玫瑰花。凯瑟琳早些时候写信给他，提醒他在与那些百万富翁过从甚密的同时，不要忘了他的真朋友。

沿着海岸线，一片波光粼粼。

玻璃门上覆盖着霜冻的表面似乎正在融化，露出对称的两只孔雀的图案。

"希望整个宇宙对您没有任何限制。"特斯拉以开玩笑的口吻和阿斯特打招呼。

"希望没有任何限制被施加于您的宇宙。"阿斯特以同样的口吻回答道。

那百万富翁的脸仿佛来自某个植物标本集。他的笑容像孤儿院的汤汁那么凉。

"他的眼神中透露着什么——伤感、乖戾，或只是空虚？"应邀而来的那位客人无法断定，那到底是何种神情。他也无法弄懂，在如此高的层次上身居要职，其人格是否依然存在。特斯拉用其禁欲主义者的手指，从桌子上拿起阿斯特创作的科幻小说《他星之旅》，并对书的作者恭维了几句。

阿斯特脸上露出笑容，问他最近在做什么。没承想，这一问却大事不妙。特斯拉旋即展开一番长篇大论，滔滔不绝地讲述他的制导鱼雷和远程自动化技术。他说话时的样子，有可能像极了歌德说话的模样——倘若他能穿越时空变成一个旅行推销员的话。

特斯拉那受过伤、冒着火焰的眼睛，预告了他所使用的词汇：尼采，叔本华，维韦卡南达。人生的原则——明显存在于晶体的形成过程——在人们的身上也同样适用。替代性能源！平行宇宙的概念！未来在不吃不喝的条件下存活下来的可能性！

"如果地球被暴露于周期性振动之下，那么，它就会分裂成两半，像一个苹果那样。"那瘦长的发明家紧盯着爱娃·阿斯特的眼睛，暧昧地笑着，"关键在于，要与整个世界的振动相同步，而不是与之相反。"

他的灵魂直觉式地舔着她的灵魂。

爱娃·阿斯特婚前的姓名为希彭·维林，她被认为是全美国最美艳的女人。她如此强烈地让特斯拉联想到莎乐美[1]，以至于他害怕她有可能在一个盘子上向他献上施洗者约翰的头颅。她那细长的眼眸，呈深蓝色，凝视着人时一眨也不眨，也不会转移视线，因而总是让男人们神魂颠倒。

在她身上，凯瑟琳·约翰逊所看到的只是"巨量的、满是傲慢的空

---

[1] 莎乐美（Salomé）：《圣经》中以色列希律王的女儿，在母亲希罗底的怂恿下，提出"请把施洗者约翰的头放在盘子里，拿来给我"。希律王无奈，只好命人砍下约翰的头颅并放在盘子里，莎乐美把盘子递给她母亲。

洞"。在男人们眼里，他们一般所看到的是她的细腰，她臀部热辣的曲线，以及她突出的胸部。"她不是个女人——她简直是只母老虎。"斯坦福·怀特嘟哝道。

虽然特斯拉表现出超人般的礼貌客气，但那个水性杨花的女人还是感觉出他有点心不在焉。她对他产生了兴趣。爱娃·阿斯特两眼一眨也不眨地紧盯特斯拉的眼睛，毫无笑容地问他："他们为什么要在报纸上抨击你？"

"因为我的发明会威胁到许多既有的行业。"

听到此话，约翰·雅各布笑了，笑容中带着些许的生动活泼，与杜莎夫人蜡像馆里任何一尊人物脸上的那种神情相差无几。对于困惑不解的特斯拉来说，阿斯特似乎在为他的来世储存能量。

呃哼……

战争无疑是所有话题中最热门的一个。约翰逊将特斯拉介绍给战争英雄理查德·霍布森，而这位英雄的双颊已经被叽叽喳喳的姑娘们在所有公共集会上吻了又吻。约翰·雅各布让军方征用他的"努尔马哈尔"号游艇，用于战争。

那发明家清清嗓子，提到他也向军方提供使用他的——

"什么？"爱娃问道。

"制导鱼雷，以及信息的无线传输。"

那百万富翁来了兴致。"那是怎么回事？"

"我给华盛顿的一位官员打了电话，讨论这些发明的实际应用。"特斯拉说道，"海军军部的秘书拒绝了我的提议，因为他害怕'火花会四处乱飞'。他哪里看到有火花？后来，有一队军官前来拜访我，他们长着连鬓胡子，有着世界上最挺拔的腰板和最明亮的眼睛。他们在我的实验室里来回走动，像自动机器人似的，足足有两个小时。"

"结果怎样？"爱娃·阿斯特问道。

"经过两个小时的漫长交谈，我清楚地意识到，智商和远见与低沉的声音、高傲挺拔的腰板、器宇轩昂的男子汉气概毫不沾边。

"总而言之，在与西班牙的这场战争中，海军所使用的，是用电报线拴在战舰上的一个个气球。"

爱娃·阿斯特第一次当着特斯拉的面哈哈大笑，释放出尖厉、令人不愉快的声音，类似于孔雀的叫声。

"那足以让人的头发瞬间变成灰白。"那发明家说道，也哈哈大笑着表示同意，"气球很容易成为袭击目标，但士兵们只能执行命令——整件事情的经过便是这样。"

原定出海航行、让海风吹拂着头发的假日被取消了，取而代之的是在纽约的商务会谈。阿斯特的眼睛在说"我们会等等"和"我们会看看"。特斯拉则意识到，这位百万富翁正如他以前的珀施尔教授那样，缺乏一个金色的球来给他指明方向；他只是蒙着眼睛探索着他的人生道路。但不管怎么说，阿斯特开始慢慢地热衷于特斯拉的荧光灯想法。

"我设计的灯可以永久亮着，"那孜孜不倦的发明家说道，他的头发非常光滑地向后梳着。"它们所发出的光，要比我们现在用的灯所发出的光强五千倍……"

在这些会谈中，阿斯特那麻木而又焦虑的眼神会稍微变得柔和一点。"希望整个宇宙对您没有任何限制。"他在谈判结束之际大声说道。

"希望没有任何限制被施加于您的宇宙。"特斯拉抑扬顿挫地说道。

他们在战争所引发的激动情绪中签订了合同。阿斯特一跃成为特斯拉公司的董事会成员。特斯拉则获得了十万美元的现金。世界上最豪华酒店的入口处像是从蓝天中突然变出来似的，现在就出现在他面前。带着一丁点儿喜悦的颤抖，特斯拉搬进了华尔道夫·阿斯托里亚酒店[1]。他的房间号是207，可以被3整除。女佣总是在他的房间放置十八条毛巾。他可以在十八个小时的时间段内用餐，餐桌上摆放着十八条布餐巾。

他所过的那种生活，也可以被3整除。

在酒店入口处上方的铁艺屋檐，会让人觉得好像来到了一座火车站。一楼的窗户上覆盖着双层布篷。清晨，空气散发着高档香皂的气味。一切是那么的安静，以至于他觉得，他是在透过放大镜观察四周的事物。大理石地板如此之大，足以让人在上面溜旱冰。

在华尔道夫酒店，人们出现在这里，主要就是为了引人注目。

而他就生活在这里。

"亲吻不会持久，但厨艺却经久不衰。"华尔道夫酒店的餐厅经理奥斯卡一边像哼曲子那样说出上面这句话，一边在堆满水果的玻璃托盘与金字塔造型的花束之间，把一盘盘菜肴摆放好。

寂静无声的电梯简直要让特斯拉的胃翻江倒海，载着他直达这座城堡的顶层，而他的套间就在这一层。人的眼力根本无法测出过道的纵深有多少。每个圆柱旁都站着一个穿制服的男孩，头上戴着有金色缘饰的帽子。来自中国明代的花瓶甚至要比这些极具耐心的男孩还要高。盥洗室里弥漫着茉莉花的芳香。虽然斯坦福·怀特并没有提供所有的家具，但室内的陈设还是让人觉得，好像所有的家具都出自他的手笔。兰花已从窗台上撤下，以免直射的阳光会伤害它们。

"你在那凡尔赛宫中，是否过得逍遥自在？"约翰逊想知道他过得怎样。

---

[1] 华尔道夫·阿斯托里亚酒店：位于纽约。1893年，威廉·华尔道夫·阿斯特建造了华尔道夫酒店，1896年，威廉的堂弟、同时也是他的邻居约翰·雅各布·阿斯特四世，在附近建成同样大气华丽的阿斯托里亚酒店。后来，两家酒店之间以一条长廊连接起来，合并成一家，冠以"华尔道夫·阿斯托里亚"之名。

我们不会的

在搬入华尔道夫·阿斯托里亚酒店后的一个星期，特斯拉邀请他忠心耿耿的助手舍夫前去参观一番。头发凌乱的舍夫仿佛一头鹿似的，误闯进了酒店的棕榈大厅。

领班走上前来，鼻子高高仰起，如同一匹斯洛文尼亚的利比扎种马似的。他转过身对着舍夫，因为舍夫的穿着打扮让他甚感疑惑。

"请问，有何贵干？"

特斯拉迅速用手比画了一个动作，命令的意味十足。

侍者不知所措，知趣地消失了。

舍夫体格魁梧。很多记不住他名字的人称他为八字胡先生。他会不断重复自己讲过的话，因为他认为人们没有理解他在说些什么。在他视力开始下降之后，他买了副眼镜，镜框要多丑有多丑。

"这些镜框是用马蹄做的吗？"怀特曾不无嘲讽地说道。

特斯拉则为他辩护："舍夫的头发是灰白的。他的眼睛是褐色的。但他的双手和心灵都是用金子制成的。"

特斯拉十分有技巧地向舍夫旁敲侧击地暗示，哪些服饰是比较像样的，哪些服饰是不怎么像样的。但这一切毫无用处。和背信弃义一样，时尚这玩意儿对于这位老实巴交的机械师来说，完全是一个无法理解的概念。

舍夫喜欢穿沉甸甸且编织得十分粗糙的毛衣。他脚上穿的靴子看上去像是来自军需品处理店。靴子深深地陷到阿斯托里亚酒店厚厚的地毯里，一直没到踝关节。这位善良纯朴的机械师还不清楚，自己到底是在教堂还是在酒吧里。他不停地转过头，惊恐地环视四周。他难以决定该点些什么菜。他把菜单仔细研究了一遍又一遍，把范围限定在三个菜肴之间，然后又重新开始琢磨起来。

为了节约时间，特斯拉给他点了奥斯卡的小牛肉，以及一份华尔道夫沙拉。他们两人喝了半瓶酒。餐毕，这位老实巴交的机械师情绪缓和了许多。

"我好像觉得，"他结结巴巴地说，"我们现在要在纽约安顿下来，靠着灯泡和振荡器大发一笔横财了。"

"我们不会的。"那发明家回答道。

舍夫一脸崩溃的样子。

"可我好像觉得……"他又开始说道。

特斯拉满脸温暖地看着他，甚至还把一只手搭在他的肩膀上：

"休斯敦大街上的实验室太小了，而且永远存在着火灾和商业间谍的风险。这就是为什么我会奔赴荒野，去往那个位于太阳之东与月亮之西的地方。那里，电闪雷鸣要比世界上任何地方都来得频繁。

"我会研究数百万伏特的电流，研究那些迄今为止尚无任何名称的自然现象。

"没有任何人的指导。

"并且，毫无先例。

"至于你，还是请你待在这里，一定要保证休斯敦大街上的这间实验室里，一切都有条不紊地正常运转。"

"可我好像觉得……"那老实巴交的舍夫嘟哝道。

纯净无瑕的云

南方那团雾气也开始升得很高很高，
并且开始呈现出更清晰的轮廓。
我只能把它比作一道无边无际的瀑布，

正从天上的某堵巨大而又遥远的墙悄然滚落进海中。

埃德加·爱伦·坡《阿瑟·戈登·皮姆的故事》

他在火车上睡着了,后来又醒了。这趟火车之行让他体验到了这片北美大地的广袤,并了解这片土地是如何呼吸的。"欧洲有大教堂,但美国有神圣的大自然。"那安静而又高贵的约翰·缪尔(约翰逊高顶礼帽中变出来的又一个名人)曾这样告诉过他。

特斯拉穿过一个个被上帝遗弃了的小镇,镇子上种着一排排树木,每个窗台上都坐着一只猫,马车的轮子往后滚动。火车越过这些小镇,一路呼啸着奔向美国的地平线。

"我盛情邀请您前来此处待上一个月,好好地领略大自然。"缪尔跟他说道,"除了花费您的时间,您不会付出其他任何代价,而即使是所花费的时间也会变得微不足道,因为在大多数时间里,您将生活在永恒之中。"

在他那永恒的火车旅行过程中,特斯拉决定接受缪尔的邀请。他透过车窗往外望去,看到黑压压的一大片鸟,散落在山上。他微笑一下,回忆起童年时听过的一次讲座,讲座的题目就是《论乌鸦对庄稼的危害》。火车引擎发出的汽笛声让他怔了一下,那汽笛的响声经久不衰地回荡在壮丽的山川河谷之间。

"科罗拉多的斯普林斯到了!"火车站的站长鼻音浓重地报着站名。

"您为什么要来科罗拉多?"一位报纸记者从他格子外套的口袋里掏出一个笔记本问道。

在阿尔塔维斯特酒店的服务台旁,特斯拉与一位沉默寡言的人握手,此人是承包商约瑟夫·多齐尔。在成为承包商之前,多齐尔是个普通的劳动者。"整整十年中,我每天早上为我老板买一份报纸。"他抱怨道,一边用手指甲挠着自己,而那手指甲看上去更适合从事木刻和把熊勒死,

"他从未付过一次钱,而我还有六个孩子需要抚养。"

这个沉默寡言的男子答应为特斯拉建造一座实验室。多齐尔举起他的手,脸上的表情仿佛在说,活儿早已干完,并且已被忘记。

特斯拉和第一批工人一起抵达了诺布山。

"耐心(patience)和痛苦(pain)这两个词汇,难道不是来自拉丁语中相同的词根?"他自言自语地嘟哝道。

如果有人要求他对天才下个定义,他的回答肯定是——急躁(impatience)。在接下来的几个月中,一个木结构便矗立在一块不知是何处的田野的中央。从一个谷仓的屋顶上,伸出一座钢塔。从钢塔上,又有一座大线塔直冲云霄。

在这座堪称世界上最诡异的谷仓内,特斯拉和他年轻的助手弗里茨·洛温斯坦用德语大嗓门地冲着对方喊叫。

"快点干!"特斯拉朝着洛温斯坦大声嚷嚷,就像弗伦茨·普什卡什过去常对他大声嚷嚷那样。

在谷仓的中央,他们安装了一个巨大的线圈,线圈的绰号叫"蛇发女怪"。他们在附近安装了另一个线圈,并将两个线圈的电振幅设置为完全相同。与往常一样,特斯拉的设备都是装在魔术师的大木箱里运输过来的。特斯拉似乎觉得,最后一批设备来得太慢了。终于,一对公牛拉着一驾四轮马车,运来了一个类似于蜘蛛网的发射器。在他们安装完毕之后,他们在这座用原木建成的谷仓前竖起一块牌子,上面写着:

"极度危险!请勿靠近!"

多齐尔大感惊讶,得出结论道:"这下我们算是完蛋了。"

在他新建成的谷仓里,特斯拉想到的第一个人便是约翰·缪尔。这位双眸纯澈的苏格兰人,模样长得像个爱尔兰小魔鬼,那个传说中像小矮人的魔发精灵,或者说,也像极了一个古代塞尔维亚的小精灵,胡子长得垂挂到腰间。缪尔在很小的年纪就双目失明。当他重新恢复视力后,他发誓他永远也不会把折射于自然界中的那"上帝的微笑"视为理所当然。在科罗拉多州的斯普林斯那雄伟壮丽的环境中，特斯拉透过缪尔的眼睛来观察世界。就像在尼亚加拉瀑布时那样，他深深沉浸在大自然的雄壮之中，并与大自然融为一体。光明谷修道院的圣伯纳德不是说过吗，人们从林中所学，远胜于从书中所学？

很久以来沉重地压在他身上的孤独感，开始在特斯拉身上获得了一种契合。对他来说，大多数人聪明不足，迟钝有余。他觉得，没有这些人反而更好。

春天过后，他才允许自己来到当地的艾尔帕索俱乐部，玩一把惠斯特纸牌游戏。

"我们生活在世界上最古怪的地方。"身体肥胖的俱乐部主席耶利米·法尔科纳夸耀道，"很多人来到科罗拉多州的斯普林斯，为的是疗养身体，但能来此俱乐部的，"——他沿着俱乐部的门槛画了一条线——"只能是单身汉。"

知识渊博的俱乐部会计，两眼下有一片阴影。

患有甲状腺肿的秘书递给特斯拉一张名片，名片大得像歌剧院的节目单。上面有一句铭文：约翰·达克·哈里斯：鄙人信仰和平、进步以及人类博爱。铭文下面是笑容可掬的达克的照片，照片上的他长着连鬓胡，露出两排大牙。那公开宣称自己厌女的法尔科纳，告诫特斯拉说："你会发现，山脉和其他庞然大物在此会看上去相形见绌，成倍地缩小。"

"相反，站在远处的人则反而好像变得人高马大。"法尔科纳说道，声音像锉刀般尖厉刺耳。

"光线，以及光学的法则，在这里与我们的眼睛玩起了游戏。"那会计以没精打采、自我满足的语调补充道。

"你会明白的。"法尔科纳放下酒杯，杯中的干红葡萄酒已空空如也，"科罗拉多斯普林斯是个截然不同的世界。"

事实上，这里大气层的清澈纯净让特斯拉简直如痴如醉。他从未见过这样的光。远处山脚下的灯发出的光，亮堂得仿佛只有几个街区之遥。声音传播的距离也非同寻常地远，尤其是那种尖厉的声音。正如很久以前在布达佩斯，特斯拉可以听到很远的镇上传来的钟声，而那钟声仿佛就在他脑际回荡那样。在诺布山区，从镇上传来的人声和车轮的嘎吱声好像就发生在他门外。

"我将所有这一切归因于空气中的高强度电流。"他向忠心耿耿的洛温斯坦解释道，"电可以纯化万物，也可以放大万物。"

"你能相信雪山山峰的最佳照片是在月光下拍摄到的吗？"艾尔帕索俱乐部里博学多才的单身汉们问他。

月光下，云朵投下的墨水般的影子，寂静无声地匆匆掠过北美大草原。一天晚上，特斯拉从四分之一英里之外的地方便看到了约瑟夫·多齐尔忧郁的脸庞。

"你好！"特斯拉向他脱帽致意。

多齐尔用手指指着天空道："呃！月亮！星星！呃？！"

特斯拉的父亲米卢廷不也曾经看到过吗？一帘瀑布，由无数流光溢彩的火花构成，显得既远在天边，又近在咫尺，仿佛触手可及。那闪闪发光的瀑布留下一道道蓝色的曳光，"使星星黯然失色"。

科罗拉多斯普林斯，每天都呈现出一番美丽的景象。这里，无数的星星像出膛的子弹划过苍穹，人类无论怎样许愿，其愿望都不可能比得上星星数目繁多。曾经有一次，他看到一颗流星在空中爆炸，并像花一样绽放。"这难道是世界的真实面貌吗？"特斯拉满怀希望地摇摇头。一种令人不寒而栗的直觉挠动着他骨头里的骨髓。

在这里，他得以对真正具有宇宙意义的事物展开研究，并且他人生中第一次使出全身的劲头，全身心投入工作之中。

每天早晨都值得睁眼醒来。当太阳神赫利俄斯刚驾着他的四马战车出发巡游,天空中有些地方便已染成血红色。山顶变成炉门,熔化的矿物从中喷涌而出。云彩在空中快速形成,又快速消散。大片大片像雪一样的东西,在空中飘浮而过。

一天晚上,他在日记中写道:

"云彩是如此洁白,如此洁净,以至于任何事物,哪怕是天使,只要触碰它们,也不可能不玷污它们。"

那些在空中盘旋的冰山,看上去像极了固体,以至于很难让人相信它们实际上是由气体构成的。要将天上的山脉和陆地上真实的山脉区分开来,已经变得断无可能。在特斯拉写给罗伯特和凯瑟琳的信中,他说他曾不止一次在天空中目睹了一片由深绿、深蓝和深黑色的水构成的海洋。海面上分布着密密麻麻的绿色岛屿,熠熠发光的冰山,还有帆船,甚至是蒸汽船。它们栩栩如生,极为逼真,因为它们是由光彩夺目的雾霭构成的。还有一次,他目睹的景象仿佛天上的瑞士。

英国作家约翰·拉斯金曾说,他的父亲是位酒商,总是将雪莉酒灌入瓶里,而他与其父一样,习惯将云彩灌入瓶子里。云彩已成为特斯拉的外在灵魂。他充满爱意地将它们分门别类:

红色的云,白色的云,那些看上去像巨大金块的云,那些含有一丁点儿铜的云,还有那些像太阳本身一样耀眼夺目的云。

蛇发女怪戈耳工[1]的头发

一根发着光的刺针在远处闪烁。刺针映照出闪闪发光、由闪电和金属交织而成的天幕。有一秒钟的时间，弗里茨·洛温斯坦出现在天使的世界中，一个霹雳又将他重新置于黑暗之中。

"48.5秒！"那曼弗雷德式的人物用清脆的声音读出数据，而与此同时，他们周围的一切都在剧烈摇晃，哐当作响，不停颤抖。他所准确预测的地震波差一点儿将实验室从地基上撕扯下来。

"嘘！"特斯拉对洛温斯坦示意道。

雷电所造成的地下回响先是消失，继而又重新回来。我们的那个宇宙间谍脸色苍白得像一朵茉莉花，头发光滑地往后梳着，他侧耳倾听那回响是如何减弱，但紧接着又被搅动起来。虽然有两百英里之遥，他仍能听到那些震荡声。

"那很重要，那非常重要……"他低声说道。

"砰！咚！"他的助手被实验室另一侧的一把扫帚绊了一下，跌倒在地。

"弗里茨！保持安静……"

洛温斯坦浑身发抖。无论任何时候，哪怕是他胳膊肘不小心轻轻碰到了特斯拉，他都会情不自禁颤抖起来。他不断地道歉，感到自己被冷落了，在特斯拉面前总是耷拉着肩膀。他越来越稀少的头发看上去更像是茸毛，而不是头发。这年轻人的皮肤像眼皮一样脆弱。在他心目中，特斯拉是神一样的存在，但特斯拉却会将笨拙视为粗鲁。最终，在洛温斯坦太多次无视特斯拉的"嘘"后，他的老板将他打发回了纽约。

---

[1] 蛇发女怪戈耳工（Gorgon）：在希腊神话中，是三个长有尖牙、头生毒蛇的恐怖女妖，她们分别是丝西娜（Stheno，力量）、尤瑞艾莉（Euryale，远跳）和美杜莎（Medusa，皇后）。在神话中，看到戈耳工颜面的人会化为石头。

"别人深爱着他,他却对人一点儿都不好。"这个年轻的德国人冲着舍夫发牢骚。

舍夫透过他大得夸张的眼镜看着他,镜片后面则浮动着一双巨大的、冷若冰霜的枪乌贼的眼睛。

那个眼睛里透露着凶神恶煞神情的科罗曼·齐托替代了洛温斯坦,成为特斯拉的助手。他带来了一封来自位于华盛顿的灯塔委员会的信函,委员会的成员们在信中告知特斯拉,他们在无线通信方面宁肯与一个美国人签订合同,也不愿和马可尼签订合同。特斯拉早就坚信不疑,与军方做生意就像是在与傻瓜打交道。他带着魔鬼般的傲气回复道:

先生们,无论我多么欣赏你们的提议,如果我想保持真实的自我,我必须拒绝任何特惠待遇,尤其是如果你们将我和那些循着我的足迹亦步亦趋的人做比较的话。对于我基于这种有利条件而所能获取的任何金钱方面的利益,我完全无所谓。

约翰逊曾经跟他说过什么来着?"在人类群体之外,断无幸福可言。"哈哈!

让我伺候你们,没门!

在布拉格,人们将他称为"曼弗雷德"绝对不是毫无缘由的。就在当天晚上,他不无骄傲地致信约翰逊:"我已经准备就绪,要制造出巨大的效应,这些效应将远大于迄今为止任何人类因素所制造的效应"。

翌日上午,那"曼弗雷德"第一次启动了他的那些威猛强劲的机器。蛇发女怪火焰飞蹿,她所有的头发都通明透亮。特斯拉把比闪电还要强劲数百倍的电流灌注到空旷的地面之中。地面发生微弱的颤动。一阵阵震动以一个个越来越大的圆圈扩散至整个地球,在另外一端形成一个弧状物——正好就位于法属阿姆斯特丹岛和圣保罗岛之间。

整个地球是一只大猫。

现在,他知道是谁在撸着这只猫。

地球这只猫惬意地打着呼噜。

那震波产生回声,在科罗拉多州的斯普林斯制造出相同的效果。随着他不断地将更多的电流灌注到地面,谐振不断增强,如同他童年时代制造的那个雪球。从理论上讲,这种"电雪崩"可以摧毁整个星球。

在极其晴朗的天空下,他强大的机器记录下了来自火星的三个信号。从科罗拉多州的斯普林斯那处星球表面,特斯拉飞翔起来,来到宇宙回响的深处。任何一次呼吸都是一个奇迹。他无怨无悔地沉浸在一股自然力量之中,没有任何回头路可走——他已与这股力量缔结姻缘。他打交道的对象,是巨大得堪比死亡的现象。

约翰·缪尔身在远方。光明谷修道院的圣伯纳德已经驾鹤西去。除此之外,还有谁能理解他那些在荒无人烟的旷野中成熟起来的思想?玛拉不是曾经告诉过佛陀:甚至都不要试图去宣布它。然而……鸿雁传书,一封封书信飞往纽约,又从纽约飞回来。

"不妨想象一下球星的闪电,在风的吹拂下,穿过夜间的荒原。"那进入癫狂状态的隐士在给他都市友人的信中写道,"不妨想象一下一队幽灵穿过黑夜!这种类似于风滚草[1]的闪电,在这里的大草原上是自然形成的,在我的实验中,释放出某种十分相似的结果——它折断了我的天线塔,摧毁了我的一些设备。蛇发女怪的一根根头发在我四周像蛇那样咝咝作响,我只能在地上翻滚着躲开。"

"在这里,我获得了奇妙的经历。"打着绷带的特斯拉在给约翰逊

---

[1] 风滚草:戈壁的一种常见植物,干旱来临时,会从土里将根收起来,团成一团随风四处滚动,生命力极强,无论什么都不会让它们枯死,总有一天会找到适合自己生长的环境。然后发出新枝,冒出新芽。

的信中写道,"我是在试图驯服一只野猫,所以我浑身被抓得伤痕累累,鲜血直流。"

他搁下笔。他本来还想用这支笔对故事作些润色。

"那简直是复仇三女神!"他低声说道,充满厌恶,"复仇女神!"

他又一次拿起不听使唤的笔。他努力制服它,并继续往下写。"以无线的方式来传输信息、图像、声音以及最为重要的是能量,这将成为可能。"他在信中对那个根本无法理解他的人作出承诺:"我亲自在二十六英里之外的距离测试了能量的传输。请相信我,罗伯特,只要借助一架三千匹马力的输电振荡器,我就能够在地球的任何地方让一个灯泡亮起来。"

宙斯掌控着霹雳

忽然,从天上有响声下来,好像一阵大风吹过,
充满了他们所坐的屋子;
又有舌头如火焰显现出来,分开落在他们各人头上。
他们就都被圣灵充满。

《使徒行传记》第二章,第2—4节

"宙斯制造闪电——人却不可以。"科罗曼·齐托喃喃自语。这位助手两脚分开站着,时不时偷偷瞄他老板几眼。虽然他不完全像爱迪生马戏棚的伊戈尔那样是个驼背,但这匈牙利人仍然显得有些佝偻。

"当喷涌而出的电磁能量击中蛇发女怪时,"特斯拉大声说道,"线圈就会造成一种雪崩效应,提高地面的电势。你明白吗?电会再次从地面喷吐而出。明白吗?"他吼叫着说:"我们的天线塔就会发射出霹雳来。"

"掌控着霹雳的是宙斯。"齐托呜咽着说。

这位助手意识到，特斯拉准备用他自己的生命来冒险，使用人类迄今为止所能制造出来的最高的电压。齐托实际上也是在玩俄罗斯轮盘赌，因为控制着来自电厂电流的，是他而不是特斯拉。

"在我给你发出示意后，你就拉下控制杆。"特斯拉带着自杀式的决心果断命令道。

他找到一处地方，可以透过洞开的屋顶看到外面。

"现在！"

齐托猛地一拉控制杆。线圈上立刻覆满了一大群电蛇。一阵咝咝的声音在整个房间内扩散开来。

"成功了。"特斯拉的声音响得像打雷，"再来一次！"

那精怪的头发再一次缠绕在线圈上。实验室变成蓝色，并开始发出噼噼啪啪的爆裂声。天线塔上传出一声沉闷的轰鸣声。

"我要到外面去，检查一下天线塔。"特斯拉毫无慈悲之心，"我要你拉下控制杆，并一直握住它，直到我再次发出指令。"

那"曼弗雷德"脚上穿着橡胶底的鞋子，身体摇摇晃晃着走出谷仓。

"拉下控制杆！"

齐托拉下控制杆，并用他伸长的手臂牢牢抓住控制杆，同时等待着信号再把它用力推回去。

时间一秒一秒地过去。那魔术师和他的徒弟依然活着。闻不到什么烧焦的味道。神奇的整整一分钟时间，如同一个金币似的，伴随着叮当一声，掉落在石板上。随后所发生的，才是复仇三女神真正从沉睡中醒来。随着特斯拉将自己置于一个全新现象所创造的无垠空间，他跨越了临界点，不再有任何回头路可走。谷仓内，蛇发女怪的头发发出的爆裂声达到一个渐强段落。谷仓外，一丝闪电竭力挣扎着，从天线塔逃逸而去。接下来出现第二次闪电，第三次闪电，第四次闪电。炸雷声中，特斯拉心有不甘地往回缩。亲爱的母亲啊！紧接着又出现一个炸雷，随着它再

303

一次爆裂，他又躲闪一下。从天线塔传来的响声，听上去先是像来复枪的声音，继而是大炮的声音——不久之后声音变得更加巨大，直到让人觉得他们似乎正置身于奥斯特里茨[1]战役。在电闪雷鸣的旋风中，建筑物简直就是一根稻草。

"这些复仇女神。"人类历史上第一个人造雷电的缔造者低声念叨着，语带报复，"这些复仇女神！"

谷仓里出现幽灵般的蓝光。一团带电的头发似乎带有生命，绕着线圈爬行。建筑内的每个物体往外喷吐着针刺般的光芒。一个由各种声音组成的魔窟挣脱控制，获得了自由。空气中传来硫黄的恶臭味。齐托竭尽全力控制他全身的颤抖，否则控制杆会因为他握不住而反弹回去。他咬紧牙关，因用力过猛而咬断一颗牙齿。他的左臂摇晃得厉害，以至于他都无法在自己身上画十字。他被闪烁着的蓝光彻底包围住，光影中，他几乎期待着能见到他已经死去的父母亲的幽灵。他可以感觉到有火花从他手指里冒出来，把他弄得疼痛无比。他甚至觉得他的血会从指甲下涌出来。

这个充满着电的旋涡，威胁着要把整个谷仓摧毁殆尽。

尼古拉·特斯拉站在谷仓外，衣着整齐，高帮皮鞋系着鞋带，头上戴着圆顶呢帽。天空发出尖叫，大地应声附和。

在被闪电浆过的夜空下，一个全新的靡菲斯特变得越来越高大。火花在他橡胶底的鞋子周围飞溅。被唤醒的大地有一个信息要向他传递。被唤醒的大地在他周围火花四溅。

闪电变得越发粗厚，越发明亮，越发清晰，越发湛蓝。拳头般大的火花射向天空。海蛇扭动着身体跃向空中，跃腾到地面上空八十英尺的

---

[1] 奥斯特里茨（Austerlitz）：奥斯特里茨是捷克斯洛伐克中部的一座城市，拿破仑于1850年在此击溃俄奥联军。

高度，然后又升至一百二十英尺。轰隆隆的回荡声经久不息，延续数英里。那维多利亚时代的雷电缔造者，身穿双排扣长礼服，脸不断地在黑色和银色之间交替转换，目不转睛地审视着闪电与霹雳。他自己就是那片光亮——那股闪耀着的、非人格的力量。

"这已经持续多久啦？"齐托颤抖着问，"这是犯了禁忌！凡人是绝不应该做这种事情的啊！"

就一眨眼的工夫，一切突然变得死一样的寂静！

毫不夸张地说，一切。

"齐托，你是不是拉了控制杆？"特斯拉声嘶力竭地冲他吼道。

那匈牙利人用布满血丝的双眼望着他，身体佝偻着，像一头背上被斗牛士扎了一把短标枪的野牛。

"我没有！"他气喘吁吁地回答道。

"快给电厂打电话。他们不能对我做出这样的事情来。他们不能就这样把我的电给切断了。"

"你在胡说什么呀？"当齐托打电话过去时，一个精神错乱的声音在电话里吼叫，"是你们造成了短路故障。我们的发电机烧起来了。"

特斯拉的二十世纪献辞

在那一时刻之后，明亮的阳光将不再闪耀，
它那赋予万物生命的热量也会潮水般退去，
而我们自己的地球将会变成一块冰，
在永恒的黑夜里匆忙赶路……
与此同时，那令人振奋的科学与艺术之光，

将会变得越来越明亮，照耀着我们进步的征途。

尼古拉·特斯拉，发表于《世纪》（1900）

在离开了科罗拉多斯普林斯那片寂静之地后，特斯拉出现在吵闹嘈杂的百老汇大街上。

黑乎乎的引擎拖曳着高架列车。游客都在阅读《迷途指津》。

弗·芬奇·斯特朗博士竭力要让人类相信，电可以使老年人变得更年轻，弱智者变得更聪明。

啊！一个崭新的世纪即将降临。

巡回剧团到访位于那些被上帝遗弃的荒凉小镇上的剧院，带来一个闻所未闻的玩意儿：留声机！

观众们热烈鼓掌，为幽灵般的歌唱家们欢呼。

自由，智慧，万国博览会，美国——每一事物都拥有它自己的缪斯女神，而每个缪斯女神都拥有她丰盈的化身。

"法律正在变得越来越公正。"幻想家们坚持认为，"统治者正变得更加仁慈；音乐正在变得更为甜美；书籍正在变得更富智慧；而每个人的内心正在变得不仅更加正义，而且更加和平。"

然而，义和团成员被割下的头颅被高高悬挂在城墙上。水牛则在菲律宾的稻田里闻着死人的尸体。

"每个人都觉得自己变大了四百倍。"特斯拉的朋友昌西·德普自鸣得意地说道。他是铁路大亨，也是参议员。

在拉伯雷的《巨人传》中，高康大写信给庞大固埃[1]，告诉他，他们

---

[1] 高康大和庞大固埃：拉伯雷《巨人传》的原名，作为一部讽刺小说，讲述了两个巨人——国王高康大及其儿子庞大固埃的神奇事迹：高康大不同凡响的出生；庞大固埃在巴黎求学时的奇遇；庞大固埃和高康大对婚姻问题的探讨；庞大固埃远渡重洋，寻访智慧源泉——"神瓶"，并最终如愿以偿。

那个时代要比所有以前的时代加在一起还要美好，难道不是这样的吗？

犹他州斯科菲尔德的一盏石灯，将一个矿井变成了一场烈火的龙卷风。矿工们被炸得从通风井中抛出来，仿佛是从大炮中被射出来的一样。

啊！一个崭新的世纪即将降临。

悲伤的移民们从船上下来，又将廉租公寓塞得人满为患。第二天，他们前往设有电影院的拱廊商场，去观赏长达十六秒的接吻镜头，镜头中一辆列车正驶进车站，有些女工正从工厂里出来。突然地，原本远隔数千英里的奇迹，从现在开始竟然就发生在他们眼前。

在全美各地的小镇上，夏季极为炎热。在那选举之年，西奥多·罗斯福在列车的车窗里冲着民众露齿微笑，他的眼镜也闪闪发亮。

麦金利总统脆弱的妻子艾达站在她丈夫身旁，她看上去像是站在水牛背上的一只小鸟。

各种出版物上，都装饰着独立自主而又忧郁的吉布森女孩[1]的图片。

一个崭新的世纪即将降临。

在撒谎成性的摄影照片的屠杀下，热爱真理的插图作品从报纸上不断消失。《世纪》杂志刊载了一篇题为《增强人类能量的问题》的文章，照片里，特斯拉正在科罗拉多的斯普林斯平静地阅读，而与此同时——就在他身旁——闪电从一个线圈飞越到另一个线圈。

作为雷霆缔造者，特斯拉发表过许多祝酒词。他在许多地方为新世纪的到来发表过祝酒词，在约翰逊夫妇家，在戴尔莫尼科餐厅，在华尔道夫酒店，在斯坦福·怀特家。

一个崭新的世纪即将降临。

---

[1] 吉布森女孩（Gibson Girl）：指查尔斯·达纳·吉布森在十九世纪九十年代所画的他心目中理想的美国女孩形象。吉布森是美国平面设计大师和插话画家，"吉布森女孩"成为崭露头角并在社会上扮演新角色的"新女性"的象征。

他与爱娃以及阿斯特上校一起致祝酒词。

十、九、八、七……倒计时开始。

他和范德比尔特夫妇一起致祝酒词。他致着祝酒词，而他则被一张张面具所包围。

一个崭新的世纪即将降临。六、五、四……人们对新世纪翘首以待，内心既兴奋，又惧怕。三、二、一……

就在那激动人心的瞬间，马克·吐温转过身来，背对着窗外如雷般的烟火。他灭掉手中的烟斗，大声宣布："我并不属于——这个世纪。"

紫色、红色和蓝色的星星，繁星满天。

由光构成的柳树，耀眼的蒲公英茸毛，红色和白色的火花，烟雾和爆炸声，在他们的头顶上此起彼伏，一阵紧似一阵。

如同古代中国人那样，特斯拉也相信，烟火会唤醒诸神。

但被唤醒的是什么样的神呢？

下卷

新世纪

可怕的鼻子

那不是鼻子！那是个纪念碑！

埃德蒙·罗斯丹

他用自己的牙齿将手套咬着脱下，摇晃一下雨伞，然后把伞插入大象的脚里面。他紧攥着手套和帽子，因为这是一场正式拜访。他略带绝望地低声告诫自己：

"千万不要看着那鼻子。"

有传言说，摩根所居住的那座建筑，从外面看像是米兰大教堂，从里面看则像是通天塔图书馆。整座庄园永远充满着欢声笑语。一个个银盘熠熠生辉，女佣们不厌其烦地将它们擦了又擦，使之一尘不染，为即将到来的圣诞节做好准备。特斯拉将雪从他大衣的褶皱处抖搂掉。屋外大雪纷飞，但在屋里，黑孔雀在大理石大厅内趾高气扬地到处走来走去。

不要摸自己的脸，在内心深处有个忠告者在警告他。只有在必要的时候才眨眼。呼吸要慢。

在喷泉里，黑色的鱼群旋动着它们的鳍，像一团烟雾。在八角形大厅入口处的地面上，由马赛克镶嵌而成的女神，亲吻着他的双脚。一个仆人小心翼翼地引着他来到会客厅。

当门关上后，他的鞋子直往地毯里陷。幽闭恐惧症和恐高症在同一瞬间向他袭来。

"千万不要看着那鼻子。"他恳求自己。

"日安!"

只一声问候,特斯拉的右颊上便顿时出现鸡皮疙瘩,脖子僵硬。

正是这同一种说话声,发号施令,铸就了美国首个十亿美元级别的垄断。

人们可曾知道,十亿中含有多少个零?

十亿中有多少个零,相应地就会有那么多个零的眼镜,那么多个黑色的办公室文员衣袖护垫,那么多颗金牙,那么多顶工人的平顶帽,那么多个警徽和平克顿私人侦探徽章——他们全都响应这个声音发出的号令,而这个人却有着一个魔鬼般的鼻子,约翰·皮尔庞特·摩根便是他的尊姓大名。

挤眉弄眼的古董商,还有巧舌如簧的艺术鉴赏家,精挑细选各种绘画名作、挂毯以及青铜雕塑,供他作为艺术收藏。一根根不知疲倦的手指点着约翰·皮尔庞特·摩根的钞票。摩根用他低沉的声音引用奥维德[1]的名言:"知道自己有多少只羊的人,必是穷人。"

约翰·皮尔庞特·摩根长着浓密的眉毛。他皱一下眉头,足以让马蹄铁弯曲变形。

他双颊浑圆,眼睛很小,且看上去煞是滑稽。他长得几乎与巴尔扎克一模一样——除了他那令人畏惧的鼻子。

一个欢快的声音在特斯拉的头脑里说着话:如果没有鼻子,我们会在哪里?相信我——我们到不了任何地方!在社交场景中,我们靠着嗅觉才能识别彼此,做到物以类聚,人以群分。此外,我们对"金钱的铜臭"

---

[1] 奥维德(Ovid):古罗马诗人,与贺拉斯、卡图卢斯和维吉尔齐名,著有《变形记》《爱的艺术》和《爱情论》。

以及"贫穷的恶臭"都耳熟能详。

"太危险了！"那发明家惊恐地后退一步，迅速将他曾在《论鼻子》一文中所写的这番话从他头脑中抹掉。

长着浓烟般八字胡的卡普尔塔拉邦大君，还有脸庞狭窄的英国贵族——他们怎能与约翰·皮尔庞特·摩根的荣耀与辉煌相媲美？！而那位老妇人[1]，在她那无眠的床榻上，抚摸着她已经死去的阿尔伯特的石膏手臂，她有资格吗？还有那俄罗斯沙皇，他精心修剪的络腮胡子难道能与摩根的威力相匹敌？与约翰·皮尔庞特·摩根那火山般亦梦亦幻的鼻子相比，谁还会在乎奥地利皇帝那松弛的脸颊？

我亲爱的同道好友们，朝气蓬勃的同道好友们——请大胆地追随你们的鼻子吧……

他竭尽全力，要把这些词句从头脑中抹掉。

医学上，摩根鼻子的症状被称为肥大性酒糟鼻。他的鼻子被人从道林·格雷[2]破败的画像中偷走了。那鼻子状若树莓，亦黄亦蓝亦红，像是花朵在盛开，却由于一个个痣而变得畸形。这个鼻子无论进入哪一个房间，都会成为该房间的焦点。要抬眼看一下这个鼻子并且装出一副若无其事的样子，着实需要非凡的勇气。

"日安！"那声音像麻醉药奴弗卡因似的，震撼着特斯拉。

---

[1] 老妇人：指维多利亚女王（1819—1901），阿尔伯特指的是比她小三个月的表弟和丈夫，出生于萨克森-科堡-萨尔费尔德的阿尔伯特亲王。他们于1840年结婚，共育有九个孩子，她的丈夫于1861年去世。

[2] 道林·格雷（Dorian Gray）：英国作家奥斯卡·王尔德创作的唯美主义小说《道林·格雷的画像》中的主人公。该小说是一个关于自负的经典故事，天生漂亮异常的格雷因看到画家霍尔沃德给他画的真人一样大的肖像，发现了自己惊人的美，又听信了亨利爵士的吹嘘，开始为自己韶华易逝、美貌难久而痛苦，表示希望那幅肖像能代替自己承担岁月和心灵的负担，而让自己永葆青春美貌。他的这个想入非非的愿望后来竟莫名其妙地实现了，他便开始挥霍自己的罪恶，最后这幅肖像却成为记录他恶行的证据，他因肖像而生，也因肖像而死。

在他们第一次会晤过程中,摩根给特斯拉留下的印象甚为奇怪:"仿佛有人在我脑袋上套了一个麻袋!"他后来如是说。

无论如何,他还是得以一窥那深不可测的摩根商业帝国的掌控者,并若无其事地看了一眼那个鼻子。

他们坐在壁炉旁,会客厅本身宽敞得足以容下整整一家子移民居住。桌子上摆着一本用象牙雕刻制成的拜占庭风格教会《日课经》。整面墙几乎被一幅又一幅油画覆盖,画中的男人都呈褐色,女人则全是白色。一幅色调暗淡的《苏珊娜和长老》习作,一幅施洗者约翰在自己的胳膊弯里抱着自己带有光环的头颅的油画,以及一幅表现人性虚无的佛兰德斯绘画,这三幅画深深吸引了特斯拉的注意力。他脑海中浮现出一只烤猪的形象——每次进入艺术画廊,这种联想总会不期而至。

摩根像海神波塞冬,脸上从来不露一丝笑容——但所有围在他身边的人,永远是满脸堆笑。

漫画家将他画成一只章鱼,每一根触角都会将某个行业的利润榨干。有改革派提出要对垄断实施调控,针对这些提议,摩根声称已经炒熟的蛋是不可能变回原样的。除了钢铁行业之外,他还控制着新兴的电子产业,造船业,矿山铁路,保险业以及银行业。

他的皮肤和他的衣领白得像百合花,他的头发和西装则是一片黑色,这与那令人震惊的红色形成极大的反差,着实令人害怕。他的鼻子光亮闪烁,宛若西西里岛上的埃特纳火山。它简直是雷霆万钧。

难道整个房间要喷发?摩根的访客心生恐惧。

然而,不妨想象一下,那个闷闷不乐的大猩猩脸上长着那样一个魔幻的鼻子,曾经为了美人而打算放弃江山……

一大批被称为"摩根的小天使"的英俊貌美的年轻银行家为他忠心耿耿地工作。在这些贪婪的理想主义者中,许多人过劳而死。

摩根的新娘身体如此虚弱,以至于在婚礼过程中他必须用手支撑着她……

这位古文物大收藏家的藏品中,有古钱币、珠宝、壁毯、雕刻画、绘画、书籍、手稿真迹、雕像等。马克·吐温将摩根的整个收藏称为一个变幻无常的世界中永恒珍品之宝库。但特斯拉则认为,藏品的金钱价值才是其唯一的收藏原则。

"人们一辈子都在积攒,"他一边欣赏着意大利画家塞巴斯蒂亚诺·德·皮翁博的一幅画作,一边陷入沉思,"但他们却无法积攒最重要的东西——生命本身。"

他带她前往北非著名旅游胜地阿尔及尔,以便使她增强体质。但后来她还是香消玉殒。他回到美国,接管了他父亲的银行。

房间里的气氛凝重得令人压抑,仿佛死亡天使在壁炉旁进行着一场持续不断的守夜祈祷。

在此之前,摩根已经在《世纪》杂志上拜读过特斯拉发表的《增强人类能量的问题》一文。他对此文表示了赞赏,之后便以他惯有的直截了当说道:"请说说您的系统。"

特斯拉在内心深处厉声尖叫:千万不要看着那鼻子。

"我的装置可以将声音和图像传输至任何距离之外,"那发明家轻声回答道,"是无线传输,绝对不泄露任何隐私。"

"马可尼的系统怎么样?"

"他使用的是别人设计的设备,但这些设备所设置的频率是错误的。"特斯拉用令人愉快的声音解释道,"人气中哪怕有一点点的变化,就会干扰设备的信息传输。"

千万不要去凝视那深渊,他绝望地在内心叫喊道。

摩根的眼睛中闪过一丝疯狂的火花。他的间谍网比大多数国家所拥有的间谍网还要出色。是的,树大招风,此人极富争议,人们在报纸上对他大肆攻击。

但是……

摩根一言不发，向特斯拉挥挥手，示意他继续讲下去。

"您会成为第一个支持该项事业的人，造福全人类。"

焦虑伸出它那瘦骨嶙峋的手指，掐住特斯拉的喉咙。他再次觉得，死亡天使就在这房间里。

特斯拉以一种似乎根本不是从他自己那里流出的滔滔不绝的雄辩，向摩根解释说，他的系统除了能进行信息的无线传输之外，还能制造并驾驭几十万匹马力的动力，可以驱动地球上任何一处的设备，无论该设备离动力发射器有多远。

"继续讲下去。"摩根用他那尼古丁般具有致幻作用的低音说道。

尼古拉本能地试图去舔摩根的灵魂，但发现只有一片虚空。就摩根而言，佛教徒们的看法是正确的。

特斯拉觉得他自己仿佛要睡着了。他使劲咬了一下自己的嘴唇，但没有任何知觉。摩根那低沉、拖得很长的说话声使他的意识近乎麻木。精神错乱的火花在那大猩猩的小眼睛里燃烧！他和摩根在宽敞的大厅里开始谈判。空间不断地挤压变窄——特斯拉的后脑勺顶着一堵墙，他的鼻子也顶着一堵墙。每当他陷入沉默时，恐惧便将他彻底笼罩。

"手握着这些专利的人，"他用一种不属于他自己的说话声向摩根指出，"与那些拥有权利来使用我的能量传输系统以及交流电机的人，在法律上将处于较为强势的地位。"

那不苟言笑的金融家吐出一口烟。"您需要多长时间？"他问道。

"八个月。"

一阵沉默，使那八度音阶的嗓音变得更加深沉。

终于，摩根说道："烦请您把财政预算呈送至我办公室。"

特斯拉离开时，那用马赛克镶嵌而成的女神亲吻着他的脚。

伟大的无名之辈

斯坦福·怀特像是被链条锁定在绘图桌上。他花了几个星期的时间，绘制完成了国际电报中心的蓝图，该电报中心有一座中央塔，通过它可以从全世界抽取地下能量。

"从结构上来说，它与布鲁克林大桥毫无二致，"他解释道，"主要的差别在于，它是一个塔。"

与这个塔相比，科罗拉多的那个被霹雳激荡的谷仓可谓是个玩具：这座塔将建造在一个公园的中央；它产生的能量足有尼亚加拉瀑布的两倍。特斯拉将利用这座铁塔，将他暴风骤雨般的信息发往混沌的星辰大海。在怀特用铅笔画出的草图上，铁塔位于一座带有未来主义色彩的示范城镇上，有住宅、商店以及公共建筑，可容纳两千五百人。

"汽船和飞艇将在街道上空穿梭飞行。"特斯拉高兴得像个孩子。

他们在长岛上买了一块地，位于萨福克县的肖勒姆，离曼哈顿约六十英里。塔顶的建造交给了美国桥梁公司，而麦金、米德和怀特则承揽了余下的建造工程。整个项目被寄予厚望，能提供方案以解决……

"解决所有问题。"特斯拉兴奋异常。

到七月份，项目完成了规划设计。

"沃登克里弗计划，它将是全世界此类项目中最伟大的工程！"

当地的一份报纸《杰斐逊港回声报》热情洋溢地解释说，该铁塔的建设是个清晰无误的标志，象征着特斯拉与马可尼之间的技术大碰撞。

然而！

在所谓的现实世界中，金融家爱·亨·哈里曼秘密购买了摩根的北方太平洋公司一半的股份。

摩根大发雷霆——全世界因此翻了个筋斗。

"给我不惜代价买回来！"

由此，股价开始上蹿下跳。

5月9日，北方太平洋公司的股价由一百五十美元飙升至一千美元。其他股票则一路狂跌。新世纪的第一年，当个人的心灵既变得更加正义又变得更加和平，当音乐变得更加甜美，大批投资者却被洗劫得血本无归，囊中空空。

公司之间的战争不仅给股市投下巨大的阴影，也给特斯拉的工程投下巨大的阴影。

"马上过来！"红脑袋的怀特对着电话大声叫喊。

迄今为止，他们已经彼此认识将近二十个年头了。

他们两个人都认为，他们可以超越人类的各种法则以及金科玉律。

"在华尔道夫酒店见吧。"特斯拉带着咝咝声说道。

"不。在我办公室见。"

怀特的办公室就在他自己设计的大楼内。特斯拉清晰地听到，怀特一边整理桌子上的文件，一边发出神经质的叹息。他让特斯拉联想到画作《贝娅塔·贝娅特丽丝》[1]的男人版。他的房间大而空旷；几张绘图桌面向窗户，桌上摆着绿色台灯。桌子上方挂着列奥纳多的素描画《维特鲁威人》[2]。来自大洋洲的一张面具也从墙上露出牙齿笑着。这面具是如何来到这里的呢？每当太阳照射过来，周围的其他建筑物便会以它们自己内部的光亮作为应答。太阳每"擦"一下，怀特的头发便闪耀一下。他仍然抱怨说，那些与她们的牧师谈情说爱的丑老太婆将是他的末日。

---

1 《贝娅塔·贝娅特丽丝》：英国十九世纪拉斐尔前派画家兼诗人丹特·加布里埃尔·罗塞蒂（Dantae Gabriel Rossetti）所作的画作，画中的女主人公是画家的妻子，"迷醉般地抬头闭目，以示她濒临死亡之前对丈夫的狂爱，日晷仪指向9，是死亡的时辰"。

2 列奥纳多：即列奥纳多·达·芬奇（Leonardo Da Vinci），《维特鲁威人》是用钢笔和墨水绘制的素描作品，描绘了一个男人在同一位置上的"十"字形和"火"字形的姿态，并同时被分别嵌入到一个矩形和一个圆形当中。这幅画有时也被称作卡侬比例或男子比例。

自从奥斯卡·王尔德出版了他那部著名的书之后，有些人便将怀特称为道林·格雷。在他这把年纪，他看上去健康得令人难以置信。

有人问他，一个喝酒喝得像他那么多的人算不算酒鬼，他回答道："当然算！"

"这不适用于你。你另当别论。"特斯拉用他那礼拜日最温柔的声音安抚他。

故而……

怀特凝视着远方，眼睛似乎在流泪。

"这是我的同事麦金。"他好歹找到了说话的力气。

麦金有一个惹人喜爱、大胆乐观的脑袋，眉毛细长而富有生气。他酷爱网球和垂钓，而垂钓者一般都沉默寡言。他说话极少，以至于他自己的声音都能让他感到惊讶。他眉头紧锁，一副愁眉苦脸的样子，这让特斯拉不得不第一次直面数字。

在他签下文件之前，摩根想获得特斯拉的其他专利作为抵押品。在他结束谈判时，他获得了对两个行业的控制权——无线传输以及彩虹灯。

"你的手脚全都被那个合同捆绑住了。"麦金解释道。

作为回报，特斯拉不仅拥有他的核心专利以及一个优于马可尼的系统，而且还获得了全美国最庞大的金融力量的支持。

说到此处，麦金慎重地提高了说话的音量。"你的计划基于一个假设，即摩根会迅速把钱支付给你，并且市场能一直保持稳定！"

"我明白了。"特斯拉承认道，"摩根的钱给得非常迟缓。而现在很难赊购任何东西。"

"这场危机把你的十五万美元砍掉了一半。"麦金解释道，语带粗鲁，"你知道那意味着什么。"

正如雅各与天使角力那样，特斯拉必须与自己的自大搏斗。

一眨眼的工夫，工厂和商店全都烟消云散。

剩下的只有一个问题，即是否要造一座或更多的塔。

"等一下。"斯坦福·怀特变得紧张起来，"即使是造一座塔——仅仅一座塔——也会比我们原来设想的代价高许多。"

"让汽船和飞艇自求多福吧！"麦金说话的声音宛若打雷。

皮带

新世纪的第一个年头，一个多雨的星期二下，午六点，一双琥珀般的眼睛，一百个金色的雀斑，一头金黄色的卷发，像是从地底下冒出来似的出现在特斯拉面前。

"我是斯特万·普鲁斯特兰。"那小男孩作了自我介绍。

对于特斯拉来说，小男孩看上去像是马克·吐温笔下的哈克贝利·费恩。他不断地眯起眼睛，仿佛正对着太阳睁不开眼。他的帽子上有两个耳朵洞，因为以前戴这帽子的是一匹马。

"斯特万的儿子。"他补充道。

"他已经等了三个小时了。"阿斯托里亚酒店的前台接待员说道。

特斯拉本能地舔着那孩子的灵魂。那灵魂是肆无忌惮的，不真实的，却是真实存在的。它用一千只小爪子挠着特斯拉。它闪烁一下，接着又变暗，因此最后剩下的仅是一小片空间。对于那个小男孩来说，一切皆有可能，然而，似乎有个什么东西在内心深处咬着他……那是恐惧。特斯拉不禁后退一步。

小男孩约莫有十三岁。

"斯特万的儿子！"

他一直想找到斯特万，正是斯特万在他一生中最穷困潦倒、走投无路的那一年，告诉他"来吧"，带给他早晨刚烤出来的面包，而且平生第一次见到大海便懂得了它。特斯拉曾在霍姆斯特德一带寻找过斯特万，当地的空气因烟雾而弥漫着一股酸味。

"跟我说说你的父亲。"特斯拉挪动身体以便离沙发更近一点儿，而那小男孩闻了闻紫罗兰花。

小男孩撩起遮盖着手指的袖子。他用嘴角说着话，叙述他的人生故事。曾有一段时间，斯特万·普鲁斯特兰在芝加哥的肉品加工厂打工谋生。后来，他重回宾夕法尼亚的煤矿开采业。

"日子过得怎么样？"

"甭提有多糟，老天爷可以做证。"

从宾夕法尼亚州的威尔墨丁，斯特万搬到圣路易斯。在那里，他和一个寡妇结了婚。那寡妇有几个小孩，她自己的以及她亡夫的小孩。

"后来，爸爸碰到几个黑山人。"小斯特万不带感情地告诉特斯拉，"我们就去了犹他州。他在一个煤矿干活。"

特斯拉竖起一根长手指。华尔道夫酒店的一名安静的服务生便走上前来。

"来份三明治，再加一杯果汁。"那知名人物轻声吩咐道。

"您有没有听说犹他州斯科菲尔德的那次爆炸？"小男孩问道，浑然不知塞尔维亚语法的微妙之处。

"我听说了。"特斯拉点点头。

"装着一整车棺材的火车，将尸体运到镇子上。爸爸从煤矿的通风井中被炸飞出来，因此我们至少还有他的尸体可以去埋葬。某个剃头匠临时充当了牧师，把他下葬在一个天主教墓地。"

仿佛他正站在"萨图尼亚号"的甲板上，他们两人都是乘着这艘船抵达的美国。斯特万长着美丽头发的脸庞，此刻就浮现在特斯拉的眼前。带着咸味的海风试图吹走斯特万的头发。在一只耳朵里轻声细语的是恐惧，在另一只耳朵里轻声细语的则是希望。上一刻他还在为他在美国的未来兴奋激动,下一刻他又变得惊恐不安。

"在煤矿里,爸爸的身子彻底驼了。"小斯特万语气平淡地说道,"他变成了一个驼背。我们一点都不知道怎样才能把背驼成那样的他入殓。酒吧老板巴契奇想出一个办法,用一根宽皮带勒紧他的胸膛,把他的身板给弄直了。我们就在酒吧里守夜。两个脸上沾着煤烟的年轻小伙,要在酒吧里开始唱我们塞尔维亚的一首歌曲……"

一个来自波斯尼亚的男子站起身来,举起酒杯:"祝你身体健康,斯特万!"

就在那一瞬间,斯特万在棺材里猛地晃动一下,直挺挺地坐了起来。

在场的男女老幼四处逃窜,相互踩踏,把椅子撞得东倒西歪。他们在酒吧门前再度聚集在一起。空气中有一股沙漠的气味。酒吧老板"嘎吱"一声推开门,往里偷偷瞅了一眼。

小斯特万讲述着他父亲的故事,那神情仿佛他根本不知道自己在说些什么。

"他在做什么?"大家问道。

"他就坐在那儿。"

妈妈号啕大哭:"天哪,他为何如此对我!"

酒吧老板绕过酒吧中央那个混凝土圆坛,带着十二分的谨慎靠近死者。

"小心点,米约。"他老婆在后面直喊。

当他如释重负地发出一声叹息时,大家全都听到了。

"都过来吧,大伙儿,都到这边来吧。"

特斯拉听到这里,稍微回过神来,擦了擦眼睛,问小斯特万:"怎么回事?"

"皮带断了!"

那根绑住他、让他能躺倒在棺材里的皮带绷断了,那个一辈子都弓着腰、弯着背的可怜人终于最后一次坐直了。

"爸爸只有在死后才敢反抗。然后他能挺直腰板了，但一切为时已晚。"

小男孩继续说着，仿佛他所讲述的一切都是发生在别人身上的故事："就这样，爸爸死了，妈妈与一个带着几个小孩的鳏夫再婚了。那家伙总是深更半夜才回家。妈妈会把我当天所做的错事一股脑儿地告诉他，他就过来把我弄醒，毒打一顿。

"我死去的爸爸总是吹嘘，说认识您，他说你们是如何坐着同一条船来到美国。我们的人无论到哪里，都会谈论您。所以……"小男孩说到这里，结束了他的故事。

小男孩告诉特斯拉，他只是过来打个招呼，但事情明摆着，他除了紧咬的牙齿，在这个世界上一无所有。

"当然。"特斯拉算是回答了他欲言又止的问题。

他和舍夫商量，安排小男孩在舍夫那里睡，以后就在实验室给他打下手。从那天起，特斯拉的朋友们注意到，他的"塞尔维亚仆人"在他前往沃登克里弗的路上一直跟随在他身后。

皮格马利翁

特斯拉没有住在沃登克里弗。那儿开始时，根本没地方可供睡觉，但他每天都会去看看。他乘坐的交通工具是长岛列车。他的列车隔间里摆着一个阿里巴巴的魔篮，华尔道夫酒店的奥斯卡会在这个篮子里装满吃的，而最终都由小斯特万·普鲁斯特兰将其一扫而空。

很难说清楚特斯拉的少年同伴是否抱怨过，抑或吹嘘过，他年纪轻轻就如此勤奋地工作。

"看着，"他炫耀道，"我能在我手掌上掐灭烟头。想让我给您表演一下吗?"

"我想让你做的事情是戒烟。"这位皮格马利翁[1]式的人物回答道,"我还想让你找些东西来读读。"

小斯特万·普鲁斯特兰顺从地翻开报纸,报纸被他弄得沙沙作响。他翻阅了几页,报纸上的文章如同一部乐曲,第一乐章为快板:

总统在水牛城布法罗的泛美博览会上遭到枪击!胸部和腹部受伤!一颗子弹已被取出,另一颗尚未找到!利昂·乔尔格斯,无政府主义者,来自克利夫兰的刺客!

第二乐章为柔板:

总统正在静养!大夫说他会痊愈!刺客坦白交代!攻击策划了三天!

整个故事情节以渐强而告终:

总统的身体状况急转直下!麦金利夫人身体健康堪忧!罗斯福接任总统!

"西奥多·罗斯福现在已成为总统。"特斯拉对那小男孩重复了一遍。窗外,长岛淡蓝色的海湾波光粼粼,很快便消失在视线之外。"他说,对于策马驰骋的人来说,黑暗的忧愁很难停留在他肩膀上。他的房子就在那里。看,那是怀特家的庄园。这里是杰斐逊港,我们离目的地不远了。"

斯坦福·怀特的车夫在火车站接上了大人物普洛斯彼罗和小人物卡利班,驾着敞篷的蒸汽锅驼机。将他们送到沃登克里弗。

"啊,多么蔚蓝的天空!多么灿烂的阳光!"司机欢声高叫,巨大

---

[1] 皮格马利翁(Pygmalion):希腊神话中的塞浦路斯国王,善雕刻,不喜凡间女子,决定永不结婚。他用神奇的技艺雕刻了一座美丽的象牙少女像,把全部的精力、热情和爱恋都倾注于这座雕像,并向神祈求让她成为自己的妻子。爱神阿弗洛狄忒被他打动,赐予雕像生命,让他们结为夫妻。特斯拉之所以是个皮格马利翁式的人物,是因为他将全部的精力、热情和爱奉献给了科学,科学便是他的恋人。

的双手紧握着方向盘。

汽车左右摇晃，车上的乘客则上下颠簸。头顶上，湛蓝的天空中白云旋涡般涌动，在肖勒姆上空形成一个白色的洞。在驶过了一片又一片连绵不断的栽种着土豆的庄稼地之后，他们便看到了令他们的眼睛高兴得发亮的景象——沃登克里弗塔。

这座铁塔拥有一个蘑菇状的圆顶，高达十八层，但仅占原设计规模的一半。

"尽管如此，"特斯拉告诉他的助手舍夫和齐托说，"加上地下额外的房间，整座铁塔将与我的原设计成正比。"

工程建设宣告开始。那是唯一重要的事情。我们走吧！

虽然整个工程在争分夺秒地推进，特斯拉还是抽出时间来让迪金森·伊莱拍些照片。"摆得帅气点。"伊莱命令他。照片中，特斯拉用长长的食指支撑着头；在他的眼角，鱼尾纹已清晰可见。

伊莱也给小斯特万·普鲁斯特兰拍了一张照片。在他满是雀斑的脸上，喜忧交加，忧的是拍照会被摄走灵魂，喜的是照片里的他能够永远年轻。

特斯拉命令他的摄影师，把沃登克里弗塔内的每一架机器和玻璃管都拍摄成照片留存下来。

"在这里，我们进行能量的无线传输，驱动汽车和轮船，"他向满脸讥讽的普鲁斯特兰解释道，"通过制造人工闪电，我们便能呼风唤雨，还能像点亮一个灯泡那样点亮整个天空。"

谁会在乎那是不是白纸黑字记载在某页纸上的精确内容呢？！在发明创造的瞬间，一堵堵厚墙，一个个条条框框，都会烟消云散。有金面甲护着他的双眼，沉浸在探索的快乐中，他根本无暇顾及各种细枝末节，比如说他的项目是否符合他与那个风度翩翩的大猩猩所签下的合同，而那个大猩猩则碰巧一个人独霸了全世界将近百分之十的资本。

"你可得小心点！"约翰逊高喊道，"摩根永远也不会原谅——"

特斯拉打断他道："随他的便。我们还会添加设备，开展全球性的时间测量，并进行星际通信。我们不仅会把电报，而且还会把报纸淘汰掉，因为它们将会变得陈旧过时。在每个人都拥有一台廉价的机器去印刷他们自己的新闻时，你想想报纸还能幸存下来吗？"

你到底相信谁？

对于隔壁邻居德·威特·贝利来说，那座铁塔似乎是直接从他的梦魇中拔地而起的。

但对于特斯拉而言，那铁塔便是他的水晶宫，是他的宇宙，是他的精灵出没的卡巴莱[1]。它是一座埃菲尔铁塔，长着一只无所不见的眼睛。在此处，可以审视睁着双眼的人生和闭着双眼的梦幻之间的界线。它是一个漏斗，聚焦于地下能量。在铁塔内，特斯拉仿佛乔瓦尼·皮科·德拉·米兰多拉[2]的手下那样，站在魔鬼与天使之间。在这个科学和未来主义的奇观——向下挖掘的深井要直达地球的核心，往上架起的高塔直抵天庭——中，特斯拉要把小斯特万·普鲁斯特兰抚养成人，培养成才。

普鲁斯特兰会习惯性地皱眉。特斯拉拍拍他的额头，说："你那样会长皱纹的。"

特斯拉的朋友们有时称斯特万为男孩子，有时则称他为年轻人，而他的行为也会按人们的称呼而随机应变。大多数时候，他一边听着那"皮格马利翁"自命不凡地大发议论，一边会在脸上摆出一副"我正在遭受凌辱"的神情。有时，他会一本正经地盯着特斯拉，问他："您现在是

---

1 卡巴莱（Cabaret）：指于晚间提供歌舞表演或滑稽短剧助兴的餐馆或夜总会。
2 乔瓦尼·皮科·德拉·米兰多拉（Giovanni Pico della Mirandola）：意大利文艺复兴时期哲学家，其著作《论人的尊严》被称为"文艺复兴时代的宣言"。

我的父亲了吗？"

斯特万也会皱起他长着雀斑的鼻子，连珠炮似的抛出一个个问题：

"地狱在何处？"

"上帝为什么会创造坏蛋？"

"你爱谁？"他问道，"你信任谁？"

"那个问题表述得不够充分。"

"如果你不相信任何人，你只能相信魔鬼。"

特斯拉扫了他一眼，眼神中带着敏锐的洞察力。他能在那孩子的脸上读出些什么呢？两眼分得过开。牙齿长得太稀。鼻子皱皱的。笑容愚昧而又兴高采烈。他的心智成熟吗？有没有什么迹象出现在他脸上，展示出某种全新的智慧抑或机敏？

"这个世界不需要不为他人所爱的人，对吗？"

斯特万还在不停地问着。

而且，他还问："您现在是我的父亲了吗？"

一条狗的寿命

斯特万在附近的南安普顿海滩上奔跑，惊得那些高贵的海鸥四散飞开。在沙地上，它们像极了古板的银行小职员。一旦飞到空中，它们则变得十分神圣。

伴随着海水在脚下四处飞溅，他冲向大海。大西洋的海浪太冷了，冻得他双脚直抽筋。

特斯拉和罗伯特·安德伍德·约翰逊从海岸上注视着他。约翰逊浓密的八字胡自然地过渡到他的络腮胡子中。他的鼻子，那夹鼻眼镜的御座，因肿胀而发红。他双颊上的毛发浓黑依旧，但在嘴巴周围的已变得灰白。

他的络腮胡子比以前更加浓密，看上去甚为吓人。我们这位曾经英俊美貌的诗人，现在看上去有点像一头忧伤的狮子。

"在莱克星顿大道273号，一切依旧。"罗伯特说道，"女佣诺拉依然用她的手指在洗好的织物上洒上水，蒸汽会从熨斗处升腾而起。凯瑟琳会把一美元银币藏在地毯下面：如果它仍在那里，这意味着诺拉打扫卫生的活没干好；如果它不翼而飞了，则意味着她的人品不值得信赖！理查德·希金森二世现在对着钟狂吠不止。你知道，卢卡，我们彼此相识的时间已经长达一条狗的寿命了。"

罗伯特的两只眼睛经常发红，因为他对猫的毛发过敏。无论如何，他还是养着这几只猫，因为凯瑟琳喜欢它们。

"最大的变化是，我的欧文结婚了。除了你和我之外，我们身边唯一的男孩就是你的斯特万了。"

特斯拉第一次见到欧文时，他还是个被娇惯坏了的淘气包，喜欢坐在他的马车里外出兜风。欧文·约翰逊现在已成为一名运动员，但饱受网球肘之苦。此外，他还是个哲学家，醉心于各种令人厌烦的定义。他早已发表了一部小说，名为《万能者之箭》。他英俊潇洒，但鼻子长得稍显美中不足。那个曾经的男孩现在已是乳臭尽干，长大成人。他那深蓝色的眼睛从无框眼镜后面往外凝视。即使他的妻子也从来不曾见过他不修边幅。特斯拉不得不承认，所有那一切都有些令人失望。完美无瑕当然没有问题。但是，人生所提供的种种机会，如果只是用来将自己打扮得衣冠楚楚，岂不是浪费？

大西洋上空令人眩晕的阳光透过云彩直射下来，刺得眼睛发疼，将辽阔的地平线展露无遗。

波涛汹涌激荡。

汹涌激荡，汹涌激荡，汹涌激荡。

罗伯特身穿精致的灰色套装。他解开领带，取下衣领。他能感觉到脖子里凉风飕飕。接着，他又脱下鞋子。

他们把双手放在背后，沿着一段浪涛拍岸的海滩散步。

轰隆！轰隆！轰隆！

"有没有可能从沃登克里弗向摩根的游艇'海盗船'发送信息？"罗伯特高声说道，音量盖过波涛声和斯特万的叫喊声。

"毫无问题。"特斯拉漠然地回答。

波涛缓缓往海里退去。大海潮湿的影子也随它们而去。

罗伯特用受伤的雄鹿似的眼睛看着他的老朋友。他用一个受诅咒的灵魂发出的声音恳求特斯拉："那就干吧。把其他所有一切都弃置脑后，赶在马可尼之前把信息发送给他。我以前告诉过你这一点，以后我还会跟你这么说。"

特斯拉的大耳朵记录下了罗伯特所说的一切，但他的意念决定哪些话语是他愿意听进去的。对他来说——也正如对于苏格拉底而言，他自己的守护神不断重复着的是另一件事。或许，那是一种虚荣，是在追风？或许，他的固执——正是有了这种固执，长期以来他才能与整个世界背道而驰——正在让他搬起石头砸自己的脚？他拒绝去追随他的理性所下达的指令——是他的灵魂在作出那些深刻的决定。

烈日暴晒下的沙丘边缘上，有些草上长着尖尖的叶子。特斯拉对草出神。

"堂吉诃德是个魔鬼。"罗伯特突然意识到这一点，"任何一种个人性格，一旦吞噬其他所有的性格，都是魔鬼般的。堂吉诃德的理性中所剩下的，唯有他那些支离破碎的潜在人生。"

约翰逊跟特斯拉说过什么来着？他说过，一个人可以将仓促与自尊浑然结合起来。他还说，契约义务与其他社会游戏规则，对于那个矢志要让地球上最庞大的能量自发呈现出来的心灵来说，是全然值得的。

海风抚弄着高草。

斯特万握住他的手，皱着鼻子问："您现在是我的父亲了吗？"

"不是。"特斯拉没好气地回答。

在最近的几年中，只要有戴恩现身的梦，特斯拉都会记录下来。他注意到，这样的梦有时会相隔六个月，这令他甚感宽慰。他不再有任何竞争者了，无论是死了的还是活着的。危险的"他者"已不复存在。时间亦不复存在。他占领着世界的中心，而马可尼只是在它灰色的边缘地带捣鼓。

"你是不是在告诉我，我应该感到害怕？"特斯拉变得有些恼怒。

约翰逊不习惯特斯拉的愤怒，皱起了眉头说："你在沃登克里弗的所作所为，违反了你与摩根签订的合同。他只想让你建造一座小型铁塔，用来传输股市的报告。"经眼镜片放大之后，约翰的眼睛变得更大了，他那怒睁的眼睛几乎要高喊：记住那鲜花盛开般的鼻子！记住他那又小又黑的眼睛里的螯针！记住你是如何从他苔藓般的柔声絮语中变得麻木的！拜托你记住摩根，尼古拉！

"一定要当心。"罗伯特嘟哝着自言自语，"你的自我优越感是单向度的，它会让人生陷入枯竭！"

"此话怎讲？"

"一定要当心！"罗伯特大声重复道，"摩根从来不会原谅。"

那合同算得了什么，相较于……

罗伯特吓坏了。他的朋友被一个古怪和孤独的光环所环绕。他意识到——对于这个荷花食用者而言——凡人是不存在的。

"你知不知道，有多少船只已经在使用马可尼的无线系统？"他用压抑的嗓音继续说道，"七十多条船！这些船大多数在他的两个祖国——英国和意大利！剩下的那些船，隶属两大航运公司——卡纳德邮轮公司和北美劳埃德集团。"

小斯特万没有停止高声叫喊。他在沙滩上任凭海浪把他浇得像只落汤鸡。然后，他又冲进那永恒的大海。他尽情地享受着在沙滩上被海水拉下去又推上来的感觉。在沙沙作响的阿拉伯花饰般的泡沫中，他四肢并用，在沙子里匍匐。

令人眩晕的大西洋阳光让特斯拉异常陶醉。

罗伯特用他倍受折磨但不失斯文的声音说道："马可尼的发射器已经在英国的波尔杜以及爱尔兰的克鲁克黑文安装就绪。"

要唤醒一个恋爱中的梦游者，再怎么竭尽全力也属徒劳。唉，读者应该为他感到担忧！

风依然刮个不停。罗伯特一个人在说话，说的倒是头头是道，但沉闷乏味。特斯拉一直默不作声。那永恒的大海沙沙作响。没有脖子的海鸥在沙滩上蹒跚而行，如同卡纳德邮轮公司的官员那样自以为是。特斯拉用他奥林匹克般的双眼眺望着大西洋远方的地平线。

普鲁斯特兰这孩子从寒冷的波涛中蹦出来，浑身发抖，紧紧抱住自己。海鸥驾驭着一动不动的翅膀，飞翔于不同的风层。斯特万甩开双脚。渐退渐远的波涛，还有沙子不断变化的颜色，都让他高兴不已。一只海鸥直接从高空的阳光里俯冲下来，从他们留在一块岩石上的篮子里抓走一份三明治。

"哈哈！"斯特万兴奋得大叫起来，手指着天空。

他双手交叉，抱住自己瘦弱的肋骨，来到特斯拉身边，拉住他的手问："您现在是我父亲了吗？"

三个无声的奇迹

在沃登克里弗，斯特万又是抽烟，又是以手为脚倒立着行走。然后，他会走到特斯拉身旁说："在拉斯切沃，女孩子们会唱这样的歌：'美国，愿你把钱输个精光；因为你，一个鳏夫现已成为我的宝贝"'。

"去读些什么！"那"皮格马利翁"说道。

男孩迅速瞥了他一眼。他倍感无聊，但还算听话，便打开一份报纸：

荷兰女王与她丈夫吵架。喂给船员她罪恶的草药。纽约的种族骚乱：两男子被刀砍伤。奥德修斯返回伊萨卡[1]导致血流成河。意大利政府坚持在美国的意大利人权益。在埃及的卢克索，亚历山大被宣布为阿蒙神[2]之子。土耳其军队在阿尔巴尼亚陷入绝望，数月无薪饷。

"不许读这些垃圾。"那个不太可能成为斯特万的养父的人皱起眉头，"读读这个。"

特斯拉递给他的是柏拉图的《会饮篇》。斯特万带着书来到实验室黑乎乎的角落，偷偷吸烟。

"教授们宣称，苏格拉底曾说过我们应该向善并刷牙。"他嘟哝道，"可我不认为他的意思是……"

有时，特斯拉仿佛觉得，根本不可能让斯特万对事物拥有敬畏之心。除了华尔道夫酒店的奥斯卡所准备的美食外，斯特万痴迷于炸土豆。这位塞尔维亚的哈克贝利·费恩发誓，要永远保持他的野性，就像一座美国国家公园那样。

在这期间，一场莎士比亚式的暴风雨[3]摧毁了马可尼在英国的通信站。11月，爱尔兰的那个通信站也惨遭相同的厄运。

"真乃天赐良机。"罗伯特打电话给特斯拉，"你得抓紧时间！"

---

1 伊萨卡（Ithaca）：古希腊西部爱奥尼亚海上一个美丽岛国，在伟大的荷马史诗中，伊萨卡是神话英雄奥德修斯的故乡，奥德修斯也是伊萨卡的国王。

2 阿蒙神（Amon）：一位古埃及神，他的形象被描绘成头戴一个头箍，由头箍上笔直伸出两根平行的羽饰，手持一根权杖。他象征着男人的气概，公羊和雌鹅是他的神兽。他的崇拜中心位于底比斯。从字面上看，阿蒙的意思就是隐藏者。

3 暴风雨：指英国剧作家威廉·莎士比亚晚期创作的一部戏剧，是一部传奇剧，约写于1611年。

小斯特万·普鲁斯特兰欣喜若狂，因为他听说斯坦福·怀特成为与罗斯福总统同一个汽车俱乐部的会员。一个司机，车只要开得够快，黑色的忧愁就很少能降落在他肩膀上。怀特一头红发闪闪发亮，驾着他全新的装满了电气设备的双座车飞驰到沃登克里弗。

"但愿我能把它改装得再厉害点，那样的话它就能像一盏灯那样光芒四射。"他吹嘘道。

斯特万抚摩着汽车。

"怀特尝过很多烤箱里烤出的面包。"他说道，自我欣赏之情溢于言表。这位疾病缠身的普里阿普斯[1]希望在拍卖会上出售他整个收藏中的艺术品，来将他的债务减少一半。怀特在房间里到处踱着步，紧张不安地抽着烟，事无巨细地问了个遍。夜幕降临。他用点燃的烟头在黑暗中划着红色的圆圈。接着，他突然告辞。轮胎在砾石路面上发出刺耳的声音，汽车扬长而去。在他身后，一个闪着光亮的烟头在黑夜的道路上弹跳。

在此期间……

"马可尼决定，尝试在英国采用一座功率不那么大但牢固得多的铁塔。"舍夫告诉特斯拉，"他会把接收器安装在气球里。"

顺从听话的斯特万继续阅读着柏拉图。

"诡辩派智者所渴望的，不是知识，而是权利。"他轻声自语，"然而，尽管他们渴望权利，他们依然充满求知欲，且智慧过人，因此，他们认识真理的渴求一直激励着他们。"

斯特万书越是读得多，他越是认为，特斯拉同苏格拉底一样，爱的是整个人类，而非具体的某个人。

约翰逊夫妇邀请特斯拉前往缅因州的巴尔港，并到他们家里去过感

---

[1] 普里阿普斯（Priapus）：希腊神话中的生殖之神，象征着大自然的生产力，也象征着男性旺盛的性欲与性行为。

恩节。他谢绝了他们的邀请,并在回函上署名为:"远在天边的尼古拉"。

在《会饮篇》中,亚西比德[1]说道:你们必须明白,许多人无比渴望的美貌、财富以及荣耀,对于苏格拉底而言却一文不值。他鄙视这一切,也鄙视拥有它们的人。这种人对他而言毫无意义。

噢,对了,马可尼和他的助手们终于把接收天线架设了起来。12月3日,星期五,一阵冰雹暴风雨过后,大气层状况趋于稳定,他们接收到三个小圆点,代表字母S。

"那又怎么样?"特斯拉双手叉着臀部。

在那一刻,长着八字胡的助手又一次上场。

眼镜框用马蹄制造!靴子是从军需品处理店淘来的!纯金铸就的双手与心灵:他就是舍夫!

舍夫很少眨巴的褐色眼睛透过极厚的镜片凝视着。他的双眼聚焦于理想。舍夫从来没有病过。他也从来不会抱怨。特斯拉相信,他的左口袋里有两块碎裂的手表。如果有一只蟑螂从他右口袋里跳出来,他也不会感到惊讶。

舍夫!

弓着身,弯着腰。双脚分得特别开。他的身躯魁梧方正。

他的诚实与笨拙,他那令人尴尬的对真理的热爱,显然无法应对目前的形势。

马可尼接收到了代表着字母S的三个小圆点。

"圣母啊!"舍夫喘着粗气说道。

长着八字胡的舍夫在院子里绕着圈,边走边举起双臂。他把手臂放下,然后又举起来,像极了耶路撒冷旧城哭墙前的一个犹太人。然后,他朝

---

[1] 亚西比德(Alcibiades):古雅典将军,政治家,苏格拉底的生死之交。在伯罗奔尼撒战争(前431—前404)中,因三易其主而使其卓越的军事生涯毁于一旦。

地上啐了一口，说道："三个无声的信号！这三个信号足以废掉我们的铁塔。"

"那又怎么样？"特斯拉重复道，语气中充满了不服。

一旦马可尼赶超特斯拉，一场讥讽嘲笑的狂欢就会随之而来。世界各大歌剧院以你方唱罢我登场的方式，对特斯拉进行群嘲——柏林歌剧院，巴黎歌剧院，还有米兰的拉斯卡拉歌剧院。

那"皮格马利翁"已顾不上管教斯特万·普鲁斯特兰，那男孩便将柏拉图的《会饮篇》丢在一旁，又开始读报纸：

反对虐待动物的社会团体抗议肥猪比赛。孩子死于狂犬病。英国银行家们依然满怀希望。男子举杯敬酒后倒地身亡。死者从墓地被挖出以供拍照。

巨兽

在孩提时代，每当父亲经历巨变，他总会惊恐万分。

他怎么也没料到，有朝一日他竟然会架起一座巨塔，成为他的巨变之地。这座塔是他个人的戏剧舞台，各种没有人类面目的力量演绎着虚假的人格特质。随着高压电流倾泻而下，特斯拉自己也变成了一股不以人类面目呈现的力量。他变成一个明亮的旋涡。在铁塔的所在地，他变成一个世界议会，各种声音交融混杂其中。他则准备将这些不同的声音发射至星辰大海之中。

第二年岁末，铁塔增高至二百英尺。

达到这个高度后，钱真的用完了。

那堂吉诃德出售了周边的土地，换来三万五千美元。

即使有这笔钱，也是杯水车薪。

事到如今，乔治·舍夫用他两只沉重的拳头敲击着特斯拉的桌子，无奈地叹息道："现在，我们必须去制造振荡器，并研制荧光灯。"

"可是——"

"我们必须这样做！"

几个月后，特斯拉拍拍舍夫的肩膀，用窘迫的声音宣布道："我们已经省下了足够的钱去雇佣工人，完成铁塔穹顶的建造。"

在震耳欲聋的铆接现场工人们已听不清彼此在说什么，他们必须高声叫喊，而他们的叫喊声又一次唤醒了这个远离都市的杰斐逊港的居民。

"抓住！"

"注意，杰克，要不然你会割下我的手指头的！"

特斯拉满怀自豪地视察着他"钢铁王冠"的完工。王冠重达五十吨，而那蘑菇状的穹顶，其目的是存储电能，将它发射至空中——或者发射至地球的深处。

发射至地球的深处？

是的，因为工程的建设直达地面之下十层楼的深处。铁塔下布满了一个纵横交错的网络体系。

那些地狱般的能量发出嗡嗡声，使铁塔的根系像遭到电击似的发生震颤，足以召唤起脸色苍白的死者。在令人眩晕的地下楼梯的尽头，但丁和维吉尔[1]在不耐烦地等着特斯拉。

在铁塔的顶端，则安装着那只无所不见、洞察一切的眼睛，由奥迪

---

1 但丁和维吉尔（Dante and Virgil）：但丁是《神曲》作者，开篇记述自己在人生的中途误入一座黑暗的森林，被三只猛兽拦住去路。在他呼救时古罗马诗人维吉尔的灵魂出现，对他说："你不能战胜这三只野兽，我指示你另一条路径。"带领他穿过地狱、炼狱，然后把他交给当年但丁单相思暗恋的情人贝阿特丽切的灵魂，带他游历天堂，直至见到上帝。作为但丁的向导，维吉尔在对但丁的关怀和教诲中，显示出父亲般和蔼、慈祥的性格。

隆·雷东[1]设计。

大风像个疯狂的笛子演奏者,在沃登克里弗一带使劲地吹。尼古拉沿着清真寺般的楼梯拾阶而上。大风呼啸着穿过铁栏杆。深渊呼唤着深渊。特斯拉看看自己的双腿,爬上了穹顶。白浪碧水的大海,白鲸,还有带电的云彩,一切尽收眼底。特斯拉的思维跳跃在不同的空间层面上,空气则像一架管风琴那样演奏着一首赋格曲。这个无尽的钢铁幻想,就是为了帮助他发现新大陆。在这高耸入云之处,他偷偷地扫视了一下他在来世的种种念想。

夜间,他隔海眺望着纽黑文以及它上空的星座。这个孤独男人身不由己地颤抖了一下,内心深感绝望,因为那些星星与发电机之间还没能连接起来。

是魔鬼将他不断抬高,让他登临这个高耸的岬角,把全世界所有国家呈现于他面前,并告诉他,所有这一切皆可以归你所有。你只需为我效劳便可。

他回答道:"绝不!"

为了摆脱魔鬼的诱惑,他在沃登克里弗用高压电流给自己消毒,而那光芒四射的电流旋涡将他提升起来。光亮在他身上缓缓升起,从脚指开始往上,在他脚上泼溅一阵之后,到达他膝盖之上。他体内潮水般涌动的光亮先是吞没了他的大腿,接着升到臀部。在发生此次经历之后,尼古拉带着悲伤的无奈,睡在穹顶那颗洞察一切的眼睛下面,梦见自己已成为圣塞巴斯蒂安。他浑身上下倒是没有出现伤口,而是冒出一只只眼睛。这位信奉神秘论的科学家,在沃登克里弗的那颗巨眼内,自己也变成了一只眼睛。

---

[1] 奥迪隆·雷东(Odilon Redon,1840—1916):法国十九世纪末象征主义画派的主要画家。

"你是否要在这里让那泥人复活？"从螺旋状的楼梯下来，怀特轻声问他。

普鲁士的亨利亲王，即皇帝的兄弟，紧随着他们穿过镀铬的走廊。亲王看上去有点像他的表兄俄罗斯沙皇。沃登克里弗塔确实是用钢铁建造的，但它又是用特斯拉的梦想编织而成的。塔内到处都架设着大量的线圈，还有类似于木乃伊石棺的金属东西，以及易碎但闪烁着微光的灯泡……房间和控制板被梦幻所扭曲。他们爬到能将大海一览无余的穹顶。然后他们又下来，来到底层，品尝了华尔道夫的奥斯卡准备的开胃冷盘，在回声荡漾的空间里边吃边聊。

隔了一会儿，亲王告辞离去。

侍者也离去了。

怀特也离去了。

你一言我一语的热闹被一片寂静所取代，特斯拉突然意识到，再也没有更多的地可以出售了！

当晚，他围着那鬼怪似的铁塔不停地走着，像很久以前的米卢廷·特斯拉那样，饱受头疼和失眠的折磨。黑暗中，他碰见负责看管铁塔的斯特万·普鲁斯特兰。那男孩迅速掐灭手中的烟，问他："您为何还没睡？"

"我从不睡觉。"

当特斯拉终于睡着后，他没有梦见戴恩；相反，他陷入某些宇宙噩梦。开始时，宇宙之内空无一物，除了漂浮于混沌之中的混沌，以及凭借其自身力量呼吸着的太一。上帝注意到这一情形，发现这根本不是混沌——这便是世界。

在做过这个梦之后，那种无能为力的感觉便从他身上消失了。

他仍然拥有他的铁塔。

那座铁塔是他的宇宙拐杖。靠着它的帮助,我们的萨满[1]教僧可以在蔚蓝的天空盘旋,也可以潜入冥界的火海之中。他大声叫喊着,拉下镀铬的控制杆。有东西发出隆隆声,对他的呼喊作出应答。某个有生命之物从遥远的另一侧也在向他发出呼喊,高叫着"嘭—砰—嘭—砰—嘭—砰!"

他已是囊空如洗。

"无望了。这一切已胎死腹中。"特斯拉喃喃自语。

大地和天空的力量给他的怪兽注入了生命。爆炸声给黑夜带来惊扰。整幢建筑颤抖不止。

黑暗与颤抖融为一体。这座夭折的铁塔,其创造者意识到了巨大的危险。他这是在与一头狮子共眠。他这是在与一匹狼共食。潘多拉从她的魔盒里释放出所有的祸害——以及希望。特斯拉给摩根发出一封又一封绝望的信函。就像恋爱中的情人常做的那样,他拼命折磨自己:再写一封……再写一封信好好进行解释,然后他就会理解的。

但权利没有去理解的义务。误解则说来就来。

我很抱歉,此时我不准备作任何投资,摩根回复道。我还从来没有允许任何一个人能像你那样如此长久地令我失望。

卢克莱修[2]相信,太阳必须每天去被点燃。接到摩根的来信后,尼古拉·特斯拉意识到,要重新点燃太阳将有多么的困难。整个小镇陷入一片寂静,寂静得可以听到那个希望给耶和华提供忠告的男人的哭泣声。那个想让绚丽多姿的太阳变成他服服帖帖的奴隶的男人,凌晨三点坐在

---

1 萨满(shaman):意为智者、晓彻等,为萨满教巫师即跳神之人的专称,充当神与人之间的中介者,可以将人的祈求、愿望转达给神,也可以将神的意志传达给人。

2 卢克莱修:全名是提图斯·卢克莱修·卡鲁斯(Titus Lucretius Carus,约前99—前55),罗马共和国末期诗人和哲学家,以哲理长诗《物性论》著称于世。他继承古代原子学说,反对神创论,承认世界的可知性,驳斥了怀疑论。

抽水马桶上，伏在他尖削的膝盖上，鼻子掩埋在一条湿透的毛巾里。

啊，世界——在你身上，只有弱点才能理解，只有痛苦才能听见，只有需求才能明白一切。

我们的这个浑身发抖、瘦骨嶙峋的宇宙意识到，他远比世界渺小得多。他有生以来第一次坚信，人生令人作呕，它被包裹在一层污浊的泥浆里，而人都是垃圾。

在特斯拉的铁塔上空，云彩形成一道道美丽的褶皱，使天空变得层层叠叠，错落有致。埃克哈特大师曾抱怨说，他从来没有听到过上帝说话——他只听到上帝清过他的嗓子。沃登克里弗一带没有听到真正的打雷声——雷霆只是清了清嗓子。天庭由伊丝塔[1]统治，她是性情炽烈的女神，无论是在自然界，还是在战争的纷争中。闪电使世界变得像大理石般参差斑驳，布满了各种图案。

特斯拉那火箭般的铁塔会发射吗？会射向灿烂明亮的星辰大海吗？

"嘭—砰—嘭—砰—嘭—砰！我来了！"

倘若这个梦想被毁了，他便会沦落到没有梦想的境地。

斯特万用布把镜子包起来，以防雷击要了他的小命。是的，整个世界陷入一片寂静，寂静中可以听到那个心血来潮要给上帝提供一条建议的男人的哭泣声。斯特万的那位在绝望中挣扎的养父，像瀑布一般咆哮着，还用拳头猛烈拍打着控制板。

他无法从任何人那里借来钱。

第三个夜晚，沃登克里弗上方的天空吐出一片树枝状的闪电，接下来又是一片，然后再来一片。在全新创造的闪光中，万物都变得清晰明

---

[1] 伊丝塔（Ishtar）：美索不达米亚宗教所崇拜的女神，亦即苏美尔人的女神伊南娜。她是个双面女神，既是丰饶与爱之神，也是战争女神，一般被认为与金星日夜不同的双面性有关，狮子是伊丝塔女神的象征动物。

亮，令人顿觉愉快。整个世界显得像是浆过似的，一片银白色。沃登克里弗一带，不再到处蔓延着常春藤，而是四处充斥着电闪雷鸣。正如《大卫的赞美诗》中所写的那样，世界的根基被上帝鼻孔中的气息所击中，被刨得裸露在外。最终，多声巨响在空中回荡，响彻云霄，银子般的雨点开始在铁架上飞舞。

那一贫如洗的发明家拉下一根控制杆，瞬间，他便变成人间第一个掌控霹雳的神。

他拉下另一根控制杆，瞬间，他便变成雨水赐予者。

他的债权人被发狂的电蛇所发出的阵阵炸雷声惊醒，第二天便成群结队赶过来。

以卵击石

两片嘴唇凑近摩根的耳朵——这两片嘴唇属于股市鬼才伯纳德·巴鲁克。只见他嚅动着双唇，压低声音说道："那家伙简直疯了。他打算让每个人都享受到免费的电力。我们一块电表都甭想装了。"

"竟然如此？"摩根咕哝道。

巴鲁克派他的秘书去图书馆阅览特斯拉的采访报道。在图书馆，那秘书的眼镜一闪一闪，他偶尔擦拭一下，边读边咳嗽。他发现，即使在十年之前——巴鲁克用指甲在那一段落下画上横线以便让摩根能看得清楚——特斯拉在《星期日世界》说过："随着电力通过地面的传输，所有依赖输电线路实施垄断的行业都将寿终正寝。"

下午，摩根与美国新教圣公会的主教会面。接着，一队工程师前来评审建造纽约地铁系统的预算。

他在新近蹿红的芭蕾女星伊芙琳·佩妮小姐的寓所内用了晚餐。

他只用了晚餐，然后便打道回府。

"看看，一天的工夫眨眼间便过去了。"摩根低声说道，百合花图案的墙纸的一角，因为他的声音而剥落下来。

整整一天的时光已度过。

剩下来唯一要做的事情，是最后那点不可避免的乐趣。

每天夜间，午夜过后，这个坏脾气的家伙都要玩一把单人纸牌游戏。

蓦然间，左侧那一排的第一张牌翻开来，竟然是红桃杰克。

"啊哈！"摩根惊叫一声，导致一片硕大的叶子从无花果树上掉落下来。

正是这张红桃杰克，堵死了特斯拉的命运之门。

特斯拉躲藏在黑色的帷帘后面，双手捧着腹部，他支离破碎的生命皆汇聚于此。他回忆起《路加福音》中的一则故事，讲的是一个人不计成本地建造一座塔，因此遭受众人嘲笑。五月的最后一天是星期六，债权人出现在沃登克里弗，把重型机械全都拉到外面。所有工人都被允许离开，除了舍夫，普鲁斯特兰以及一个门卫。

没钱了，再也没有任何钱了。

他和衣着考究、目光冷峻的弗里克进行谈判，此人是卡内基钢铁公司一条善斗的狗。弗里克的眼睛里闪过一丝兴趣的火花，但很快就熄灭了。在他之后，特斯拉和看上去像只豹的哈里曼谈，和木乃伊似的洛克菲勒谈，还和钻石收藏家福琼·赖恩谈。

"都是同一个故事的不同版本而已。"特斯拉向约翰逊夫妇抱怨道，"开始时一切都挺好。金融家们接二连三地过来，像梦游者似的。首先消失的是他们脸上的笑容，紧接着他们也随这些笑容而去。"

"只有一种解释。"当闷闷不乐的特斯拉带着他们来到戴尔莫尼科餐厅吃饭时，凯瑟琳·约翰逊说道。

"此话怎讲？"

"摩根在亲自阻断你的谈判。"

摩根在说话过程中，只需略作停顿，或者竖起他的黑眉毛，他就可以阻拦任何交易。任何被摩根放弃的交易，谁都不敢再去触碰。

特斯拉陷入沉默。"要是那确凿无疑的话，你知道那意味着什么？"

凯瑟琳停顿一下，她的鼻子变得窄窄的。

特斯拉嗟叹道：

"以卵击石。"

您悲伤的尼古拉

1904 年 1 月 14 日

亲爱的摩根：

您希望我成功。成功就在您手里，怎么用得着您希望它呢？

关于游艇赛况或者到港船只的信号，我无法做出任何汇报。我无法像一个果蔬商那样一点一点地建立起我的生意。

我们的合作始于一项商业提案，一切都做了适当的计算；它存在金融上的脆弱性。您进行了不可能的运作，您让我付出了双倍的代价；是的，您还让我苦等了十个多月，才让我需要的机器设备到位。更有甚者，您制造了一场恐慌，在我好不容易七拼八凑将所有设备安装就绪后。我向您证明，我已经将凡是能做的事情都做到了最好。可就在这当口，您像打发一个办公室勤杂工那样炒了我的鱿鱼。您还暴跳如雷，好让六个街区以外的人也能听到您的咆哮。现在已经一个子儿都不剩了，钱都撒在整个镇上了。我已名誉扫地，沦为我敌人的笑柄。

1904 年 1 月 22 日

您是否打算让我一直深陷泥潭呢?

1904 年 4 月 2 日

摩根先生,到现在为止已整整一年,没有任何一个夜晚,我的枕头不被泪水浸湿。

您可曾读过《圣经·约伯记》?

倘若您用我的脑袋代替约伯的身体,您就能知晓,我的痛苦被描述得多么精确。

1904 年 10 月 17 日

您根本算不上是一个基督徒,您是个狂热分子……

1905 年 2 月 7 日

让我再告诉您一次。我已经完善了史上最伟大的发明。这是哲学家们长期以来孜孜以求的瑰宝。我只需完成我已建造的工厂,人类只需一个蹦跳,便可前进数个世纪。

蝴蝶的翅膀里,有着比老虎的牙齿更强大的力量。我是当今世界仅有的、拥有实现这一奇迹的特殊知识与能力的人。百年之内,不会有第二个这样的人。

摩根先生,或许您根本就不在乎。对您而言,他人就像蚍蜉昆虫一般渺小,微不足道。

您悲伤的,

尼古拉·特斯拉

沉船

斯坦福·怀特答应，他会通过"某位笃信宗教的老太太"来安排好斯特万·普鲁斯特兰的教育。

特斯拉感到震惊："他认识一位笃信宗教的老太太？"

"再见，父亲！"只是在他们告别之际，特斯拉才听说有这么一位老太太。

"再见，斯特万。"

那男孩离开了，一边抽着烟，一边音调不准地哼唱着：

"我在造一座塔，我一块石头也没有，啊，我的塔呀全用我的泪水来建造……"

特斯拉望着那男孩逐渐远去的后脑壳。当他回到华尔道夫－阿斯托里亚酒店后，他等待着提幔人以利法、书亚人比勒达以及拿玛人琐法前来拜访他[1]。

他们三人都是约伯的朋友。

但事与愿违，前来拜访他的却是悲恸欲绝的斯坦福·怀特。他那灌木丛似的头发在他头上燃烧。怀特装出一副镇定自若的样子，竭力不让自己的身体发抖。

"日子过得怎么样？"特斯拉问他。

"我在人生的酒杯中痛饮。"怀特已变得无法安慰，"我采摘绽放的欢愉之花。"

情绪尚好时，他还能正常吃点东西。一旦心情变得恶劣，他便沉溺于酒精之中。他给自己灌下第一杯酒的时间，一天比一天来得要早。

---

[1] 参见《圣经》旧约中的《约伯记》。《约伯记》共四十二章，记载了义人受苦、他的朋友们与他的辩论，以及上帝给他的回答等，最后约伯因回转而比受苦之前更加蒙福。

"啊啊啊啊啊啊呀！"怀特在内心深处号叫着。

他的脸色还算平静，可他那愚蠢的灵魂……那令人恼怒的灵魂，那软弱的灵魂。那灵魂痛哭着，永远是同一个腔调：

"要是我把那卖了，我的债务就会减少一半。"

"就在拍卖会之前的两个星期。"纽约的八卦满天飞，他们幸灾乐祸地打断彼此。

"斯坦福·怀特的仓库内的一场大火。"

"挂毯、雕塑还有绘画，全都付之一炬。"

"价值三十万美元的珍品，因为没有投保，全都灰飞烟灭。"

"要是我把那些全卖了，我的债……债务就可以削减一半。"斯坦福几乎语无伦次地说道。

特斯拉清楚地记得他实验室惨遭焚毁的那个时候。好多个夜里他都无法入眠（清晨最为难受）。他竭力安慰那建筑师，但不知不觉间，他又绕回到沃登克里弗这个痛苦的话题上。

那宏伟的项目，用鲜血、心灵和梦想编织而成，却正在他眼前渐渐死去。

纽约早就开始触碰天空。纽约人已经可以站在云端之上极目远眺，仿佛飞鸟和天使一般。人们都在议论着摩天大楼的诗情画意。

我们的这两个朋友像婴儿似的痛哭流涕，一个是因为饥饿，另一个是因为寒冷。

悲伤的怀特以圣人般的耐心，倾听特斯拉的痛苦诉说，而这本该是他安慰别人的话。他挺直身坐着，脸色通红，仿佛是被太阳晒的。他的蓝眼睛往外凸出。他脸上的表情透露出无法掩饰的恼火，事后被事实证明是正确的。

"我们都告诉过你，"他开口说道，"应该接受爱德华·迪恩·亚当斯提出的条件。如果你当初接受的话，你会拥有你所需要的全部资金来完成沃登克里弗工程。"

特斯拉的两条眉毛之间切割出一条深深的褶皱。

"我闭嘴！"红魔怀特郁郁地答应道，闭着眼睛将杯子里的酒一饮而尽。"事情从来不按照我希望的样子发生。"他得出结论道，同时将酒杯放回桌上。

即使在他的仓库发生火灾之后，斯坦福·怀特还是继续生活在他那小小的纵情声色的享乐地狱里。曾经是那么的奢华，那么的惬意，他的个人地狱现在却在不断萎缩。他的情人，那年轻的伊芙琳·奈斯比特，已经嫁给了匹兹堡的百万富翁哈利·瑟夫。

在他们昔日的欢愉时光中，他跟她说过："让我们轰轰烈烈地做爱，这样，如果有人在一百年之后偶尔来到这个地方，他们依然能感受到震荡与颤动"。

以前，他经常跟她说这样的话。现在，他对她的渴望让他撕心裂肺。这个受骗的情场骗子对他情人的行为深感震惊。

"伊芙琳，"他觉得纳闷儿，"你一直总是很有骨气，可现在，你突然之间把这种骨气彻底丢掉了？！"

"这没关系，"她用她心形的嘴巴回答道，"我们之间的事已经结束了。"

他回答道："你错了。现在才是至关重要。"

特斯拉怀着一种义务感听着他诉说。说实话，罗曼蒂克方面的问题，对他来说都缘起于自我控制的缺失，都是瞎扯。

"别再想她了。"特斯拉告诫他的朋友。

"哈，"这位建筑师苦笑道，"我就只想她。"

难道说，他们两人曾一起拥有过的东西对她来说如此微不足道？难道她已经如此迅速地将一切抹去，让一切烟消云散，不做任何努力，不做任何抗争？

在许多个漫长的下午，伊芙琳双膝跪地，抬起头，伸出双手，仿佛在祈祷。在她湿漉漉的双手之间，她驾驭着怀特的男人气概。

她怎能就这样离他而去？

他又怎能不思念她？

最恶劣的是，她的新婚丈夫，那个满怀嫉妒的瑟夫，雇了平克顿私人侦探所的探员，从早到晚监视怀特。怀特嘟哝道："复仇女神们整天在我头顶上轻声絮语。"

天鹅、公牛和黄金雨

之后，全纽约都听说了一则新闻。

哈利·瑟夫脸上带着邪笑，手里紧抓着一把枪柄上镶嵌着珍珠的左轮手枪，走进位于麦迪逊广场花园的那家楼顶餐厅。纽约的夜晚人声鼎沸，空气中弥漫着啤酒和汗臭的气味。

在纽约的下东区，穷人们睡在屋顶上。在拳击台上，拳击手们连手套都不戴，直接用拳头相互搏击，一打就是五十回合。瑟夫眯着眼睛，身上流着柠檬味的汗珠，在他头脑中的阴影的驱使下，闯进餐厅。

一切都开始天旋地转。麦迪逊广场花园餐厅瞬间变作一个旋涡。

铺着浆过的桌布的餐桌，水晶器皿，银器，还有食客，一切都融合成一片模糊不清的乳白色。嗡嗡的人声简直难以忍受。瑟夫很有礼貌地让一个挡住他去路的侍者让出道来。特斯拉的朋友，象征主义诗人乔治·西尔维斯特·维埃里克，正和怀特坐在一起。瑟夫对维埃里克一点儿也不予理会。他直奔怀特，朝着他燃烧的红发扣动扳机。

枪声震耳欲聋。

枪口冒出的火花令一张张人脸模糊不清。

嗡嗡的人声戛然而止。

瑟夫转过身来,默不作声地离开餐厅,脸上挂着微笑,那笑的样子仿佛有个外科大夫在缝他的嘴唇。怀特的头磕在餐桌上,打碎了一个盘子。他的红头发被鲜血染得更红了。在人们的尖叫声中,在银器掉到地上,发出的撞击声中,那建筑师一边倒下,一边还紧抓住桌布,子弹的爆炸和冲击让他彻底失去了听觉。

报纸的报道中写到了事发当晚顶楼餐厅令人压抑的潮湿,也描写了女士们所经历的恐惧,还写了瑟夫左轮手枪的珍珠枪柄。他们拿怀特充满丑闻的生活大做文章。

"我的本韦努托·切利尼啊!"特斯拉听到消息后,失声痛哭,悲恸欲绝。他压低嗓音说,"这是百万富翁对艺术家的谋杀。"但持此观点的也就是我们主人公一个孤家寡人而已。

怀特在死亡的剧痛中刚刚以他的额头砸碎了餐盘,他便立刻登上了纽约各报纸的头版。正如近期在塞尔维亚法庭所审判的暗杀案那样,他的悲剧演变成一场街头闹剧。没过多久,爱迪生的五美分电影院开始在全美各地上映一部关于他的电影。观众中的顽童们边看电影,边在鼻子里发出轻蔑的哼哼声,充满嘲讽地大笑。

纽约的精英阶层在虚伪的狂欢中旋转。

上流社会对谋杀者的心理失衡以及忌妒心表示了理解。不知何故,瑟夫自己生活得一点也不比怀特好,这一点显得无足轻重。曾经对怀特喜爱有加的纽约社交界的头面人物们,态度上来了个一百八十度大转弯,装出一副对他的生活方式深恶痛绝的样子,虽然他身上的罪孽并非他一人所特有。

"与妯们的牧师谈情说爱的丑老太婆将会是我的末日。"这位病入膏肓的情场老手经常对他的朋友们这样说。

至于那些伪君子,他们则窃窃私语,说死者是个红发潘神,悉由淫欲所主宰，最终落得一个悲惨的下场。怀特"道德上的不负责任"以某种方式外溢到他的商业交易中。有传言说，他那著名的文艺复兴艺术藏品被火烧剩的残余部分，含有诸多伪造的痕迹。只有为数不多的几个人，冒着被人看到的风险出席了他的葬礼。即使是凯瑟琳·约翰逊也没有露面。

特斯拉是十来个出席葬礼的人员中的一个，在七月第一天温暖的雨中，站在坟墓旁边。牧师的低声细语与雨点打在伞上的轻柔响声混杂在一起。

一铲一铲的泥土开始"砰砰"地飞向棺材。

特斯拉耳边响起怀特曾经说过的话："情色之欲是一种能量，或曰神秘之物，谁都希望与其合而为一。"

更多的泥土"砰砰"地飞向棺材。

"当一个女子向我展示她身体上的神圣部位时，我便会坠入爱河。"怀特说过。

他的妻子贝西虽然背部患有伤痛，依然挺直身子站着。他的孩子们也出席了葬礼，还有几个仆人，以及一个抹着眼泪的不知名字的姑娘，外加两个看上去像鬣狗似的报社记者。沃登克里弗塔——那个世纪工程——已经失败。而设计此塔的建筑师——一个弘扬生命力的人——也已经被人谋杀。

"如果我能把我所有的性高潮加在一起，一次性地体验它们，我将一无所剩！"尼古拉听到了斯坦福的话音。"像宙斯那样，我也总是希望能变成天鹅、公牛和黄金雨。"[1]

寒冷和温暖再次调换了位置。

泥土"砰砰"地持续飞向棺材。

当晚,在特斯拉的梦中,魔鬼撒旦被钉在十字架上,放声大笑。

特斯拉紧握着他朋友的手,但一个旋涡将斯坦福卷走,将他带往宇宙的寒冷之处。

那太不公平了。

他已经失去了他所眷爱的每一个人。

斯特万不在身边。罗伯特和凯瑟琳发来的电报,特斯拉也未予回复。

上一次他们全都在一起的时候……

他们当时快乐吗?

---

[1] 天鹅(swan)、公牛(bull)、黄金雨(shower of gold):希腊神话中的众神之父宙斯,除了天后赫拉外,还有六位妻子(智慧女神、规律女神、水草牧场女神、农业与谷物女神、记忆女神和哺育女神)。此外,他还通过不断的变形,诱拐了许多情人。(1)变成天鹅:斯巴达王后勒达美貌惊人。宙斯沉醉于勒达的美貌,趁她在河中洗澡,化身天鹅与勒达亲近。宙斯变成天鹅后怕鹰的攻击,躲进勒达的怀里。勒达怀孕后,生下了两颗天鹅蛋,一个孵出了德奥古利兄弟,另一个孵出了牵连出特洛伊战争的绝世美女海伦。(2)变成公牛:腓尼基公主欧罗巴和朋友们去田里摘花,宙斯被年轻的欧罗巴的美貌打动。由于害怕嫉妒成性的赫拉发怒,同时也害怕自己糟老头子的形象难以诱拐美丽的欧罗巴,他决定变成一头膘肥体壮、高贵形美的金黄色公牛。公牛宙斯温驯地靠在欧罗巴脚旁,示意她爬上自己的背。等欧罗巴一爬上牛背,公牛便甩开欧罗巴的同伴,纵身跃入大海,背着欧罗巴到一片新大陆。欧罗巴给宙斯生下三个儿子,而这片新大陆则是现在的欧洲。(3)变成黄金雨:阿耳戈斯王阿克里西俄斯与欧律狄克有个漂亮的女儿达娜厄。但一条神谕警告国王:达娜厄的儿子,即他的外孙,将来会杀死他。国王为了避免自己将来遭遇不幸,造了一座铜塔,把达娜厄关了进去。 一天,宙斯路过铜塔,一眼就爱上了美丽的达娜厄。为了与达娜厄交欢,他化身黄金雨,水滴透过屋顶渗入塔内,落在了达娜厄身上,最后达娜厄为宙斯生下了英雄珀尔修斯。

康尼岛

"我们去康尼岛玩吧！"曾几何时，斯特万·普鲁斯特兰大声喊道。

紫色的记忆之旗猎猎飘扬，像雷鸣。

他们便出发前往。

一行人中有罗伯特和凯瑟琳，梅林顿太太，携带着妻子和儿子的怀特，劳伦斯，特斯拉以及斯特万。

在那穷人的天堂，他们目睹了什么？

他们看到的是滑稽说唱演员和口技艺人、狗脸般的男孩、世界上文身文得最厉害的男子、红脸颊的壮汉、瘦骨嶙峋的行尸走肉——由于瘦弱而不住地颤抖着，还有基督的头骨。

他们还看到了下棋的机器、侏儒、吞火表演者、抽鸦片的女人、蜡像、博学的颅相学家、自动机器、靡菲斯特夫人，以及幻觉宫殿。

"啊！幻觉宫殿！"凯瑟琳·约翰逊几乎要晕倒。

在幻觉宫殿内，约翰逊太太和怀特太太同一个女人简短地交谈了几句，这个女人变成了长着人头的一条蛇，因为她全家都遭到了诅咒。

"你吃什么呢？"她们问她。

那蛇女以极为真诚的表情颤动着眼睛，回答道："吃蝴蝶。"

一个红色气球从某人手中挣脱，随风飞起来，飘过帐篷，飘过康尼岛，飘到大海上空。

"这让我回忆起芝加哥世界博览会。"梅林顿太太轻声说道，因喝了香槟的缘故让她的语调中带着咝咝声。

所有这一切，在特斯拉的记忆中历历在目。

"这……"——怀特隐约听到约翰逊太太在说："这便是所谓的对责任的纵欲式逃避。"

怀特迅速投过去一个女杀手般的眼神。

"留意她说的话，"他警告特斯拉，"她的话永远要比罗伯特的更意味深长。"

怀特是唯一一个能看透凯瑟琳的人——看到她身上隐而不见的东西。

凯瑟琳一直对他十分鄙视。在她眼中，怀特就是个窑子的常客。"他以为，"她甚为恼怒地说，"就因为他站在魔鬼的一边，魔鬼就会保护他。"

在很久之前的那一日，周围都是踩着高跷的小丑，舔着棉花糖的小孩，以及在街头制造着疯狂音乐的手摇风琴师，斯坦福·怀特变得十分伤感。

"人类的欲望，"他嘟哝道，"是只永恒的绵羊，供人薅毛。"

所有这一切，在特斯拉的记忆中历历在目。他看到了怀特火焰般的头发，还有他被盘绕起来的八字胡。

在那一日，整整三年之前……

他认为，每个人都相当不快乐。

后来，他们看上去既高兴又幸福，甚至对他来说很年轻。

在他们四周，拥有神圣宗教信仰的人们欢笑着，面前摆着吃了一半儿的炸甜面团和热狗。人们在过山车里尖叫着，人们购买颜色鲜艳的小饰品，人们坐在和法利士摩天轮差不多的摩天轮中欣赏布鲁克林。凯瑟琳大声问道："嘿，你觉得这里怎样？"

他在自己的记忆里看到了她。

他看到了他自己，沉思着他灵魂中的那根螫针。

大概就是在那个时候，一位记者问他为什么没有把铁塔造在康尼岛上，而是造在了沃登克里弗镇。

至少这里非常好玩。一个魔术师把水从帽子里倒到袖子和口袋里。一个男孩，鼻子夹在手风琴的皱褶里，一遍又一遍地重复演奏着同一首曲子。在混杂的旋律中他可以再一次听到自民族大迁徙时代以来那首已经被人遗忘的歌曲的片段，如同在很久之前的贝尔格莱德。

"每个人都有权看着自己的手表，宣告上帝的创世已经结束。"特斯拉一本正经地说，"但就我而言，上帝的创世仍在进行之中。"

和他一样，那些穿着白色衬衫的意大利女人，长着哈巴狗鼻子的俄罗斯女孩，还有犹太哈西德教徒，大家也都相信奇迹。世界上所有的报纸和广告都瞄准了他们神圣的天真。

"他更好看，但她更善良。"他听到凯瑟琳对着梅林顿太太的蕾丝衣领，声音清脆地说道。

贝西·怀特有着最美丽无比的蓝裙，完美的仪态，以及圆润但略显苍白的双唇。

每当贝西看着丈夫时，她的眼睛里满是星星。当普鲁士的亨利亲王到访纽约时，是谁前去接他的？是斯坦福！他是多么的机智！瞧，他说，巴纳姆和贝利应该与华盛顿和杰斐逊一起被囊括在美国的开国元勋之列！

所有这一切，在我们主人公的记忆中历历在目。

"去告诉你的厨师，把鹅尽可能多烤一会。"他听到凯瑟琳·约翰逊说的话，"如果食谱上说需要烤三个小时，那就烤上五个小时。我一点儿都弄不明白，在我们小时候，大人们为什么一定要让我们吃难啃的鹅。哈，哈。"

他们快乐吗？

凯瑟琳·约翰逊，这个灰白头发的女孩，偷偷看了他几眼。

凯瑟琳完美的、中间有个洞的圆发髻让罗伯特感到兴奋。他向她作了一个无声的忏悔："我知道你责怪我，因为我没能猜测出你从未告诉过我的事情。"

他们很快乐。

劳伦斯·怀特看着旋转木马在音乐声中驶向未来。

斯特万紧盯着劳伦斯的冰激凌上的奶油泡沫。

旋转木马那光彩夺目的未来是圆形的。

一阵风将一张报纸吹到特斯拉的脸上。他将报纸从鼻子上揭下来，读到一则大字号标题：塞尔维亚国王和王后惨遭暗杀。

凯瑟琳注意到他的情绪变化，问道："发生什么了？"

"一群军官，"他好不容易说出话来，"'黑暗之手'[1]的成员……在贝尔格莱德用刀刺杀了国王和王后，并将他俩的尸体从窗户中抛出来。她有身孕的消息，曾使她受爱戴的程度陡增。她收到了从塞尔维亚全国各地寄来的婴儿摇篮。但结果证明，那只是一次歇斯底里妊娠[2]。"

"难道这就是被暗杀的原因？"怀特太太觉得恶心极了。

特斯拉叹了口气。"除了没有继承人，亚历山大国王还有一个在午夜时分废除宪法的习惯。他是一个专制独裁的亲奥地利分子，因此相当不得人心。"

"他自打孩童时候起就一直爱着她。"小斯特万说道。

他们快乐吗？

他们？

所有人？

"她用自己的身体护住了他。"特斯拉结巴着说道。

十多年前，当国王还是个孩子时，特斯拉曾在贝尔格莱德与他共同度过了五月的一个上午。特斯拉依然记得他在进入那座古老宫殿时所体验到的那束金黄色阳光。主人请他喝的杏仁白兰地，则赋予了那束阳光韵味。在长岛的海滩上，那熟悉的味道再度让他回味无穷。

"可怜的人儿。"

---

1 黑暗之手（The Black Hand）：第一次世界大战前和期间的塞尔维亚秘密组织，主张用暴力对抗扩张的奥匈帝国，建立大塞尔维亚国家。最著名的是萨拉热窝刺杀事件。

2 歇斯底里妊娠：通常是指一个妇女因为她怀孕，并经历或表现出与真实怀孕相一致的生理症状，但实际上并没有怀孕。虽然这些生理症状是真实的，但许多专家认为，歇斯底里妊娠是典型的心理疾病。

新闻所报道的是真实事件吗？这份报纸是在康尼岛上印刷的吗？

事件牵动着特斯拉的心。他在暗杀事件之后，连续几日买来报纸阅读。终于，在1903年6月24日《纽约时报》的社论中，他找到了关于在塞尔维亚所发生的一切的一个合理且全面的解释：

毫无疑问，在斯拉夫人的性格中，存在着某种特质，使那些流淌着斯拉夫血液的人，命中注定会打开窗户，以自由之精神与慷慨之姿态，在没有进一步准备好一架飞行器的情况下，邀请敌人登堂入室，变作天使。

特斯拉竖起眉头：

大胆的英国人用拳头撂倒他的敌人，法国南方人却用科学的"赛法斗"[1]踢腿术将他的仇敌踢倒在地爬不起来，意大利人用刀子，德国人使用手边硕大的啤酒杯，而波西米亚人和塞尔维亚人则会将他们的敌人从窗口"扔"出去。

那一天，特斯拉是在实验室里打开这份报纸的，现在他把报纸放在了康尼岛的一张桌子上。

他无法表达他所经历的情感。

《纽约时报》变成了现实，世界剩下的所有地方则变成了康尼岛。

"靠近些，靠近些！"报童们在马戏帐篷前毫无廉耻地尖声叫喊着。在帐篷内，相貌像西西里笨蛋的军官杀死了阿莱契诺国王和科伦比娜王后。他们震惊了巨人大使馆和矮人大使馆的大使们。踩在高跷上的小丑们发出洪亮的叹息声，为刺杀事件潸然泪下。夸张的鼓声向全世界宣布

---

[1] 赛法斗（Savate）：又称"萨瓦特""法式拳击""法国踢打术"，或"法国踢腿术"，是诞生于十九世纪法国的一种格斗技术，由法国贵族米歇尔·卡克塞斯（Michel Casseux）和查尔斯·莱克（Charles Lecour）创立，是一种使用拳法、腿法和棍术进行攻击与防御的格斗类运动。现在流行的KICKBOXING（自由搏击）项目中的许多优秀选手源自赛法斗技术基础。由于其动作优雅，运动员多数身材修长，因此也被誉为拳台上的芭蕾。早在1924年，赛法斗就作为表演项目登上了法国巴黎奥运会的舞台，与奥运会结下了不解之缘。

了这起谋杀事件。敲鼓人一而再，再而三地兜售他们表演的节目——人生的悲剧奇迹。

花花公子

一名神秘访客抵达马萨诸塞州的伍斯特，该镇以制造带刺的铁丝网而闻名，铁丝网"轻如空气，固若威士忌酒"。在他圆乎乎的肩上，这位陌生人携带着二十世纪最重要的一颗头颅。

那年乃1909年。该年当选的美国总统，是一位博览群书、满腹经纶的饱学之士，有着美丽的双眼，名叫威廉·霍华德·塔夫脱。

我们是否已经提到过，那个来访者被紧紧地挤在他的两个伙伴中间？其中一个伙伴的大鼻子底下，反复不断地现出一丝孩子般的微笑。另一个伙伴的眼睛则掩映在他眼镜片所折射出的光芒后面。

"我们带来启蒙。"那个看上去充满青春活力的费伦茨[1]开始轻飘飘地说道。

"不对，你们带来的是瘟疫。"陌生人用粗哑的声音打断了他。

来访者坚称，他的题目不涉及梦。

"人们对这样的话题会不以为然的。"

一张张重要的、充满了绅士风度的脸庞出现在演讲现场。康科德[2]镇的那位智者曾教导过他们，要善于在世界的表象之下寻找现实。爱默生的崇拜者们准备听一听那陌生人有何高见。

---

[1] 费伦茨（Sandor Ferenczi, 1873—1933）：匈牙利医生和精神分析学家，弗洛伊德精神分析理论的忠实追随者、信奉者和捍卫者。

[2] 康科德（Concord）：马萨诸塞州东北部的古老小城市。距波士顿西北三十一公里，1635年始建，为独立战争爆发地。美国思想家、文学家、诗人拉尔夫·沃尔多·爱默生（Ralph Waldo Emerson, 1803—1882）曾居住此地。

来访者用他苦涩的眼睛打量了他们一番，并以一种略带低吼的声音，开始围绕着"人类生存的各个非理性侧面"做一连串理性的阐述。他的演讲没有任何笔记，也没有任何的准备。他告诉听众，梦只是人类另一种思考的方式。文化与压抑类似于母鸡与蛋的关系。文化有赖于先前几代人的压抑行为，而每一个新的时代通过经历相同的压抑而传承文化。神经症的能量根植于人类的性欲。对神经症的精神分析治疗，其根基在于去寻找出普遍发生在青春期之前的心理创伤。

那陌生人公开承认，他起初觉得他的研究只是一种普通的科学贡献，直到后来他才意识到，他连同其他心理学家，惊扰了全世界的沉睡。对他的一次次演讲，人们报之以沉默，在他周围形成了一层隔阂。在他自己的故乡维也纳，他成了一个异类。在专业性的学术会议上，有人会时不时地宣布，精神分析法已寿终正寝。

他援引马克·吐温的话，说道，"关于我死亡的消息被极大地夸大了"。

在他演讲完之后，接下来发生了什么？

听众的提问向他倾泻而下："精神分析法是否不道德？"

弗洛伊德用一句反问句作答："你能说自然界不道德吗？"

"关于人类生存有意识的那部分，你能描述一下吗？"

"自我经常扮演着马戏团小丑的荒诞角色：小丑竭尽全力用他的手势向观众表明，他掌控着场子里发生的一切。然而，只有小孩子才会相信他。"

"你愿不愿意说，在你的世界里不存在任何宽恕或爱？"一个声音问道。

"你是否提倡自由之爱，并抛弃所有的限制？"另一个声音问道。

"我是个已婚人士。"弗洛伊德回答道。

当一切结束之后,上了年纪的威廉·詹姆斯[1]——他创建了哈佛大学诸神心理学系——来到他身旁。詹姆斯将他喙形的鼻子掩藏在手帕里,使劲吹一下鼻子,然后说,心理学的未来极有可能与弗洛伊德的研究联结在一起。

当被授予荣誉博士学位时,这位来访者的眼睛一片湿润。

"像白日做梦似的。"

他眯起眼睛,仔细打量着采访他的那个年轻人。

"不,我从没认真思考过成为一个作家。但是,我还是要感谢你欣赏我的文学天赋。"

特斯拉的朋友乔治·西尔维斯特·维埃里克张开他两片厚厚的嘴唇,微笑着问道:"你为什么提到,思想自由所受到的限制要比我们所相信的更为严重?并且,可能根本不存在任何自由"?

来访者垂下双眼,说道:"因为很可能就是毫无自由可言。"

"你可曾想过移民来美国吗?"

"是的,作为一个年轻且一贫如洗的大夫。"

维埃里克用一支亮晶晶的自动铅笔,在一本方格纸的拍纸簿中记下他回答的内容。

"整个世界只不过是一场巨大的瞎子虚张声势的游戏,伪装成一种有意识的状态,"他将弗洛伊德的思想转化为诗歌的语言,"人们都是梦游者,被纸风筝拖在后面。力比多[2]是一匹马,被拴在我们的欲望之上。

---

1 威廉·詹姆斯(William James,1842—1910):美国心理学之父,美国本土第一位哲学家和心理学家,也是教育学家、实用主义的倡导者,美国机能主义心理学派创始人之一,亦是美国最早的实验心理学家之一。1904年当选为美国心理学会主席,1906年当选为国家科学院院士。

2 力比多(libido):其基本含义表示一种性力、性原欲,即性本能的一种内在的、原发的动能、力量。它是弗洛伊德理论中一个十分重要的概述,是弗洛伊德"性欲论"的重要内容之一,同时也是精神分析学派的重要理论。

神经症往往是妥协造成的结果。其症状从一个物体跳跃至另一个物体，导致精神分析的追寻者越来越远离神经症的源头。在日常生存的虚伪中，我们的灵魂拒绝争吵——它坚持其自身的真理，因而它蒙受着痛苦。"

"那来自维也纳的魔法师，都已经游览过了美国的哪些地方？"

"曼哈顿。"维埃里克快速记下他的回答，"康尼岛，中央公园，唐人街，下东区的犹太人区。还在电影院里看了《基督山伯爵》。"

"有什么事困扰您吗？"维埃里克笑着问。

弗洛伊德停了停。他以往一直习惯在手里拿个笔记本。他清了清嗓子回答道，"我正在戒食一天，因为美国的食物实在太油腻了。"

他没有提及他组织了一个由他的追随者所构成的维也纳学派，这个学派像是一个被围困起来的城堡。正因为如此，美国随处可见敞开着的门——无论是入口处的大门还是盥洗室的门——都让他深感困扰。

当他们略感疲倦时，那诗人突然问那魔法师，是否听说过他的朋友尼古拉·特斯拉。

弗洛伊德皱了皱眉头，因为他的雪茄快要灭了。

"那个手指能释放闪电的奥地利人，"他一边伸手去拿火柴，一边回答道，"我记得有一段时间法国和英国的报纸把他捧成了一个大明星。"

他吐出一口烟，看着维埃里克。他早已听说，这个长着长长的头部、有着青蛙般嘴巴的大男孩，并不只是个记者，而且还是个象征主义诗人，一部吸血鬼小说的作者。人们称他为"小爱伦·坡[1]"和"美国的奥斯卡·王尔德"。他还听说了维埃里克与日耳曼王室的关系。维埃里克是威廉一世婚外所生的孙子，因此是个不合法的德国皇帝。

那个洋溢着青春朝气但已经开始秃顶的大夫，在门边出现了一小

---

1 埃德加·爱伦·坡（Edgar Allan Poe，1809—1849）：十九世纪美国诗人、小说家和文学评论家，美国浪漫主义思潮时期的重要成员。

会儿。

"费伦茨笑的样子怪滑稽的。"维埃里克评论道。

他们斜倚在真皮扶手椅里，地点就在克拉克大学光线柔和的图书馆。扶手椅闻上去有一股干杏仁的味道。在淡蓝色的烟雾中，房间内的气氛像极了一个招魂术的降神会。午后的时光中，外面的世界一片喧闹。

在采访弗洛伊德之前，维埃里克对凯瑟琳·约翰逊进行了一次非正式采访。

她告诉他很多关于特斯拉的事情：他童年的飞行梦想，他透过物体投射图像的能力，他的脆弱性以及巨大的生命力，那场改变他人生轨迹的大病，以及随后在布达佩斯公园发生的那次著名的顿悟。

弗洛伊德抽了最后几口多米尼加雪茄。

嗯，所有的一切像是一次脱胎换骨的经历，就像化茧为蝶的蜕变，以及米海洛夫斯基及其他俄罗斯科学家所描述的萨满教般的狂喜。

但等一等，荣格[1]曾跟他说过什么来着？

出于习惯，他伸手去拿他的笔记本。

人格达到极高的烈度而导致的半神性状态，能够对众人进行催眠并改变法则。拒绝从事常规工作——这样的人是国王，抑或乞丐。

这样的人并不一定是某个宗教共同体的一部分。他自身便是宗教。

---

1 卡尔·古斯塔夫·荣格（Carl Gustav Jung，1875—1961）：瑞士心理学家。1907年开始与西格蒙德·弗洛伊德合作，发展及推广精神分析学说长达六年之久。之后与弗洛伊德理念不合，分道扬镳，创立了荣格人格分析心理学理论，提出"情结"的概念，把人格分为内倾和外倾两种，主张把人格分为意识、个人无意识和集体无意识三层。曾任国际心理分析学会会长、国际心理治疗协会主席等，创立了荣格心理学学院。他的理论和思想至今仍对心理学研究产生深远影响。

在布里亚特人[1]中间以及在阿尔泰山区，扮演闪电的角色在一个人被选为萨满僧的过程中是一个甚为重要的因素。如果他的灵魂飞向西方，他便成为一个黑萨满僧。如果他的灵魂飞向东方，他便变成一个白萨满僧。

一切都完美吻合。没有人能通过自主选择获得这样一种天赋以及善与恶的双重本性。必须在童年时期或者在施成人礼之前就体弱多病。呈现癫痫般的症状且拥有创伤性狂喜的经历。深度梦幻。垂死而能劫后余生。飞越天空或地下，进行史诗般的上下求索，寻找部落存在所必需的知识。永久性的高度敏感。全身熠熠发光。

"萨满僧！"弗洛伊德在他自己的线纹纸笔记本上写下这个词汇，"一个维多利亚时代的萨满僧！"

现在变得非常有意思了，维埃里克想道。

特斯拉的这位非正式传记作者再也无法遏制自己。他讲述了特斯拉的童年故事，现在可以向弗洛伊德提出他最想问的一个问题。"我得问您一件事：特斯拉骗取他父亲的祝福，是不是要比《圣经》中雅各骗取

---

[1] 布里亚特人（Buriats或Buryats）：蒙古人的一支，属黄种人西伯利亚类型，又称"布里亚特蒙古人"，也叫布拉特人。布里亚特人是分布在俄罗斯、蒙古国和中国一些地方的蒙古族，使用布里亚特语，分东西两大方言。布里亚特人原信萨满教，东贝加尔湖地区的居民则多信喇嘛教，名义上信仰东正教，实际上仍保留萨满教残余。二十世纪二十年代以来，多由游牧转为定居，文化和生活深受俄罗斯人影响。

他父亲的祝福[1]更为残酷？"他终于说出他的问题："他杀了他兄弟吗？"

"那是显而易见的。"弗洛伊德喊道。

弗洛伊德眼角带着一缕苦涩的光亮，解释道……

日记摘抄

大地崎岖坎坷，时势暗如寒冬，

人心阴暗狡诈，眼睛迷茫负重，

躯体似土且悲伤，双手沾泥弱无力。

古塞尔维亚手稿与铭文，1535年

当别人告诉我马可尼被授予诺贝尔奖时，我长久地凝视着地板。我

---

1 雅各骗取老爹以撒的祝福：以撒有两个儿子，以扫和雅各。按照古代中东人的规矩，要正式成为合法继承人，须得到被继承人的认可和赐福。在以撒一百三十七岁这一年，以扫和雅各也已七十七岁了。以撒双目失明，确立继承人的大事迫在眉睫。以撒偏爱大儿子以扫，嘱咐他带弓箭到野外打野味，再照他喜爱的口味烧好吃了，就有力气开口为他祝福。以撒的妻子利百加则偏爱雅各，听到那父子俩的一席话后，给雅各出主意，让他伪装成哥哥。乘着以扫外出打猎之际，雅各从自家的羊群中找了两只肥嫩的小山羊宰了，而利百加则熟知以撒的口味，便做好了鲜美的羊肉汤。另外，以扫全身长毛，利百加就让雅各将头颈、手腕都用羊皮裹住。以撒摸到带毛的手腕，吃到了和他口味基本一致的羊肉汤，虽然听上去声音不太对，但他怀疑是自己耳鸣造成的，于是就让雅各过去亲吻了他，嘴中就发出祝福："我儿的香气如同耶和华赐福之田地的香气一样。愿神赐你天上的甘露，地上的肥土，和许多的五谷新酒。愿万国服侍你；愿万民向你下拜。愿你统治所有的兄弟；愿你母亲的儿子都向你跪拜。诅咒你的人要被诅咒；祝福你的人要蒙福。"荷兰画家戈弗特·弗兰克（Govert Flinck）于1638年创作了油画作品《以撒祝福雅各》，现收藏于荷兰阿姆斯特丹国家博物馆。

觉得我被剥夺了荣耀，如同阿喀琉斯[1]或者弥尔顿的撒旦一样。另一个人的说话声在我脑海中回荡：

"愤怒是阿喀琉斯的歌。你的歌将会是什么呢？"

"那个人放置在我线圈内的，只是他与我之间的差距。但就是这样，他获得了诺贝尔奖……"我回答道，"我无法阻止这一切。"

过了一会儿，我振作起来，用更柔和的声音说："如同风一样，精灵想去哪里就去哪里，但我们只能凭着声响判断它。"

在马可尼获奖之后的一个星期，我遇到了一件事。我们正在观看一部歌剧。《阿依达》的合唱队唱道："天上的圣灵，请降临我们身上，赐我们荣耀……"

整个世界变得像是由沙粒构成似的，开始沙沙作响。我用手背擦一下额头。

歌剧院经历了一次变形。扮演埃及军官拉达梅斯的歌手用越发深沉和阴暗的眼神看着我。

"放开我！"我告诉他。

演员们的声音回荡在包厢里，也回荡在女士们的低领抹胸裙上。他们不是在舞台上演唱——相反，这些口技表演者似的演员是在观众席里演唱。淑女与绅士们的眼睛变得完全一样。凯瑟琳、罗伯特以及乔治·西尔维斯特·维埃里克都加入到浣熊游行中。

我再也无法跟上威尔第歌剧中突兀的情绪变化。

我以为，我已经将他抛到九霄云外，就像一匹把骑手从马背上掀下

---

[1] 阿喀琉斯（Achilles）：希腊神话中的英雄，海洋女神忒提斯（Thetis）和凡人英雄珀琉斯（Peleus）之子。阿喀琉斯除了脚踵的致命死穴，全身刀枪不入，诸神难侵。阿喀琉斯参加特洛伊战争后，仅用两次战役就使原本胶着的战况向希腊军队大幅度倾斜，并且杀死了特洛伊的首将赫克托耳。但因与光明之神阿波罗交恶，阿喀琉斯被阿波罗的暗箭射中脚踵而死。

来绝尘而去一样。

我慢慢地，慢慢地站起身来。

我借故离开座位，走出了观众席。

大理石的楼梯像糖一样熠熠生辉。就在我离开的过程中，他们用一首令人痛彻心扉的曲调嘲讽我。拉达梅斯和阿依达是不是已经开始吟唱他们的死亡赞歌？在这对恋人看来，死亡不失为一种理想和永恒的爱。

"从我们胸膛的黑暗深处，我们小鸟般的灵魂飞出来，挣脱了羁绊，飞入永恒的时光……"

一个穿着制服的引座员用非常聪明的眼神看着我离开。

我的样子肯定让人觉得鬼鬼祟祟的。我跌跌撞撞地离开了剧院，马车夫和票贩子也以同样的眼神看着我。

我招手拦了辆出租车。司机不停地转动方向盘，而这方向盘像极了一张咖啡圆桌，从他两腿间突出来。我付了他车费，他看了我一眼。

他看了我一眼。

就在实验室大门边上，一只猫蹲在垃圾桶盖上，眼睛闪亮。下一刻，它的两眼光亮尽失——眼睛已变成了褐色。

猫看了我一眼。

秘书正在加班熬夜，她跟我打了声招呼，打量着我……

她看了我一眼。

是的。

世界上所有的人，都以同样的眼神看着我。

我的喉咙像是被掐住了，喘不过气来。

似幽灵一般。痛苦。温暖。深沉。

我死去的兄弟的眼睛，戴恩。

我有三个儿子

梅达克

1910 年 3 月 21 日

亲爱的哥哥,

让我简单地向您描述一下我目前的生活状况。我的乔沃已成为牧师,就在利卡本地。我们现在居住在梅达克。我有三个儿子,彼得,乌罗斯,还有尼古拉。

我们上一次进行书信往来,已经是很久很久以前的事了。这真是很奇怪,因为我们毕竟是兄妹。我一点儿都没有责备您的意思,因为我知道您的日子过得如何。作为妹妹,我的心清楚无误地告诉我,我们依然是兄妹,就像我们过去生活在一起时情同手足那样。

您的妹妹

安格林娜

驶往沃登克里弗的夜间列车

夜里,尼古拉死去的兄弟经常坐在他床边,一只手放在尼古拉的额头。

"尼古拉!"他大声冲他喊道,而他冲着叫喊的这个人多年以来一直被别人称呼为特斯拉先生。"尼古拉!"他喊道。

尼古拉憔悴的脸上满是泪水,泪水浸湿了他的耳朵。他真想尖声叫喊,但他知道那样做并不能让他摆脱自己的躯体。白昼,他等待着夜晚的降临,而到了夜晚,他则等待着东方破晓。作为一位道德主义者,就像在他之前的他的那位父亲一样，他无法去理解人们。从别人那里，除了他们的钦佩和致敬，他不需要任何别的东西。他的情感发育在他的童年时代就冻结凝固了。存在于他孤独之中的，是假想的人类，他只是在与这假想的人类争吵不休。

午夜过后，特斯拉赶往中央火车站处于沉睡状态的那巨大无比的大厅。这座车站一度是科尼利尔斯·范德比尔特的"殿堂"。巨大的青铜枝形吊灯让特斯拉回想起听涛山庄内的那些吊灯。他爬上大理石楼梯，从上面俯瞰着几乎空无一人的候车厅。候车厅中央有个球体，四座大钟在球体上嘀嗒嘀嗒走着时。巨大的窗户用柔韧的熟铁栏杆分割出几大片区域。从墙上的浮雕上，他辨认出一个个长着翅膀的车轮——那是铁路的象征。绿色的穹顶内，画着一个又一个星座，彼此间用金黄色的线条连成一体。他孤独的脚步声在被诸神俯视的空旷大厅内回荡。循着他脚步和思绪的回声，他穿过看上去像是皮拉内西[1]的小镇似的火车站，来到停放着列车的"隧道"。

他登上了驶往沃登克里弗的夜间列车。

高架列车在离地面有两层楼高的空中隆隆行驶。

这位充满好奇心的旅行者，注视着车窗外别人家的窗户。他像只蛾子，从黑暗中窥视那些亮着灯的房间。

在一间房间里，一个全身长满毛发的男子正在"无声"地冲着一个女子扭曲的脸大声吼叫。

在另一个房间，一个芭蕾舞女演员用她的两个拇指钩住她的锁骨。她做了一个单脚尖旋转的动作，整个人变成模糊的一片白色。

1　皮拉内西（Giovanni Battista Piranesi, 1720—1778）：意大利雕刻家和建筑师。他以蚀刻和雕刻现代罗马以及古代遗迹而成名。强烈的光、影和空间对比，以及对细节的准确描绘，是他作品的特点。

在第三个房间，圣杰罗姆[1]拥抱着狮子。

在第四个房间，一个斗牛士为作画摆着姿势，身体凝固在一片寂静之中。一头黑公牛用牛蹄挠着镶木地板，和他对峙着。

在最后一间房间的墙上，挂着鲜血淋漓的普罗米修斯，数只鹰栖息于他的腹部。

一排排金黄色的窗户……

啊，一排排金黄色的窗户在空荡荡的街道上一闪而过。

在这些窗户消失之后，特斯拉开始觉得百无聊赖。

他随后打开一份报纸。

报纸名为《纽约太阳报》。

深夜里，在离面两层楼的高度，他一边坐着列车风驰电掣地穿过沉睡中的纽约，一边读着《小尼摩游梦土》[2]。在这部神奇的漫画书中，每一集新故事的开头，小尼摩总是发现正置身于莫菲斯国王的王国内。

这样的故事情节非常熟悉，简直是太熟悉了。

很久很久以前，尼古拉还是个孩子。一片光亮突然在床上把他捉住。然后，从世界中心的金色光亮中，各种形形色色的形象源源不断地流溢而出。他一会儿翱翔于大爆炸的星辰之间，一会儿则遨游于深海的鱼群之中，他的左侧是白昼，右侧是黑夜。他看到一个个国家，一个个城市。

---

1 圣杰罗姆（Saint Jerome，约340—420）：古代西方教会领导群众的圣经学者，完成《圣经》的拉丁文译本《通俗拉丁文本圣经》（*Vulgate*）。杰罗姆很早就显露出对藏书的热情，建立了古典晚期最卓著的私人图书馆，收藏了大量基督教圣经与神学作品。晚年时定居于耶稣的出生地伯利恒，过着苦修隐居的生活。

2 《小尼摩游梦土》（*Little Nemo in Slumberland*）：美国漫画家、动画家温瑟·麦凯（Winsor McCay）的代表作，既是一部漫画作品，也是一部动画片，首刊于1905年，其中对生活的细微观察、幽默的趣味表现、丰富的想象力和气派的空间调度，树立了作品的特殊风格。1911年，麦凯做出生平第一部动画影片，内容取自"小尼摩"漫画中人物的逗趣动作，及其经历的陆离怪事，他亲手着色，动画片从此有了颜色。

他看到城镇上的广场，看到说着不同语言的人们。他看到了贝拿勒斯的神猴。他从乌兹别克斯坦的撒马尔罕飞到日本。尼古拉盘旋在世界的上空，他胸膛内的某一处控制着他的飞行方向。他想重返利卡的那间房间，回到他的那张床上，但那张床在他身后远隔一千英里之遥。一个飘荡的灵魂无家可归。

一股力量裹挟着他，让他离家的方向越来越远，越来越远。

所有那一切又再度发生。当时，在驶往沃登克里弗的夜间列车上，尼古拉·特斯拉，小尼摩，以及梦土的公主，发现他们正置身于冰霜皇帝的冰雪宫殿。钟和影子都被凝固住了。他们穿过一片没有尽头、擦得铮亮的地板，上面挤满了正在滑冰的小丑。巨大的冰霜皇帝像座铁塔耸立在他们面前，头上顶着一个锋利的、由冰柱做成的光轮。冰霜皇帝和约·皮·摩根极为相像。冻脸先生看着他的手表，手表被冻结凝固了。时间也被冻结凝固了。他告诉来访者们：冰霜皇帝就在这里。他是个举止冷漠的绅士。不要和他握手。被他握着手可怕极了。

"你会看到这是全梦土最美的地方。"冰柱侍臣解释道。

棕榈树看上去像是冰在爆炸。

家具是用冰制成的。房间是用冰制成的。枝形吊灯是用冰制成的。

在他们周围，冰雪宫殿晶莹闪亮，发出许多柔和的叮当声。冰柱侍臣警告道："由于冰块失火，整座宫殿几乎被夷为平地，所以此处严禁吸烟。"

大厅巨大无比，根本无法让人尽收眼底。在这偌大的大厅里，几千个雪人用雪球相互摧毁对方。

他们被引向越来越远的地方，越来越远。

列车到站停下。

小尼摩在结束他的遨游时，总是蜷缩在他床边的地板上，全身卷在床单里。

特斯拉扔掉报纸。

他离开列车，换乘汽车。

他抵达沃登克里弗。

在他自己的冰雪宫殿里，在那座已经被铁锈吞噬的钢铁王冠下，他尽量让自己获得些许的歇息。

那里，在冷火之地，一股安全感油然而生。他静静地脱去所有的衣服。他凸起的肩胛骨曾经是他长出翅膀的地方。他站在设备下面，打开开关。

光从他脚指头缓缓升起。那片光在他小腿肚上飞溅，一直涌到他膝盖以上。那汹涌的内心之光是为了……

噢，是为了荡涤净化自己，远离肮脏的他人……

这明亮的旋风现在已替代了他内心的闪光。

在那个美元和美分构成的世界里，他有着巨大的需要，要偶尔让自己浸没在神圣之中。一阵高压电流构成的明亮飓风，穿越过他的内心。世界纯洁的本原，荡尽了人间的污浊。那被他用来净化自己的旋风，是否是同一股风，将肮脏的他人从他生命中吹走？

特斯拉那凝固了的、火山喷发般的灵魂慢慢得到歇息。他沐浴在一片寒冷的火焰中，渐渐进入慵懒的睡梦。

遥远的节奏

人类乃所有外在影响之总和。我们的欲望便是他人的欲望。

人不会变得举足轻重，因为他本身无足轻重。

马克·吐温

在他毕生的心血之作——沃登克里弗工程失败之后，他利用从他腹部、躯体、心灵和脉轮[1]中散发出来的温暖来保护自己。给他提供庇护的还有那金毛线球，它在他面前解开，为他指明道路。

"你不想让任何人来帮助你——你竟然是如此铁石心肠的一个人。"凯瑟琳·约翰逊责骂他。

"记住，我警告过你。"人们这么跟他说。

"当时势恶劣时，你只能自己一个人去聆听音乐。"他低声自言自语。

面对着失败的可能，这位自动装置的创造者第一次开始反思有关自由意志这个古老的议题。凭借着这些哲学思辨，他隐藏起他失败的真相，而这种真相并不是他的真相。

佛教徒相信，灵魂是不存在的，世界只不过是一连串转瞬即逝、昙花一现的表象。

在哲学家尼古拉·特斯拉那并不存在的灵魂中，事情变得更为清晰了：从那个被亚里士多德称为"生命之本原"的核心源泉中，人们不仅获得能量，而且还获得思想，这些思想犹如一辆停靠在车站的电车，在他们的头脑中回荡。

他的父亲在紧闭的房门背后用多种不同的声音与他自己辩论。

怀特对女性身体上的隐私部位走火入魔。

遥远处的脉动将戴恩的形象带入他的梦境之中。

所有的个性特征都像狂欢节的面具被出租出去。

人们在整个世界的共振中震颤着。

悲伤！

激情！

---

[1] 脉轮（chakra）：音译为"查克拉"，是印度瑜伽中的能量中枢。在印度瑜伽的观念中，是指分布于人体各部位的能量中枢，尤其是指从尾骨到头顶排列于身体中轴者。中文里也译为"脉轮"或"气卦"。

痴迷！

遥远的、不断震荡着的节奏将所有这一切植入人们的头脑与心灵之中。

在纽约的大街上，充满诱惑的机器表情冷漠地微笑着，也有机器发表着富有强烈个人魅力的演讲，忧郁伤感的机器从窗户往外眺望，注视着每滴雨珠的银色边缘。在已经死去的力量的旋涡中，人不是自动装置。由血肉构成的机器是世界的诸多组成部分，它们作为一个整体被互联在一起，并且拥有生命。人们自己都注意到自然界中潮涨潮落的节奏。毫无疑问，他们也会在头脑中感受到服饰时尚以及其他时尚的兴衰交替。

大家都被邀请去参加舞会。

如此，被催眠的众人开始摇摆晃动起来。

"虚无"那肉乎乎的恐怖脸庞，露出牙齿笑着。

虽然摇摆舞乐团没有奏响任何音乐。

公园里也没有任何军乐队。

新装置

他拥有了一个全新的实验室。老舍夫穿着他那可怕的毛衣，为新实验室忙碌着。当然，也少不了那驼背的齐托，他的眼睛像浣熊眼睛似的。我们几乎忘了提一件事：在整个世界的巨大脉动中，有一个自动装置，跳动着脉搏闯入到特斯拉的生活之中。

这个装置便是他的新任秘书。

他们手能拿蛇

当人们将蛇带到教堂里时,塔拉·蒂尔恩斯坦正亭亭玉立、含苞待放,即将出落成一位年轻美貌的姑娘。亨斯利牧师一边在脸上摆出个殉道士式的皱眉,一边说,任何奉天父之名为其劳碌的人,灾祸必不会降临于他。

"我的兄弟们,千万不要怀疑,"牧师带着慈眉善目的微笑,提高了说话声,"借由信仰,亚当的儿女们必能克服原罪。"

说完这番话,亨斯利牧师从一个麻袋里取出一条响尾蛇来。他打开《马可福音》开始诵读:"他们手能拿蛇;若服了什么毒物,也必不会受害。"从他的嘴巴开始,深深的皱纹已经让人无法辨认出他的脸颊。

教堂内弥漫着一股新木材的气味。人们咬紧牙关。那毒蛇蠕动着,顺着教堂长椅从一只手传到另一只手。一个红头发的女孩将它传给塔拉。那死亡之神在她双手间滑行,她又把它交给紧挨着她的金发孕妇。离开教堂时,塔拉把下巴抬得高高的。回到家里,在礼拜日午饭之前,她得到了每一个人的祝贺。

"汤煮好了。"帕姆姑妈从厨房内冲着外面喊道。

"我来端!"塔拉跳起来说道。

一阵撞击声从厨房传来。大家发现她躺在一摊菜汤中抽搐。

癫痫发作从此以后便没在她身上再度发生过。

"我们会注意她的病情的。"脸色发紫、头发灰白的马丁逊医生皱着眉头说道。

当塔拉第一次旅行,前往田纳西州的克利夫兰时,蛇的那种冰凉的感觉依然留在她的手上。在克利夫兰之后,她去投靠她在纽约当医生的舅舅。她在那里完成了打字课程的培训，在格兰特[1]坟墓附近的滨江大道上找到一处住所。格兰特那黑色的纪念碑令她感到害怕，尤其在她放弃宗教祈祷之后。她每星期都会从42大街的那家图书馆借阅一本图书。

纽约像一声撩拨春心的叹息，引燃了她躁动的心。她说话时声音奇高。她喜欢在亲吻时发出很大的响声。她和为数不多的几个朋友一起去康尼岛玩，观看由白人扮演黑人的滑稽说唱演出，去鲍尔瑞大街的剧院看戏，去廉价的拱廊商业街逛街。

她酷爱色彩艳丽的裙子，并穿着这样的裙子出去找工作。终于，她受雇于一个私人实验室，在那里当秘书。她写信给她姐姐，说她在大都会大楼20层工作，就在那座闻名遐迩的大钟下面。

"我的老板中年模样，但看上去相当年轻，非常有涵养。"她向她姐姐吹嘘道。

她那怪异的老板会在正午时刻抵达实验室，不早不晚。他要求塔拉每天购买三磅油菜籽、大麻籽以及鸟食，还要在门口迎候他，替他拿帽子、手杖和手套。办公室的窗帘必须拉上，这样房间就可以给人一种夜间的感觉。

"打开窗帘！"只有当乌云密布、一场暴风雨滚滚而来时，他才下达这样的命令。

在这之后，"哈塔蒂特拉"——在阿帕切人[2]的语言中意为"闪电"——

---

1 格兰特：指尤里西斯·辛普森·格兰特（Ulysses Simpson Grant, 1822—1885），美国军事家、陆军上将，美国南北战争后期任联邦军总司令，1869年当选为美国第十八任总统。

2 阿帕切人（Apache）：北美西南部印第安人，以劫掠农民为特点。其统治范围跨越现今美国亚利桑那州的中东部及东南部、科罗拉多州东南部、新墨西哥州西南部及东部、得克萨斯州西部以及墨西哥奇瓦瓦（Chihuahua）州及索诺拉（Sonora）州北部。

在所有三个窗户闪烁。窗玻璃哗哗作响。索尔[1]、霹隆[2]和宙斯抖动着由蓝色构成的帘幕。她神秘的老板打开所有窗户,空气中可以闻到危险的气息,也能闻到清新的气息。

他观察着火花四射的电弧,看着它们以规律的间歇出现在屋顶之上。他用手指测量每个霹雳的长度、距离以及强度。他的神经因闪电而获得净化。

他一只手按在他心脏部位,另一只手放在两腿之间。他急促地喘着气。

他在沙发上坐下,对着暴风雨大发牢骚。他对着敞开的窗户声音洪亮地进行布道。他感觉到命运之刺冲着他身体的两侧刺过来。他得意扬扬地加入与上苍的狂笑构成的二重唱中。他用没人知道的语言为电闪雷鸣欢呼。他与它们一起歌唱。

"我创造的霹雳威力更大!"他高喊道。

接着,雨声变得更猛。雨水反复不断地倾泻而下,晶莹剔透的水珠在窗台上翩翩起舞。

有一次,他打开一份电报,瞬间就潸然泪下,走出房间。塔拉踮起脚走到那张纸旁,将它捡起来,展开来一看:

马克·吐温与哈雷彗星一起逝去。

他生与哈雷彗星一起到来,死与哈雷彗星一起离去。

您的
罗伯特

当她收到生平第一张薪水支票后,摩登女郎塔拉·蒂尔恩斯坦犒赏

---

[1] 索尔(Thor):日耳曼和北欧神话中的雷神,来自古诺斯语 thorr 一词,意为"雷电"。
[2] 霹隆(Perun):斯拉夫神话中的雷电之神,同时也司战争和锻炼。斯拉夫神话中霹隆是最高的神。

了自己一回，在哈默斯坦屋顶花园吃了顿大餐。对于一个正在变成老处女的单身女孩来说，她还有别的事情可做吗？

美食将她保护起来，不受这个大城市的侵扰。

塔拉竭力想计算清楚，在这个城市里会有多少只手。数以百万计的手会向某人招手，抓起珠宝，抓起未婚夫的手。所有这些手都能从生活中捞到一些东西。但是，她的双手空空如也。

在她的厨房间的煤气灯下，塔拉用她的胳膊肘护住她盛着食物的盘子。她把面包挤压成结实的、橡皮般的圆球塞到自己嘴里。她的胃像斯库拉[1]似的号叫：喂我吃东西！她的双手变成活塞，完全可以自动。

抽象的观念可以呈现出各种不同的形态，尤其是我们欲望的形态。她渴望的是真理与精神上的提升。

天父啊，自从您将我们从伊甸园逐出，我们一直处在如饥似渴的状态——男人渴求女人，女人渴求男人。您为什么要如此对待我们？您赐给我们的心头之痒，实乃我们的心头之痛，为什么会这样？

即使她在办公室里听说，她的老板无法忍受胖女人，塔拉依然对他充满了幻想。隔着一段距离，她抚摸他的头发、他的后脑勺，还有他苍白的双唇。啊，天父啊，您为什么要如此对我？她梦见了从田纳西州的蝗虫谷抓来的那些蛇。她真希望，她的床会在她的住处发出嘎吱嘎吱的尖叫。

从她艳丽的裙子里，她出落得越来越楚楚动人。

她喜欢晚上在办公室里待到很晚。她打开一份报纸，阅读关于约翰·雅各布·阿斯特和他儿子文森特在茫茫大海上迷失方向后有何感想的报道。

---

[1] 斯库拉（Scylla）：希腊神话中吞吃水手的女海妖。她的身体有六个头十二只脚，并且有猫的尾巴。她守护在墨西拿海峡的一侧，这个海峡的另一侧有名为卡律布狄斯（Charybdis）的漩涡。船只经过该海峡时只能选择经过卡律布狄斯漩涡或者是她的领地。而当船只经过时她便要吃掉船上的六名船员。

她也会去使用特斯拉专用的私人盥洗室,每当有人出乎意料地与他握手,他就会到这盥洗室来洗手。滑腻腻的肥皂在她两个手掌中蠕动。他竭力避免去接触被细菌感染的其他人。他曾说,他那是在保护自己,免于接触到细菌,而那些细菌则是在这个世界之下的那个无形世界里彼此吞噬着对方。他口中所说的细菌十有八九是指人。

塔拉·蒂尔恩斯坦也开始买"那些"姑娘们穿戴的别具一格的黑色内衣。每当她双腿交叉时她的长筒袜就会发出唰唰声。

怎么样?

小姐——他总是那样称呼她。他从不叫她的真名。

他向她描述无叶片涡轮机,每磅可产生十匹马力。

她能理解他。

她的衣食住行全都指望着他。他是她的衣食父母。

但是,那调皮的爱神的微笑改变了她的脸。他理应获得他人的爱。

他让她每天有面包吃。她会把面包挤压成团,塞进她的嘴巴。

一个星期五的晚上,她在办公室待到很晚,为他在打字机上打了一封信,这封信是写给纽约公立学校主管麦克斯韦尔的:

"在我们的研究计划中,我们会接收五十名智障学童,"她手指娴熟地敲击着键盘,"电拥有一种潜在能力,能提升人类的智力水平,甚至治愈精神错乱。"

大都会大厦的窗户敞开着。夏日里的狗在狂吠。在六月这个月份,空气芳香扑鼻。整座大楼内,唯一能听到的声响是她打字机发出的噼啪噼啪声。最近一段时间,她常常会突然觉得饿得慌,所以她会在自己的包里带上一些面包。实验室里只有她一个人,她叉开双腿,坐在她桌子的一角。桌子上，就在她的下巴下面，她翻开她老板正在阅读的卡莱尔[1]著作《论英雄、英雄崇拜以及历史上的英雄事迹》。她从包里抽出几片面包。她的手动起来像活塞似的。她把面包卷起来，塞进自己的嘴里。远处的脉动决定了她的个性。她吃东西是出于恐惧。她对自己的状态毫无控制。

"小姐！"一个震惊的声音在高喊。

"特斯拉先生！"她尖叫起来。

尼古拉·特斯拉走近塔拉。他的克制是显而易见的。"你对自己所做的这一切……如此缺乏自我控制……我简直无法忍受这样的行为。"

他的领带在她模糊的眼睛前闪闪发亮。

"当然，这不关我的事，但是……"

她凝视的眼神十分有力地沉入他凝视的眼神。她喊道："特斯拉先生！"

他站在她面前，十分高大，脸上的各个部位仿佛被镌刻过似的，轮廓分明，身上还披挂着冰制的盔甲。

"我会付给你下周的薪水，但你星期一就不必再来上班了。"

在这个大城市里，除了他，她无依无靠。她整个身体从腰部以上猝然抽搐前倾，与此同时，她的头后仰。白沫从她口中喷吐而出。那男人望着地板，这样就可以不必看着她。从某个遥远的宇宙中心发出的震颤，让这个女人左摇右晃。她丰满的乳房从衣服内蹦出来，露出一片皮疹。她眼神中透着彻底的无助感。她的一只空手像爪子一样去抓空气，最后揪住了她裙子扣着一排纽扣的地方。纽扣在办公室内洒落一地。

---

[1] 卡莱尔：这里指托马斯·卡莱尔（Thomas Carlyle，1795—1881），英国历史学家和散文作家，主要著作有《法国革命》（三卷）、《论英雄、英雄崇拜以及历史上的英雄事迹》和《普鲁士腓特烈大帝史》（六卷）。他被看作那个时代最重要的社会评论家，一生中发表了很多在维多利亚时代深受赞誉的重要演讲，作品在维多利亚时代颇具影响力。

上海之光

在特斯拉让她离开之后的三个月后，塔拉·蒂尔恩斯坦在上海之光找到了一份工作，这是一家传教机构，旨在拯救中国人的灵魂。她已经不再是原来那个女孩了，喜欢在鲍尔瑞大街上高声接吻，或者用她艳丽的裙子引来年轻男子的嘘声："嘿，宝贝！"

现在，她每吃一口东西，都会有所节制。当她喝不加糖的茶时，她会板起脸。她睡觉前饥肠辘辘，这代表着她整天过得很有节制。

每天早上，塔拉·蒂尔恩斯坦游荡在素昧平生者的人潮中。白天，她站在红砖砌成的上海之光大楼高高的阳台上，观赏纽约城，而这个城市已经不再属于她。一团团旋转着的黑烟在灰色的烟雾上方淌过，就像围巾在大衣上飘扬。一座座高楼的顶端都消失在云彩之间。公共汽车像鲸鱼那样发出吼叫。路上的行人一边匆匆赶路，一边睡着觉。人们目光呆滞地注视着对方，仿佛象蚂蚁似的。

塔拉从报纸上找到几门夜校课程，并把它们圈出来。那门名为"约翰·洛克与查尔斯·达尔文——两个静悄悄的革命性人物"的课程，在上了三堂课之后，她才意识到她对其毫无兴趣。

她突然意识到，理性不是她的家园。她更意识到，理性不是任何人的家园。她意识到，"你爱谁"这个问题在纽约从来不会有人问起。她意识到，整座城市是个无底的深渊。

迷茫之中，她问自己："灵魂在何处？在这座城市里，灵魂到哪里去了？"

在她房间的墙上，一个全身沾着血的年轻人伸展双臂，做出一个奇迹的姿势。他的众信徒阻止他献给世界拥抱。这个鲜血淋漓的人成了塔拉心灵唯一的精神食粮。

"你为什么要诱惑我？"她问他。

每当她脑海中不想着耶稣基督时，她就会想着圣母以及她在整个地狱中的朝圣历程。圣母跪在地狱的中央，向她儿子祈祷，要他对那些遭到诅咒的灵魂施以仁慈。

塔拉平静地生活着，从不打扰别人。但是，特斯拉先生会在夜里出现在她身旁，用他那修长的、异常寒冷的手指触摸她，每根手指连接着带有电流的静脉。他突然递给她一条硬邦邦的蛇，蛇又变成一条蓝色的霹雳。那条将拉奥孔[1]置于死地的蛇，用它那淫荡的拥抱死死地缠住塔拉。

她没有去找任何东西。她没有去打扰任何人。

在办公室里，当她在清点即将运往上海的《圣经》的数量时，她觉得有个什么东西沿着她的背脊骨往上爬，还把她的头发提了起来。她知道在这一切的背后是谁。她梦中会见到他。他和头上长着角的火星人合伙共谋。他像极了一只被冰冻凝固的猫。两个小小的霹雳从他头盔似的、向后梳的头发中突出来。她为何没有早一点儿认清他的真面目？

她开始感到胆战心惊。

真的胆战心惊。

在任何一个时辰，他都会用蓝色的冷火来摸她的两条大腿。

她去拜访她在布鲁克林的舅舅，并从他抽屉里偷走了左轮手枪。她把沉甸甸的包紧紧抱在胸前。

她仍然心存困惑："你为什么要诱惑我？"

接下来，亨斯利牧师的话音在她耳边回荡："任何奉天父之名为其劳碌的人，灾祸必不会降临于他……借由信仰，亚当的子女们必能克服

---

[1] 拉奥孔（Laocoön）：特洛伊的祭司。希腊人用木马计攻打特洛伊，拉奥孔劝特洛伊人不要把藏有希腊士兵的木马运进城，但是攻陷特洛伊是神的旨意，希腊保护神派出几条巨蛇，把拉奥孔和他的家人缠死了。公元前一世纪中叶，古希腊罗得岛的雕塑家阿格桑德罗斯（Agesandros）与他的儿子波利多罗斯（Polydoros）和阿典诺多罗斯（Athanodoros），三人集体创作了一组大理石群雕，取名为《拉奥孔》，该群雕高约一百八十四厘米，现收藏于位于梵蒂冈城的梵蒂冈美术馆。

原罪，并驯服罪恶者的象征。"

她出发前往图书馆。他会像钟一般准时地出现在图书馆外，给鸽子喂食。

大风猛烈地卷起马鬃。大风卷起她的头发抽打着她的脸庞。塔拉虽然只穿着一件单薄的小夹克衫，但一点儿都没觉得寒冷。对她来说，一切都变得十分清楚。她对着自己不断重复《路加福音》中的一番话："听着，我已授你们以权柄，可以践踏蛇和蝎子，又胜过仇敌一切能力，断没有什么能加害于你们。"

她内心的恐惧已被坚毅的决心所取代。她可以听到所有存在物的音乐。风仿佛钻石的粉末，散发出微光。透过汽车的喇叭声和刹车声，透过地铁的隆隆声和嗡嗡声，他在呼喊着她："塔塔塔——拉拉拉！"

就在此时，在华尔道夫·阿斯托里亚酒店的棕榈厅，特斯拉正要向威斯汀豪斯告辞。他们已经多年未曾谋面了。威斯汀豪斯看上去依然像一个摇摇晃晃的橱柜，整个身体被紧紧地塞进大衣里。特斯拉平静地望着他友好的鱼一般的双眼，告诉他："昨天，名叫邦让的法兰西最高法院法官，作出了有利于我的裁决，判定马可尼败诉。"

"恭贺您！"

在许多人看来，威斯汀豪斯是一片压倒一切的波涛，而不是一个凡人。然而，很长一段时间以来，他的事业也步入了低谷。他的八字胡已完全变白，但眼睛依然炯炯有神。他向特斯拉表示歉意，因为他公司的法务部起诉他，要求他偿还拖欠的债款。

"他们还联名炒了我鱿鱼。"他甚为抱歉地嘟哝道。

他很想知道在巴尔干半岛上正在发生着什么。"你能给我解释一下这场战争吗？"

"塞尔维亚、希腊以及保加利亚联合起来，希望将土耳其人赶出巴尔干地区。"特斯拉回答说。

"你知道，威斯汀豪斯先生，成为一个基督教世界的职业保卫者，并不都是那么令人愉快。在我家族中，军官们在没完没了的战争中，去杀戮，也被人所杀，而牧师们为他们歌唱颂歌。只有女人们才能体察所有这一切的痛苦。"

"就我个人而言，我并不支持现如今许多人所宣扬的残酷手段，因为这些手段中充满了针对土耳其人的偏见。"特斯拉得出结论道，"巴尔干诸国所能取得的最伟大胜利，应该是他们能够向世人证明，他们已经为二十世纪做好了准备，并且能够开始平等地对待每一个人——无论是土耳其人还是基督教徒。"

威斯汀豪斯大惑不解地看着他，但依然彬彬有礼。他有所不知的是，他面前的这位和平主义者，只因被生在这个世界，就被派往某个军事单位。

"我们两人都在朝着正确的方向迈进。"告别之际，特斯拉朝着他的老战友笑道。"我现在正在与纽约的公立学校系统合作。我们的电流拥有提高人类智力以及治愈智力障碍者的潜能。"

旧时的两个伙伴彼此道别。

特斯拉急匆匆地赶路，他的脚步声在酒店的大堂里响起。他与鸽子的相聚已经晚了。他刚从42大街大步流星来到图书馆后面的公园，就像往常一样急切地吹了一声口哨。

有几只孤零零的鸽子逆风挣扎，拍击着翅膀降落下来。

两个骑警沿着公园的小径策马而过。

特斯拉朝那座熟铁制成的大钟望去。时针指向中午12：20。

蓦然，一个陌生女子在他跟前跳跃起来，又黑又高。

她脸上的表情冷若冰霜。

特斯拉的神经末梢在各个星座的频率作用下，"嗖"的一声着了火。有个声音传到他的耳朵里，他一把将那女子推开。就在那一瞬间，一个物体重重地击中他的肩膀。

一个警察从马背上跳下来,处置了那个疯女人,从她手中夺下枪来。

"您受伤了,"他警告特斯拉。

法庭上,塔拉·蒂尔恩斯坦散乱地盘绕在一起的头发,使她看上去整个身体像拉长了似的。

她多么清楚地知道,纽约全城空无一个活生生的灵魂。没有人同情她。她像一具尸体那样双手交叉,护着自己的胸膛。她用嗡嗡的声音向法官解释道:"他曾用电对我施以魔法。"

特斯拉告诉报纸记者们:"我为那可怜的人深感难过。"

"我遭受了巨大的痛苦."塔拉·蒂尔恩斯坦向福斯特法官不断地重复着同一句话。

福斯特法官将她送进一家精神病院,医生采用电疗手段对其病情进行治疗。

为了灵魂!

发生一次大地震,还有一场焚毁一切的大火……
只有在这场大火之后,才听到一个柔和的声音,
而天主就在其中。

东正教四旬斋赞美诗

不久之后,那个患有肺结核病的塞尔维亚共谋者,朝着同样也患有肺结核病的奥地利大公的胸膛开了一枪。大公的临终遗言是:

"此乃小事一桩。"

在柏林、莫斯科和巴黎,狂热的人群涌向屠宰场,仿佛他们在赶往一场婚礼似的。就像特斯拉那样,所有的欧洲人都知道:

法律正变得更加公正。

战争初期的几场胜利属于塞尔维亚人。在西线，出现了数个月甚至是数年的壕沟战。炮弹雨点般落下，将法兰西泥土和人类泥土混杂在一起。现在看来，耶和华当初用土造人，将生气吹进他的鼻孔，使他成为有灵性的血肉之躯，完全是错了。

在一道道带倒刺的铁丝网后面，重炮将尸体埋入土中，又将它们从土里抛出。士兵们依然相信：

法律正变得更加公正，统治者更加优秀。

接下来出现的是巨炮。再接下来出现的是火焰喷射器及毒气弹。在工业化屠杀的时代，人们将其他人像毒老鼠似的毒死。全体塞尔维亚部队通过阿尔巴尼亚峡谷撤退。塞尔维亚的鬼魂带着约四万个奥地利鬼魂上路了。应征入伍的新兵唱道：

再见了，夏天，冬天与秋天，
我们将一去不复返。

法律正变得更加公正，统治者更加优秀，音乐更加优美。

土耳其的机枪在加利波利半岛让新西兰人成片成片地倒下。在大山那剃刀般锋利的悬崖峭壁上，奥地利人和意大利人互相残杀。炮舰在日德兰半岛前面咆哮着喷吐出一团团黑烟。倾斜的大海上空，海鸥拍击着叉子似的翅膀，展翅飞翔。

法律正变得更加公正，统治者更加优秀，音乐更加优美，民众更加智慧且更加幸福，个人的心灵则……

人们问自己，光的时代是否就是启蒙的时代。榴弹炮将十二世纪建起的大教堂炸个粉碎。奥地利人在马克瓦吊死塞尔维亚农妇。德国人强迫比利时平民为他们充当苦力。英国舰队对粮食日益短缺的德国实施海上封锁。德国潜艇则击沉过往的商船。

而个人的心灵正变得更加正义，更加温柔。

进步强化了邪恶。

天空之神乌拉诺斯[1]会把自己的孩子吞进肚子。

某个名叫埃德加·贝里隆的人作出某个一鸣惊人的论断，声称一个普通的德国人会比人类的其他成员制造出更多的排泄物。土耳其人谋杀亚美尼亚人。在皇家村庄里，拉斯普京[2]投过去的一个眼神便可置鸟儿于死地。像昆虫一样，俄国的装甲列车呼啸着驶过东南欧的干草原，炮管在风中颤动。星星自天而降，就像从树上摇晃下来的无花果。淹死的人被冲入海中，身上还穿着白裙。塞尔维亚人、法国人、德国人、罗马尼亚人、英国人、俄国人、意大利人——所有这些人——以一种"健康的、未来主义式的憎恨"彼此仇恨。那致命的诗篇终于横空出世：

---

[1] 乌拉诺斯（Uranus）：古希腊神话中的第一代神王、天空之神。从大地之神盖亚的指端诞生，最初作为宇宙统治者的第一代众神之王，即天空的神格化。

[2] 格里戈里·叶菲莫维奇·拉斯普京（Gregory Yefimovich Rasputin）：俄罗斯帝国罗曼诺夫王朝时期的巫师，为当时的俄罗斯帝国皇储，即皇帝尼古拉二世的儿子阿列克谢，治愈了血友病，被称为俄罗斯帝国神父、长老、先知、神人、妖僧等。

我们希望弘扬侵略的行为,狂热的无眠,快步行军,危险的跳跃,拳头的搏击!我们想歌颂战争——那是治愈人类的唯一疗法。

一直到那个时候为止,杰柯尔博士正端坐在欧洲,而海德先生则被派往遥远的殖民地[1]。在《白人责任论》[2]一诗中,吉卜林为海德在黑暗的心脏[3]所取得的成就大唱赞歌。现在,海德已经从刚果回来,他又奔向索姆河[4]。

某物冲着耳朵低声说道:恐怖!

某物在黑暗中怒吼:恐怖!

---

[1] 杰柯尔与海德(Jekyll and Hyde):英国作家罗伯特·路易斯·史蒂文森(Robert Louis Stevenson,1850—1894)创作的脍炙人口的经典小说《化身博士》(*The Strange Case of Dr. Jekyll and Mr. Hyde*)中的主人公。书中的主角是善良的医生杰柯尔,他将自己当作实验对象,结果却导致人格分裂,变成夜晚会转为邪恶海德的双重人格,最后杰柯尔以自己的自尽,来停止海德的作恶。这部著作曾经被拍成电影、编成音乐剧,流传十分广泛,使得杰柯尔与海德成为"双重人格"的代称。

[2] 《白人责任论》(*White Man's Burden*):亦译《白种人的负担》,源自英国帝国主义的歌颂者、诗人吉卜林(Rudyard Kipling)1899年写的一首诗的题目,是帝国主义用来为其殖民政策进行狡辩的一种"理论"。该理论厚颜无耻地说:白种人(也就是殖民主义者)应当把"教化"野蛮民族、落后民族的责任担当起来。在他们这些殖民主义者看来,除了他们是文明世界里的人以外,其他各种有色人种都是野蛮的、劣质的、无知的、蒙昧的、落后的民族,只有他们白种人才是世界文明的创造者。他们有义务、有责任承担教育这些劣质民族的重担。必要时,他们有权使用武力和军队对那些反抗的民族进行镇压,强迫他们屈服于他们这些殖民主义者,建立一个由白人统治的和平、博爱的新世界。

[3] 黑暗的心脏:来自英国小说家约瑟夫·康拉德(Joseph Conrad, 1857—1924)的小说《黑暗之心》(*Heart of Darkness*, 1902),原著是描写一家英国贸易公司委托小说中的"我"到非洲丛林寻找该公司失踪的贸易代表库尔茨,当找到时,发现其已经变疯并很快死去。作者借寻找的经历描写了殖民者在非洲大陆的感受。黑暗之心表面上指非洲大陆的腹地,同时也比喻了在这片土地上受到腐蚀的人心的黑暗。

[4] 索姆河(Somme):位于法国北方,为索姆河战役(Battle of Somme)的爆发地。索姆河战役是第一次世界大战中规模最大的一次会战,发生在1916年6月24日到11月18日英、法两国联军为突破德军防御并将其击退到法德边境,于是在索姆河区域实施作战。双方伤亡共计一百三十万人,是"一战"中最惨烈的阵地战,也是人类历史上第一次把坦克投入实战中的战役。

某物在头脑中厉声尖叫：恐怖！

斯特万·普鲁斯特兰，特斯拉的养子，他的"塞尔维亚仆人"，成为一名塞尔维亚义勇军，开赴萨洛尼卡前线。他通过红十字会，给特斯拉寄来一张明信片。

英国雕塑家们和德国画家们奔走在印象主义式的硝烟以及由飞溅的弹片构成的点彩画世界中。士兵们像死于电刑的科姆勒那样，身上流出来的是一滴滴血。柏格森[1]和尼采[2]颤抖着，全身被笼罩在氯气和芥子气之中。人在壕沟里被强奸，被肢解。

"如果人们有能力去伤害上帝，他们会去这么做吗？"凯瑟琳·约翰逊问道。

每天，在纽约，尼古拉·特斯拉看着飞行中的鸟群，在图书馆的上空忽而散开，忽而聚拢。他吹一声口哨，鸽子便会停在他的手上和他的帽檐上。当喂给鸽子吃的种子从他手中飞撒出去，如同在基督的寓言中所发生的那样落在岩石上，落在荆棘上，落在肥沃的土壤上时，他头脑中所思索着的，是在塞尔维亚、在德国、在比利时和在法国的那些已经死去的自动装置。

"能不能为那些邪恶的傻瓜感到伤心？"他问自己，然后回答道，"是的，可以的！"

---

[1] 柏格森：此处指亨利·柏格森（Henri Bergson，1859—1941），法国哲学家、作家。1889年，完成了论著《论意识的即时性》，提出了关于时间的新概念，标志着他的学说——柏格森主义开始逐渐形成。1927年，凭借哲学著作《创造进化论》获得诺贝尔文学奖。柏格森倡导生命哲学，宣扬直觉，认为唯有直觉才可体验和把握生命的存在。

[2] 弗里德里希·威廉·尼采（Friedrich Wilhelm Nietzsche，1844—1900）：德国哲学家、语言学家、诗人、思想家。主要著作有《权力意志》《悲剧的诞生》《查拉图斯特拉如是说》《论道德的谱系》等。尼采倡导唯意志论哲学，继承了启蒙运动的精髓，对人生价值积极肯定，反映了现代意识的觉醒。他对工具理性和工业文明的否定性批判，则开启了现代非理性主义思潮。

他为那些肮脏的人渣感到伤心，为那些没有灵魂的骗子感到伤心。他为长者感到伤心。还有那些小孩子。凡有生命的万物。

"为了让淹死者的灵魂安息，要给鸟儿喂食。"他母亲久卡过去常说。

"为了灵魂……要给鸟儿喂食，"特斯拉重复道，"为了灵魂……"

为了擦去人类身上的罪责，我们这位感伤的实证主义者在他多篇文章中写道，人类是由血肉构成的机器，听凭巨大的力量旋转着。人无灵魂。他们有后背，但并不承担道德责任的重负。每个人类自动装置都是一个没有意识的炮弹。地球这颗行星以极快的速度携带着它环绕太阳运转——每秒十九英里。每个自动装置的身体，其速度要比已有的德国最大口径的大炮所发射的炮弹快六倍。如果地球这颗行星的运转戛然而止，每个人都会被抛入太空，力量大得足以将一个六十吨重的抛射物抛至二十八英里远的地方。

我们已经都被抛出去了——但会去往何方？

太阳之东　月亮之西

他仔细端详着罗斯福家族的照片，然后端详着不同部队的军事单位的照片。《纽约时报》报道了塞尔维亚尼什市的投降。在灰蒙蒙的下午，穿着军服的可怜士兵列队行进，朝着……朝着某一处地方。

一个侍者穿着芭蕾舞鞋轻手轻脚地走近他。侍者用手指尖平衡地托着托盘。

"放在这儿！"

一群金鱼闪着微光游过他的意识。

侍者眼睛中的欣赏之情达到疯狂的地步。一种突如其来的崇拜倾泻在这位科学家身上。

特斯拉再度大红大紫。

人们都在说，特斯拉能够收集爱默生所说的内在光芒。特斯拉的内在光芒在商店的橱窗里熠熠闪耀，也在列车上熠熠闪耀。这些火车从芝加哥铁路枢纽出发，风驰电掣地驶入夜空，一路上发出"咔嚓咔嚓"的声响。多亏了他，地铁车厢疾驰过一个个灯火通明的车站，这些车站分布在：

波士顿。

纽约。

巴黎。

对于年轻时的特斯拉来说，光就像金黄色的面罩遮盖在他眼睛上。倘若有人将光从人们手中剥夺殆尽会发生怎样的后果？

黑夜将吞没透着金黄色的窗户。美国大放异彩的工业狂欢将会变作埃德加·爱伦·坡一则故事中的那幕场景。

我们这位面容憔悴的忧伤的骑士，从后往前翻阅着一份报道战争的报纸。当他翻到报纸头版时，一条条标题变得越发让人悲伤。他最终注意到一则标题，写着"爱迪生和特斯拉将被授予诺贝尔奖"。

他真的能指望在马可尼之后获得诺贝尔奖吗？

那金色的鱼群再一次闪着微光游过。

而且，还是和爱迪生共同获得？

我们的"曼弗雷德"读到了他自己的声明：

他说他依然没有收到官方的正式通知。他相信他能获得此奖，因为他发明了电的无线传输。爱迪生先生理应获得十多项诺贝尔奖。不，关于瑞典官员选择爱迪生先生来接受这项大奖的那项发明，他无话可说。

人们对他好评如潮。

鱼群闪着微光游过。

特斯拉恶狠狠地咳嗽着，在信纸上方转动他手中的钢笔，然后写下给罗伯特的回信：

亲爱的卢卡：

感谢您的祝贺。在未来的一千年中，会有好几千人成为诺贝尔奖得主。

但是，在专业文献中，我拥有至少四十八项发明，皆被确认在我的名下。这些荣誉才是真实的，而且也是永恒的。授予这些荣誉给我的，不是那一小撮经常犯错的评委，而是几乎从不犯错的整个世界，而为了这其中任何一项发明，我宁可拒绝未来一千年中将被颁发的所有诺贝尔奖。

您诚挚的
尼古拉

他向诺贝尔奖评审委员会发去一份电报，以礼貌儒雅的措辞，向委员会的衮衮诸公——那些容易犯错的个人——作出专业的解释，以说明像他这样货真价实的发明家与那些形形色色的"改进型老鼠夹制作者"之间的差异……

圣母啊！即便如此，那一年的诺贝尔物理奖还是没有颁发。

"卢西塔尼亚！"大街上，人们的呼喊声像雷鸣。

在整整两年的时间里，凭借着诺贝尔奖候选人这一荣耀的强劲势头，特斯拉过着极度奢侈的生活。内在光芒的闪烁再度回来，但已不再那么强烈，不再像以前那样是金黄色。更像是铂灰色，类似于银色的膜。在这些熠熠闪烁的光亮中，这位发明家可以看到他的新涡轮机在舞动。

在这两年中，美国的军官们跳着与莫约·梅迪奇曾竭力想掌握的那种华尔兹完全相同的舞步。他们的身体旋转起来，像极了尼古拉高中老师马丁·塞库里奇制作的那个银球。在这些难以理解的舞蹈圈内，女性人格中的男性意向，与男性人格中的女性意向，水乳交融，浑然一体。

我们的主人公离开他被授予爱迪生奖章的典礼，漫步来到一座附近的公园。他把大麻籽撒向白色和灰色的鸽子。它们降落在地面上，拍打着翅膀以制造音乐，并用它们的咕咕声来协调它们的存在。

典礼的组织者很有手腕地将他请回典礼。

特斯拉轻声向他们表示感谢。"在我内心深处，我有很深的宗教情怀。我让自己纵情于我那矢志不渝的信念所带给我的持续不断的享受之中，这信念便是，关于我们人类的存在的最大奥秘尚待我们去探索。正因为如此，我得以保持一种波澜不惊的心境，逆境于我毫无影响。我永远不乏满足与幸福，因为即使是人生的阴暗面，我也能从中挖掘出些许的满足。"

在这之后，便听到报童们扯着嗓子，像高奏凯歌的铜锣般高喊道，德国潜水艇再度开始攻击美国船只。

接着，群情激昂的人们组成纵队，头戴草帽，手持旗帜，沿着百老汇大街行进。传道者声如洪钟，宣讲着流血的太阳和豪迈的英雄主义。人们情绪深受感染，相信任何个人的经历在那个伟大的改天换地的念头面前，都显得微不足道，无足轻重；而那个伟大的念头则可以引领他们超越所有的个人经历。

"战争！战争！"狂妄傲慢的狂欢者反复高喊着。

法律正变得更加公正……

在那场令人厌恶的大战期间，我们的主人公针对马可尼提起了一项法律诉讼。真是一个莫大的讽刺！在这场战争中站在他这一边的有德国的德律风根公司[1]，以对抗马可尼与英国的联系。

音乐正变得更加优美……

在那另一场战争中，正如我们将会看到的那样，谁会加入哪一方阵营，形势不甚明朗。

统治者正变得更加仁慈……

那个塞尔维亚裔、长着三个鼻子和两只眼睛的誓言背叛者——普宾教授——站在了特斯拉的对立面。普宾声称，是他发明了无线传输，但是，是马可尼的天才将其普及全世界。

而个人的心灵……

在美国，法庭对无线电发明所进行的裁决因为威尔逊总统的一项法案而中止，该法案将所有围绕着无线电专利的法律诉讼予以搁置，直至战争结束。

正义变得既更为公正又更为温和……

特斯拉问自己：我应该去爱哪个邻居？

---

[1] 德律风根（Telefunken）：德国一家收音机和电视机公司。1903年，由德皇威廉二世（Kaiser Wilhelm II）发起，德意志联邦共和国通用电力公司和西门子公司于柏林联合成立德律风根公司。这是对无线电技术发展在英国取得重大进步的一个政治回应。1911年，威廉二世将德律风根的工程人员送到纽约西维尔，竖立三根高约一百八十米的无线电塔。尼古拉·特斯拉也被安排辅助完成这一工程，在德国瑙恩也建立了一个类似的电台，创造了北美和欧洲唯一的无线通信。"一战"以后，德律风根的技术人员为德国引进无线电奠定了坚实的基础。

报纸上对德国人一片痛骂。漫画家们将这些"匈人"[1]描绘成大猩猩。在美国，大家也都开始以"一种健康的、未来主义式的憎恨"仇恨着。

那致命的诗篇横空出世：

我们希望弘扬那强大的、健康的不公正，它将会从年轻人眼睛中鲜艳夺目地闪耀。

按美国人的想象，德国潜艇此时已潜入缅因州。爱迪生的照相机发出清脆的快门声，而与此同时，兴高采烈的孩子们则将德国书扔进篝火里。

"凑近些！"在世界这顶马戏团帐篷前，新闻记者们掀起一阵无耻的鼓噪。

报纸里到处写着，这是一场"东西方之间的战争。"

"哪两方之间的战争？"特斯拉问道，鼻子上的皮肤皱成一个疙瘩。

字母、神庙、雕塑、剧院以及数学，都是从东方传到希腊人那里的。犹太教和基督教都源自东方。罗马人为他们的特洛伊身世感到骄傲。无论是中世纪骑士比武时骑的马，还是阿拉伯数字，都来自印度；哥特式建筑中的拱形结构来自亚美尼亚；医学书籍来自埃及和摩洛哥；火药来

---

[1] 匈人（Hun或the Hun）：贬义原指中世纪之前的匈奴王阿提拉（Attila）所建立的匈人帝国（Hunnic Empire）。在"一战"时期Hun这个称呼的使用率极高，协约国的战争海报上也经常能见到这个称呼。将德国人称作匈人的起源是德皇威廉二世发表于1900年7月27日的那次臭名昭著的"匈人演讲"（Hun Speech，德语为Hunnenrede）。当时，德国远征军正准备从不来梅港前往中国去镇压义和团起义，威廉二世发表演说为军队送行。后来，德国社会民主政治家奥古斯特·倍倍尔（August Bebel）在帝国国会大厦发表了一次演讲，其间他详细叙述了德国远征军士兵写给家人的信件内容，讲述了信中透露的残忍细节，更进一步地给德军士兵打上了"像匈人一般野蛮"的标签，这些信件也因此被称为"Hunnenbriefe"（来自匈人的信）。德皇的演讲被欧洲各国媒体广为传播，也成为人们对"一战"中的德军士兵所形成的印象的基础。在"一战"中，德军士兵就成了人们眼中的无视欧洲文明和人道主义价值观的野蛮人。巧合的是，首先被普鲁士王国用作格言，后又被德意志帝国作为格言的那句话"上帝与我们同在"（德语为Gott mit uns）也对"Hun"这个称呼的传播起到了作用。在英军俚语中，英国人把德文"uns"（我们）误读为"Huns"，对德国人的"匈人"称呼就更加流行了。

自中国；人文主义则来自君士坦丁堡。

围绕着发生在东方的伟大精神与西方邪恶巫师之间的这场冲突，以理性的名义所谱写的小曲一点都没有打动特斯拉的耳朵。尼古拉·特斯拉不相信地理因素拥有坚定一切的神奇魔力，也根本弄不懂战地记者在胡诌些什么。他的出生之地巴尔干半岛是一处缝隙。它是根触须。它是一根猫的胡须。出生在一个坏地方就是出生在一个好地方。一个来自边境地带的男人熟知塞尔维亚教堂的"生前黑暗"。他熟知伊斯兰教对于光和水的崇拜，也熟知拉丁语系的民众对各种洪钟与时钟的狂热。没有人需要向他解释土耳其文化和俄罗斯文化。

什么西方？什么东方？

梦想的终结

"你弃掉神，死了吧！"约伯的妻子曾这样说。[1]

一位老人在华尔道夫·阿斯托里亚酒店豪华的毛绒地毯上踱来踱去，他这样已经有好几个月了，仿佛想保持隐身似的。铁笼子里面的电梯，大理石，还有兰花，都让他感到心惊胆战。大厅内，巨大的中国明代花瓶让他感到压抑。

读者，你为他担心吗？

我们的主人公已经完全忘了，他还欠着博尔特先生一万九千美元呢，阿斯托里亚酒店的主人啊。

那又怎么样呢？难道这个世界对他没有亏欠吗？

他签署文件，将沃登克里弗塔抵押给博尔特，这是真的吗？

---

[1] 参见《旧约·约伯记》第二章。

特斯拉的铁塔已经被弃置多年。它曾闪闪发光的钢架,现在已是锈迹斑斑。

我们早就指出过,在战争之前的那几年,我们那亲爱的陷入迷茫的主人公,仍然会登上那趟——

驶往沃登克里弗的夜间列车

在埃德加·爱伦·坡的影子陪伴下,特斯拉朝着纽约中央火车站处于沉睡状态的超大大厅出发。时至深夜,行李搬运工的红帽子已无处可觅。他循着他的脚步和思绪的回声,任由回声引着他。他爬上大理石楼梯,站着从上面俯视几乎空无一人的旅客候车区。候车区中央,那球体上的四个时钟都指向午夜。午夜。午夜。午夜。鸡蛋形状的灯,悬挂在青铜链条上,灯还亮着。巨大的窗户用柔韧的熟铁栏杆分隔开来。穹顶上覆盖着数个星座。这个孤独的人儿,他的脚步声在空旷的大厅内回荡,而大厅之上便是写在星辰大海中的命运。

他赶上了驶往沃登克里弗的夜间列车。

他像一只蛾子,窥视别人的窗户。

他出神地翻阅着《纽约太阳报》。和他一起旅行的还有小尼摩。

越来越远。越来越远。

他抵达沃登克里弗镇。高压电流的飓风,穿越他依然如赤子般的心灵,荡涤着人间的污浊。十年之后,这颗心灵依然像以前那样,坚持认为那些无价的铁塔不应被拆除,无论法律契约会说什么。

它们被拖走了,被拖走了。

被战争。被时间。

他深感震惊,博尔特竟然没有保护沃登克里弗塔。

他的那些附近农场里的邻居——乔治·哈格曼先生、迪·威特·贝利先生，以及近视的杰米玛·兰德尔寡妇，他们聚集在一起，要一睹这个所有奇迹中的奇迹。有很多次，从这个神秘之地发出的耀眼光芒，经常将他们弄醒。

斯马力钢铁公司已准备就绪，要彻底拆解这座铁塔，给出的收购价连原价的四分之一都不到。

暴风雨又将来临。西边的乌云变得像金属似的。绝望的阳光照耀在沃登克里弗的大地上。铁塔像一只绿色苍蝇，乘着无情日落那太过快乐的旋转木马兜了一圈风。在这一百八十英尺高的庞然大物上，每一根钢梁都熠熠生辉。

它发出打雷似的响声。

在它倒塌的那一瞬间，围观的人群全身哆嗦。

大地一片灰暗，仿佛被撒满了石膏尘粉。

沃登克里弗广袤的大地上，那只被夷平的巨大眼睛在橙黄色的尘土中翻滚。

"这是一项梦想的终结。"在随之而来的一片寂静中，迪·威特·贝利说道。

数百万尖叫着的窗户

当人们将沃登克里弗塔被拆解的事通过电报告诉特斯拉时，他正在芝加哥。

这一噩耗让他干枯的嘴巴里的舌头，像磨刀石似的掉到泥沙里。或许，一个智者比一个傻瓜真的好不到哪里去，他思忖道。而一个人也并不比一只动物好到哪里去。铁塔的残骸，破旧而又荒废，堆放在周围种土豆的农田中央。特斯拉的内心同样也是一片荒芜。

沃登克里弗塔是他的世界舞台，是他的变形之地，他崇高的爱，他的宇宙拐杖，一个他从未拥有的家。

魔术师霍迪尼可以逃脱任何陷阱。特斯拉则不能。

他的实验室早就被焚毁。当时，由于惊恐，他曾双耳失聪。烟雾像雪一样洒落在他头发上。

他拒绝了鹅卵石街道的建议——低下头颅，跪下，拥抱它，然后死去。一直到拂晓，他漫无目的地游荡，穿过这座大城市，数百万盏灯在尖叫，每个房间内都有一个被吊死的人。

"你弃掉神，死了吧！"约伯的妻子轻声说道。

咚——锵——咚——锵！

当消息传来时，他正坐在理发店的椅子上刮脸。他一把扔掉报纸，一缕金色的阳光穿过街道照射过来。他也穿过街道，感受到太阳照耀在他背上。只有在这个时候，他才意识到在离开理发店时，他连脸上的剃须泡都还没擦掉。

"战争结束了！"一张张通红的脸庞高喊道。

幸福和愉快的微笑扑溅在他整个身上。

特斯拉转过身去，看到人类全身心地伴随着宇宙的音乐翩翩起舞。在纽约的一条条大道上，充满诱惑力的机器开怀大笑，肚子里灌满了英雄般的啤酒；有着超凡个人魅力的机器发表着演讲；已经散了架的机器彼此拥吻，跳着踢踏舞。

每个人都在寻找另一个人拥抱。

"战争结束了！"狂欢者们高喊。

如同春天盛开的鲜花花瓣，五彩纸屑撒满了第五大道。

咚——锵——咚——锵!

歌唱家卡鲁索放开烈焰般的嗓子,高唱一曲凯歌。

在一片喧闹与混乱中,特斯拉神奇地遇到了约翰逊和西班牙裔美国战争英雄理士满·霍布森。他抹掉脸上的剃须泡沫,扔掉围兜。然后,他们互相拥抱。他们眼睛里流着热泪,莫名其妙地开始哭泣起来。

在兄弟情谊的感染下,特斯拉泣不成声,和整个笑逐颜开的城市一起欢庆。

在报纸所构成的谎言成性的世界里,这场战争被形容成是光明之子击败了黑暗之子。

"啊,"特斯拉叹息道,"是时候让一切恢复原貌了。"

但曾经的镀金框架已经破碎,一切都不再属于它原来的地方。

特斯拉朝着离中央公园两个街区的酒店返回,一路上欢庆的人群逐渐稀少下来。他的脸也变得阴沉下来。他再一次意识到这场灾难的严重程度。他眉毛紧锁着。

"在巴黎,得胜归来的官兵将很快行军穿过凯旋门。"那卓越的数学家告诉约翰逊。

"你知道行军会持续多长时间?两个小时。你知道光是让死去的法国人列队通过凯旋门,需要花多少时间?将会是整整二十三个小时!"

旗帜在风中汇成河流。

神圣的破布片在风中汇成河流。

在十字路口,一支支铜管乐队擦身而过。卡车满载着挥舞的手,像舞动的花束。即使徒步行走,人们前进的速度甚至比卡车还要来得快。人们亲吻着陌生人,流着眼泪大笑,把对方抛到空中,在街头疯狂跳舞。他们自己就可以感觉到他们体内搏动着的潮起潮落的节奏。每个人奔赴战争,仿佛在赶往一场婚礼。现在,纽约疯狂庆祝着人类从此将与和平联姻。今后绝不会再有任何炮火。有眼无珠的盲目,或散发出尸体腐臭气息的食物。那些目光呆滞的男人，在经历了这个深渊之后，将回到家里。爸爸要回家喽！亲爱的上帝，让他回来吧——但愿他真的能回来。世界将充满自由。世界将焕然一新。

紫色、红色和蓝色的星宿开启了天庭。敲鼓者起劲地鼓噪着，鼓噪着，鼓噪着——兜售生命的悲剧奇迹。

透过他们的泪眼，透过纷飞的五彩纸屑，透过银色的火花，人们彼此看着对方——大家已摇身一变，四海之内皆兄弟。啊，人类的渴望是一头永恒的绵羊，有剪不完的羊毛！人们被深深感动了，他们的脸上光彩熠熠。激动的眼神散发出一个个承诺，而这些承诺却是任何和平都永远不可能履行的。

口红

唯一的皇帝乃冰激凌皇帝。

华莱士·史蒂文斯[1]

欧洲的青春年华已死。

"那令人厌倦！"

"还是让我们跳舞吧！"

头发和裙子都缩短了两英尺。剩下的钢琴和翘嘴单簧管演奏的音乐从室内流出，在空中回荡。年轻人走路蹦蹦跳跳，还向侧面踢着腿。珠宝在女人的胸前跳跃，男人则用曲柄摇响他们的留声机，还有汽车。飞

---

[1] 华莱士·史蒂文斯（Wallace Stevens，1879—1955）：美国著名现代诗人，1955年获得普利策诗歌奖，代表作有《冰激凌皇帝》等。

机的概念让人们为之疯狂。在银幕上，人们撕裂他们的裤子，以迅猛的动作彼此互扔馅饼。即使是中央公园里的松鼠，走路时也像极了无声电影中的动作。

诗人们吟诵的诗篇是这样的：

布哈哈哈！

嘟嘟噔！

迪纳姆

叮

阿姆

诗人们吟诵的诗篇便是如此。

达达主义[1]成为新的现实主义。

数百万人上完一天班后匆忙赶回家中，旋动那只能预知天下事的绿眼睛的按钮。声音隆隆作响，在广播剧的魔术中，听上去显得过度紧张。

水母造型的灯，垂挂着珠子。

街上的姑娘，嘴唇的形状像一颗心。

---

1 达达主义（Dadaism）：一场兴起于"一战"时期的苏黎世，波及视觉艺术、文学（主要是诗歌）、戏剧和美术设计等领域的文艺运动。达达主义是二十世纪西方文艺发展历程中的一个重要流派，是第一次世界大战颠覆、摧毁旧有欧洲社会和文化秩序的产物。达达主义者对理性在社会与艺术中的作用失去希望，蔑视和抵制传统的社会秩序的道德，相信这个社会已经堕落，它把世界推向战争。因此，他们坚信彻底推翻既定的制度和规范是必要的；只有在完全纯洁的土壤上人类才能重建更理想的社会。为此，达达主义者有计划地猛烈嘲讽一切最牢固的社会信念，这些信念中也包括艺术家与艺术的作用。达达主义作为一场文艺运动持续的时间并不长，波及范围却很广，对二十世纪的一切现代主义文艺流派都产生了影响。

涂漆的屏风，用艺术装饰风格[1]呈现。

一张张脸濒临谜的边缘，被帽子嵌入框内。

裙子闪光发亮。

汽车的镀铬格栅上，嵌着虫眼似的前灯，还有圆乎乎的侧翼板。

豪华轿车引擎盖上的小人像凝视着未来。

"燃烧的吻，火热的唇。"咖啡厅里的歌手像梦游者似的重复着这句歌词，耳朵后插着木兰花。

在此之前被帽子捂住只能发出沉闷声音的小号，突然获得解放，声音响彻云霄。号手使出吃奶的力气吹着，像帆船赛手那样身体往后倾斜，直到他们金色的铜管将天空撕裂，引来一阵大雨。

被扭曲的城市，在亮得像镜子似的豪华轿车上滑过。

人们制造出在浴缸里泡澡时喝的杜松子酒。

躁狂的广告一遍遍地重复："人们仅需要三件东西——更低的价格！更低的价格！更低的价格！"

"哈哈！"

"哈哈哈！"

"哈哈，哈哈！"

全世界都在哈哈大笑。

---

1 艺术装饰风格（Art Deco）：Art Deco演变自十九世纪末的Art Nouveau（新艺术）运动，主要特点是感性的自然界的优美线条，称为有机线条。同时，Art Deco不排斥机器时代的技术美感，机械式的、几何的、纯粹装饰的线条也被用来表现时代美感，比较典型的装饰图案，有扇形辐射状的太阳光、齿轮或流线型线条、对称简洁的几何构图等。色彩运用方面以明亮且对比强烈的颜色来彩绘，具有强烈的装饰意图。后期，随着考古发现，远东、中东、希腊、罗马、埃及与玛雅等古老文化的物品或图腾，也都成了Art Deco装饰的素材来源。

拉格泰姆[1]音乐风靡一时，除非所演奏的不是音乐。女孩子们的脸，看上去与特斯拉所认识的那些人的脸相差无几，唯一的不同之处，是她们的笑声像是飞溅的弹片。整个世界都是霓虹灯广告牌和收音机，像极了特斯拉和怀特曾计划建造的那个大都市。

它和特斯拉所想象的一模一样。

除了它已变得无从辨认。

一缕寒冷的轻风吹过来，所有的一切都在宣告：

现在我们都是外星人。

这种变化始于何时呢？

可能始于那场大战爆发之前的那一年，大概就在彼时，约翰·雅各布·阿斯特四世葬身于冰冷的波涛中，连同他一起葬身海底的还有泰坦尼克号那豪华的镶嵌内饰。正是在同一年，特斯拉参加了约·皮·摩根的葬礼。

没有了那个巨大的对手，世界不再是原来的样子。没有了那双充满恶意的小眼睛和那个怪诞的鼻子，世界如何才能继续运转？

次年，那个坚韧不拔的斗士威斯汀豪斯也撒手西去。在他之后，那个大自然之友、脆弱但高尚的约翰·缪尔也溘然长逝。

相当可能的是，这些人即使在死之前，也没有让特斯拉觉得有多么真实。

战争之前，他自己是个奇怪但真实的人。

战争期间，美国政府围绕着谁是无线电的发明者，搁置了法庭的裁决。

---

1 拉格泰姆（ragtime）：美国流行音乐形式之一，为美国历史上第一个真正意义上的黑人音乐。产生于十九世纪末，采用黑人旋律，依切分音法（syncopation）循环主题与变形乐句等法则，结合而成的早期爵士乐，盛行于第一次世界大战前美国经济十分繁荣时期。发源于圣路易斯与新奥尔良，而后在美国的南方和中西部开始流行，它影响了新奥尔良传统爵士乐的独奏与即兴演奏风格。

一个孤独的钢琴师在酒店巨大的大堂内弹着琴。在领班那佛教徒般微笑的伴随下，特斯拉悄悄地离开了他居住了二十年的那家酒店。他人生的每一个新阶段都是一次新的放逐，被逐出伊甸园。一串清脆的音符如潺潺流水从琴键上流溢而出，在音乐声中，他推动了阿斯托里亚酒店的旋转门。经过了二十多年之后，这将是他最后一次从这个门里经过。他嘟囔道："我们永远都是人生的徒弟！"

　　他仔细打量周边的物件，仿佛他已无法记得它们是什么。他目光呆滞地望着别人的窗户，也用天真无辜的微笑凝视别人的生活，而这一切由于他日趋年迈，使他看上去十分令人生疑。他像蛾子一般，以光为生。整个世界像一个被照得亮堂堂的商店橱窗，而我们这个被冻僵的孤魂现在只能从外面去观赏。最诡异的事情是，使这个橱窗变得如此亮堂的人，正是他。

　　"哈哈！"

　　"哈哈哈！"

　　"哈哈，哈哈！"

　　整个世界哈哈大笑。

鼻子和分头

我向时代的恶意不断发起进攻，
因为他啃咬和吞噬一切。

堂吉诃德

　　鼻子和分头，特斯拉第一次见到他时，心中便这么想。

雨果·根斯巴克[1]戴着圆点花纹的蝶形领结。他带着特斯拉到他的电子商店去，商店就位于富尔顿街高架列车的轨道下。

"我很幸运，没有开一家玻璃店。"他大声说道，以便能让自己的说话声盖过驶往布鲁克林的特快列车所发出的噪声。根斯巴克的店铺狭窄拥挤，几乎没有足够的空间让天花板下的六只苍蝇表演它们多角度的舞蹈。在这个小房间里，几个柜子都被塞得满满的。仔细察看一下，它们都变成了收音机。收音机可调至不同的电台，发出的声音噼里啪啦。

"我的老天爷，这里真够乱的！"访客惊呼。

"思想总是紊乱的。没有了思想，一切便井井有条。"根斯巴克若无其事地回答道。

"老天爷，乖乖，我的老天爷……"特斯拉一遍又一遍地念叨着。

在那混乱的环境中，唯一能带来宁静的一件物品，是一盏带有绿色灯罩的灯。

根斯巴克用胳膊肘轻轻碰了一下他近视的助手："介绍一下你自己。"

"安东尼，先生！"助手说道。

在他太阳穴旁，一根曲别针把他的眼镜固定住。安东尼什么都干——他销售电气设备，接收作者们给根斯巴克创办的杂志《电学实验者》寄来的投稿，还与印刷商争吵不休。他动不动就会大发雷霆，暴跳如雷。

"你以为我是谁呀？"他会冲着他老板大叫，无缘无故地发脾气。

"你是个非同寻常的人物。"根斯巴克会这样来哄他，让他安静下来。

正如我们早就解释过的那样，尼古拉·特斯拉，我们这个真实故事的高贵主人公，在战后迈步跨入了另外一个境界。他曾迈出一只脚，跨

---

[1] 雨果·根斯巴克（Hugo Gernsback，1884—1967）：美国著名科幻杂志编辑，科幻文学先驱之一，工程师，生于卢森堡，1904年移居美国。1926年，他创办了第一本真正的科幻杂志《惊奇故事》（*Amazing Stories*），成为科幻类型文学的先驱。

入了传奇；他迈出另一只脚，则跨入了被人遗忘、默默无闻的状态。曾经，他问鼎超人的地位，而他对那表现出一种近乎害羞的谦逊。现在，他的自吹自擂则表现得越发显著。

"能否请你好心向我解释一下，我所提出的关于通过地球传输能量的思想，为什么就不能与阿基米德和哥白尼的发明相提并论？"他十分客气地问。

当具有里程碑意义的沃登克里弗项目崩溃时，他在报纸上制造出瓦格纳式的噪声，来弥补他没能获得实际成功这一事实。他对火星上会存在何种生命作出推测。英雄人物，还有半神半人式的人物，都被逐出地球，被流放到银河间的虚空之中。

是的，赫克托耳[1]会在那里。

阿喀琉斯也会在那里。

他的旧朋友圈已严重萎缩，主要局限于寡妇和鳏夫。所有这些人的声音，只能回荡在于老态龙钟状态中出版的自传中。

午夜，雨果·根斯巴克和特斯拉在中央火车站有着绝佳音效的大厅里缓步走着。在枝形黄铜吊灯的照射下，根斯巴克抹过油的头发熠熠生辉。

"写！"雨果·根斯巴克不断地说，"像他们所有人一样，你也得写一部！"

"你猜我会给我的自传起个什么书名？"

"什么？"根斯巴克"扑哧"一声笑出来，"《基督、佛陀和我——隐而不见的差异》，这个书名怎么样？"

"我会给它起名为《我的今生与来世》。"特斯拉反驳道。

---

[1] 赫克托耳（Hector）：荷马史诗《伊利亚特》中参加特洛伊战争的一个凡人英雄。特洛伊的王子，普里阿摩斯的长子，帕里斯的哥哥。他是特洛伊第一勇士，也是特洛伊战争中特洛伊方的统帅，最后和希腊联军第一勇士阿喀琉斯决斗，落败而亡。

啊，你们这些森林中的仙女，你们这些栖息于山泉的树精，你们这些狂欢作乐的幽灵，请帮助我，让我再一次目睹我的童年世界，它与我已相隔二万多个黎明。

他的童年世界像一座古代庙宇，杂草丛生，沦为蜥蜴和半人半羊的怪物出没的场所。

起初，他的童年记忆像深海鱼类，在渔民们将它们打捞到水面时，由于内部压力而爆炸。逐渐地，特斯拉习惯了在眼前看到这些记忆。

"我一切都记得，历历在目，仿佛它们就在我跟前：我能看到那座房子，那座教堂，那片田地，教堂边的溪流，教堂远处的森林——一切都在眼前。倘若我是个画家，我就能把它们悉数画出来。"

泥土的芳香以及母牛的乳房带着他重返古老的利卡。他的世界再一次居住着舌头上有金币的青蛙，以及嘴巴里含着燃烧蜡烛的狗。山羊举着尖尖的羊角直往山上冲。牧羊人用树叶吹奏出音乐。人、神以及动物生活在一起，其乐融融。鬼怪和水精灵在水力磨坊里吵架。人们吐口水。他们都被施了咒语。

母亲的眼睛占据着他记忆的核心位置。母亲搅动锅里煮着的东西，她周围的世界便开始旋转。旋涡中飞出五光十色。一道道光芒为他而绽放，变作一个个图像。

曼娜用她变色龙似的眼睛迅速瞥了几眼。无所畏惧的久卡只用一只手便在她的眼睫毛上打了一个结。在一圈纯粹的光亮中，公猫挥舞它的爪子。父亲在关闭的房门背后和他自己吵架，还用多种不同的语言祈祷。

"耶稣，我的救世主，拯救我吧。光明的耶稣，凭着你光芒闪耀的伤口，请你改变我那不洁和黑暗的人生。"

父亲的朋友们看上去魁梧而又辉煌，如同斯巴达王墨涅拉奥斯和希腊联军统帅阿伽门农。

在雕刻着他们家族守护神的圣像上，圣乔治——浑然不知在做什么——举起长枪屠杀恶龙。

如同塞万提斯那样，我们的主人公开始写作，但他"不是凭着他那一头白发进行写作，而是借由他那颗随着岁月的流逝而变得日渐温柔的心灵"。

曾经，在一个遥远的国度……

在特斯拉撰写圣徒传记的过程中，他经常来到富尔顿街的那家店铺。科学家们或许已经不再聆听他会说些什么，但雨果·根斯巴克——那位新近诞生的科幻小说之父愿意洗耳恭听。根斯巴克的朋友们也是如此。他们来到富尔顿街，这样他们就能目睹"史上最伟大的发明家，比阿基米德、法拉第和爱迪生还要伟大——这位伟人的大脑，堪为知识界七大奇迹之一"。

在高架列车下方的那家店铺内，疯子和撒谎者济济一堂，其乐融融。聚集在那里的有仰天大笑的人，有戴着十分吓人的眼镜的人，有寻找收音机灯管的电子爱好者，还有根斯巴克杂志那些满脸粉刺但目光如炬的撰稿者。

"前拉斐尔派[1]的霍尔曼·亨特声称，他凭肉眼就能观察到土星周围的光环，你知道吗？"他们中的一人说道。

"土星上面的风，可以吹起岩石，就像吹起羽毛那样。"另一人回答道。

"人体拥有二十亿伏特的电势。"特斯拉教皇般自负而又武断地说道。

对于萨满教徒而言，这副模样像极了一册礼仪指南。

---

[1] 前拉斐尔派（Pre-Raphaelite Brotherhood）：又被译为拉斐尔前派，是1848年在英国兴起的美术改革运动，最初是由三名年轻的英国画家亨特、罗塞蒂和米莱斯所发起的一个艺术团体，目的是改变当时的艺术潮流，反对那些在米开朗琪罗和拉斐尔的时代之后偏向了机械论的风格主义画家。前拉斐尔派的作品基本上以写实的传统风格为主，画风审慎而细致，用色较清新；反对院派的陈规，有的作品呈现忧郁的情绪。前拉斐尔派对后世产生了难以估量的影响，如：唯美主义、象征主义、维也纳分离派、新艺术运动和工艺美术运动等。

一辆蒸汽引擎像魔鬼似的鸽子,"咕咕"呼叫着驶过,声音盖过了店铺内人们的奇谈怪论。

在这个频繁摇晃的商店里,人们相信特斯拉——而不是爱迪生或斯坦梅茨[1]——才是当之无愧的当代的缔造者。

三教九流的古怪人物蜂拥而至,聚集在特斯拉周围,他被视为各种奇迹的渊源。

年轻作家和发明家们聆听着特斯拉的话语,也惊讶于他有那么大的耳朵。

他来自星辰大海。他自己就是一颗星。他是靡菲斯特。

他并不存在。他便是我们所有人。

善良和不自然的狡黠在特斯拉的眼睛里互相打架。

"人类是木偶,被星星用看不见的线操控着。"他说起话来像个布道者,"我们全都从一个源头吸收思想。未来,我们将乘着能量的蓝色光线旅行。我们将迫使原子按照预定的设计进行组合——我可以将海洋从海床上提起来,在空中移动它,随心所欲地创造蔚蓝的湖泊和喧闹的河流。"

根斯巴克头发上抹了油,齐刷刷地向后梳。他向特斯拉介绍了一个十分有魅力的人,此人的眉毛会跳舞:"这是我的首席插图画家,保罗·布鲁诺!"

每当面对一个问题,布鲁诺会透过他与之交谈的那个人的视角来看待。之后,他左侧的眉毛会试图从他的前额逃逸。对于他耳朵听到的所有事情,他会立刻将其翻译成他借以思索的语言——图像语言。特斯拉

---

1 斯坦梅茨(Steinmetz 1865—1923):是德国出生的美国数学家和电机工程师,联合学院教授。他促进了交流电的发展,使美国电力工业的发展成为可能,为工程师们制定了数学理论。他在磁滞现象的理解上有了突破性的发现,使工程师能够设计出更好的电磁设备,特别是工业用电机。

一生的图像语言就像水流一样，倾泻在他眼前一条长长的画布上。

那座已经被毁灭的沃登克里弗塔，它的一阵阵回声，它的一个个影子，在特斯拉的灵魂中让他发痒，让他发疼，并逐一苏醒过来。那铁塔像一只绿色的苍蝇。这座高大宏伟的建筑，每一根钢梁都再度光彩夺目。

布鲁诺在他的绘图中将这座已被夷为平地的高塔重建起来。

终于，他代替特斯拉，使这个轰动一时的工程得以全部竣工。

在《电学实验者》杂志的封面上，他画满了巨型昆虫，绕着行星飞行的飞碟，激光器从蘑菇状的穹顶向无翼飞机扫射，人们戴着的头盔可以读取他人的思想。

"你知道发生了什么吗？"一天早上，根斯巴克问特斯拉。根斯巴克使劲揉着他冻僵的双手，在他说话之际，蒸汽引擎冒着烟从他们头顶上方驶过，引得房间不住地颤抖。

"什么？"

"你的《发明》达到了十万读者发行量啦！"

特斯拉两眼放光，说道：

"太棒了！"

"真不赖。"根斯巴克得出结论道。

不赖。

选择尽可能好的生活

威尔逊总统将罗伯特·安德伍德·约翰逊派往罗马，任美国驻意大利大使。我们这位优秀的罗伯特因此便拥有了他一直向往的那种生活方式，因为他现在置身于政府官方代表的最高层，交往的人物中不乏诗人与贵族。他的妻子有一头厚厚的银白色头发，虽然略微上了年纪，但风韵犹在，引人注目。围在凯瑟琳身边的人，如同往常一样，他们口中所谈之事，他们的内心根本不知是何物。伊迪丝·华顿[1]不是说过吗，外交与新闻是人格的两项兄弟般的治外法权。

罗伯特再度威胁说，他要出版他那部《托斯卡纳餐馆指南》。他与加布里埃尔·邓南遮辩论，人们在天堂里到底能享受到什么样的食物。他们还谈论头发里有活蛇的舞者，以及古墓与剧院。

"选择尽可能好的生活，习惯会让它变得令人愉快。"邓南遮告诫道。

以前，凯瑟琳会发出朗朗笑声，就像银盘掉落到地上的声音那样。现在，她端坐着，全身沐浴在阳光之中。一只纸鹤在茶杯里游动，茶已变凉。她已学会了日本的折纸艺术。

由于外交规则的限制，她的世界缩小了，如同中国女人被裹住的小脚。这些规则将所有有趣的东西从这个世界上清除掉。而每当神秘消失时——生活也随它一起消失。

凯瑟琳读了很多书。她坚持认为，普鲁斯特[2]是个出色的心理学家，却是个十分糟糕的诗人。她也阅读契诃夫的小说，认为他笔下的人物没有生活在美国是一个巨大的错误。战后，像维埃里克和弗洛伊德一样，她悟出了一个道理，即理性是一种骗人的把戏。人类只对其根本不在乎的东西才会去施加控制。

在她的童年时代，松鼠死了，她会为它们举行葬礼。她喜欢光着脚

---

1 伊迪丝·华顿（Edith Wharton，1862—1937）：美国女作家。主要作品有长篇小说《高尚的嗜好》《纯真年代》《四月里的阵雨》《马恩河》《战地英雄》等。第一次世界大战爆发后，致力于人道主义活动。1927年获得诺贝尔文学奖提名。

2 普鲁斯特，指马塞尔·普鲁斯特（Marcel Proust，1871—1922）：在巴黎大学和巴黎政治学院钻研修辞和哲学，对柏格森直觉主义的潜意识理论进行研究，柏格森、弗洛伊德成为他一生文艺创作的导师。创作了七卷本的《追忆逝水年华》（À la recherche du temps perdu），成为二十世纪法国最伟大的小说家之一，意识流文学的先驱与大师，也是二十世纪世界文学史上最伟大的小说家之一。

到处走。她喜欢在雨中让自己淋成落汤鸡。少女时代,家人坚持要求她穿紧身内衣,并告诫她,竭尽所能以求美丽漂亮,如有必要则言谈机智,即使要命也要行为端庄得体。但是,她却坚信,情感应该像暴风骤雨般剧烈奔放。假面喜剧中的主要人物有三种:恋人,老男人与小丑。凯特则集此三者于一体。

"我真不明白,面对这么多真心诚意的付出,你何以能如此冷漠?"她写信寄往一个熟悉的地址,由格拉赫酒店的一位房客接收。

虽然相距遥远,她还在与特斯拉辩论。

"爱没有真理!"她大笑道,仿佛听说了天底下最滑稽的事情,"爱没有真理!我亲爱的,你借由你的精神形成理解,并相信心灵只属于动物。你将变成一则故事,而中国龙会将这则故事反复传诵:来吧,快来听听某个人的传奇,这个人想把爱从他生活中驱逐出去!但是,你所能理解的,永远只是你所能感受到的事物。"她发出一声可怕的大笑。"如果没有爱的帮助,你不可能理解任何事物。唯有爱,才能唤醒沉睡的大脑。"

当他们前往南斯拉夫旅行时,凯瑟琳向特斯拉描绘了从卡莱美格丹城堡看出去,萨瓦河与多瑙河交汇在一起的景象。

"整个下午,我都坐在这山坡上,欣赏着两股碧绿的水流,以及它们后面的阳光。"她写道,"我多想把我的眼睛借给你,这样你就能看到我所看到的一切,还可以用它来将一整天的美景一饮而尽。你的两耳肯定燃烧得很厉害,因为我们先谈论了你,然后谈论了罗马,然后又谈论了你,然后谈论了美国,然后再次谈论了你。"

人永远不会

世界到处都是妖魔鬼怪。它们将我驱赶出来,剥夺我的壁炉和家园，逼迫我妻离子散。

《卡里加里博士的小屋》

在芝加哥的理发店，人们起劲地谈论着杰克·邓普西的发型。在波士顿北端，成群结队的人们在低声议论着萨克和范塞蒂。繁忙的费城街道上，人们对庞氏大骗局深感错愕。

"您这是从哪里打来的电话？"雨果·根斯巴克问道。

"从马萨诸塞州的伍斯特。"特斯拉的声音由于距离而变得有点异常，"我们正在安装一些机器。"

"他有过很多次的旅行。"雨果·根斯巴克对富尔顿街的那些电子爱好者解释道。

"您这是从哪里打来的电话？"在另一个场合，他又问道。

"从水牛城布法罗。我正在测试一架能垂直起飞的飞机。"

在乔治·西尔维斯特·斯威西的公寓里，电话时常会在午夜过后响起。

特斯拉开怀大笑。他引用拿破仑的话说："勇气最罕见的形式是凌晨三点的那股勇气。"

特斯拉可以从两百英里之外的地方一聊就是一个小时。他会得出一个结论，旋即把电话挂断。

"这个想法非常有意思。"根斯巴克对着已经没人在听的话筒轻声说道。

在股市暴涨期间，每个人都赚得盆满钵满，除了特斯拉。

偶尔地，波士顿沃尔瑟姆手表公司会需要他的速度计专利，或者，威斯康星电器公司会购买他的电影放映机。

对他而言，已经没有任何理由重返纽约，那个他破产的地方。

但他还是会经常回到那里。

他以一个年轻人的敏捷身手，在横冲直撞的汽车之间跳跃、奔跑。他声称，自己依然可以跟一个二十五岁的小伙子摔跤，他的手比以前任何时候都要稳当，除他之外所有人都在变老，他无法知道自己有多老，除非他有一面镜子。

他经常上电影院看电影。

电影院里灯光熄灭，一个小孩子惊恐地喊着："电影开始了！"

在那神秘感十足的暮色中，疯狂具有极强的感染性。一架伤感的钢琴唤起了时间的流逝。一个年轻人和一个老头儿坐在长椅上，眼睛睁得大大的。

卡里加里博士戴着乌龟壳般的眼镜，像极了一只邪恶的虫子。他在一座马戏团帐篷前摇着响铃："快来呀！已经沉睡了二十五年的塞萨雷，很快就要苏醒过来了！"黑点吞噬了银幕。乡村集市上的靡菲斯特和疯人院院长为同一个人。一个疯女人弹奏着一架根本不存在的钢琴。银幕上的楼梯和铁塔歪了，不是因为艺术造型，而是因为最近的战争。一个梦游者步行穿过被扭曲的城市，怀里抱着一个酣睡的女孩。

正当特斯拉在电影院看电影的时候，下起了凉飕飕的雨。

街道变得如玻璃般光滑。

一幢幢倾斜的大楼分崩离析，废墟堆满了冰冷的百老汇大街。

整座城市变得阴沉压抑。

许多许多年之前，特斯拉曾在卡尔洛瓦茨闪着寒光的大街上滑倒。

"走路时应该靠着建筑物，"他提醒自己，"走路时应该踮着脚尖。"

就在那一刻，他的两个脚后跟冲着天上的星星飞起来。

"已经沉睡了二十五年的塞萨雷，很快就要苏醒过来了！"他的脑海中闪过曾经听到的那声吆喝。

特斯拉那枝条发达的神经树燃烧了起来。他猛地晃动身体，翻了个筋斗，然后稳稳地降落在地面，连他自己都大吃一惊。他感到某个人的手指拽住了他的肩膀。一个陌生人诚实的眼睛居高临下地端详着他。一丝担惊受怕的笑容挂在这位好心的撒玛利亚人[1]的嘴角。"您没事吧?"

"我想我无甚大碍。"特斯拉轻声回答,一边整理他的大衣。

下一刻,他一下子认出了这个扶了他一把的人。

"乔凡尼!你出狱了?可是,当然……"

二十五个年头的忧郁与伤感,令乔凡尼·罗曼内洛的微笑看上去饱经沧桑。"我很久前就偿还了我的债。"他说道。

"我到现在还没偿清我自己的债呢……"

特斯拉看上去像是要打喷嚏。这个人,这个以前曾跟他讲述西西里血橙和甜柠檬的人,现在竟然无法认出他来!特斯拉甚至不能肯定,他是否听到他在说话。乔凡尼的注意力似乎完全专注在另一件事情上。

"冒昧问一下,您多大了?"乔凡尼突然以沉闷的声音问道。

"快七十岁了。"

"难以置信,"这位昔日的访客轻声说道,"我看到猫会上这个岁数,但人——永远不会。"

唯痛苦能听见,唯需要能看清

约翰逊夫妇一回国,便发现断难完成思想上的"翻筋斗",而这恰恰是新时代对他们所提出的要求。禁酒时期的非法酒店已经取代了以前的地下酒吧。整个世界以无声电影那痉挛般的、日趋加速的节奏,滚滚向前。

一队队人群似乎在窃窃私语:"我们的思想已经被风吹走!我们已

---

[1] 撒玛利亚人(Samaritan):中东的一个种族,以心肠好而著称。现泛指乐善好施的人。

经被广告催眠。"

但是,另一条狗的生命已经终结。在约翰逊的寓所,现在不停叫着的是一条叫作理查德·希金森三世的幼犬。这条小狗太小了,走路时常常会侧翻,他们不得不把它扶起来,如果碰到稍大一点的狗,就要把它抱在怀里。

整个世界变成了一张舞会的请柬,凯瑟琳不知道如何去接受这种邀请。

"我不知道自己为什么如此忧郁,"她写道,"我觉得我生活中的一切皆已悄然消失。"

曾几何时,一顶顶巨形帽子盘旋在凯瑟琳姑妈们的头上。她的姑妈们坚信,对于不喜欢的事情能勉为其难地予以应付,相比于在令你兴奋激动的事情上做得十分优秀,永远是前者更为可取。对她们而言,生活中每一件有意思的事情,都是一种个人威胁。在她们家族,各种规矩都要背得滚瓜烂熟,铭记于心;在那里,逻辑是个灰姑娘。即使在梦中,凯瑟琳都不敢拿错餐叉。

像爱丽丝一样,她生活在奇境中,但这种奇境却是"你竟敢"式的奇境,包围着她的是那些堂兄弟表姐妹,假装出一副正在见证着人生的样子。她的姑妈们宣称,谨慎乃所有美德之母。但在她看来,谨慎与思考并不总是携手共进。

"谨慎?"凯瑟琳思忖道,"那绝非我们的自然状态。我们死的时候才会变得谨慎。"

真相又是什么呢?在娘家时姓麦克马洪的凯瑟琳·约翰逊,感到百思不得其解，如同本丢·彼拉多[1]一样。

无论战前生活的真相是什么，它根本无法和凯瑟琳当下对心理安全感的需求相比拟。她现在十分怀念那个已经逝去的世界，虽然它曾经让她觉得那么无趣。她也十分怀念她一辈子都憎恨的那些令人厌烦的女士诗歌朗诵会。

无论钢琴弹得多么不着调，要对钢琴弹奏提出批评是不可接受的。谁也不应该在舞厅里像个小丑似的胡闹，或独自一人跳舞。舞会上结识一个熟人会导致一辈子的烦恼。你想打喷嚏也不行，你必须用手指压住你的上唇，使喷嚏打不出来。在吹着穿堂风的舞厅里，衣着稀少的女士常常会着凉，并且永远也无法康复。当一个冒失鲁莽的客人在门厅里讲完他的最后一个故事，女主人常常患上感冒，最终不治身亡。

"妈妈！不要再待在这些黑乎乎、窗帘捂得严严实实的房间里，"她的英俊儿子欧文高喊道，"爵士乐可以治愈你的结核病。"

"好吧。"凯瑟琳表示同意，但一点都提不起劲来。

欧文脸上挂着灿烂的笑容，眼睛里却是黯然神伤，他强拉着他的母亲和父亲去参加在长岛东卵[2]举办的一场派对。

斯蒂贝克汽车飞驰在绿树成荫的道路上，卷起一片尘土。

夏日的金狮白天咆哮着，夜间则像猫一样发出满足的咕噜声。

---

[1] 本丢·彼拉多（Pontius Pilate，?—41）：罗马帝国犹太行省总督（26—36）。根据新约圣经所述，曾几度审问耶稣，原本不认为耶稣犯了什么罪，却在仇视耶稣的犹太宗教领袖的压力下，判处耶稣钉死在十字架上。

[2] 东卵（East Egg）：《了不起的盖茨比》小说中谈到，在离纽约城二十英里路的地方，有一对奇大无比鸡蛋形状的半岛，外形一模一样，中间隔着一条小湾，一直伸进西半球那片最恬静的咸水。这两个鸡蛋般的半岛，分别被译为"东卵"和"西卵"。

欧文带着他的父母与月亮赛跑，疾驰在通往东卵的道路上。

噢？

花园里，男子与姑娘们像蛾子般穿梭往来，有窃窃私语，有香槟，有星星。

噢？

一辆辆劳斯莱斯送来一批又一批宾客，直到午夜过后，又开了第二次宴席。光秃秃的烤羊羔端上来时泛着光亮，与此同时，女士们从汽车里下来，身上月亮颜色的裙子熠熠生辉，也有人穿着孔雀羽毛的装束。许多进入派对现场的宾客甚至根本不认识盖茨比先生。在凯瑟琳那个时代，一个年轻绅士只有戴着手套或握着手帕才被允许去触碰女士的腰部。仿佛就在昨日，没有人会在派对上胡闹或独自一人跳舞。可现在，人们大跳抖动肩膀的查尔斯顿舞[1]，在旋涡般的烟雾中让大腿使劲向两侧摆动。

约翰逊看上去越来越像一只黯然神伤的狮子，说了一句缴械投降的话："现在，该轮到他们享受青春了。"

天蓝色的游泳池，蓝得让人心醉。

喝得醉醺醺的女子试着要在水面上行走。她们在水池里扑腾，用手臂拍溅起水花，人们在一片尖叫声中将她们拽上来，全身湿透。音乐的节奏很快，不久又加快了三倍。萨克斯管演奏者身体后倾，像帆船比赛的运动员。置身于那些疯疯癫癫独自跳舞的男男女女之中，我们的凯瑟琳感到恶心。

"我们已经老了，所有这些都与我们格格不入。"回家后罗伯特说道。

"自柏拉图时代到我上小学的时代，整个世界在此期间所发生的变

---

[1] 查尔斯顿舞（the Charleston）：二十世纪二十年代非常流行的舞蹈，深受"咆哮的二十年代"年轻女性和年轻男性的喜爱。查尔斯顿舞涉及快节奏的双腿摆动和大臂运动。在1923年与詹姆斯·P. 约翰逊（James P. Johnson）的百老汇音乐剧"狂野狂奔（Runnin' Wild）"中的歌曲"查尔斯顿（the Charleston）"一起出现后，作为一种舞蹈开始流行。

化，根本没有从我少女时代到现在所发生的变化那么多。"凯瑟琳感慨道。

这位昔日的美人把她的短上衣扔在地板上，朝她房间走去。欧文的妻子珍妮真让她苦恼不已。她无法忍受珍妮那张城里人的脸蛋，以及那个散发着情色和懒惰气息的身体。出于"精致"的考虑，珍妮只吃牡蛎和水果。这个傻女人无法理解，为了实现某些原创性事物，人们为什么要进行如此的苦思冥想？他们为什么就不能重复世界上所有其他人都在说的那些话呢？她的那些时髦的女性朋友，过去同样热衷于海上航行和室内设计。她们所钟爱的时尚是一股没有思想的力量（仿佛以前的那些时尚富含思想似的）。这个缺乏想象力的年青一代其实与老一代没什么差别——它只是在凯瑟琳的身后偷偷冒出来的。

凯瑟琳无法理解生活的局限。祖母的角色并不适合她。人们常说，女人在不再有人需要她们的时候，会非常高兴地成为祖母，以便能够从别无选择的孩子们那里获得些许的温柔。

然而，她仍然能感到饥渴。她仍然能感到颤抖。欲望。

特斯拉的那种冷火的洗礼，她是不可能获得的。她饮用鸦片酊。

于是……

于是……

于是……如此迷人地……她对着地板发出微笑。

"啊，世界！"她喃喃自语，"在这个大千世界里，唯有痴迷才选择，唯有弱点才理解，唯有痛苦才听见，唯有需要才看清。"

啊，世界！

我们过的是相同的生活吗？

伴随着年老力衰而来的痛苦，相较于灵魂中的痛苦，根本不值一提。

那双颊满是皱纹的老妇人,背上垫着三个枕头,心情沉重地回忆她的一生,竟然记不起任何美好的时光。

罗伯特却记忆犹新。

当他们还年轻时,凯特会保护好一个完整的蜘蛛网,落在网上的几滴露水美如珍珠。"不要清除掉这水珠。看,它在阳光下闪闪发光,多美呀。"

他会一遍又一遍地讲述那个故事,描述一个记者如何接住了他们抛出去的婚礼花束。

当他们俩第一次一起脱掉衣服,他吻了她左边的乳房。"现在,再吻一吻她的小妹妹,这样,她就不会觉得受怠慢了。"

"嗯嗯嗯嗯嗯嗯。"她轻声道。

像很久以前的西盖蒂那样,罗伯特也爱看她一丝不挂地在房间里走动,这样他便能在她的臀部看到让星星旋转起来的那股力量。

罗伯特双唇紧贴着他妻子的耳朵,看着莱克星顿大道上的路灯慢慢亮起来。

在她怀孕后,他会吻她的大肚子。在艾格妮丝出生后,罗伯特会在夜里起床,蹑手蹑脚地走到摇篮边,看看小宝贝是否在呼吸。

"你还记得这些吗?"他问她。

她已经不再记得任何事情。

罗伯特把他的记忆和她的记忆两相比较,双手伸向空中。"我感到纳闷儿极了——我们过的是相同的生活吗?"

我不知道如何……

"凯瑟琳近来在干什么?"特斯拉问。

"培养她的情绪。"罗伯特变得越发阴沉,"但她也病了。"

"出什么问题了?"

"她胸部不舒服。"

自从他们从罗马返回美国之后,任何隐藏已不再可能。

以前,皱纹聚集在她眼睛的四周。但当她的脸颊出现皱纹时,年老力衰才真正宣告来临。她曾经清澈蔚蓝的双眼,像牛奶倒入茶里形成的云。是的,眼睛已变得阴沉混浊,其他一切也变得如此。去照一下镜子现在已变得令人痛苦万分。即使是伴随着年老力衰而来的病痛折磨也算不得什么,如果相较于……

我梦见我是男佣,你是侍女,我们在冰宫里,在那张冰床上度过一夜良宵。

一丝微笑闪过,最后的一点残余令她肝肠寸断。她记得二十五年前那个十月的午后,松鼠摇晃着它们的尾巴,活蹦乱跳地穿行于流光溢彩的大自然。那几日正好遇上秋老虎,她和他漫步在金黄色和赤褐色的光影里。鸭子浮在水面上睡觉。她的嘴角和眼角都映着阳光。赫拉克利特无形的火焰吞卷着世界。

但是,那宫殿是用冰做的,那些瞎眼雕像是用冰做的。他们的婚房也是用冰做的。

她梦见过旋涡和间歇泉。她梦见过自己抚摸着以巴西的水果为生的独角兽。她也梦见自己沿着一座钻石山滑下来,用顶针给蜂鸟和蜻蜓喂水喝。她梦见空气的另一侧——既无法居住,也无人居住。她梦见几个钢琴师在胳肢她。

"我相信,每个人都应该拥有许多种不同的生活。"亚瑟·兰波曾写道。

但是……

凯瑟琳双手交叉放在膝盖上,手上静脉突起,清晰可见。她非但不愿意到户外去——她还会好几天拒绝下楼来到客厅。

那个在他们整个生命中用他的身体温暖了她身体的人,现在也让她神经紧张。罗伯特的眼皮肿胀,眼睛眯成两条缝。他咀嚼东西时,不仅要动用他的嘴巴,而且要动用他脸上的每一条皱纹。她总是能在他说话之前知道他想要说什么。他像极了一头黯然神伤的狮子,而这一点让她感到厌恶。

"即使我给她拿来金子,她也会说颜色太黄了。"我们那好心肠的罗伯特向他儿子欧文大吐苦水。

凯瑟琳的疼痛刚出现时像二重唱,然后就变成大合唱。

"但是,每个人都希望能在某些事情上获得宽恕和原谅。"罗伯特补充道。

她变得十分焦虑,因为她在内心深处对事物充满了恐惧。

电话铃响起。她不愿意站起来接听。她想:电话会一直这样响下去,而我将不复存在。

她甚至不愿上床就寝:我还能再次醒来吗?

栏杆和枝形吊灯都是用冰做的。

就这些吗?凯瑟琳想道。

那些法式小桌子和大型三角橱都是用冰做的。

我该对圣彼得说些什么呢?凯瑟琳笑了笑,带着幽灵般的快乐。

她的床是用冰做的,她的头发里撒满了冰粉。

"啊,"她最终叹息道,"我会告诉他所有其他人都在说的一句话:我不知道如何去过另一种生活。"

421

亲爱的特斯拉

1925 年 10 月 25 日

在她生命中的最后一夜,约翰逊太太叮嘱我要与你保持联系。那不是一件容易的事。倘若我做不到,也不是我的错。

您诚挚的

卢卡

每当……

每当有纽扣从他外套上掉下来,每当有一根鞋带断掉——他便会想起她。

致鸽子的一封信

轻柔的你!亲爱的你!我的宝贝!

啊,全身闪亮,咕咕低语。啊,你这优雅却摸不着、抓不住的精灵!啊,洁白!洁净!亮丽!完美无瑕、毛茸茸的梦。啊,你的翅膀在空中一掠而过,速度之快让人犹如雾里看花,你翅膀的美足以净化这个世界。啊,仁慈,所有生灵的血液都靠着你在奔涌。啊,悲伤,只有从一颗赤诚之心流出的泪才能将你领悟,并且予以宽恕。啊,你是我心灵的家园。啊,我的灵魂。

那优雅的柔弱，至柔则刚！

啊，你这精灵，上帝造物之前，你便盘旋于水面之上！在那滔滔洪水之后，诺亚将你第一个从方舟上放飞。

我喂你以食粮，即是喂我以食粮、喂世界以食粮，世界之精华非你莫属。当鸽群像五彩纸屑在空中翻飞，将城市上空变作一片银色，我便与你一起飞翔。凭着你的身姿之美，凭着你的洁白无瑕，我一眼便能将你认出。

神圣而纯洁的灵魂，不要离我而去。

心灵之魂！阿门！

我把你捧在手里，你用你的喙啄我的唇角。你的眼睛光芒四射，世界的中心光芒四射。光溅在我的脚上，没过我的膝盖。内心的光芒像潮水般淹没了我的大腿，涌到我的臀部，我的心脏，我的额头。我的嘴唇触碰到那玫瑰般的喙。一片洁白令我头晕目眩，我什么都看不见，我终于能够说出《约翰福音》中耶稣基督临终前说的最后一句话：

"成了！"

然后

二十世纪二十年代的轮盘赌在黑色星期二那天戛然而止。从事股票交易的经纪人奔走呼号，大钟的分针像鞭子似的抽打着他们，让他们一分一秒都停不下来。经纪人们声嘶力竭地宣布，股票和债券在狂跌。愤怒的民众拍打着停止营业的银行大门。在华尔街的入口处上方，悬挂着霍布斯的一句话：

"人心狠，人吃人。"

在西部，农民们焚毁庄稼。在纽约，人们饥肠辘辘，晕倒在街头。

不可能!

女人们上街贩售"伊甸园的苹果"以避免沦为乞丐。在施食处,人们把一点残羹剩饭,倒入身体受伤但依然能行走者的帽子里。

不可能!

为了能一天吃上六顿饭,食不果腹的人们幻想着跳舞、马拉松。

不可能!

然后,已沦为鳏夫的约翰逊从巴黎回来。他叹息一声,抱怨道:"无论我到哪里,都能入乡随俗。"

他笑了一下,吹嘘道:"如果你一直在旅行,你就永远也不会孤陋寡闻。"

"我不这样认为,"特斯拉纠正他,"一个人的灵魂要么是个乡村小镇,要么是个大都市,无论你生活在何处。"

作为一个惊喜,罗伯特给特斯拉带来了一本塞尔维亚超现实主义杂志《不可能》。

"不可能,"特斯拉开始笑道,"它是我人生的迭句。针对我每一个发明点子,人们一直都是这么说的——从最初开始。"

"你曾经见到过奇迹吗?"约翰逊问道。

"曾经?我一直在见证奇迹。"特斯拉没好气地回答道。

在十九世纪七十年代,在格拉茨,女人们穿一种看上去像婴儿花边围嘴那样的服饰。时间的流逝已经让那种服饰变成了一个奇迹。

约翰逊告诉他,安德烈·布勒东[1]是如何聆听"地球的地磁脉动",以及他多么地热爱不可能之物。

---

1 安德烈·布勒东(André Breton,1896—1966):法国诗人和评论家,超现实主义创始人之一。他和其他超现实主义者追求自由想象,摆脱传统美学的束缚,将梦幻和冲动引入日常生活,以创造一种新的现实。弗洛伊德关于潜意识的概念对布勒东的作品有重要的影响。

"不可能。"特斯拉再次大笑一声,"我人生的迭句。从最初开始。"

第二天,他几乎要将握在手里的圆顶礼帽抓破。

"变得太贵了,"他说道,"变得不可能了。"

"你在说什么?"

"实验室。"

根斯巴克伸出双臂做了个手势,既表示惊讶,又表示认同。他和特斯拉一起关注着实验室的一举一动。

整整二十个箱子装满了信函、理论文件和原型机,沉入宾夕法尼亚酒店恐怖骇人的储藏室。

领奖人

一张张写着美好祝愿的生日贺卡像白鸽似的降落在他房间,这些贺卡来自阿尔伯特·爱因斯坦,李·德·弗雷斯特[1],杰克·哈蒙德,以及罗伯特·密立根[2]。

"这里有一张,还有一张,又有一张。"女仆一边说着,一边把信封扔在桌上。

特斯拉用手掌将信封抚平。他一边将它们收纳到盒子里,一边感到甚为尴尬,因为他暗地里还是渴望能收到更多的祝贺,虽然他曾经对这

---

[1] 李·德·弗雷斯特(Lee de Forest,1873—1961):被称为"电视始祖"和"电子管之父"。1899年发明了电解检波器和交流发射机,1902年他公开演示了用于商业、新闻、军事的无线电报通信装置,1925年发明了三极真空管。

[2] 罗伯特·密立根(Robert Millikan,1868—1953):美国实验物理学家。1896—1921年,密立根担任美国芝加哥大学物理学教授,进行了一系列测定电子电荷以及光电效应的工作,包括著名的油滴实验,因而获得1923年诺贝尔物理学奖。

种祝贺深表鄙夷。

他带着昏昏欲睡、呆滞的眼神,如同船头上的一尊艏饰像,在十一点三刻下楼来到酒店大厅。一批记者在正午时分涌了进来。

这位七十五岁的老人几乎没有意识到正在对着他们说话,然而,他还是谈到有朝一日女性会比男性优秀,他那令人惊叹的涡轮机将会获得极大的改进,以及他的电泵将会被植入人体内部。之后,他开始就斋戒和勤劳发表高谈阔论。

"您想表达什么意思?"记者们问道,把他们做记录的拍纸簿放在膝盖上。

那瘦骨嶙峋的老人举起他的食指。

"人们绝对不应该吃得太多。我已经不再吃鱼了。我已经改吃由面包、牛奶和'行为因素'构成的饮食——这种饮食由韭菜鳞茎、卷心菜和生菜心、白萝卜和花椰菜混合而成。这将让我活到一百四十岁。"

那瘦骨嶙峋的老人再次举起食指,告诉他们关于他祖先的事情。他的祖先将健康长寿归因于梅子白兰地,包括那位活到一百二十岁的人瑞。

"那位人瑞,叫什么名字?是玛土撒拉[1]吗?"

"不,他的名字叫久罗。"

记者们脸上的笑容变得僵硬,他们坐着的椅子嘎吱作响。他们在笔记本里记下这个名字。

"堂吉诃德已变成桑丘·潘沙[2],"这些耍笔杆子的人飞快地记下他的话,"他是在嘲讽他自己的智慧。"

---

[1] 玛土撒拉(Methuselah): 据说是人类史上的长寿冠军,亚当的第七代孙子。《创世记》(5:27)写道:"玛土撒拉共活了九百六十九岁,就死了。"

[2] 桑丘·潘沙(Sancho Panza):西班牙作家塞万提斯名著《堂吉诃德》中的重要人物,堂吉诃德的忠实侍从,原为拉曼查地方的农夫,堂吉诃德的邻居,在堂吉诃德第二次出游时听信其许愿封赏他为海岛总督而做了他的随从。

"我真感到遗憾,以前在十九世纪九十年代的时候没能去采访他。当时,他是社会名流,像魔术师一样不断换手套。"《纽约太阳报》的班达先生向风姿绰约的琼斯小姐抱怨道,"人们前往阿斯托里亚酒店,只为了一睹他的风采。"

班达手握烟斗,在膝盖上把一篇已经发黄的十九世纪九十年代文章中的几句话画出来。那几句话是这样写的:"特斯拉先生手里握着真空玻璃发光灯泡,仿佛大天使手里握着那把明亮的正义之剑。"

《时代周刊》的琼斯小姐穿着粗花呢套装,她竭力去想象那个年代的裙撑是什么样子的。她的塌鼻子略施粉黛。她那缺乏连贯性的笑容就像罗盘中的一根指针。她说,她也甚感遗憾,"当他以前在科罗拉多制造霹雳的时候,没能遇见他!"

自从那个长着马脸的七十多岁老者开始通过报刊为自己庆祝生日后,这两位记者一直出席他的每一个生日庆祝场合。

特斯拉就在他们眼前变化着。

起初,他似乎来自地狱深坑,全身沾满地狱的黑暗痕迹。

但对于琼斯小姐来说,这个来自地狱的人很快就消失不见了,取而代之的是一个身体虚弱的年迈绅士,两道眉毛下是两泓清泉。

接着,那个年迈绅士也消失了,随后出现的是一个精神矍铄、像猫一样的人,环绕着他的是超凡脱俗的气质。

无论是在镜子里,还是在记者们所捕捉到的照片中,他的脸也正在发生变化。每当他照镜子时,他自己都不知道应该期待看到一个什么样的人。

"当这个幽灵一般、与这个时代格格不入的未来主义者逝去的时候,会有人潸然泪下吗?"班达先生低声说道。

琼斯小姐似乎开始理解特斯拉梦幻般眼睛里璀璨生辉的地平线和虚无缥缈的幻象。

"他可亲可爱，"她轻声回答道，"我真想上去拥抱他。他似乎全身很冷。我为他深感难过。"

这位老者的瘦弱让班达先生和琼斯小姐都感到入迷。他双腿交叉。他们还注意到他脚上穿着又长又窄的高帮鞋。

在一堆男性记者之中，总是夹杂着两三个女记者的身影。

"腰板直挺。身体柔软。没有岁月的痕迹。"这些女士在膝盖上放着的笔记本里写道，"嘴唇薄而紧缩，下巴尖削。"

"额头突出。侧影具有希腊的古典之美。脸上雕刻着他一以贯之的智力探索。如果你愿意冒一下险，直盯着他的眼睛——你就会消失到太空中……"琼斯小姐的笔在稿纸上龙飞凤舞地写道。

她不得不承认，这个穿梭于不同行星之间的老者，他的笑容让人产生些许的不安。他的魅力来自他那些老派的行为举止，偶尔会释放出某些令人无法抗拒的气派。采访期间，他会多次变换他说话的语调。

特斯拉对周围的人感到非常厌烦，并替他们感到可怜，但他也懂得如何去将他的这种感受隐藏起来。这些记者很像他以前遇到的许多记者——衣冠不整，思想肤浅，但头脑聪明，甚至可以说非常优秀，但在他们内心深处缺乏真正的信念。每一个人都是有价值的，就像他认真对待的每一件事情都具有价值那样。对于任何拥有真正目标的人，他们一方面甚为羡慕嫉妒；另一方面居高临下，带着恩赐与傲慢的态度。

琼斯小姐向特斯拉投过去一个探戈舞般的微笑。

"您能否跟我们说说那些您从来没有跟别人说过的事情？"她问他。

这位堂吉诃德式的人物于是就讲述了一个发生在"淡紫色的九十年代"的小故事，故事的标题可以定为：地震。

许多年前，就在这座城市，在南第五大街，脸上皱纹累累的西西里女人在覆盖着海藻的木板上处理牡蛎。腐烂的卷心菜沿着街道乱滚。活鱼在木桶里活蹦乱跳，溅起水来。空气中闻上去像是弥漫着烟雾。在一条小巷里，几个男孩在打棒球，他们头顶上是一大片挂在晾衣绳上的床单。环境越是混乱，他们越是如鱼得水。"托尼诺！我辛辛苦苦洗干净的东西，如果被你们的球弄得一团糟，看我怎么宰了你！"母亲们从窗口冲着他们高喊。

来自上曼哈顿区的艺术家们常常会带着素描本来到下东区这个充满了异国情调的地方，希望画一些来自"那不勒斯"或"大马士革"的街景。那天，在去往"大马士革"的路上，这些艺术家觉得脚下的地面在移动。

鹅卵石街道开始晃动。意大利面包店的玻璃窗发出震动声。在烤房里，一把椅子先是跳起来，接着又单腿跳了第二下、第三下，最后一瘸一拐地滚落到墙边。盆盆罐罐开始摇晃。水晶枝形吊灯的灯头剧烈地左右摇摆。神秘的震波在亨利·詹姆斯所形容的"满是浓郁的人间烟火的狭窄街道"上传播开去。

"地震啦！"一个如梦初醒的声音在窗口大声宣布。

真的，真的，我跟你们说，即使正在空中飞着的鸟也被晃着了。

一个年轻女子发出一声尖叫，就像玻璃被切割似的。在嘈杂混乱的叫喊声中，马车夫的咒骂声与行人的哭叫声混杂在一起。卡尔米内·罗卡匆忙收拾起他的货物。一颗大茄子掉落到鹅卵石街道上。木桶被打翻，鱼在尘土里挣扎。

整个东曼哈顿都在摇晃。

高架列车的列车长停驶了列车。

所有人都在高喊"地震啦"，嗓子喊得嘶哑。

两个警察东奔西走，不知道先去哪里。

"等等！"来自陶尔米纳[1]的人说道。

"这不是地震。地震会在第一次强震之后停止，但这次震动持续不断，且越来越强。肯定是那个疯子科学家搞的鬼。"

故事讲到这里，特斯拉偷笑了一下。

"他要将我们所有人都置于死地！"

"在他弄死我们之前，让我们先把他弄死算了！"

"快上楼，快！"人们大声喊道。

头盔掉下来，遮住了警察的眼睛。他跌跌撞撞，沿着我的楼梯冲上来。

"实际上，"尼古拉·特斯拉平静地说道，"那天上午，我在南第5大街我的实验室承重墙上放置了一个小型振荡器。由于新的振动与既有的振动结合在一起，它们的力度成倍递增，传导到大楼的地基。当整个曼哈顿剧烈摇晃时，我的房间一片宁静，就像飓风的风眼一样。"

"砰，砰，砰！"

大事不妙。

"砰，砰，砰！"警察使劲敲我的门。

特斯拉狡黠地笑了一下。

"我用一把榔头猛击振荡器。我闭上眼睛，仰天长叹，直到一切彻底安静下来。"

那一天，整个下东区被那神秘的地震搞得鸡飞狗跳，一片哄乱。有传言说，有两名孕妇流产了，高架列车脱轨了，建筑工人从脚手架上摔下来，抢劫犯从一家银行落荒而逃，一个惊慌失措的女子将她孩子从窗户扔出来，而有个男子恰巧抬头看到并接住了孩子，还有一个长着大胡

---

[1] 陶尔米纳（Taormina）：一个在意大利西西里岛的墨西拿省内城市，是个山城，面临伊奥尼亚海，如今是一个度假胜地。陶尔米纳山城最高处有一个"希腊剧院"，是公元前二世纪罗马人所建。

子的俄罗斯人用他手背把盖在他眼睛上的两个银币抹掉，从临终的床上爬起来，顺着楼梯走了下去。

特斯拉交叉着双腿，说话几乎是在叫喊，终于讲完了他的故事，他用硬邦邦的食指敲击着桌面说道："我可以制造出威力无穷的震动，让地壳隆起几百米高，使河流脱离河床，把建筑物夷为平地，甚至摧毁整个文明。我只需利用一点轻微的北极光效应，就能点亮整个地球。我可以将信息传输到世界任何一个地方，传输到世界所有的地方。"

他的话中带着一丝疯狂。

"人类驯服并驾驭了普罗米修斯那猛烈而有破坏性的火花——瀑布、狂风和潮汐的巨大力量，"特斯拉大声说道，"他遏制住朱庇特[1]的万钧雷霆，毁灭掉时间与空间。他甚至将辉煌灿烂的太阳变作他服服帖帖、勤奋劳作的奴隶。"

"尽管他窥探过世界大战的深渊，但科学进步依然令他深深陶醉。"班达先生轻声对着琼斯小姐有磁铁般吸引力的耳朵说道。

作为领奖人，特斯拉如此痴迷于科学的进步，即使是多愁善感的琼斯小姐也深感纳闷儿，科学进步是否会变得疯狂？

就在那一瞬间，闪光灯亮起，让这位领奖人暂时两眼眩晕，什么都看不见。

在这张照片上，他看上去像瑞典阿斯特丽王后的那张幽灵照片，那幽灵照片用哥本哈根的白光拍摄而成，使用的是尼尔森相机。

这位老者的说话声显得有些紧张。相较于任何人，他更当之无愧地

---

1 朱庇特（Jupiter）：罗马神话里统领神域和凡间的众神之王，古老的天空神及光明、法律之神，也是罗马十二主神之首。他的寺庙位于卡皮托尔山，极其宏伟、庄严，古时候便被尊奉为拉丁联盟的佑护神，对应于希腊神话中的宙斯。

被称为"电气时代之父"。

"那么，为何没人这么称呼您呢？"有人插话问道。

"因为我不是个骗子，"他抱怨道，却十分自豪。"对我来说，金钱并不意味着什么，名誉亦是如此。"

特斯拉说的话有道理吗？嗯……他最好再复述一遍那个自封为骑士的堂吉诃德说过的话，这位骑士坚持认为，他所做的一切"皆合乎骑士制度的规范"。特斯拉已不再相信人们，但他依然相信进步，正如他父亲相信上帝那样——虽然伏尔泰那么猛烈地抨击过教会。

特斯拉非常不情愿地起身告辞，结束了采访。

天使正在酒店的房间里等他："雅各，让我们搏斗一场！"

"真不知道他青春年少时是个什么样子？"美女记者问那胖胖的、被迷住了的班达先生。

"他镇定冷静，对这个世界及其种种积弊洞若观火，慷慨陈词。"班达回答道，"并且，他永远走在时代的前头。"

"与一个人所处的时代跳贴脸舞，难道不是更加有趣吗？"琼斯小姐问道，永远卖弄着风情。

世界上最高档酒店的常客，纽约上流社会的名流之一，阿斯特以及范德比尔特的挚友，也是马克·吐温、德沃夏克[1]以及维韦卡南达的挚友，还有……

关于他，已知的一切都是彼此矛盾的。

特斯拉那个家伙不是得了诺贝尔奖吗？

他不是撕碎了百万美元的支票吗？

---

[1] 安东·利奥波德·德沃夏克（Antonín Leopold Dvořák，1841—1904）：十九世纪重要作曲家、捷克民族乐派的主要代表人物。生于布拉格，曾受聘布拉格音乐学院教授，1892—1895年应邀在美国纽约音乐学院教学并任院长，回国任布拉格音乐学院院长。最著名的作品为《第九交响曲》。

有人在文章中说，他的眼睛格外明亮，而另一些人则坚持认为，他的眼睛小而黯淡。有人说他不愿意和别人握手，而另一些人则对他有力的握手记忆犹新。

他像一个乐团指挥那样，统辖着由灯泡构成的一个个星系。

他讨厌苍蝇和耳环。他喜欢乞丐和鸟类。

是他一手造成了通古斯卡事件[1]。希望控制地球上的气候，将其变作一个灯泡。在空中盘旋，受到人们热烈鼓掌欢呼。他是世界上为数不多的几个人之一，敢于去搅动世界的沉睡。

他像一尊非洲之神，把脸的这一半涂成蓝色，另一半涂成白色，因此，在他左侧的人便问，你们见到过那蓝色的神吗？而在他右侧的人便问，你们见到过那白色的神吗？

在懦夫们的包围下，他是唯一一个人，敢于让飓风从他身体中吹过。他站在蓝色的舞台上，任凭火花像大雨般倾泻而下，如同在梦中一样。

他是一个新柏拉图主义者，进入上帝大脑的欲望一直激励着他。像伊萨克·卢里亚[2]一样，他将一睹被囚禁在物质世界中的"神圣火花"释放出来。

不！他是个疯子，还是个骗子！一个同性恋的巴尔干臆想狂！一个举目无友的偏执狂。

不！他是个带着该隐[3]标志的人。

他象征着不可理解和不可思议。要定义他代表着什么，这样的举动

---

1 通古斯卡事件（Tunguska Event）：有史以来最大的撞击事件，发生在1908年俄罗斯中东通古斯卡河附近。
2 伊萨克·卢里亚（Isaac Luria，1534—1572）：近代犹太秘学创始人，倡导轮回转世之说。
3 该隐（Cain）：《圣经》中记载的人物，名字意为"得到"。是世界上所有恶人的祖先。由人类祖先亚当以及妻子夏娃最早所生的两个儿子之一，该隐为兄长。因为憎恶弟弟亚伯的行为，而把亚伯杀害，后受到上帝惩罚。

本身便是令人反感的。倘若我们剥夺现代世界所拥有的他的全部发明创造……

"没有了纳西索斯[1]式的自恋,人类的孤独还能以什么作为它的食粮?"琼斯小姐对着《纽约太阳报》的班达先生轻声说道。

多年以来,特斯拉生活在极度幸福之中。他是一股燃烧着的、非人格的力量。他制造过地震。他是地球上第一个以人类形式存在的雷电之神。他唯恐对女人和细菌避之不及。撒旦用高压电流抚摸他。但从来不曾有哪个女人抚摸过他。

"嘘……"

"他真的是这样吗?"

遗忘

某个星期一……

1828年……

人们在纽伦堡一个镇广场上发现了一个怪异的男孩。

他十六岁,手里捏着张纸条,上面写着:"我想像我父亲一样成为一名骑兵。"

他与那些巴登大公有着惊人的相似。由于他一辈子都是在一个地牢里度过的,因此不会说话。他只认识给他送饭的狱卒。当人们带着他走出地牢时,阳光像一块石头砸向他,他便晕倒在地。他更爱夜幕。黑暗中,

---

[1] 纳西索斯(Narcissus):希腊神话中最俊美的男子。有一天纳西索斯在水中发现了自己的影子,然而却不知那就是他本人,爱慕不已,难以自拔,终于有一天他赴水求欢溺水死亡。众神出于同情,让他死后化为水仙花。

他反而能辨认并看清不同的颜色。一只野猫，原本会攻击任何人，却会安静地待在他身旁。

人们让他接受教育，最终又让他遭受伤害。

人们教他认识了自己的名字：卡斯帕尔·豪泽尔[1]。

在整个欧洲，他成为一种无尽孤独的象征。

二十世纪三十年代的纽约，关于某个雨天，应该如何去描述呢？

人们把外套上的翻领立起来。大街上帽子挤着帽子。禁酒令终于被废除。"不再饥渴！"胜利的人们欢天喜地。在静悄悄的酒吧内，马提尼酒和鸡尾酒像又黄又红的灯熠熠生辉。烟灰缸里满是印有口红的烟蒂。有人在弹钢琴，弹法显得甚为诡秘。一个个音符像漏雨似的一滴滴掉下来……男男女女在用餐完毕后叹息道："啊，上帝！"情绪乐观的电影开始给廉租公寓披上理想化的外衣。在昔日廉租公寓大楼那光线昏暗的寓所内，手指转动门把。嫉妒之情涌上心头。罗斯福总统那充满贵族气质的话音到处回荡："我们该恐惧的事情，唯有恐惧本身。"

在房间里，那白发苍苍的梦游者读着一份旧报纸：

熙熙攘攘的人群将时代广场挤得水泄不通，以便见证1910年的到来。影剧院和旅馆人满为患。午夜钟声敲响时，马丁咖啡馆内一位妇人身上燃起了火！狂欢者慌作一团。摩根拜访塔夫脱总统。弗朗索·穆塔索洛与埃米尔·亚瑟·斯普林格公布了结婚证书。她已年届五十七岁，而那

---

[1] 卡斯帕尔·豪泽尔（Kaspar Hauser）：德国著名人物。被称为世界历史上五大神秘人物之一。相传，他于1828年突然出现在德国纽伦堡的大街上，样貌看来约十六岁，智力低下且沉默寡言。世人对他的身份有着诸多猜测，但至今未得到证实。

青涩的新郎才二十三岁！帕西瓦尔·罗威尔[1]教授解释他们在火星上建造新的运河，导致地球上尘埃扰动。

特斯拉把报纸放回其他那些正在发黄的报纸堆中，出门散步。

四周灯火通明，就像芝加哥世界博览会曾经一片灯火通明那样。

有时，他旁边有霍布森陪着，边走边清嗓子。霍布森是美国—西班牙战争中的英雄，在快乐的十九世纪九十年代，女人们蜂拥而至，抢着要去亲吻他的脸颊。另一些时候，陪伴他的是那长着狮子鼻、十分执着的肯尼斯·斯威西。有时，传记作家约翰·奥尼尔会与特斯拉一起散步，有时候是来自南斯拉夫的访客。曼哈顿使他们相形见绌变得渺小，他们更愿意和自己那个群体里的人交谈。他的同胞偷偷瞥他几眼，将他的外貌和他们自童年时代起所看到的印在卷烟纸上的照片作对比，卷烟纸的照片下方，写着一行字："这里有他脸部的相貌，他的发明我们全都拥抱。"

收音机里，鲁迪·瓦利在唱："哥们儿，行行好，能给我一毛钱吗？"这是大萧条时期的经典悲歌。

建造中的摩天大楼高出城市五十层楼，工人们坐在主梁上吃早饭。

凭借着一座座越建越高的大厦，纽约向着天空冲刺。

曼哈顿公司大楼成为世界第一高楼。

威廉·凡艾伦设计的克莱斯勒大厦后来居上。

这顶王冠，它仅戴了几个月。

接着，帝国大厦一骑绝尘，独领风骚。

特斯拉在穿越城市的散步途中，眺望着这些拔地而起的摩天大楼。

---

[1] 帕西瓦尔·罗威尔（Percival Lowell，1855—1916）：美国天文学家、作家与数学家。罗威尔曾经将火星上的沟槽描述成运河，并且在美国亚利桑那州的弗拉格斯塔夫建立了罗威尔天文台，最终促使冥王星在他去世14年后被人们发现。

一天到晚痴迷于最大，这有何意义？他感到困惑不解。地球不是最大的行星，也不是最靠近太阳的行星，可是，唯独地球上才存在生命。

他手牵着戴恩，小心翼翼地——仿佛他将死亡视作某种残疾——领着他穿过街道。

他阅读菲利浦·苏波[1]的《磁场》，吃他那可怜的"行为要素"饮食，并且对自己潜意识中的自我毁灭计划大加赞赏。

一家中国人开的洗衣房，在他路过时飘出一股天使般的芳香，萦绕在他四周。一个木制印第安人像，睁开它白色的眼睛紧盯着他。吉他的声音，以及不规则的三迭句式间歇，则来自古巴酒吧（耶稣基督在被人从十字架上放下来之后，肯定十分渴望立刻在这样一处地方喝上一杯）。在一家意大利咖啡馆，一台巨大的蒸汽加压咖啡机咝咝作响，带有一只雄鹰的造型，像一架从云端冲出来即将着陆的飞机。

在第二大道和第三大道高架列车下面，那堂吉诃德式的人物漫步于交错重叠的影子里，影影绰绰的环境令他头晕眼花。他紧挨着石头建成的教堂溜达，两边的高楼大厦使这些教堂仿佛置身于峡谷之中。防火梯以及屋顶上的水箱，高高地位于他头顶上方。他不止一次感到奇怪，古代亚述人竟然在金字形神塔的露台上栽种树木。他抬起头，看着被两边的"悬崖"严重挤压的天空，感到天旋地转。从宾夕法尼亚车站出发，火车隆隆作响，拖着火花驶入大千世界。

梦幻、电影以及霓虹灯广告牌，这些事物与他的日常生活混杂在一起。

特斯拉观看由来自荷兰代尔夫特的导演维米尔拍摄的电影。金发美

---

[1] 菲利普·苏波（Philippe Soupault，1898—1990）：法国超现实主义诗歌创始人之一，与布勒东、阿拉贡一起，举起了超现实主义的旗帜。他与布勒东合作的《磁场》是超现实主义理论的首次实践，在当时影响极大。此后，他又单独写了《水族馆》和《风中玫瑰》等典型的超现实主义作品，不讲逻辑，也无情可抒，只机械而"自动"地记录潜意识的活动，如同梦呓，令人不得其解。

女透过一层烟雾的面纱紧盯着他。穿着粗花呢的诡秘人物沿着街道追逐让人堕落的漂亮女人。影子深邃得如同地面上裂开的深坑。酒吧里，风扇慢条斯理地旋转着。银幕上，火车的轮子在烟雾中隆隆作响。当电影中的男主人公和他的未婚妻离开车站时，亮晶晶的雨帘猛烈抽打着窗玻璃。接着，贝拉·卢戈西[1]从银幕上用他疯狂而又痛苦的眼睛，死死地盯着特斯拉。

"我喜欢看电影。"我们的主人公会这样说，"我透过影像洞悉世界，就像透过玻璃看清一切。看电影让人放松，而且我还能边看边思考。"

特斯拉离开影院，孤独让他的耳朵有点不太好使。

他眨眨眼睛，大城市的噪声让他苟延残喘。在他周围，危险而又迷人的纽约时而发出刺耳的声音，时而咆哮，时而厉声尖叫。地球上唯一一座由村庄构成的城市。他侧耳倾听高架列车驶过一个弯道时发出的狗一样的吠叫。

暮色初上。大街上，汽车的前灯变得甚为神圣。从空中往下俯瞰，一辆接一辆亮着灯的汽车，如同一串流动着的珍珠，在大街上缓缓爬行。

纽约的景象是一剂药。

屋顶上的霓虹灯神谕……

脉动！脉动！

……全然相同的事物不断重复着。

"我的实验室有一部分一直往外突出，延伸到街道上。"这位遁世者笑着。

---

[1] 贝拉·卢戈西（Bela Lugosi，1882—1956）：匈牙利裔电影演员，哥特电影史上一位杰出人物。在二十世纪三四十年代主演了一系列恐怖电影，扮演吸血鬼、科学怪人等形象。著名的影片有《白蛇神》《黑猫》《弗兰肯斯坦之子》和《艾伯特和科斯特洛会见弗兰肯斯坦》。他在《吸血鬼》中饰演的特兰西瓦尼亚吸血鬼之王德古拉伯爵一角尤其为人称道，堪称电影史上的经典。

这位不知疲倦的闲逛者，挤过百老汇剧院前面密密麻麻的人群。在大门入口处，一个衣着单薄的姑娘抱着自己的身体，在风中颤抖。

戴着平顶帽的报童用撕心裂肺的声音练习着人猿泰山的尖叫。

"让我道歉？"一个干瘦的男子冲着一个女子喊道，"我太瘦了，道不了歉！"

像以前那样，他又一次看到情侣们在他周围卿卿我我。他们相互摩擦着，相互挤压着——这些情侣啊！在影院，在大楼入口处，在巷子里，他们几乎无法将他们甜蜜的嘴唇分开——这些情侣啊！在旅馆房间里——这些情侣啊！

每个女子都是一个没有界限的承诺。

每个年轻男子都渴望成为公牛，成为天鹅，成为黄金雨。

灯光在空中盘旋，整个城市在我们这位卡斯帕尔·豪泽尔般的人物周围流光溢彩，仿佛在燃烧。在哈莱姆区[1]，观众围在摔跤场地四周吼叫着。浮士德和约伯在垫子上互相把对方抛起又摔下。大猩猩金刚则在帝国大厦的楼顶上咆哮。在加勒比餐馆，厨师们对着非洲的海洋女神叶曼雅轻声祈祷。在格林威治村的一家酒吧里，宗教大法官指控耶稣基督向民众赋予了太多的自由。

尼古拉·特斯拉踱步进入他酒店的大堂，向穿着制服的看门人点头致意。

一份尚未阅读的日报在桌上静悄悄地等候着他。

---

1 哈莱姆区（Harlem）：美国纽约市曼哈顿的一个社区，原名来自一个荷兰的村庄。曾经长期是二十世纪美国黑人文化与商业中心，也是犯罪与贫困的主要中心。二十世纪二十年代，哈莱姆复兴的主要标志是爵士乐和文学，并逐渐出现一些专职的黑人医生、律师和建筑师。尽管如此，非裔美国人在该区仍然受到限制，黑人一般都是给白人打工，取悦白人。

报纸中，罗斯福总统在和一个被遗忘的人握手。

"您曾记得我。"这个被遗忘的人告诉他。

弗兰肯斯坦的新娘

三排霓虹灯广告牌耸立在电影院上方。特斯拉迈着自己的双脚走进那梦幻宫殿，但离开时靠的却是别人的双脚。每当他走进宫殿的大堂，他就会被一股清新的气息所笼罩。

大堂用灰泥抹成的墙上，有电影明星们神秘的半侧身像和性感的微笑。

糖果店里可以买到糖果和雪茄。大堂看上去像是清真寺、克里姆林宫和中国餐馆的混合体。富有装饰性的蜿蜒曲线，制造出动感的幻觉。在雅座隔间，即使是装饰物都被精心布置一番。

大堂内有着大量别具一格、令人兴奋的空间。风扇将清新的空气和香水的芳香冲着来访者直吹过来。一个在战争中失去了丈夫的寡妇，还有一个在办公室像奴隶般工作了八个小时的胖乎乎的男子，终于如释重负地擦一擦额头，说道："这就是生活。"

白色的光线倾泻而入，房间一片亮堂。

背景中金属般的声音，给国际和国内新闻的图像赋予了权威。罗斯福总统不停地签署一份又一份文件。特斯拉的脑海里总有一个声音在回荡：快来呀！已经沉睡了二十五年的塞萨雷，很快就要醒来了！希特勒在德国实施强制性兵役制。墨索里尼的阴影则笼罩着埃塞俄比亚。在纽约，人们都在听"百老汇的摇篮曲"。

特斯拉露出牙齿笑了。

电影开始时电闪雷鸣，狂风大作，昏天黑地。在日内瓦湖畔一间充满温馨的起居室，拜伦、珀西·雪莱[1]以及他的妻子玛丽[2]一起哈哈大笑。接着，场景暗下来，关于《弗兰肯斯坦》[3]创造的怪物的故事开始了——或者，更确切地说，继续演绎着。令观众感到最不可思议的是，在电影的结局中，那怪物并没有死去。他从一座燃烧着的磨坊下面，从地下蓄水池中浮到水面。

特斯拉轮廓分明的脑袋带着胜利的喜悦，挺立在他西装领子之上，而他那套西装已变得皱巴巴的，越洗越缩水。

在犯下几起谋杀案并摆脱了随后追赶过来的暴徒后，弗兰肯斯坦的怪物碰巧来到一个双目失明的隐士的小屋。那瞎子从来没有问过他一个问题。

"这里没有谁会伤害你。"瞎子一边拉着悲伤的小提琴，一边告诉他。

他给怪物提供面包、酒和一根雪茄。他还教他一些词语：

面包好。

酒好。

朋友好。

---

[1] 珀西·雪莱（Percy Shelley，1792—1822）：英国浪漫主义诗人、散文随笔和政论作家。著名的诗作有《解放了的普罗米修斯》和《倩契》，以及《西风颂》。雪莱是英国文学史上才华横溢的抒情诗人之一，被誉为"诗人中的诗人"，与拜伦并称为英国浪漫主义诗歌的"双子星座"。

[2] 玛丽·雪莱（Mary Shelley，1797—1851）：英国著名小说家，著名浪漫主义诗人雪莱的妻子。

[3] 《弗兰肯斯坦》：又译《科学怪人》，玛丽·雪莱在1818年创作的长篇小说。小说主角弗兰肯斯坦是个热衷于生命起源的生物学家，他怀着犯罪心理频繁出没于藏尸间，尝试用不同尸体的各个部分拼凑成一个巨大人体。当这个怪物终于获得生命睁开眼睛时，弗兰肯斯坦被他的狰狞面目吓得弃他而逃，他却紧追不舍地向弗兰肯斯坦索要女伴、温暖和友情，接踵而至的更是一系列诡异的悬疑和命案。该作品是西方文学史上第一部科幻小说，更有人称它是"有史以来最伟大的恐怖作品"之一。玛丽·雪莱因此被誉为科幻小说之母，"弗兰肯斯坦"（Frankenstein）一词亦成为英语中"恐怖"的代名词。

就在那一刻，比勒陀乌斯博士未经通报，便现身于弗兰肯斯坦的城堡，他身后拖着一个巨大的影子。

"让我们合作，从死人的尘埃中创造生命。"比勒陀乌斯提议。

弗兰肯斯坦爵士朝空中举起双手。"我已经厌烦了那地狱般的差事。"

"干吧。"比勒陀乌斯说，诱惑着弗兰肯斯坦，"经过了二十多年秘密的科学研究，我已经创造出生命。"

看到这里，特斯拉想起了他在布拉格的岁月，浮士德的屋子，以及那个有生命的泥人。他"咯咯"笑了一声。

他旁边的寡妇转过头去，一脸不赞同的神情。

在银幕上，弗兰肯斯坦暴露出一个令人担忧的性格缺陷。好奇心压倒了谨慎，他被领到实验室。那魔鬼般的比勒陀乌斯长着马的牙齿，看上去像极了威尔逊总统。他掐着自己的脸，犹如紧握着拳头似的，举杯敬酒："为神和怪物的新世界干杯！"

原来，比勒陀乌斯在实验室里制造小人。

他从某个玻璃罐上取下一块毛毡，向弗兰肯斯坦展示那些可爱的小矮人：

国王

王后

主教

芭蕾舞女演员

塞壬[1]

那靡菲斯特般的比勒陀乌斯用镊子将他创造的小人移来移去。他感

---

[1] 塞壬（Siren）：古希腊神话中人首鸟身的海妖，飞翔在大海上，拥有天籁般的歌喉，经常徘徊在海中礁石或船舶之间，用歌声诱惑过往的水手和航海者，使其倾听失神，航船触礁沉没，船员则成为塞壬的腹中餐。

到有些恼怒，无法将这些小人变得大一点。

"对我来说，那从来就不是个问题。"特斯拉"咯咯"笑道。

银幕上，比勒陀乌斯，这个靡菲斯特般的人物，对着弗兰肯斯坦咝咝说道："我们疯狂的梦想才实现了一半。你单枪匹马创造了一个人。我们联合起来，可以给他创造一个女伴。"

"你的意思是……"那男爵不敢说出他的理解。

"是的，创造一个女人。"

终于，电影中的两位主人公发现，他们正置身于世界上最令人兴奋激动的地方。

观众们的眼睛顿时一亮。

那是一扇星际大门，一座炼金术的大厦，笼罩在一片寂静之中。它的心脏不断进行着挖掘，深入地球的心脏。它的眼睛凝视着苍穹中的一个个球体。

那是沃登克里弗塔！

我们的主人公悄声大笑起来，笑得那么用力，几乎要窒息。

特效专家肯尼斯·斯特里克菲登为了实现自己的目的，对特斯拉的神奇线圈进行了重新设计。无数条令人眼花缭乱的光带在铁塔周围像鞭子般抽打，然后消失在黑暗之中。

看哪——一个太阳穴上带着圆片的女性木乃伊躺在桌子上，已等候多时。懒洋洋的火花环绕在她四周。它们变得充满生气，开始猛烈地抚摸她，然后变成疯狂的烟火。

啊，你是否依然记得在浮士德博士屋前的散步？

你是否依然记得那有生命的泥人？

尼古拉，你是否依然记得布拉格？

"人造大脑正等待着让生命进入其中。"比勒陀乌斯用主持葬礼般的声音宣布道。

你是否依然记得你在科罗拉多制造的像海蛇似的霹雳？

你是否依然记得在你鞋子周围飞舞的火花？

银幕上传来一声叫喊："这将成为一场巨大的暴风雨！"

充当助手的是爱迪生的伊戈尔，此君曾冲着那长着络腮胡子的女士挤眉弄眼。

"暴风雨来了！"伊戈尔尖叫道，"把风筝放出去！"

就在那一刻，所有的设备都被启动，他们的脸也被照得通明。火花上下翻飞。霹雳开始隆隆作响。那尊木乃伊朝着沃登克里弗塔的开口处攀爬。透过铁塔的开口处，可以看到乱云飞渡。风筝在黑夜里飞舞。一个霹雳击中一只风筝，发出一声炸裂声。躺着女性木乃伊的那张床，开始从塔顶缓缓降落下来。

"她接收到生命了吗？"一个颤抖的声音问道。

一片普罗米修斯的火花给那死去的肉体带来了生命。

"插手干预生命的奥秘，我该受到诅咒！"弗兰肯斯坦哀号道。

是的，人们对真主安拉所做的描述同样也适用于电：无形，无味，无声，但它一旦显示出来，便无可抵御！

那女子的手颤动了一下。

"她活了！"比勒陀乌斯惊叫道。

弗兰肯斯坦的新娘直挺挺地坐在她的创造者面前，她下巴下面还有一排缝合伤口的针脚，看上去像疯子似的。她的发型倒是极为令人着迷：灰色的光芒像霹雳似的，从她两个太阳穴喷射而出。

"看看她！她美极了！"特斯拉无法将他的眼睛从电流所创造的纯粹的女性之美上移开。

"他从死人的尘埃里把我创造出来。我爱死人，我恨活人。"怪物说道。

怪物走近那女子。

"是朋友吗？是朋友吗？"他怀着羞涩的希望嘟哝道。

那女子极为怪诞。她既魅力四射，又令人厌恶，头发根根竖直。

那电美人看到了那个方方正正、带着电极的头，与她近在咫尺，她立刻像猫一样发出咝咝声。

"她讨厌我。"怪物结结巴巴地说道。

"操纵杆！"有人发出警告。

那绝望的怪物抓住一根操纵杆。

人们的惊叫声并没有阻止他拉下操纵杆。

沃登克里弗塔震颤着，再一次崩塌，化作一片虚无。

这部电影特斯拉看过不下五次。透过一个个活动的影像，他得以凝视自己的思想。三倍伟大的赫尔墨斯[1]对着他的耳朵轻声说道："苍天在上，苍天在下；众星在上，众星在下；万物在上，万物在下。"

在玛丽·雪莱的小说中，怪物代表着某种超人。在电影里，超人已被一头孤苦伶仃的野兽所代替。在流行语中，弗兰肯斯坦这个名字既用来指怪物，也用来指它的缔造者。如此，天才变作怪物，怪物也变作天才。

因为囊中羞涩

"整整八十年。这是绝不能开玩笑的。"

捷克斯洛伐克大使向特斯拉颁发了该国勋章。南斯拉夫大使福蒂奇先生请各位嘉宾不必拘束，尽情享用美酒佳肴：

"请，来点简单的鱼子酱和香槟，不成敬意。"

---

[1] 赫尔墨斯（Hermes）：古希腊神话中众神的使者，奥林匹斯十二主神之一。文艺复兴主要推动者之一的菲奇诺（Marsilio Ficino）说，赫尔墨斯被称为三倍伟大，因为他是最伟大的哲学家，最伟大的祭司，最伟大的国王。而三倍伟大还有另一种解释，那就是赫尔墨斯学被分为三大分支：炼金术、占星术、巫术，它们被称为宇宙智慧的三个方面。

福蒂奇先生将白鹰绶带用别针固定在特斯拉干瘦的胸前。

许多嘉宾都注意到，特斯拉看上去就像一只鹰似的。

他的肩胛骨把他燕尾服的后背撑起来，像一顶帐篷。特斯拉的鼻子从脸上突起，他的脸颊深陷，仿佛刚才深深吸了一口烟。他的耳朵呈喇叭状展开，显得出奇的大，好像已经化作石头。他的头发越来越稀疏，但头发中间的分缝五十多年来一直没变，还是在同一处地方。他的眉毛挺立。他的眼睛炯炯有神。总之，他像一个不折不扣的迪纳拉山区的农民，从任何一个利卡的孩子那里都能招来一声热情的问候："爷爷，您好！"

在大萧条期间，帕夫莱亲王向特斯拉发放南斯拉夫皇家养老金，每月六百美元。

"我们的鱼子酱和香槟差强人意，不成敬意。"福蒂奇先生不断重复着这句话。

特斯拉身穿燕尾服，全身骨瘦如柴。这位全体塞尔维亚孩子的爷爷，信誓旦旦地宣称，将把更多的资金投入战争而非投入教育，这种趋势会在未来得到扭转。世界上的所有问题均能借助一种本质性的物质迎刃而解，这种物质的名称叫"阿卡沙"，它是所有自由能量的源泉。

"这老爷子又在老调重弹，故态复萌，描述他与其他行星建立联络的计划！"托希奇领事对特斯拉的传记作者奥尼尔轻声说道。

"长期以来，人们一直在摧毁很多事情的光环，"奥尼尔皱着眉头说道，"但我们必须要拥有分辨神圣之物的能力，即使那神圣之物披着一层世俗的外衣。"他提高了说话声音，"他……只是觉得我们正在窒息而死。他觉得这个大千世界已变得如此糟糕，以至于除非我们与其他生命形态建立联系，否则，要不了多久，真的就会……"

授勋仪式结束后，一位牧师来到特斯拉身旁。牧师的头很大，脸胖胖的，长着酷似中国人的眼睛。

"您可知道，人们在斯米莲也有庆贺活动。"牧师说。

"他们庆贺什么呢？"

牧师继续笑着，说："噢，庆贺颂扬您啊！上至国王，下至最后一个利卡农民。皇家政府为纪念您而推出了铁路折扣优惠票。邮政部门也发行了有您头像的纪念邮票。"

"敢问您尊姓大名？"特斯拉带着不信任的神情皱了皱眉头。

"我是彼得·斯蒂亚契奇。我的亲戚马泰·斯蒂亚契奇现在在斯米莲当牧师，他住在教区之家，您就是在那里出生的。"

"这又怎么样呢？"特斯拉甚感困惑。

这位胖牧师笑得几乎要全身融化。"他们组织了一场当地的节日庆典来表彰您。所有的田野里插满了利卡人戴的帽子，仿佛遍地开满了罂粟花似的。萨格勒布的主教多西泰扬主持了圣餐仪式。"

牧师揪着自己短上衣上的纽扣。一位侍者端着托盘从旁边经过，牧师充满慈爱地伸手取了一杯饮品，继续说道："他们还在您家的房屋上安了一块铭牌，上面写着：尼古拉·特斯拉1856年7月10日诞生于此屋。"

斯蒂亚契奇神父动情地看着眼前这位圣人般的长者，补充道："斯米莲设立了一个委员会，旨在更加永久性地庆祝您的周年纪念日。有人希望就在教堂下面挖一口井，有好喝的饮用水，这样，每个利卡男人就能饮水止渴，记住他伟大的同胞。另外一些人则提议，在韦莱比特山顶建一座灯塔。"

特斯拉终于流露出一丝兴趣。

"那么，结果如何？"

"没什么结果。"牧师依然眉开眼笑，笑容甜得像糖浆似的，"因为囊中羞涩。"

447

幽灵出租车

纽约的一座座高楼大厦都被包裹在云彩的帷幕里。狂风夹杂着大雨,鞭子似的抽打着水坑。三月份的瓢泼大雨已经让出租车风挡玻璃上的雨刮器应接不暇,雨水像油一样顺着风挡玻璃倾泻而下。大雨使特斯拉几乎睁不开眼睛,他试图走回自己的旅馆。大风将他的伞吹翻过来,因此他没能看到出租车,而出租车也没能看到他。轮胎滑过水面时,出租车司机都没能听到自己急刹车的声音。

汽车的撞击力将那老者甩出五码远。他左脚上的鞋飞越马路,最终掉落到一个花盆里。出租车司机一打开车门,全身就被淋得湿透。

"连我的屁股也都湿透了。"他当天晚上一边抱怨,一边在热水里泡着脚。

他看到了那位老者,全身白得像是被煮过似的,坐在水坑里,雨点激起无数个微微发亮的水圈。

"妈妈咪呀,我的天哪!"他哀号道,特斯拉反倒一声不吭。

玛丽亚·甘兹,附近珠宝店的老板,把老者从地上拉了起来。出租车司机把鞋子里的水倒掉,把鞋递还给特斯拉。司机挥舞着双手做出各种富有表现力的手势,解释说事故的发生不是他的过错。浑身湿透的路人撑着伞为他们遮雨。

"您能撑得住吗?"他们问。

"让我走吧,"老者低声嘟哝,"让我走吧。"

"您想上医院吗?"甘兹小姐轻声问道,像个同案犯似的。

"只要带我回旅馆就行。"特斯拉含糊地说道。

撞倒他的出租车司机带着他回到旅馆。这位意大利司机的手不大,一只捂着自己的胸口,一只抓着特斯拉的肩膀。受伤的老者皱着眉头,由出租车司机和身穿雨衣的接待员搀扶着走进旅馆。特斯拉在心里盘算,希望两天内就能从伤痛中恢复。

"小事一桩。"他一次又一次说道。

旅馆的大夫完全不认同特斯拉的说法。在他身上，一点儿都没有自命不凡、卖弄医术的意思，因此，他的诊断来得远为严肃和专业。"胸腔挫伤，"他给出了诊断结论，"三根肋骨断裂。还有肺炎！"

随着年事渐高，特斯拉无法忍受他人违拗他。难道他不清楚自己的身体状况吗？他曾两次差点被淹死，一次掉入沸腾的水里死里逃生，还有一次几乎葬身火海。医生们三度放弃过对他的治疗。

"别碰我！"他命令道。

他花了无数个小时，与一只孤独的蜘蛛为伴。那蜘蛛的脚细如蛛丝，仿佛这些脚是蜘蛛自己编织出来的。

他经常觉得自己已濒临昏厥的边缘。

天空中电光闪烁，地面上霓虹灯广告牌光芒闪烁，两者仿佛要一决高下。他的肋骨里也有光亮在闪烁。万物都在闪烁。

一道道亮光让天空变得像大理石一般光滑。天空的颜色令人厌恶。一条条霹雳蜿蜒起伏，竭力要来舔他。尼古拉同时又哭又笑，笑得令人毛骨悚然。

"这么说来，你是想要得到普罗米修斯的光？拿着，这就是你想要的光。"有个声音在闪电中对他说。

他在一片哄堂大笑声中哭泣着。他孤独寂寞——真可谓世界上最孤独的人。他是如此孤独，以至于当他看到天空中出现一个可怕的剪影，当翅膀发出拍击声，当一只巨大的鹰降落在他身旁，他都会感到格外高兴。

"你好，我的老朋友。"

鹰用它的利爪刺向他的肝脏。

特斯拉发出撕心裂肺的惨叫。

一个叉子形状的霹雳伸出它的舌头。特斯拉露出他狰狞的牙齿，那舌头仿佛从镜子里反弹回去。高加索的群山，山摇地动。

"放开我！"他轻声说道。

那只鹰的眼睛不是鸟类的眼睛——那是人类的眼睛。它抬起血淋淋的喙，和蔼可亲地眨着眼。尼古拉尖叫一声，一道闪电亮起，整个天空一片闪亮。是的，那是人的眼睛，再熟悉不过了……

那是他兄弟戴恩的双眼。

闪电中，电话铃骤然响起，将他从梦魇中拉回现实。

"您还好吗？"根斯巴克问他。

特斯拉痛苦地对着话筒轻声说道："病痛的最糟糕之处，不在于我们无法抵达我们的目标——而在于我们所追求的目标是毫无意义的。"

发现世界毫无意义，这让他的痛苦雪上加霜。

"有了兴登堡号飞艇[1]又能怎么样呢，还不是一样葬身一片火海之中？"这老者想起泰坦尼克号邮轮的沉没，心中不由得甚感恼怒，"人们已经发现了冥王星。人们已经将原子进行了分解。这又能怎么样呢？"

头发苍白的斯凯里特小姐是他的前秘书，给他拿来了一些他根本不读的书。

"这本是赫伯特·乔治·威尔斯[2]的《未来万物之形态》，"她鼓励他，"不妨一读，拜托了。"

---

[1] 兴登堡号飞艇（The Hindenburg）：是一艘德国的大型载客硬式飞艇，该系列是世界上最长的飞行器，并且是体积最大的飞艇型号。它由齐柏林公司设计建造，于1936年3月由德意志齐柏林飞艇运输投入运营。它在第二个飞行季的第一次跨大西洋飞行中，于1937年5月6日在新泽西州莱克湖海军航空总站上空尝试降落时烧毁，让商业飞艇时代就此结束。兴登堡号是德意志帝国的骄傲，其得名于陆军元帅保罗·冯·兴登堡。

[2] 赫伯特·乔治·威尔斯（Herbert George Wells，1866—1946）：英国著名小说家，尤以科幻小说创作闻名于世。1895年，因出版《时间机器》一举成名，随后又发表了《莫洛博士岛》《隐身人》《星际战争》等多部科幻小说，在该领域影响深远，如"时间旅行""外星人入侵""反乌托邦"等都是二十世纪科幻小说中的主流话题。

"多谢了。"他答道,声音像吸血鬼。

斯凯里特小姐离开了。特斯拉在思考事情时会严重走神,以至于女佣可以当着他的面任意打扫房间。他耽于白日梦幻,持续数分钟甚至数小时想入非非。有只猫用它的尾巴拂他的脸,还是说,猫尾巴拂脸只是事情的表象,是人的主观臆测?一个气球再一次提着他昏昏欲睡的头颅,飞到视力所及之外。

旅馆的行李员凯瑞甘突然从薄雾中现身。凯瑞甘的话音都是从嘴角里发出来的,眯眼睛时都是用右眼。他让特斯拉如此强烈地联想到斯特万·普鲁斯特兰,以至于他几乎期望着他开口问:"您是我父亲了吗?"

那行李员给他拿来一个脏乎乎的信封,信从西班牙内战的旋涡一路漂洋过海飞抵美国。志愿兵斯特万·普鲁斯特兰从巴塞罗那寄来了他的照片。照片上既有对死亡的恐惧,又有拍照的喜悦。普鲁斯特兰一只手叉在臀部上,和他一起拍照的还有笑容满面的无政府主义者杜鲁提,以及一个长着连鬓胡子、头戴一顶水手帽的花花公子。在照片的背景中,矗立着一座看上去像蚁冢似的大教堂。

"还有别的吗?"

红头的凯瑞甘交给他一封罗伯特的信。在一张蓝纸上,罗伯特用一种已经不再有人使用的手写体写道:

啊,但愿我能给病中的您帮上一丁点儿忙。除了霍布森夫妇和我们之外,您已经没有什么朋友能来照料您了。给艾格妮丝打电话,让她过来看望您,因为我自己也是心有余而力不足。

眼睛浅淡的艾格妮丝带着水果来了,但他一点都不吃,带来的花就放在窗台上。昔日的女孩现在已经六十四岁。她丈夫叫弗伦奇·霍尔顿,是一位将军的孙子,也是一个放荡不羁的艺术家。正如一位睿智的英国人曾经所言:"所有他能从自我陶醉中节省下来的时间,他都用来疏忽他的责任。"自从他们的孩子们搬出去住之后,艾格妮丝就对他忍无可忍。她拖着画架到处画画,试图"从一只狗的视角"去画星星。她所有那些富有先锋派精神的创作努力,最终都变得相当因循守旧。

"它们有点朦胧。"罗伯特一边抱怨,一边研究着他女儿的画作。

"只有朦胧才能带给我们对永恒的知觉。"艾格妮丝回答道。

对于特斯拉,艾格妮丝可谓殚精竭虑,无微不至。她微微有些颤抖,坐在病人的床头,回忆起特斯拉的马车夫当年如何让他们坐在马车里外出兜风,穿过公园一处处黑漆漆的影子。

踢踏——踢踏!

"那时候可比现在宁静多了。"罗伯特的女儿感慨道。

她从没有向他承认,那时候她是多么害怕他那仿佛燃烧着火似的眼睛。

除了要照料特斯拉,艾格妮丝还要侍候另一位病人。

"我那善良的约翰逊,"特斯拉轻声问道,"他身体如何?"

爸爸的背疼痛难忍。他每次站起身来或者交叉双腿,都会疼得痛苦呻吟。他抱怨,关节炎和咳嗽是最糟糕的病情组合,因为他已经不敢轻举妄动,而百日咳会让他身体猛烈抽搐。

艾格妮丝装出一副若无其事的样子,提到她爸爸有时无法记住正确的词语,这位追求优美文笔的作家常常会迟疑不决,找不到恰当的词汇来表达自己,并由于自己年老健忘而羞愧难当。

几年之前,他曾经发生过一次不太严重的心脏病。从那以后,他觉得自己像是玻璃做的。走到马路中央,他会停顿下来,既不敢往前走,也不敢后退。

"我怕我会像肥皂泡那样破裂!"罗伯特哀号道。

我不再惧怕

大风卷起树叶在地上形成旋涡，然后沿着墓地的小路呼啸而去。上流社会的几个昔日名流穿行于那一个个旋涡。他们的说话声越来越轻，越来越慢，像十月里的蟋蟀。

特斯拉认出了乔治·西尔维斯特·维埃里克敏锐的眼睛和青蛙般的嘴巴。维埃里克站在那里，一脸坏笑，仿佛一边在悄悄打嗝儿，一边又竭力要做出一个复杂的微笑。从他们简短的几句交谈中，特斯拉意识到，即使是希特勒的疯狂也丝毫没有减弱这位诗人对所有与德国相关的事物的热爱。

"维埃里克陷入使自己难堪的境地。"西格蒙德·弗洛伊德无可奈何地叹息道。

"我知道我会在这里遇到你！"维埃里克说道。他向特斯拉投过来冷酷无情的一瞥，递给他穆奇尔所著的《没有个性的人》第一卷。

"此书值得一读！"

维埃里克笑的时候，嘴巴会向下呈弧形。"我们应该多聚聚。"

送葬者的队伍中，大部分人都是艾格妮丝的朋友。特斯拉向欧文表示了他的哀悼。昔日的小男孩此时已两鬓染霜。特斯拉在芝加哥世界博览会第一次见到他父亲时，他父亲也是那样。

"我能感觉到雨点掉在我头顶上。"他承认道。这是他的一个委婉说法，意思是他已开始秃顶。

虽然身在墓地，欧文的妻子一边走路，一边还念念不忘地想着自己的美貌。即使是对于已经去世的凯瑟琳，她也怀恨在心。她那心不在焉的笑容仿佛在说，"他们拥有了他们的美好时光，我们也拥有我们的美好时光。"

一团团烟雾像旋涡似的在路面上打转。送葬的队伍越是走近墓地的中心，一座座死者的纪念建筑物便显得越发高大。特斯拉每走一步都小心翼翼，经过了一个个圆柱和粉色花岗岩石棺。在小型古典神庙或仿拜占庭风格的小教堂上，铭刻着受人尊敬的人物的名字。

棺材上覆盖着哀悼死者的花环，大家跟在棺材后面行走。"鲜花是地球发出的微笑。"一个诗人曾写过这样的诗句。那么，它在笑什么呢？特斯拉感到纳闷。他有点头晕目眩。他似乎觉得，吹拂着他的是那股虚无的微风，而不是现实世界的阵阵凄风。那长着狮子鼻子的斯威西一直搀扶着他。特斯拉不喜欢别人碰他，但这一次已经身不由己了。他那总是格外轻浅的脚步几乎已无法与地球形成充分的接触、让他稳稳地站在地面上。

你与你的躯体并非浑然一体。有朝一日，你会饶有兴趣地观察你自己的头颅，就像观察桌子上的某个物体一般。

这是布拉瓦茨基夫人[1]曾经跟他说过的一番话。

送葬的队伍一路行进，途经墓地里各种冥界的奢华。

一座正方形的陵墓十分类似于摩根的书房。陵墓上刻着名字：罗伯特·安德伍德·约翰逊。

在他脑海里，特斯拉仿佛看到了那个大理石般的鼻子和流畅地融入络腮胡子里的那浓密的八字胡。他清晰地记得卢卡满怀激情的忠告：在人类群体之外，断无幸福可言。

还有他的凯瑟琳……

她突然爆发出一阵大笑，笑得喘不过气来，用两个手掌使劲挤压着自己发红的脸颊。巨大的笑声将电力展馆转动了一圈，展馆里所有的男

---

[1] 布拉瓦茨基夫人（Madam Blavatsky, 1831—1891）：俄国通神学家。1875年在纽约创建通神学会，创办过《通神学家》杂志，她的著作《除去面纱的艾西斯》是通神学教科书。她的言论和著作影响了大量欧洲权贵，最终导致纳粹前身"极北之地党"的出现。

人都跟着兜了一次风。她整只耳朵都被含在罗伯特的嘴里。在她怀孕时，罗伯特亲吻她的胸口和腹部。她过去经常说，一个男人和一个女人相互拥抱之际，便可在寒冷的宇宙中筑起一个堡垒。她坚信，情感会像暴风骤雨那样爆发。

她安息在那里，环绕在她四周的是她四条狗的骨灰缸。

凯瑟琳是一艘帆船，风帆鼓满。罗伯特则是锚。

约翰逊夫妇所拥有的，是他从不曾拥有的，因为……

人类群体之外，断无幸福可言！

对于特斯拉而言，另一件事也已变得十分清晰：

人类群体之内，亦断无幸福可言……

艾格妮丝捏了一下他的手臂，说道："妈妈和爸爸现在都在这里了。我不再惧怕死亡，因为我现在已隐约见到了我自己的死神在那里。"

胸口的一阵疼痛让这番话在特斯拉的脑海中回荡。对他来说，所有这一切已变得难以承受。外表上，他看上去像只冷血的鼷蜥。但他的灵魂——佛教徒对灵魂的存在则是断然否认——残酷无情得令他感到痛苦。

鸟儿今日栖息于同一棵树，明日便各飞东西。云彩在天空相聚又分离。尘世万物，命皆如此……

斯威西让特斯拉搭便车回到纽约客旅馆。旅馆看上去像座结实的金字形塔庙。

斯威西几乎是抱着他进入房间的。

特斯拉忘了关3327套房的房门。一股气流将门"砰"的一声关上。

第二天，"请勿打扰"的牌子挂在门上。

戴恩每晚都来拜访他。

一阵阵令他昏厥的症状从未停止过。

星际战争

向他们展示……那令人头晕目眩的霹雳，

这样，他们再也不会向你索取美或善。

拉·布理埃尔

水星剧场的主题音乐在空中回荡，声音压倒了特斯拉所住的纽约客旅馆餐厅内银器的叮当声。播音员在说："女士们，先生们，有请水星剧场的总监以及广播节目的新星……"

"我们现在知道，在二十世纪的最初几年，这个星球一直被某些生物体所密切关注，这些生物体，虽智力高于人类，但它们与人类一样生也有涯。"奥森·威尔斯吟诵着，"我们现在知道，当芸芸众生在地球上忙于追逐各种功名利禄时，他们正在沦为外星人研究分析的对象。地球上，我们会用显微镜去检视在一滴水里聚集并大量繁殖的那些短命细菌。而外星人对人类所作的研究，其细致程度或许不亚于人类对地球上生物体所展开的研究。"

当播音员的嗓音变得不再像雾那样含混不清时，特斯拉开始对广播剧表示出某些感兴趣的迹象。"现在我们带大家去往纽约市中心公园广场酒店的子午线大厅，欣赏雷蒙·拉魁罗及其管弦乐队演奏的音乐……"

在雷蒙·拉魁罗试图为他提供音乐娱乐时，特斯拉被告知，有人打来电话正等着他去接听。来自印第安纳州噶里市的领事杜契奇先生及彼得·丘布里奇，从当地打来电话告诉他，他答应担任当地教堂守护神的消息令当地民众精神振奋，群情激昂。两人用洪亮的声音，在电话里朗读了在美国出版的《塞尔维亚捍卫者》政府报纸的文章节选。

"我们举世闻名的守护神向我们举世闻名的噶里市问候致意！今天上午，《塞尔维亚捍卫者》收到了来自噶里市的一份历史性的电报，电文内容是：巨大荣耀被赋予我们著名的城市。"公牛般的声音在电话里咆哮，"我们的旷世天才尼古拉·特斯拉答应成为我们噶里市圣堂的守护神，圣堂将于11月24日举行祝圣仪式。"

"多谢。多谢。"这位守护神以低沉的声音向他们致谢。

"但是，听听这一段如何？"杜契奇大声说道，"依我们之见，人类历史上还从来没有诞生过比尼古拉·特斯拉更加伟大的天才，是他使黎民百姓的生活变得更为便捷。"

对他们而言，一切都是那么清晰明了。特斯拉是个塞尔维亚人，是一位塞尔维亚母亲的儿子，是一个塞尔维亚的天才，他从塞尔维亚历史与传统中汲取灵感，头脑中产生了如此伟大的塞尔维亚思想——一个不折不扣的塞尔维亚人！

"多谢。"

"有人说，曾有一次，美国的所有工厂都崩溃了，是你把它们全部予以修复。还有人说，你每晚都是在利卡度过的。"

"多谢。多谢。"

"但是，听听这一段如何……"

特斯拉回到餐厅。他刚在椅子里坐好，就听到播音员在说："女士们，先生们，以下是洲际广播电台的最新新闻简报。加拿大，多伦多：莫尔斯教授……报告说，他在火星表面观察到总共发生了三次爆炸……这证实了早些时候从美国天文台收到的报道。现在……播报一条来自新泽西州特伦顿的特别消息，一个巨大的火球，据信是一颗陨石，坠落在格柔弗米尔市附近的一个农场上。"

"我们已派遣一支特别行动小组赶往事发现场。我们的评论员卡尔·菲利普斯，一旦从普林斯顿赶到那里，我们就会让他在第一时间给听众带来文字描述。"

播音员抖搂掉担担惊受怕的负担，如释重负地叹息道："与此同时，我们带着大家前往布鲁克林的马丁内特酒店，去欣赏鲍比·米利特及其管弦乐团所演奏的舞蹈音乐。"

那哦嘴的单簧管只演奏了20秒钟摇摆舞音乐。

一个男次高音压倒了单簧管的声音："我们现在带大家前往新泽西州的格柔弗米尔。"

背景中有嗡嗡的说话声，还有警笛的尖叫声。一个上气不接下气的声音从新泽西州加入进来：

"女士们，先生们，这是卡尔·菲利普斯再度为大家作现场报道。我此时此刻所在的位置，是新泽西州格柔弗米尔市的威尔姆斯农场……呃，我……真不知道该从何说起……呃，我刚赶到这里。我还没机会四处看一看，"菲利普斯说道，"是的，我猜就是那个……东西了，就在我面前，一半埋在一个大坑里。肯定是带着巨大的力量猛砸下来的。地面上撒满了一棵树的碎片，这棵树想必是被那个物体在坠落到地球的过程中劈碎的。至于那个物体本身……我所能看到的是，它不太像一颗流星，至少不太像我所见过的流星。"

特斯拉朝侍者挥了挥手："请你把它端过来。"

侍者微笑了一下，递给他一个装着咖啡的银杯，老者只是闭着眼睛闻了闻，并没有喝。

卡尔·菲利普斯继续报道："现在，女士们，先生们，在整个这股兴奋劲中，有件事情我还没来得及提起，但现在看来正变得越来越清晰。或许，你已经在你的收音机里听说了这件事。听着……那是一个奇怪的摩擦声。这里的教授认为这声音是由于这个物体的表面不均衡的冷却所引起的。但是，没有任何……"

背景中传来说话声："它在动了！看哪，那该死的东西，它的顶部开始像螺丝一样转动……它炽热得一片通红，它们会烧成一堆灰烬……别让那些白痴靠近！"

广播里，一块金属从空中掉下，发出清脆的撞击声。

卡尔·菲利普斯那绘声绘色、饱含悲剧色彩的声音在报道着："女士们，先生们，这是我这辈子所看到的最恐怖的景象……等一下！有人正在从中空的顶部爬出来。有人，或者说……有东西……它有可能是张脸。它也有可能是……"

"我的天哪！有个东西像条灰色的蛇，正在从阴影里扭动着爬出来。现在，还有一条，另外又有一条。在我看来，它们像是触角。那里，我能看到那东西的躯体。它很大，大得像一只熊，它全身闪光发亮，像湿漉漉的皮毛。但是，那张脸，它……女士们，先生们，我简直无法形容。我很难强迫自己一直看着它。它实在可怕极了……现在，人群往后退却。他们已经看得够多了。这无疑是一次极不寻常的经历。我无法寻找到恰当的词汇……我必须一边说话，一边拽着麦克风的线往前走。我现在得停止我的报道，直到我能找到一个新的位置。请各位听众不要离开，稍等片刻，我马上回来。"

卡尔·菲利普斯的说话声渐渐减弱，接着传来的是钢琴演奏声。

特斯拉听广播剧听得入了神，他猛然记起自己正在用餐。他微笑一下，转过身来，仿佛想说：这世界怎么了？

卡尔·菲利普斯重新回到现场，继续他的报道："一个隆起的形状正在从大坑里升起。我能辨认出有一缕光线从镜子里折射出来。镜子里现在喷出一股巨大的火焰，火焰跳跃着扑向往前奔走的众人。火舌劈头盖脸地喷向他们。我的上帝，他们全都陷入火海之中。"

喇叭里传来阵阵尖叫和惨绝人寰的号叫。

"现在，整个这片农田火光四起。"卡尔·菲利普斯哀号道。

一声爆炸声打断了他的报道。

餐厅里，有几个人也发出惊叫。邻桌的一位女士用双手捂住嘴巴。一个长着一小撮十字胡的男子拉着一个女孩往餐厅的出口处奔逃而去。

突如其来的一片寂静被播音员打断:"女士们,先生们,由于各种状况超出了我们的控制范围,我们无法从格柔弗米尔继续为您做广播报道。"

特斯拉微微一笑。他那从不出差错的记忆,使他能够辨认出广播剧的脚本已经进入原著中的哪段情节。他再次闻了一下咖啡,然后去洗脸。他听到餐厅的领班对着另外两个更加年轻的侍者轻声说道:"每个人都必须保持头脑冷静。"

一个胖乎乎的男子从楼梯上奔跑下来,根本不管他身后的妻子和孩子。

"先生们!先生们!"白发苍苍的黑人接待员恳求大家。

旅馆门口一片混乱,简直无法形容。

特斯拉没有跟着逃到大街上,相反,他返回餐厅,正好赶上蒙哥马利·史密斯将军用他那金属般的嗓音在发布命令。

"应新泽西州长的请求,我已经下令,对西至普林斯顿、东至詹姆斯堡的墨瑟县和密得萨斯县实施戒严。"

播音员插播进来,清新的语调犹如玫瑰:"女士们,先生们,我有一项重大消息要宣布。虽然会显得难以置信,但无论是科学观察还是我们肉眼所目睹的证据,全都引向一个不可避免的假设,即今晚在新泽西农田里降落的奇怪生物,属于一支自火星入侵地球的军队的先头部队。"

特斯拉黑着脸笑了一下。

"在格柔弗米尔所爆发的这场战斗,以现代史上任何一支军队所蒙受的最令人震惊的失败而告终。装备了步枪和机枪的七千名士兵,与来自火星的入侵者唯一一架作战机器对抗。已知的幸存者只有一百二十人。剩下的士兵尸横遍野,从格柔弗米尔到普莱恩斯伯勒,在那怪兽的铁蹄下,有的被压死,有的被踩死,有的被发热的光线烧成灰烬。"

那激光枪之父听到这些话,忍不住放声大笑。

"怪兽现在已控制了新泽西州的中部，有效地通过该州的中心地带将全州分隔成两部分。从宾夕法尼亚到大西洋的通信线路已经中断，铁轨被扯烂，从纽约到费城的铁路服务已停摆……通往北边、南边和西边三个方向的公路已被堵得人满为患，水泄不通……

"弗吉尼亚州，兰厄姆荒野：侦察机报告，树顶上方清晰可见三架火星人的机器，正往北朝着萨默维尔方向推进，汹涌的人潮抢在这些机器前面夺路逃窜。发热的光线没有投入使用；虽然入侵者以特快列车的速度在向前推进，但他们还是小心翼翼地选择前进路线。他们似乎有意识地尽量避免摧毁城市和乡村。但是，他们会停下来把输电线、桥梁、铁轨摧毁殆尽……

"以下是一份来自新泽西州巴斯津桥的新闻简报：浣熊猎人被第二个圆柱体绊倒，第一个陷入莫里斯敦以南二十英里的一个巨大沼泽里，两者十分类似。"

钟声在城市上空响起，然后逐渐减弱。

播音员的嗓音反映出这一瞬间的严重性："我正站在纽约市广播大楼的屋顶上向大家报道。听众们刚才听到钟声大作，为的是警告人们从全城疏散，因为火星人正在……"

餐厅内有人尖叫一声。但所有听得入神的人没有一个站起身来。

"据估算，在最近的两个小时内，有三百万人沿着通往北边的道路逃出了城市，哈奇逊公园大道对机动车交通依然开放。尽量避免通往长岛的桥梁……桥被堵得令人绝望。所有与新泽西海岸的通信联络已于十分钟前关闭。防御尽失。我们的部队全部灰飞烟灭……炮兵部队，空军，所有一切都已土崩瓦解，化为乌有。这可能是最后一次广播报道。我们会待在这里，坚守到底。"

喇叭里传来人们歌唱赞美诗的声音。

地狱般的混乱在街头上演。收音机不断地火上浇油。"五架威力强大的火星战机在城市上空现身。"播音员用沉稳的嗓音告知听众们。随后,背景中又传来船只的汽笛声。

"现在,我往下看着港口。各种各样的船只,载满着逃亡的人群,正在驶离码头!"播音员高喊道,"大街上全部挤满了人。人群发出的声音堪比纽约市的新年除夕。"

特斯拉很快就能看到,所有这一切真的在发生。这一时期,蛊惑人心者操弄各种有悖常理的思想认知,以达到他们自身的目的;已吞下扫把柄的张伯伦[1]和那个看上去像外省侍者的达拉第[2]在慕尼黑一起合影;黑暗的萨满僧希特勒对着盛大的火炬游行队伍咆哮;希姆莱幻想着将电影投射到云朵上放映;一群又一群的人们伴随着自己的节奏在搏动。将纽约的条条大街挤得水泄不通的人,正好就是奥尔特加·伊·加塞特[3]和古斯塔夫·勒庞[4]笔下所描述过的那群人。

---

[1] 亚瑟·内维尔·张伯伦(Arthur Neville Chamberlain,1869—1940):英国政治家,1937年到1940年任英国首相。他由于在第二次世界大战前夕对希特勒执政的纳粹德国实行绥靖政策而倍受谴责。第二次世界大战中,绥靖政策使法西斯主义气势大增,成为第二次世界大战的加速原因。

[2] 爱德华·达拉第(Edouard Daladier,1884—1970):法国政治家、总理,激进社会党领袖。1938年代表法国和希特勒签署《慕尼黑协定》。1940年被维希政府逮捕,1942年受审。1945年释放后任国民议会议员。

[3] 奥尔特加·伊·加塞特(Ortega y Gasset,1883年—1955):西班牙自由主义的哲学家,西班牙内战期间,因反对佛朗哥政府,流亡法国与阿根廷,1949年返回西班牙,创办一所人文学院。加塞特的主要作品有:《无骨气的西班牙》《大众的反叛》《大学的使命》《面对历史的哲学》等。加塞特还是现象学传播史上至关重要的人物,其哲学思想主要是存在主义、历史哲学和对西班牙民族性的批判。他的思想和政治理念影响了西班牙的知识分子,被誉为西班牙的陀思妥耶夫斯基,也被称为二十世纪西班牙最伟大的思想家之一。

[4] 古斯塔夫·勒庞(Gustave Le Bon,1841—1931):法国社会心理学家、社会学家,群体心理学创始人,有"群体社会的马基雅维里"之称。他的研究涉及人类学、自然科学和社会心理学。勒庞最著名的作品《乌合之众:大众心理研究》于1895年出版。他认为人群集时的行为本质上不同于人的个体行为。群集时有一种思想上的互相统一,勒庞称之为"群体精神统一性的心理学定律"。

影子被打碎。一张张面孔因恐惧而变得激动焦躁。所有人，都不外乎是那团无形之火的有形脉动。人们露出牙齿微笑着，一张张狐狸和野猫的嘴脸。一张张嘴脸又变作一个个面具。霓虹灯广告牌发出的光，就像篝火发出的光，从面具上弹落下来。有些人逗留在现场瞠目结舌。其他人则仰着头夺命狂奔，拽着他们孩子的手臂，并且声嘶力竭地冲别人叫喊着，但永远也得不到任何回答。

要安慰惊慌失措的人们，为时已晚：

"女士们，先生们，我是奥森·威尔斯，事情似乎有些出乎意料，我在此向大家保证，《星际战争》从一开始就被当作一个专为节日制作的特别节目。除此之外，它没有任何其他意义。这是水星剧场自己的一个广播剧版本，我们做了一些添油加醋的叙述，制造了一些唬人的惊悚噱头，外加这'嘘'那'嘘'的神秘感。事实真相是，根本没有火星人。这是万圣节！"

然而，疯狂却极富传染性。被困在虚构世界中的人们病态百出：或阻塞大街，或躲藏在地下室，或荷枪实弹，或用湿毛巾裹住整个头以防火星人的毒气。哈哈！当特斯拉谈论火星人时，人们称他为疯子。整个世界变得黑暗无光，充满幻觉……比他疯狂的程度有过之而无不及。

另外，当晚所发生的一切，在根斯巴克的《神奇故事》中都有详细记载。终于，我们这位孤独的主人公，借由相同的幻觉与芸芸众生融为一体。一丝极为细小、激动的微笑使他容光焕发。他带着难以置信的神情转过身来。

他缓慢地走着，穿过一个个残影。那个恐怖的他者在他身旁一起行走着。他不知道自己是否听到了风声，还是警察的警笛声。

在这场狂欢过程中，他撞见了勤杂工凯瑞甘。凯瑞甘像一只经常露齿嬉笑的柴郡猫，直冲着他笑。

"特斯拉先生！"他大声喊道，"您终于能下床了！"

复仇三女神

我们的主，你神圣无比，你决定太阳、月亮以及星辰将不再闪耀，地球上的万物因为火而改变，取而代之的是一个全新的天空，以及一个由正义主宰的全新地球……

东正教四旬斋赞美诗

特斯拉正读着埃斯库罗斯的一部剧作。

克吕泰涅斯特拉[1]猛扑到被杀死的阿伽门农身上，准备在他的鲜血中沐浴。正在此时，电话铃响起，斯威西上气不接下气地高喊："德国入侵波兰了！"

一股比神灵更古老的力量挣脱开来，这股力量自始至终一直在发挥着作用，虽然它从来不思考一下所造成的后果是什么。

她们不是降福女神。

不。她们是复仇女神！

复仇三女神吹出的气息，沿着人类的脖子吹拂而下。

与此同时，一声尖厉的哨声每天夜里在图书馆后面的公园里回荡，将所有鸽子悉数唤醒。当特斯拉敞开他那吸血鬼般的外套，鸽子的翅膀发出一片沙沙声响，像旋律般优美。鸽子的咕咕叫声也充斥于公园的小道。他将种子撒在圆形礼帽的帽檐上。几只鸽子降落在他帽子上。鸽子在他

---

[1] 克吕泰涅斯特拉（Clytemnestra）：希腊神话中阿伽门农的妻子，野心勃勃。在丈夫参加特洛伊战争时和埃吉斯托斯一起统治迈锡尼，战争结束后，阿伽门农回国，成为她统治迈锡尼的一大障碍。于是她设计杀死了阿伽门农和预言家卡珊德拉，最后她被自己的儿子所杀。

太阳穴上方拍打翅膀，而这位老者则看上去像是全身黑色的墨丘利[1]。

因此，波兰人便派出骑兵去与坦克作战……

自从那出租车撞上他身体，整个世界已碎裂成一个个细节。

他记不清那是在什么时候发生的。一切对他来说都是那么熟悉。时光中的每一个瞬间都折射着他的人生。

在布达佩斯，他在床下放了橡皮垫以避免震动。他是个象征主义者，还是个颓废公子，而这要远比德·埃桑蒂斯以及德·孟德斯鸠[2]男爵来得早。在实验室整整两天焦虑不安的失眠状态中，闪电将他点燃得全身通亮，那时，他是个未来主义者，而这又要比马里内蒂[3]来得早。城市下面的地铁以及屋顶上的霓虹灯广告牌，这些都是他的手笔。奥森·威尔斯用以吓唬人的死亡之光，也是出自他的手。

法国和英国向德国宣战。

这位年迈的雷霆之神曾承诺，他发明的那个国家之间的防御盾牌——那条无形的马奇诺防线以使战争变得陈旧过时，因为没有国家会被成功攻击。

---

[1] 墨丘利（Mercury）：是罗马神话中众神的使者，以及畜牧、小偷、商业、交通、旅游和体育之神，罗马十二主神之一。对应希腊神话中的赫尔墨斯。他是朱庇特最忠实的信使，为朱庇特传送消息，并完成朱庇特交给他的各种任务。

[2] 孟德斯鸠（Baron de Montesquieu，1689—1755）：十八世纪法国启蒙时代的著名思想家，法学家。其著述虽然不多，但影响广泛，代表作有《论法的精神》、《波斯人信札》和《罗马盛衰原因论》。尤其是《论法的精神》这部集大成的著作，奠定了近代西方政治与法律理论发展的基础，也在很大程度上影响了欧洲人对东方政治与法律文化的看法。

[3] 马里内蒂（Filippo Tommaso Marinetti，1876—1944）：意大利诗人、文艺批评家。发表作品有《未来主义宣言》《未来主义文学宣言》《未来主义戏剧宣言》等，提出一整套未来主义的理论主张。

希特勒绕过马奇诺防线，将法国彻底碾压。

斯图卡俯冲轰炸机在空中号叫着。烈火的倒影吞噬了泰晤士河和国会。

我们的主人公不停地说，通过在两个秘密的，或许是想象中的实验室里从事研究，他研发了那死亡之光。

"我们将通过一束细如棉线的光线，发射破坏性能量，它能穿透最厚实的装甲。我们可以在二百英里之外的地方歼灭整支部队。"

那脆弱的老者这样说道。他身子骨轻得像蒲公英的茸毛，一个粗心大意的路人只用一个喷嚏就能置他于死地。

他联系了美国、英国、南斯拉夫和捷克斯洛伐克的参谋长们。这些将军充满渴望地看着窗外，烦躁不安，对他所说的一切将信将疑。

特斯拉微笑道，那是一只木乃伊猫的微弱笑容。

通过他脚下的鞋底，他感到地球像猫一样在发出呼噜声，这引来生灵的模仿。

他觉得对于这个飘浮的世界来说，他像是一个时尚模特。卓别林扮演的流浪汉查尔斯就非常像他当年挖沟时的模样。导演弗里茨·朗格所塑造的弗莱德森这一人物形象，即《大都会》中整个大城市的主宰，便是他的翻版。同样，他还是那部关于弗兰肯斯坦的电影中使用特斯拉线圈的疯子科学家。那个由贝拉·卢戈西扮演的贵族，额前留着"V"形发尖，总是打扮得完美无瑕，他的优雅与风度都是借鉴他的。早在布勒东之前，去聆听关于地球地磁脉动的人，难道不是他吗？即使是希特勒也对他的八字胡表示了支持。

所有人，所有事，都使他回忆起他自己。

如同恋人一样，复仇三女神吹出的气息，沿着人类的脖子吹拂而下。

希腊和挪威沦陷了,报纸的头版头条似乎在厉声尖叫。丹麦和比利时也相继沦陷。

"南斯拉夫怎样了?"人们向他询问,"那里的形势如何?"

大规模的游行示威推翻了贝尔格莱德的政府,因为它与德国签订过条约。

"今日,南斯拉夫人民找到了他们的灵魂。"丘吉尔说道。

"感激不尽。"特斯拉对自己嘟哝道。

德国人的飞机在贝尔格莱德燃烧着的屋顶上咆哮着。两万民众在烈焰中失去生命。

希特勒长驱直入,杀进南斯拉夫。

血流成河。

每天夜里,戴恩会前来把手放在尼古拉的头上。有时,尼古拉显得镇定自若,有时,他则无法做到从容不迫。

关于犹太人的消息,有人相信,有人不信。

来自利卡的消息则是……则是令人惊恐。

因此,当人类的心脏被作为祭品献给进步的神灵和羽蛇神[1]时,当众神的文书官托特[2]在天平的一端放着人类心脏、在另一端放着羽毛称重量时,当冥府渡神卡戎驾驭着数千张木筏渡过黑暗天空时……

某一则他所熟知的当地故事正变得具有普遍性意义。直到最近,一座座高耸的纽约大楼竞相争夺世界第一高楼的名号。在第一次塞尔维亚

---

1 羽蛇神(Quetzalcoatl):中美印第安神话中的羽蛇神,名字是大咬鹃(Quetzal)与蛇(Coatl)的组合,形象为一遍体生满绿色羽毛的蛇。阿兹特克神话中的四柱神之一,象征西方,又名"白色的特兹卡特里波卡"。

2 托特(Thoth):是古埃及神话中智慧之神,同时也是月亮、数学、医药之神,埃及象形文字的发明者,众神的文书,也是赫尔莫波利斯的主神之一。

起义中，斯特万·辛杰利奇都督大义凛然地引爆了弹药库。就这样，除消灭了许多土耳其人之外，他所率领的所有塞尔维亚士兵也与敌人同归于尽。后来成为奥斯曼帝国大臣的胡尔师德·帕夏将军下令，将所有塞尔维亚阵亡将士的头颅砍下，将砍下的头颅嵌入由沙石和生石灰筑成的一座塔的外表面，于是，这座塔的外层到处都是狰狞的笑容。这座名为"头骨塔"的恐怖建筑，在塞尔维亚尼什市附近被建造起来。在特斯拉永不停歇的梦幻中，犹太人、塞尔维亚人、吉卜赛人、俄罗斯人、中国人的头骨塔鳞次栉比，一座比一座高。数不胜数、深不见底的笑容不断地坠入沸腾的天空。

"都是复仇女神作的孽啊，"人类的第一个雷霆之神轻声念叨着，语气中充满了报复意味，"都是复仇女神作的孽啊！"

在此期间，来自密歇根州的帕特里夏·唐纳莉当选为美国小姐。她穿着人类的第一双尼龙袜。《绿野仙踪》[1]被拍摄成电影后，原著作者鲍姆在孩提时代对芝加哥世界博览会的那股痴迷劲，得以变成有血有肉的故事情节。电影中那头忧心忡忡的狮子看上去像极了罗伯特·安德伍德·约翰逊。闪着雪花的电视屏幕上展示了料理家务的机器人"滚滚乐"。

再后来，珍珠港的美国舰队遭到突袭轰炸。

"仁慈的主啊，他们正陷入一片火海。"如果真让奥森·威尔斯前去报道这场真实的战争，他肯定会这么说。

---

[1] 《绿野仙踪》：米高梅公司出品的一部童话故事片。该片改编自莱曼·弗兰克·鲍姆的儿童读物《奇妙的奥兹男巫》，由维克多·弗莱明、金·维多等执导，1939年在美国上映。该片讲述了美国堪萨斯州小姑娘桃乐茜被龙卷风带入魔幻世界，在"奥兹国"经历了一系列冒险后最终安然回家的故事。

延续

"尼古拉叔叔。"

在很长一段时间里,没有人那样称呼过他。他的侄子萨瓦·科萨诺维奇因战争作为南斯拉夫外交使团的一名成员来到纽约。电话里,他兴奋得几乎喘不过气来。

"我们见个面好吗?"

"当然了。"

侄子露面了,脸有点发红,戴着眼镜,笑起来十分爽朗,牙齿间残留着一小片菠菜叶。特斯拉立刻且本能地产生了惺惺相惜之情。这是一个傻乎乎的灵魂——这边走,那边走,再回到起点。但是,虽然冒着股傻气,这个灵魂某种程度上还是相当心满意足的。

他叔叔拿定了主意:"拥抱他,再忘掉一切。"

他们无声地笑了笑。特斯拉斜视着他:"你看上去越来越像你父亲了。"

旅馆餐厅里,鹦鹉在棕榈树的枝丫间叽叽喳喳。大厅里,没有血色的几个老人从木乃伊形状的盒子里取出大提琴准备演奏。尼古拉举起他的长手指,招呼侍者。

科萨诺维奇带来了几份贝尔格莱德出版的报纸。

"我不知道你是否会感兴趣。"

"战争对你有什么影响吗?"特斯拉一边翻阅着报纸,一边关切地问道。

"我相信我变得有点神经错乱。"科萨诺维奇笑道。

当晚,叔侄两人一起外出散步。

第二天,他们又出去散步。

在接下来的数月中,他们一直在散步。

"我喜爱听大街上嘈杂的声音,"叔叔说,"那是一种创造活动。"

侄子以前来过纽约。但是，他依然无法确定，美国民众是被重力连接在一起，还是像鸟类那样自由地盘旋在大街上空。

黑人用他们的开怀大笑让街道熠熠生辉。长着罗圈腿的海员们将硬币塞入酒吧的自动唱片点唱机。露丝·洛厄用哭腔唱道："我将不再微笑。"拉丁美洲人戴着墨镜，在街角的理发店附近四处溜达。从收音机中传出来的音乐，像自天而降的雨水一样自动流淌着。如果某套公寓里住着的是一名士兵，窗口便会插上一面蓝色的旗帜。如果士兵战死疆场，则会插上一面金色的旗帜。战争期间的巧克力，味道与肥皂无异。

特斯拉买了份报纸，看到纽波特那些曾气派无比的别墅现如今的惨状。那座他过去曾与斯坦福·怀特一起光顾的听涛别墅，上面的一个个建筑花坛已经塌落下来。拉斯洛·塞切尼男爵已成为这座别墅的新主人，面对着一片杂乱无章，她满腹怨言。花园里杂草丛生。在同一份报纸里，在某一页底部，来自鲍尔瑞大街的史蒂夫·科斯洛夫，身为所有俄罗斯、保加利亚和塞尔维亚吉卜赛人的国王，公然宣称："我鄙视工作。"

整座城市，像极了摩西眼前所看到的那片燃烧的荆棘。世界上，万物互联。神志失常者坚信，世上万物完全是按照他们所认为的方式互相联结。霓虹灯广告的尖叫声，将信息从广告祭师那里传播出去。被催眠的人群在广场上飘浮。每个行走在大街上的人，都是那个更为博大的灵魂的一部分，这个灵魂便是斯多葛派哲学家们所谓的"元气"。所有个体的特征都被出租给人，就像狂欢节的面具那样。爱赋予这些面具以价值。一个男子用罗伯特那样的声音对一个女子说："你打哈欠时，看上去美艳绝伦。"

人们在世界的振荡中振荡着。

"你是魔鬼！"人群中传来说话声。

另一个说话声立刻做出回答，快得仿佛将打过来的网球反击回去："你流言蜚语听多了。"

人们交谈着,语速缓慢,一个个音节拖得极长,话语流淌在大千世界的声响之下。

特斯拉在他一生中第三次听到了自民族大迁徙时代流传下来的那首被遗忘的歌曲的片段。在一家波多黎各人开的果蔬店前面,一个胖男人正在讲那个古老的关于真相的故事,故事已近结尾:"那么,你知道,那个名为'真相'的丑老太婆对那年轻人是怎么说的吗?她说,当你回到人们中间,当他们问起我时,你就告诉他们,我年轻又美貌。"

特斯拉还记得戴尔莫尼科先生是如何叫他去玩台球游戏的。

"我过去在布拉格的时候,靠打台球养活自己。"他对着科萨诺维奇笑了一下,"尽管如此,我每次走到台球桌旁,我都会表现得仿佛是第一次见到台球桌似的。我会仔细检查球杆,好像在认真思考是否该去闻它的味道,还是该咬它一口。然后,我在杆头上抹上涩粉,俯下身体。一绺头发会垂下来,挂在我眼前。我一杆打出去,将球击散,就知道如何结束整场比赛。毫不吹嘘地说,我打得完美无瑕,五分钟之内便结束战斗。每个人都会对我肃然起敬。戴尔莫尼科问我,你是怎么做到那一切的?我向他解释说,数学计算能帮助一个科学家解决所有生活场景的问题。"

特斯拉无声地笑着,然后身体保持静止不动,嘴巴张开着。

叔侄两人再次外出散步,在诚惶诚恐的汽车喇叭声、胆战心惊的警笛声以及触目惊心的火车头汽笛声中穿行而过。

数千只灯令周围一片灯火通明,每一种所能想象到的颜色、星光、放射物以及光线彼此纵横交错。地上和地下街车发出的隆隆声完全掩盖住了人群的喧闹声,而人群是如此无边无际,放眼望去断难尽收眼底。

我行走在这个伟人身旁，宛如梦中一般。我能理解他那忧郁的、带着些许怜悯之心的微笑，这样的微笑常挂在他嘴角。我倾听着他柔和的说话声。他全身上下散发着温文尔雅，还有一股令人诧异的烈度。

带着温文尔雅，带着一股令人诧异的烈度，特斯拉嘟哝道："我能感受到一种延续。"

什么延续？

那些赤手空拳、彼此猛击五十回合的拳击手，他们身在何方？那些为留声机热烈鼓掌、大声欢呼的观众，他们身在何方？那些街道两旁绿树成荫、每个窗口蹲着一只猫的被人遗忘的小镇，它们现在何方？那独立自强、神情伤感的吉布森女孩，她身在何方？那个曾在法力士摩天轮上全身颤抖的印第安酋长战熊，他的那两百根羽毛现在何方？

那些填满了大麻纤维的圆顶礼帽，它们现在何方？小鸽子莉齐和温柔的麦琪，她们身在何方？那些与《奥德赛》富有同样戏剧色彩的林荫大道史诗，它们现在何方？小鸡骗子的跳蚤布袋和麦格克自杀大厅暴风骤雨般的镜子中所折射出的倒立着的瓶子，它们现在何方？那些眼睛像星星一样的哈德孙扫地帮，它们身在何方？那些由白人扮演黑人的滑稽说唱团演员以及口技表演者，那些抽鸦片的女人，那些蜂蜡做成的人像，那些博学的颅相学家，那些自动机器，还有那靡菲斯特夫人，所有这些人与物，现在何方？

"我能感受到一种延续。"特斯拉重复道，用他受伤而又神秘的眼睛洞悉着这个幼虫般的世界里林林总总的可见形状。

科萨诺维奇无从理解，他叔叔所感受到的是何种延续。

"亲爱的先生，"曼哈顿仓库的经理维拉吉先生写信给他，"这是我们的第三次警告。如果你无法支付你一直拖欠的存储费用，我们将对所存储的物件进行公开拍卖。"

大约十年之前,他将他所有的信件以及原型机从宾夕法尼亚酒店搬出来,运到曼哈顿储存公司的仓库内。所有物品完好无损地保留在那里。由于特斯拉对上一次警告置之不理,维拉吉便在当地的一份报纸上宣布了这次清仓处理。

在特斯拉的眼皮底下,有些雾霭在飞速旋转,像月亮,也像地狱。

他的传记作者奥尼尔碰巧看到了拍卖广告,用不到三百美元的代价拯救了特斯拉的全部遗产,使其免于化为乌有。

"随它去吧。"特斯拉昭告人类,而人类则像一个幽灵唱诗班,倾听着他只有在寂寞中才会说的话,"如果连你都不在乎,为什么我要在乎呢?"

吟游诗人

那灵魂中从未触摸过时间与地点的火花,拒绝所有被创造之物。

埃克哈特大师

科萨诺维奇有点恼火,因为特斯拉自以为比大夫们懂得还多。

"毕竟,自家有病自家知。"特斯拉解释道。

那大惑不解的侄子还为他叔叔撰写政论文章。

他们简直"无所不谈"。

他们经常一起去看电影。

在电影《猫人》中,画家伊琳娜·杜布罗夫娜着魔似地在动物园画黑豹的素描。对于超自然和未知事物的恐惧折磨着她。她的未婚夫奥利弗对一尊雕塑颇感兴趣,雕塑所表现的是一位骑手纵马将她在公寓里养的那只猫的五脏六腑撕裂开来。

特斯拉每晚上床休息时，戴恩大夫便会如期而至，把一只手放在他的头上。"好兄弟啊，你何时到我这里来呀？"他问道，整个人容光焕发。特斯拉闭着眼睛，充满爱意地轻声回答："我知道：你是妖魔。"

话音刚落，房间便变作一部电梯，开始急速下坠。

"那是塞尔维亚的约翰国王。"伊琳娜在电影中解释道，"在中世纪，那些经常变作猫状的女巫，都被他一一杀死。约翰国王是个好国王。他将马穆鲁克人[1]赶出塞尔维亚，解放了他的子民。"

一片光亮开始从特斯拉的脚指头往上升起。光亮像水一样溅泼到他脚上，没过他的膝盖，但紧接着突然变绿，犹如残次品的火柴头。一股体内的光亮像潮水般涌到他的大腿。突然，它闻上去像有股硫黄的味道。那古老的金黄色的光辉在特斯拉的眼睑下闪烁，然后变成某种月亮和地狱般的雾霭。

"那不是一只真猫。"伊琳娜继续说道，"它代表我的村庄曾一度实施过的各种罪恶的习俗。你看到，马穆鲁克人很久以前来到塞尔维亚，征服了全部人民。但是，人们开始都很善良，以一种真正基督徒的方式赞美上帝。"

特斯拉询问了他的那些身在故国的亲戚。他依然记得他父亲和天主

---

[1] 马穆鲁克人（Mamluks）：中世纪服务于阿拉伯哈里发的奴隶兵，主要效命于埃及的阿尤布王朝。后来，随着哈里发的式微和阿尤布王朝的解体，他们逐渐成为强大的军事统治集团，并建立了自己的王朝，统治埃及达三百年之久（1250—1517）。

教牧师科斯特伦契奇在戈斯皮奇教堂前手拉着手的情景。

"在利卡,我们过去一直和克罗地亚的天主教徒居住在一起,彼此和谐融洽,"他重复道,"彼此之间没有一丁点儿的仇恨,直到高层人物出于政治目的播下仇恨的种子。"

但是,人们一点儿一点儿地变得堕落败坏。当约翰国王赶走马穆鲁克人来到我们村庄时,他从地下挖出了极为可怕的东西。人们向撒旦鞠躬致意,为他诵唱了一次弥撒。约翰国王砍死了他们中的一些人,但其他的那些人——那些最诡计多端和最邪恶的人——却逃进了深山老林。他们的诅咒萦绕着我出生的那个村庄……

科萨诺维奇从"让人害怕的老家"带来令人惊恐的消息。"此时此刻,那里简直就是一片地狱。"他说道。

数十万塞尔维亚人在克罗地亚惨遭杀戮。他的许多亲戚,还有牧师,都遭到屠杀。克罗地亚的纳粹派别"乌斯塔沙"[1]焚毁了他出生时的那幢房子。

"那不是克罗地亚人民。"科萨诺维奇紧握着特斯拉的手,"那些人是法西斯主义分子——一帮叛徒。"

"毫无疑问。"特斯拉轻声答道。

"没啥可说的。"科萨诺维奇情绪激动地表示赞同。

"《圣经》中说,受诅咒的灵魂在地狱中无时无刻不在燃烧,你知

---

[1] 乌斯塔沙(Ustaša):克罗地亚独立运动组织,本意是"起义",1929年4月在保加利亚索菲亚成立,目标是让克罗地亚从南斯拉夫独立,其领导人安特·帕维里奇(Ante Pavelich)与墨索里尼的意大利法西斯党有密切关系。1941年德国与意大利进攻南斯拉夫,乌斯塔沙组织的军队便趁机宣布克罗地亚独立,成立克罗地亚独立国,并加入轴心国阵营。乌斯塔沙组织也受到天主教会的支持。1945年乌斯塔沙被由铁托率领的人民军击溃,克罗地亚再度并入南斯拉夫。

道这个地狱在哪里吗？"特斯拉出乎意料地问道。

"在哪里呢？"科萨诺维奇感到有些惊讶。

"在太阳上。遥远的距离使其成为生命之源。"

在青铜盔甲内

科萨诺维奇希望能给他一个惊喜。

他带着一个真正的荷马式的吟游诗人来到纽约客旅馆3327套间。这位吟游诗人的脸上雕刻着深深的皱纹。他的眉毛和喉结突出。他自我介绍道："鄙人乃佩塔尔·佩鲁诺维奇，是一位民间单弦古斯勒琴演奏者。"

尼古拉向他解释他为何住在第十三层楼："你住得越高，空气就越清新洁净，也无蚊虫滋扰。夏天，它不像较低的那些楼层潮湿炎热。在这里，大街上的噪声和喧嚣吵不到我。"

他们讨论了战争。那民间古斯勒琴手说道："在这个世界上，我们都是上帝的绵羊。公羊毕竟是公羊。但是——只能由一头公羊来当领头羊。铃儿挂在它的身上。"

侄子提醒特斯拉说，米尔曼·帕里教授已经证明，荷马史诗的传统依然流传于巴尔干地区，他还从南斯拉夫带来了"一大堆录音作品"。

"帕里教授还采访过我呢！"长着八字胡的佩鲁诺维奇说道，脸上神采飞扬。

从十三层楼极目远眺，呈现在眼前的，是一座座古亚述金字神庙般的塔楼，高架列车，桥梁，以及嗡嗡作响的芸芸众生。

"看看所有这一切！"佩鲁诺维奇俯瞰着纽约，咕哝着说道。

这位吟游诗人笑了。置身于二十世纪四十年代的玻璃与钢铁之中，他并未显得格格不入。由于没有吟游诗人传统上所惯用的三角凳，他只能坐在特斯拉的病榻上。

"哦哦哦哦——"佩鲁诺维奇一边带着浓重的鼻音拖长腔调慢吞吞地说话,一边调试着他的单弦乐器,琴头上是一个木刻的雄鹰造型。

"古斯勒琴不是一个乐器——它是一种美学,"科萨诺维奇轻声说道,"它可以使心存疑虑的身体陷入麻木,让灵魂飞入传说的王国。"

"如此说来,现实已是无关紧要?"那年迈的堂吉诃德式人物问道。

"哦哦哦哦——"那吟游诗人再一次用鼻子哼着,以他单调的琴弦声和颤抖的嗓音盖过了纽约的喧嚣:

万能上帝啊,一桩多么惊天动地的大事件,
因为掌旗官米利奇就要迎娶他的新娘……
曾几何时,他找不到有哪个姑娘能匹配他的美貌,
他是个大英雄,没有哪个少女在他眼里完美又无瑕,
而他正盘算着要放弃他的美好姻缘……

尼古拉露出了微笑,那是古希腊一个狡猾的领主所特有的笑容。他觉得那身青铜盔甲束缚了他。即使是他说话的声音也突然变得像青铜似的。在那吟游诗人唱歌的同时,他看到了他很长一段时间以来所没有看到的景象:父亲屋顶上的冰柱看上去像是一道凝固的瀑布。尖厉的寒风吹拂着阳光普照的白雪。人们在雪地里留下熠熠生辉的足迹,而小动物们则留下弯弯曲曲的脚印。一个凹痕表明有一只田鼠在雪底下打洞,因为那里更暖和。一头鹿的蹄子在皑皑白雪上留下印记,清晰得犹如盖在白纸上的印章。

谷仓一片漆黑,令人望而生畏,里面挂着神圣的劳动工具。早春溪流中的鱼儿像表姐妹,而众人则是神灵们的弟弟。

以前,古斯勒琴所吟唱的史诗,颂扬的是一件青铜兵器与另一件青

铜兵器的搏击。现在，整个世界则回荡着中途岛和伏尔加格勒的钢铁枪炮声。

特斯拉似乎觉得，在世界形成之初就一直弹奏着的琴弦，现在依然在弹奏着。自荷马时代以来，人类尚未经历三千年的时间；自特斯拉童年以来，时间也尚不足八十载。正如莫约·梅迪奇曾经所言——时间根本不存在。

亡灵与鸽子

有时，特斯拉似乎觉得，纽约的天空如同冥河一般漆黑。冥府渡神的木筏载着数千人渡过冥河。而有时，那个郁郁寡欢的渡神根本没有将任何一个人摆渡至彼岸——特斯拉虽然坐在渡神的木筏上，置身于生死之间，但他只是风轻云淡地读着关于冥界的书。

大风吹走了时代广场上聚光灯的光线。

在一间被霓虹灯的脉动染上颜色的房间里，一丝不挂的恋人充满爱怜地抚摸着彼此。

死神在钟表的嘀嗒嘀嗒声中进行着倒计时。

只要尚存一次脉搏的搏动，死神便亲吻不到他。人们传说，死神……恐怖极了。但那只是从远处看过去的样子。近看，则是美极了。

只要脉搏尚存一丝搏动。

如果肌肉有一瞬间的放松，他身体内的那个洞就会不断扩展，大得超过他的身体轮廓，而创造者自身也将消融到他自身的创造物之中。尼古拉将隐没在纽约的万千光芒之中。

圣格里高利·帕拉玛[1]不是说过吗——倾一己之力,成为上帝的能量的一部分,虽杯水车薪,他自身亦变作光明。

他整个人变得越来越苍白,变得越来越半透明。风吹拂着他的背,他觉得自己像一只纸风筝。午夜时分,他离开旅馆,外出散步。他像一条瞎了眼的鱼,漫无目的地在百老汇一带溜达。深更半夜,万籁俱寂,脚步声愈加清脆响亮。

世界是什么?世界是无眠的商店橱窗里一棵光芒四射的荆棘树。

在那个由颤抖的钢铁、玻璃以及砖石构成的庞然大物中,他全身微微发亮,像一缕光线。

家里会有谁等着我?他暗自思忖。谁会等着我?

但是,他们都在等着他。

都是些老朋友,大多数已魂归西天。

亡灵与鸽子。

痛苦、时间及万物的重要性均不复存在

世界为……何物?

人生目的何在?

米卢廷·特斯拉

当特斯拉结束他半夜三更的散步回到纽约客旅馆时,给他开门的是

---

[1] 格里高利·帕拉玛(Gregory Palamas,1296—1359):曾是希腊圣山阿陀斯山(Mount Athos)上的一个隐修士,后来成了塞萨洛尼基(Thessaloniki)的主教,他是杰出的静观主义(Hesychasm)神学家,被东正教尊为圣徒。

戴恩。"欢迎你，兄弟！"他说道。

一位妙龄女郎在他面前行屈膝礼。白色的霹雳从她的两个太阳穴如注地涌出。她站在他面前，下巴下面缝着针，身体直挺挺的，看上去神经错乱的样子。

他十分温存地和她打招呼：凯瑟琳！

由于已经死去，凯瑟琳无法听到他的说话声。她只是微笑了一下。

在新创造的光的照耀下，一切都变得清晰无比，弥漫着一种狂喜的气氛。整个世界看上去像是被浆过似的，镀着银。镜子里，特斯拉可以看清楚自己额头上的每一条皱纹。

弗里茨·洛温斯坦，科罗曼·齐托，乔治·舍夫——他的所有助手以及两位秘书——走了出来，露齿笑着，在轻歌舞剧音乐的伴奏下，把膝盖提得高高的。

一种鲜明的、几乎是令人惧怕的欢快情绪，降临于在座的每一个人。整个房间变作一个如火如荼的歌剧舞台。

脸上带着一片口红印的西盖蒂，以及额头上有一个洞的斯坦福·怀特，分别从左右两侧来到舞台中央，向观众鞠躬致意。

"快看她！快看她！"那些隐身人大声叫喊道。

塔拉·蒂尔恩斯坦裸露着胸部，手里抓着数条蛇，模样像极了一位克里特岛女神。

"你爱的是谁？"她用嘶哑的声音轻声问他。

闪电的螫针颤动一下。正如大卫王[1]《诗篇》所言，上帝只用鼻孔中

---

[1] 大卫王（King David，前1040—约前970）：名字的意思是"被主蒙爱的"，生于伯利恒（今巴勒斯坦），是犹太支派耶西的第八个儿子，早期为牧羊人，在成长过程中战胜了敌军腓力斯丁人请来的帮手巨人歌利亚而受到扫罗王赏识，后来因躲避扫罗追杀，四处漂泊流浪，扫罗战死后就做了以色列王，从而建立了统一的以色列联合王国，定都耶路撒冷。大卫死后由其子所罗门继承王位，对后世的犹太民族和世界都产生了巨大影响。

吹出的气息，便揭露出世界的根基。

脚步轻盈的约翰·缪尔以及眼睛像精灵的维韦卡南达，鞠躬时鞠得太深了，以至于他们像是在用头发扫地。

特斯拉能闻到一股清新的电的气流。那获得了生命的镶木地板开始火花闪烁。

"那是什么？"他问道，心里感到甚是忐忑不安。

"演出结束了。"那些隐身人回答道。

"谁都希望在某件事情上获得宽宥和原谅。"西盖蒂说道，开始哭泣。

但究竟为何呢？

镁光灯突然闪了一下。在镁光灯拍出来的照片里，特斯拉显得极为苍白，如同瑞典的阿斯特丽王后。

爱迪生的嘴里长着一副犬牙，头发全部枯死，他将一只手伸向那颗无法触及的星星，口中念念有词："痛苦不复存在……"

一阵表示赞同的窃窃私语，从背景中的隐身人那里传来。

满脸笑容的唐豪塞，莫约·梅迪奇，以及科斯塔·库里希奇，都现身在尼古拉面前。他们鞠躬致意，用手相互指着对方。

仿佛在马戏场内，斯特万·普鲁斯特兰骑在他驼背父亲的身上，绕场一周。

马可尼侯爵和他父亲杰佩托得意扬扬地笑着。

阿斯特夫人的沙龙可以绰绰有余地将全纽约的四百名流全部容纳其中，他们粉墨登场，牙齿的珐琅质以及身上的珠宝熠熠生辉。所有那些常驾着豪华游艇出海，或在纽波特城堡避暑的富豪齐聚一堂，座无虚席，包括尼基·范得比尔特以及头发上沾着海藻的约翰·雅各·阿斯特四世。

由盲人组成的管弦乐团，开始演奏约翰·菲利浦·苏萨的乐曲；要知道，二十世纪便是在他的乐曲声中开启的。不知不觉间，他们的演奏变成一场音乐雪崩。那是地狱里的康康舞，它宣布着死亡的到来。姑娘们发出尖厉的惨叫，纷纷坠落到地面的裂缝里。那时断时续的单簧管，以及噘着嘴的小号，冲着天高高竖起。令人大惑不解的是，一个歌剧合唱团开始咏唱："天上的神灵，请降临我们，赐予我们荣耀。"

尼古拉清瘦的脸庞露出依稀的笑容。他和合唱队一起唱着歌剧《阿依达》中的片段，如同他曾经与雷电一起齐声高唱那样。

罗伯特·安德伍德·约翰逊和威斯汀豪斯登场，手拉着手。骑士面罩在他们的额头上闪着寒光。

"时间不复存在！"他们异口同声地高呼。

"为约翰·皮尔庞特·摩根那沸腾的鼻子腾出些空间来！"

"千万不要看着那鼻子！"特斯拉哀号道。

那鼻子看上去像是烟火：由嘶嘶作响的火花构成的蒲公英，红白色交织的星星，以及连绵不断的爆炸声和烟雾。

"它电闪雷鸣。它会爆炸，"一个欢快的声音从水星剧场的演播室飘然而至，"它变作烈焰！"

"再来一个！再来一个！"鬼魂和幽灵们齐声高喊。

合唱队群情激昂地咏唱了几首由卡尔卡松市法官若贝儿先生收集的鬼魂歌曲。

米卢廷牧师的两条腿全都不见了。他那件黑色的教士服如同章鱼一样起伏飘扬。他用令人动容的低音宣布："万物的重要性不复存在"。

一场好戏几乎已经来到曲终人散的那一刻。

母亲的双眸化作旋涡的中心。"我的尼科，"她轻声说道。"必须喂食给鸟儿吃，死者的灵魂方能安息。"

置身于亡灵与鸽子中间，特斯拉看上去比任何人都要精疲力竭，心力交瘁。读者们很长一段时间以来，一直为他担忧。

"再来一个！再来一个！"那些隐身的观众高喊道。

"摘下你的面具！"

"大家都把面具摘下来。"

"什么面具？"他感到极为恐慌。

"你是什么意思——什么面具呀？"

就像美酒包裹着上颚一样，西盖蒂仁慈的话语潜入他的耳朵："谁都希望在某件事上获得宽宥和原谅。"

午夜时分的房间是尼古拉的水晶宫，是他的宇宙，是他那游荡着精灵的歌舞表演场。那一切都变得神奇无比，而且深刻得令人惊骇。此外，它还让人深受伤害。

他沉浸于大自然那毫不宽恕的力量之中，他与那个巨大得如同死亡的奇迹缔结了姻缘。

就在这当儿，戴恩触摸了一下他的肩膀。

一丝懒洋洋的笑容让他兄弟的脸庞变得格外俊美。他的双手一片蓝色。他的头发撒满了冰粉。由于对青春的奥秘充满了神秘感，他热切地问道："兄弟，你可听说过暹罗连体双胞胎的故事？他们的名字分别叫做'恩'和'昌'。"他充满自信地解释道，"昌先死去，恩无论走到哪里，都得拖着他连体兄弟的尸体。那死去的兄弟没有生命的血液与他有生命的血液混合在一起。他的心脏将血液输送到两个人的体内。恩拖着死去的昌的尸体，一边行走于这个被扭曲的世界，一边发出阵阵尖叫。

"兄弟，你可听说过暹罗连体双胞胎的故事？"

图书在版编目（CIP）数据

特斯拉传：万物皆我 /（塞尔）弗拉迪米尔·皮什塔洛著；钱坤强译. -- 北京：中译出版社，2022.6
书名原文：Tesla: A Portrait with Masks
ISBN 978-7-5001-7100-3

Ⅰ. ①特… Ⅱ. ①弗… ②钱… Ⅲ. ①特斯拉（Tesla, Nikola 1856-1943）—传记 Ⅳ. ①K837.126.1

中国版本图书馆CIP数据核字(2022)第087618号

Original title: Tesla, portret među maskama
© 2008 by Vladimir Pistalo
The simplified Chinese translation copyright 2022
by China Translation & Publishing House
ALL RIGHTS RESERVED

著作权合同登记号：图字 01-2022-2706

特斯拉传：万物皆我
TESILA ZHUAN: WANWUJIEWO

出版发行 / 中译出版社
地　　址 / 北京市西城区新街口外大街 28 号普天德胜科技园主楼 4 层
电　　话 /（010）68005858，68358224（编辑部）
传　　真 /（010）68357870
邮　　编 / 100088
电子邮箱 / book@ctph.com.cn
网　　址 / http://www.ctph.com.cn

总 策 划 / 刘永淳
策划编辑 / 范　伟
责任编辑 / 张若琳
营销编辑 / 曾　顿　陈倩楠
封面设计 / 柒拾叁号
排　　版 / 柒拾叁号
印　　刷 / 北京中科印刷有限公司
经　　销 / 新华书店

规　　格 / 787毫米 × 1092毫米　1/16
印　　张 / 31
字　　数 / 422千字
版　　次 / 2022年6月第一版
印　　次 / 2022年6月第一次
ISBN 978-7-5001-7100-3　　定价：79.00元

版权所有　侵权必究
中　译　出　版　社